운전직
도로교통
법규

운전직
기출문제

초판	인쇄	2025년 01월 13일
초판	발행	2025년 01월 15일

편 저 자 | 공무원시험연구소

발 행 처 | ㈜서원각

등록번호 | 1999-1A-107호

주   소 | 경기도 고양시 일산서구 덕산로 88-45(가좌동)

교재주문 | 031-923-2051

팩   스 | 031-923-3815

교재문의 | 카카오톡 플러스 친구[서원각]

홈페이지 | goseowon.com

운전직 공무원은 각급기관의 차량운행관리 및 각종 공문서 수발업무, 기타업무를 수행하는 직책으로서, 과거에 소수의 인원모집과 10급 기능직 공무원 편성으로 비인기 직렬이었던 것에 반해, 현재는 9급 공무원으로 전환 및 통합되면서 그 관심이 날로 증대되고 있습니다.

특히 서울특별시를 비롯한 각 지역의 지방직 공무원 및 교육청의 운전직 공무원 채용인원이 늘어남에 따라 9급 운전직 공무원의 역할과 활동영역 또한 더욱 확대되는 추세입니다. 9급 운전직 공무원의 시험과목은 지역별로 조금씩 다르지만 공통적으로 [자동차구조원리 및 도로교통법규]를 치르고 있습니다. 이 과목은 대다수의 수험생이 고득점을 목표로 하는 과목이기 때문에 한 문제 한 문제가 당락에 영향을 미칠 뿐만 아니라 방대한 양으로 인해 학습에 부담이 있을 수 있지만, 시험의 난도 자체는 높은 편이 아니므로 효율적인 학습전략이 요구됩니다.

본서는 9급 운전직 공무원 채용시험 대비를 위한 기출문제집으로서 [도로교통법규]에 대한 최근 기출문제를 수록하여 출제유형을 파악, 핵심 내용을 온전히 자기 것으로 만들 수 있도록 하였습니다. 그리고 자주 출제되는 핵심이론을 요약하여 한눈에 보기 쉽게 정리하였습니다.

1%의 행운을 잡기 위한 99%의 노력! 본서가 수험생 여러분의 행운이 되어 합격을 향한 노력에 힘을 보탤 수 있기를 바란다.

STRUCTURE
이 책의 특징 및 구성

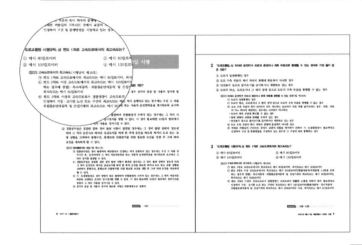

기출문제분석

최신의 최다 기출문제를 수록하여 기출 동향을 파악하고, 학습한 이론을 정리할 수 있습니다. 기출문제들을 반복하여 풀어봄으로써 이전 학습에서 확실하게 깨닫지 못했던 세세한 부분까지 철저하게 파악, 대비하여 실전대비 최종 마무리를 완성하고, 스스로의 학습상태를 점검할 수 있습니다.

핵심요약정리

도로교통법규의 방대한 내용 중 시험에 자주 출제되는 핵심 내용만 골라 한눈에 보기 쉽게 정리하여 빠르게 이해하고 암기할 수 있도록 하였습니다.

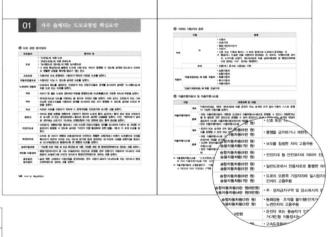

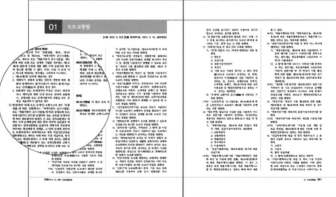

부록 – 도로교통법령

한눈에 법조항을 확인하기 쉽도록 도로교통법, 교통사고처리 특례법 법문을 보기 좋게 정리하여 수록하였습니다.

4

CONTENT
이 책 의 차 례

01 기출문제분석

02 핵심요약정리

03 부록-도로교통법령

01

기출문제분석

1 「도로교통법」상 정비 불량차의 점검 관련 사항 중 가장 옳지 않은 것은?

① 경찰공무원이 점검한 결과 정비 불량 사항이 발견된 경우 장치의 점검 및 사용의 정지에 필요한 사항은 시·도경찰청장이 정한다.

② 경찰공무원은 정비 불량차에 해당한다고 인정하는 차가 운행되고 있는 경우에는 우선 그 차를 정지시킨 후, 운전자에게 그 차의 자동차등록증 또는 자동차 운전면허증을 제시하도록 요구하고 그 차의 장치를 점검할 수 있다.

③ 시·도경찰청장은 정비 상태가 매우 불량하여 위험발생의 우려가 있는 경우에는 그 차의 자동차등록증을 보관하고 운전의 일시정지를 명할 수 있다. 이 경우 필요하면 10일의 범위에서 정비기간을 정하여 그 차의 사용을 정지시킬 수 있다.

④ 경찰공무원은 점검한 결과 정비 불량 사항이 발견된 경우에는 그 정비 불량 상태의 정도에 따라 그 차의 운전자로 하여금 응급조치를 하게 한 후에 운전을 하도록 하거나 도로 또는 교통 상황을 고려하여 통행구간, 통행로와 위험방지를 위한 필요한 조건을 정한 후 그에 따라 운전을 계속하게 할 수 있다.

> ✔ **해설** 정비불량차의 점검〈법 제41조〉
> ㉠ 경찰공무원은 정비 불량차에 해당한다고 인정하는 차가 운행되고 있는 경우에는 우선 그 차를 정지시킨 후, 운전자에게 그 차의 자동차등록증 또는 자동차 운전면허증을 제시하도록 요구하고 그 차의 장치를 점검할 수 있다.
> ㉡ 경찰공무원은 점검한 결과 정비 불량 사항이 발견된 경우에는 그 정비 불량 상태의 정도에 따라 그 차의 운전자로 하여금 응급조치를 하게 한 후에 운전을 하도록 하거나 도로 또는 교통 상황을 고려하여 통행구간, 통행로와 위험방지를 위한 필요한 조건을 정한 후 그에 따라 운전을 계속하게 할 수 있다.
> ㉢ 시·도경찰청장은 정비 상태가 매우 불량하여 위험발생의 우려가 있는 경우에는 그 차의 자동차등록증을 보관하고 운전의 일시정지를 명할 수 있다. 이 경우 필요하면 10일의 범위에서 정비기간을 정하여 그 차의 사용을 정지시킬 수 있다.
> ㉣ 장치의 점검 및 사용의 정지에 필요한 사항은 대통령령으로 정한다.

Answer   1.①

2 「도로교통법」상 차마의 운전자가 도로의 중앙이나 좌측 부분으로 통행할 수 있는 경우로 가장 옳지 않은 것은?

① 도로가 일방통행인 경우

② 도로 우측 부분의 폭이 차마의 통행에 충분하지 아니한 경우

③ 안전표지 등으로 앞지르기를 금지하거나 제한하고 있는 경우

④ 도로의 파손, 도로공사나 그 밖의 장애 등으로 도로의 우측 부분을 통행할 수 없는 경우

> **✔해설** 차마의 운전자가 도로의 중앙이나 좌측 부분을 통행할 수 있는 경우〈법 제13조〉
> ㉠ 도로가 일방통행인 경우
> ㉡ 도로의 파손, 도로공사나 그 밖의 장애 등으로 도로의 우측 부분을 통행할 수 없는 경우
> ㉢ 도로 우측 부분의 폭이 6미터가 되지 아니하는 도로에서 다른 차를 앞지르려는 경우. 다만, 다음의 어느 하나에 해당하는 경우에는 그러하지 아니하다.
> • 도로의 좌측 부분을 확인할 수 없는 경우
> • 반대 방향의 교통을 방해할 우려가 있는 경우
> • 안전표지 등으로 앞지르기를 금지하거나 제한하고 있는 경우
> ㉣ 도로 우측 부분의 폭이 차마의 통행에 충분하지 아니한 경우
> ㉤ 가파른 비탈길의 구부러진 곳에서 교통의 위험을 방지하기 위하여 시·도경찰청장이 필요하다고 인정하여 구간 및 통행방법을 지정하고 있는 경우에 그 지정에 따라 통행하는 경우

3 「도로교통법 시행규칙」상 편도 1차로 고속도로에서의 최고속도는?

① 매시 60킬로미터

② 매시 80킬로미터

③ 매시 100킬로미터

④ 매시 120킬로미터

> **✔해설** 고속도로에서의 최고속도〈시행규칙 제19조〉
> ㉠ 편도 1차로 고속도로에서의 최고속도는 매시 80킬로미터, 최저속도는 매시 50킬로미터
> ㉡ 편도 2차로 이상 고속도로에서의 최고속도는 매시 100킬로미터[화물자동차(적재중량 1.5톤을 초과하는 경우에 한함)·특수자동차·위험물운반자동차 및 건설기계의 최고속도는 매시 80킬로미터], 최저속도는 매시 50킬로미터
> ㉢ 편도 2차로 이상의 고속도로로서 경찰청장이 고속도로의 원활한 소통을 위하여 특히 필요하다고 인정하여 지정·고시한 노선 또는 구간의 최고속도는 매시 120킬로미터(화물자동차·특수자동차·위험물운반자동차 및 건설기계의 최고속도는 매시 90킬로미터) 이내, 최저속도는 매시 50킬로미터

Answer 2.③ 3.②

4 「도로교통법」상 용어의 정의로 가장 옳지 않은 것은?

① 자동차에는 특수자동차, 이륜자동차가 포함되며, 건설기계는 포함되지 않는다.
② 긴급자동차에는 소방차, 구급차, 혈액 공급차량이 포함된다.
③ 정차란 운전자가 5분을 초과하지 아니하고 차를 정지시키는 것으로서 주차 외의 정지 상태를 말한다.
④ 우마란 교통이나 운수에 사용되는 가축을 말한다.

> ✔해설 ① 「건설기계관리법」 제26조 제1항 단서에 따른 건설기계도 자동차에 포함된다.
>
> **Tip**
> **자동차**(법 제2조 제18호) … 철길이나 가설된 선을 이용하지 아니하고 원동기를 사용하여 운전되는 차(견인되는 자동차도 자동차의 일부로 본다)로서 다음의 차를 말한다.
> ㉠ 「자동차관리법」에 따른 다음의 자동차. 다만, 원동기장치자전거는 제외한다.
> • 승용자동차
> • 승합자동차
> • 화물자동차
> • 특수자동차
> • 이륜자동차
> ㉡ 「건설기계관리법」에 따른 건설기계

5 「도로교통법」상 주차금지의 장소로 가장 옳지 않은 것은?

① 터널 안 및 다리 위
② 도로공사를 하고 있는 경우에는 그 공사 구역의 양쪽 가장자리로부터 10미터인 곳
③ 「다중이용업소의 안전관리에 관한 특별법」에 따른 다중이용업소의 영업장이 속한 건축물로 소방본부장의 요청에 의하여 시·도경찰청장이 지정한 곳으로부터 5미터 이내인 곳
④ 시·도경찰청장이 도로에서의 위험을 방지하고 교통의 안전과 원활한 소통을 확보하기 위하여 필요하다고 인정하여 지정한 곳

> ✔해설 주차금지의 장소〈법 제33조〉
> ㉠ 터널 안 및 다리 위
> ㉡ 다음의 곳으로부터 5미터 이내인 곳
> • 도로공사를 하고 있는 경우에는 그 공사 구역의 양쪽 가장자리
> • 다중이용업소의 영업장이 속한 건축물로 소방본부장의 요청에 의하여 시·도경찰청장이 지정한 곳
> ㉢ 시·도경찰청장이 도로에서의 위험을 방지하고 교통의 안전과 원활한 소통을 확보하기 위하여 필요하다고 인정하여 지정한 곳

Answer 4.① 5.②

6 「도로교통법」상 긴급자동차의 우선 통행에 대한 설명으로 가장 옳지 않은 것은?

① 긴급하고 부득이한 경우에는 도로의 중앙이나 좌측 부분을 통행할 수 있다.

② 긴급자동차는 이 법에 따른 명령에 따라 정지해야 하는 경우에도 불구하고 부득이한 경우 정지하지 않을 수 있다.

③ 교차로나 그 부근에서 긴급자동차가 접근하는 경우에는 차마와 노면전차의 운전자는 교차로와 상관없이 일시정지 해야 한다.

④ 모든 차와 노면전차의 운전자는 교차로나 그 부근 외의 곳에서 긴급자동차가 접근하는 경우 우선 통행할 수 있도록 양보해야 한다.

> ✔해설 긴급자동차의 우선 통행〈법 제29조〉
> ㉠ 긴급자동차는 긴급하고 부득이한 경우에는 도로의 중앙이나 좌측 부분을 통행할 수 있다.
> ㉡ 긴급자동차는 이 법이나 이 법에 따른 명령에 따라 정지하여야 하는 경우에도 불구하고 긴급하고 부득이한 경우에는 정지하지 아니할 수 있다.
> ㉢ 긴급자동차의 운전자는 교통안전에 특히 주의하면서 통행하여야 한다.
> ㉣ 교차로나 그 부근에서 긴급자동차가 접근하는 경우에는 차마와 노면전차의 운전자는 교차로를 피하여 일시 정지하여야 한다.
> ㉤ 모든 차와 노면전차의 운전자는 긴급자동차가 접근한 경우에는 긴급자동차가 우선 통행할 수 있도록 진로를 양보하여야 한다.
> ㉥ 자동차 운전자는 해당 자동차를 그 본래의 긴급한 용도로 운행하지 아니하는 경우에는 경광등을 켜거나 사이렌을 작동하여서는 아니 된다. 다만, 대통령령으로 정하는 바에 따라 범죄 및 화재 예방 등을 위한 순찰·훈련 등을 실시하는 경우에는 그러하지 아니하다.

Answer 6.③

7 안전표지와 그에 대한 설명이 가장 바르게 연결된 것은?

①
승합자동차
통행금지표지

②
미끄러운도로표지

③
양측방향통행표지

④
자전거주차장표지

> ✔해설 ① 화물자동차통행금지표지
> ③ 중앙분리대시작표지
> ④ 자전거 나란히 통행 허용 표지

8 「도로교통법」상 모든 운전자의 준수사항으로 가장 옳지 않은 것은?

① 지하도나 육교 등 도로 횡단시설을 이용할 수 없는 지체장애인이나 노인 등이 도로를 횡단하고 있는 경우 일시 정지해야 한다.

② 앞면 창유리의 가시광선 투과율이 대통령령으로 정하는 기준보다 낮은 장의용 자동차는 운전하지 않아야 한다.

③ 운전 중에도 각종 범죄 및 재해 신고 시에는 휴대전화를 사용할 수 있다.

④ 운전자가 운전 중 볼 수 있는 위치에 영상이 표시되지 않아야 한다. 다만, 자동차 등 또는 노면전차의 좌우 또는 전후방을 볼 수 있도록 도움을 주는 영상의 경우에는 그러하지 아니하다.

> ✔해설 ② 자동차의 앞면 창유리와 운전석 좌우 옆면 창유리의 가시광선의 투과율이 대통령령으로 정하는 기준보다 낮아 교통안전 등에 지장을 줄 수 있는 차를 운전하여서는 아니 된다. 다만, 요인 경호용, 구급용 및 장의용 자동차는 제외한다〈법 제49조 제1항 제3호〉.

Answer 7.② 8.②

9 「도로교통법」 제4조 제1항에 따른 안전표지의 설명으로 가장 옳지 않은 것은?

① 주의표지 : 도로상태가 위험하거나 도로 또는 그 부근에 위험물이 있는 경우에 필요한 안전조치를 할 수 있도록 이를 도로사용자에게 알리는 표지

② 규제표지 : 도로교통의 안전을 위하여 각종 제한·금지 등의 규제를 하는 경우에 이를 도로사용자에게 알리는 표지

③ 지시표지 : 도로의 통행방법·통행구분 등 도로교통의 안전을 위하여 필요한 지시를 하는 경우에 도로사용자가 이에 따르도록 알리는 표지

④ 보조표지 : 도로교통의 안전을 위하여 각종 주의·규제·지시 등의 내용을 노면에 기호·문자 또는 선으로 도로사용자에게 알리는 표지

> ✔ 해설 안전표지〈시행규칙 제8조〉
> ㉠ 주의표지 : 도로상태가 위험하거나 도로 또는 그 부근에 위험물이 있는 경우에 필요한 안전조치를 할 수 있도록 이를 도로사용자에게 알리는 표지
> ㉡ 규제표지 : 도로교통의 안전을 위하여 각종 제한·금지 등의 규제를 하는 경우에 이를 도로사용자에게 알리는 표지
> ㉢ 지시표지 : 도로의 통행방법·통행구분 등 도로교통의 안전을 위하여 필요한 지시를 하는 경우에 도로사용자가 이에 따르도록 알리는 표지
> ㉣ 보조표지 : 주의표지·규제표지 또는 지시표지의 주기능을 보충하여 도로사용자에게 알리는 표지
> ㉤ 노면표시 : 도로교통의 안전을 위하여 각종 주의·규제·지시 등의 내용을 노면에 기호·문자 또는 선으로 도로사용자에게 알리는 표지

Answer   9.④

10 「도로교통법」상 도로에서의 금지행위로 가장 옳지 않은 것은?

① 정차되어 있는 차마에서 뛰어내리는 행위

② 교통이 빈번한 도로에서 공놀이 또는 썰매타기 놀이를 하는 행위

③ 술에 취하여 도로에서 갈팡질팡하는 행위

④ 돌·유리병이나 그 밖에 도로에 있는 사람이나 차마를 손상시킬 우려가 있는 물건을 던지는 행위

✔해설 도로에서의 금지행위 등〈법 제68조〉
  ㉠ 누구든지 함부로 신호기를 조작하거나 교통안전시설을 철거·이전하거나 손괴하여서는 아니 되며, 교통안전시설이나 그와 비슷한 인공구조물을 도로에 설치하여서는 아니 된다.
  ㉡ 누구든지 교통에 방해가 될 만한 물건을 도로에 함부로 내버려두어서는 아니 된다.
  ㉢ 누구든지 다음의 어느 하나에 해당하는 행위를 하여서는 아니 된다.
  • 술에 취하여 도로에서 갈팡질팡하는 행위
  • 도로에서 교통에 방해되는 방법으로 눕거나 앉거나 서있는 행위
  • 교통이 빈번한 도로에서 공놀이 또는 썰매타기 등의 놀이를 하는 행위
  • 돌·유리병·쇳조각이나 그 밖에 도로에 있는 사람이나 차마를 손상시킬 우려가 있는 물건을 던지거나 발사하는 행위
  • 도로를 통행하고 있는 차마에서 밖으로 물건을 던지는 행위
  • 도로를 통행하고 있는 차마에 뛰어오르거나 매달리거나 차마에서 뛰어내리는 행위
  • 그 밖에 시·도경찰청장이 교통상의 위험을 방지하기 위하여 필요하다고 인정하여 지정·공고한 행위

Answer   10.①

1 차를 견인하였을 경우, 차의 사용자 등에게 고지할 사항이 아닌 것은?

① 차의 등록번호, 차종 및 형식
② 위반 장소
③ 견인 일시
④ 통지한 날로부터 1월이 지나도 반환을 요구하지 아니한 때에는 그 차를 매각 또는 폐차할 수 있다는 내용

> ✔해설 견인 시 통지 사항〈시행규칙 제22조 제3항〉
> ㉠ 차의 등록번호·차종 및 형식
> ㉡ 위반 장소
> ㉢ 보관한 일시 및 장소
> ㉣ 통지한 날부터 1월이 지나도 반환을 요구하지 아니한 때에는 그 차를 매각 또는 폐차할 수 있다는 내용

2 「도로교통법」상 무인 교통단속용 장비의 설치 및 관리를 할 수 있는 자가 아닌 것은?

① 경찰청장
② 경찰서장
③ 시·도경찰청장
④ 시장

> ✔해설 무인 교통단속용 장비의 설치 및 관리〈법 제4조의2〉
> ㉠ 시·도경찰청장, 경찰서장 또는 시장등은 「도로교통법」을 위반한 사실을 기록·증명하기 위하여 무인 교통단속용 장비를 설치·관리할 수 있다.
> ㉡ 무인 교통단속용 장비의 설치·관리기준, 그 밖에 필요한 사항은 행정안전부령으로 정한다.
> ㉢ 무인 교통단속용 장비의 철거 또는 원상회복 등에 관하여는 법 제3조 제4항부터 제6항까지의 규정을 준용한다. 이 경우 "교통안전시설"은 "무인 교통단속용 장비"로 본다.

Answer 1.③ 2.①

3 다음 중 정차 또는 주차의 방법으로 바르지 않은 설명은?

① 도로에서 정차할 때에는 차도의 오른쪽 가장자리에 정차하여야 한다.

② 여객자동차의 운전자는 승객을 태우거나 내려주기 위하여 정류소 또는 이에 준하는 장소에서 정차하였을 때에는 승객이 타거나 내린 즉시 출발하여야 하며 뒤따르는 다른 차의 정차를 방해하지 아니하여야 한다.

③ 경사진 곳에 정차하거나 주차하려는 경우에는 자동차의 주차제동장치를 작동한 후, 경사의 내리막 방향으로 바퀴에 고임목, 고임돌, 그 밖에 고무, 플라스틱 등 자동차의 미끄럼 사고를 방지할 수 있는 것을 설치하여야 한다.

④ 경사진 곳에 정차하거나 주차하려는 경우에는 조향장치를 도로의 중앙자리 방향으로 돌려놓아야 한다.

✔해설 ④ 조향장치는 도로의 가장자리(중앙자리 방향 ×) 방향으로 돌려놓아야 한다.

Tip

정차 또는 주차의 방법 등〈시행령 제11조 제1항〉

㉠ 모든 차의 운전자는 도로에서 정차할 때에는 차도의 오른쪽 가장자리에 정차할 것. 다만, 차도와 보도의 구별이 없는 도로의 경우에는 도로의 오른쪽 가장자리로부터 중앙으로 50센티미터 이상의 거리를 두어야 한다.

㉡ 여객자동차의 운전자는 승객을 태우거나 내려주기 위하여 정류소 또는 이에 준하는 장소에서 정차하였을 때에는 승객이 타거나 내린 즉시 출발하여야 하며 뒤따르는 다른 차의 정차를 방해하지 아니할 것

㉢ 모든 차의 운전자는 도로에서 주차할 때에는 시·도경찰청장이 정하는 주차의 장소·시간 및 방법에 따를 것

정차 또는 주차시 조치사항〈시행령 제11조 제3항〉

㉠ 경사의 내리막 방향으로 바퀴에 고임목, 고임돌, 그 밖에 고무, 플라스틱 등 자동차의 미끄럼 사고를 방지할 수 있는 것을 설치할 것

㉡ 조향장치(操向裝置)를 도로의 가장자리(자동차에서 가까운 쪽을 말한다) 방향으로 돌려놓을 것

Answer 3.④

4 다음 중 교통안전표지에 대한 설명으로 옳은 것은?

① 규제표지 : 도로의 통행방법·통행구분 등 도로교통의 안전을 위하여 필요한 지시를 하는 경우에 도로사용자가 이에 따르도록 알리는 표지

② 지시표지 : 도로교통의 안전을 위하여 각종 제한·금지 등의 규제를 하는 경우에 이를 도로사용자에게 알리는 표지

③ 주의표지 : 도로상태가 위험하거나 도로 또는 그 부근에 위험물이 있는 경우에 필요한 안전조치를 할 수 있도록 이를 도로사용자에게 알리는 표지

④ 보조표지 : 도로교통의 안전을 위하여 노면에 기호·문자 또는 선으로 도로사용자에게 알리는 표지

> ✔ 해설 **안전표지**〈시행규칙 제8조〉
> ㉠ **주의표지** : 도로상태가 위험하거나 도로 또는 그 부근에 위험물이 있는 경우에 필요한 안전조치를 할 수 있도록 이를 도로사용자에게 알리는 표지
> ㉡ **규제표지** : 도로교통의 안전을 위하여 각종 제한·금지 등의 규제를 하는 경우에 이를 도로사용자에게 알리는 표지
> ㉢ **지시표지** : 도로의 통행방법·통행구분 등 도로교통의 안전을 위하여 필요한 지시를 하는 경우에 도로사용자가 이에 따르도록 알리는 표지
> ㉣ **보조표지** : 주의표지·규제표지 또는 지시표지의 주기능을 보충하여 도로사용자에게 알리는 표지
> ㉤ **노면표시** : 도로교통의 안전을 위하여 각종 주의·규제·지시 등의 내용을 노면에 기호·문자 또는 선으로 도로사용자에게 알리는 표지

5 다음 중 교통법규 위반에 대한 벌칙이 가장 무거운 것은?

① 자동차 등에 도색·표지 등을 하거나 그러한 자동차 등을 운전한 사람

② 교통단속을 회피할 목적으로 교통단속용 장비의 기능을 방해하는 장치를 제작, 수입, 판매 또는 장착한 사람

③ 과로·질병으로 인하여 정상적으로 운전하지 못할 우려가 있는 상태에서 자동차 등을 운전한 사람

④ 경찰공무원의 운전면허증 제시 요구나 진술 요구에 따르지 아니한 사람

> ✔ 해설 ② 6개월 이하의 징역이나 200만 원 이하의 벌금〈법 제153조 제1항 제3호〉
> ① 30만 원 이하의 벌금이나 구류〈법 제154조 제1호〉
> ③ 30만 원 이하의 벌금이나 구류〈법 제154조 제3호〉
> ④ 20만 원 이하의 벌금 또는 구류〈법 제155조〉

Answer 4.③ 5.②

6 다음 중 「도로교통법」상 차도의 정의로 옳은 것은?

① 연석선, 안전표지 또는 그와 비슷한 인공구조물을 이용하여 경계를 표시하여 모든 차가 통행할 수 있도록 설치된 부분을 말한다.

② 차마가 한 줄로 도로의 정하여진 부분을 통행하도록 차선으로 구분한 차도의 부분을 말한다.

③ 차마의 통행 방향을 명확하게 구분하기 위하여 도로에 황색 실선이나 황색 점선 등의 안전표지로 표시한 선 또는 중앙분리대나 울타리 등으로 설치한 시설물을 말한다.

④ 차선변경 및 이면도로(교차로) 또는 건물로의 진출·입을 위하여 일시적으로 진입할 수 있게 구분한 청색 점선 등의 안전표지로 표시한 선을 말한다.

> ✔해설 ② 차로를 설명한 것이다〈법 제2조 제6호〉.
> ③ 중앙선을 설명한 것이다〈법 제2조 제5호〉.
> ④ 청색점선은 버스전용차로에서 버스를 제외한 차량이 우회전, 합류 등을 위해 일시적으로 통행 가능한 차선을 말한다.
> ※ **차도**〈법 제2조 제4호〉… 차도란 연석선(차도와 보도를 구분하는 돌 등으로 이어진 선을 말한다. 이하 같다), 안전표지 또는 그와 비슷한 인공구조물을 이용하여 경계를 표시하여 모든 차가 통행할 수 있도록 설치된 도로의 부분을 말한다.

7 「도로교통법」상 운전면허 취소사유에 해당되지 않는 것은?

① 술에 취한 상태에 있다고 인정할 만한 상당한 이유가 있음에도 불구하고 경찰공무원의 측정에 응하지 아니한 경우

② 정기적성검사에 불합격하거나 적성검사기간 만료일 다음날부터 적성검사를 받지 아니하고 1년을 초과한 때

③ 등록되지 아니하거나 임시운행허가를 받지 아니한 자동차를 운전한 경우

④ 자동차 등을 이용하여 형법상 특수상해 등을 행한 때(보복운전 입건)

> ✔해설 ④ 보복운전으로 입건되면 정지사유이지 취소사유는 아니다(단, 구속되는 경우는 취소이다)〈도로교통법 제93조 제1항 10의2호〉.
> ※ 운전면허를 받은 사람이 자동차 등을 이용하여 특수상해·특수폭행·특수협박·특수손괴를 위반하는 행위를 한 경우에는 운전면허를 취소하거나 1년 이내의 범위에서 운전면허의 효력을 정지시킬 수 있다〈도로교통법 제93조 제1항 10의2호〉.

Answer 6.① 7.④

8 다음 중 「도로교통법」상 긴급자동차로 볼 수 없는 것은?

① 전기사업·가스사업 그 밖의 공익사업기관에서 위험방지를 위한 응급작업에 사용되는 자동차

② 개인경호업무수행에 사용되는 사설경비업체의 자동차

③ 교도소·소년교도소 또는 구치소의 자동차 중 도주자의 체포 또는 수용자·보호관찰대상자의 호송·경비를 위하여 사용되는 자동차

④ 국군 및 주한 국제연합군용 자동차중 군 내부의 질서유지나 부대의 질서있는 이동을 유도하는 데 사용되는 자동차

> ✔해설 ② 개인경호업무수행은 긴급자동차가 될 수 없다〈법 제2조 제22호〉.
> ① 사용하는 사람 또는 기관 등의 신청에 의하여 시·도경찰청장이 지정하는 긴급자동차이다〈시행령 제2조 제1항 제6호〉.
> ③ 시행령 제2조 제1항 제4호
> ④ 시행령 제2조 제1항 제2호

9 운전 중 휴대전화를 사용할 수 있는 경우로 틀린 것은?

① 각종 범죄 및 재해 신고 등 긴급한 필요가 있는 경우

② 긴급자동차를 운전하는 경우

③ 10킬로미터 미만으로 서행하고 있는 경우

④ 안전운전에 장애를 주지 아니하는 장치를 이용하는 경우

> ✔해설 ③ 서행하고 있는 경우는 휴대전화를 사용할 수 없다.
>
> **Tip**
> 운전자의 휴대전화 사용금지〈법 제49조 제1항 제10호〉… 운전자는 자동차 등 또는 노면전차의 운전 중에는 휴대용 전화(자동차용 전화를 포함한다)를 사용하지 아니할 것. 다만, 다음 각 목의 어느 하나에 해당하는 경우에는 그러하지 아니하다.
> ㉠ 자동차 등 또는 노면전차가 정지하고 있는 경우
> ㉡ 긴급자동차를 운전하는 경우
> ㉢ 각종 범죄 및 재해 신고 등 긴급한 필요가 있는 경우
> ㉣ 안전운전에 장애를 주지 아니하는 장치로서 대통령령으로 정하는 장치를 이용하는 경우

10 「도로교통법」상 난폭운전의 대상 행위가 아닌 것은?

① 안전거리 미확보, 진로변경 금지 위반, 급제동 금지 위반

② 신호 또는 지시 위반

③ 중앙선이 설치되어 있는 일반도로에 중앙선 침범

④ 선행 차에 대한 지속적인 점멸

✔ 해설 ④ 선행 차에 대한 지속적인 점멸은 난폭운전의 유형에 들어가지 않는다.

> **Tip**
> **난폭운전 금지**〈법 제46조의3〉… 자동차 등(개인형 이동장치는 제외)의 운전자는 다음 중 둘 이상의 행위를 연달아 하거나, 하나의 행위를 지속 또는 반복하여 다른 사람에게 위협 또는 위해를 가하거나 교통상의 위험을 발생하게 하여서는 아니 된다.
> ㉠ 신호 또는 지시 위반
> ㉡ 중앙선 침범
> ㉢ 속도의 위반
> ㉣ 횡단 · 유턴 · 후진 금지 위반
> ㉤ 안전거리 미확보, 진로변경 금지 위반, 급제동 금지 위반
> ㉥ 앞지르기 방법 또는 앞지르기의 방해금지 위반
> ㉦ 정당한 사유 없는 소음 발생
> ㉧ 고속도로에서의 앞지르기 방법 위반
> ㉨ 고속도로 등에서의 횡단 · 유턴 · 후진 금지 위반

Answer   10.④

1 「도로교통법」상 보행자 통행방법이 아닌 것은?

① 지하도나 육교 등의 도로 횡단시설을 이용할 수 없는 지체장애인의 경우 다른 교통에 방해가 되지 않는 방법으로 도로를 횡단할 수 있다.

② 횡단보도가 설치되지 있지 아니한 곳에서는 도로에서 가장 짧은 거리로 횡단하여야 한다.

③ 보행자는 차와 노면전차의 바로 앞이나 뒤로 횡단하면 안 된다.

④ 보행자는 안전표지 등에 의하여 횡단이 금지되어 있는 도로의 부분에서는 차량 통행이 없으면 빠르게 횡단하여야 한다.

✔해설 ④ 보행자는 안전표지 등에 의하여 횡단이 금지되어 있는 도로의 부분에서는 그 도로를 횡단하여서는 아니 된다〈법 제10조 제5항〉.

> **Tip**
> 도로의 횡단〈법 제10조〉
> ㉠ 시·도경찰청장은 도로를 횡단하는 보행자의 안전을 위하여 행정안전부령으로 정하는 기준에 따라 횡단보도를 설치할 수 있다.
> ㉡ 보행자는 횡단보도, 지하도, 육교나 그 밖의 도로 횡단시설이 설치되어 있는 도로에서는 그 곳으로 횡단하여야 한다. 다만, 지하도나 육교 등의 도로 횡단시설을 이용할 수 없는 지체장애인의 경우에는 다른 교통에 방해가 되지 아니하는 방법으로 도로 횡단시설을 이용하지 아니하고 도로를 횡단할 수 있다.
> ㉢ 보행자는 횡단보도가 설치되어 있지 아니한 도로에서는 가장 짧은 거리로 횡단하여야 한다.
> ㉣ 보행자는 차와 노면전차의 바로 앞이나 뒤로 횡단하여서는 아니 된다. 다만, 횡단보도를 횡단하거나 신호기 또는 경찰공무원등의 신호나 지시에 따라 도로를 횡단하는 경우에는 그러하지 아니하다.
> ㉤ 보행자는 안전표지 등에 의하여 횡단이 금지되어 있는 도로의 부분에서는 그 도로를 횡단하여서는 아니 된다.

2 「도로교통법」상 도로의 횡단 시 안전을 위하여 경찰공무원이 적절한 조치를 해야 할 경우로 틀린 것은?

① 교통이 빈번한 도로에서 놀고 있는 어린이

② 보호자 없이 도로를 보행하는 영유아

③ 횡단보도나 교통이 빈번한 도로에서 보행에 어려움을 겪고 있는 노인

④ 앞을 보지 못하는 맹인으로서 흰색 지팡이를 가지고 장애인보조견(안내견)은 동반하지 아니하고 다니는 사람

> ✔해설 경찰공무원의 어린이 등에 대한 보호 조치〈법 제11조 제6항〉
> ㉠ 교통이 빈번한 도로에서 놀고 있는 어린이
> ㉡ 보호자 없이 도로를 보행하는 영유아
> ㉢ 앞을 보지 못하는 사람으로서 흰색 지팡이를 가지지 아니하거나 장애인보조견을 동반하지 아니하는 등 필요한 조치를 하지 아니하고 다니는 사람
> ㉣ 횡단보도나 교통이 빈번한 도로에서 보행에 어려움을 겪고 있는 노인(65세 이상인 사람)

3 「도로교통법 시행규칙」상 최고속도 100km/h 편도 2차선 고속도로에서 적재중량 2톤 화물 자동차의 최고속도로 알맞은 것은?

① 60km/h

② 80km/h

③ 90km/h

④ 100km/h

> ✔해설 ② 고속도로 편도 2차선 화물자동차 1.5톤 이상은 최고속도가 80km/h, 최저속도가 50km/h이다.
>
> **Tip**
> **고속도로에서의 최고속도**〈시행규칙 제19조 제1항 제3호〉
> ㉠ 편도 1차로 고속도로에서의 최고속도는 매시 80킬로미터, 최저속도는 매시 50킬로미터
> ㉡ 편도 2차로 이상 고속도로에서의 최고속도는 매시 100킬로미터(적재중량 1.5톤을 초과하는 화물자동차 · 특수자동차 · 위험물운반자동차 및 건설기계의 최고속도는 매시 80킬로미터), 최저속도는 매시 50킬로미터
> ㉢ 편도 2차로 이상의 고속도로로서 경찰청장이 고속도로의 원활한 소통을 위하여 특히 필요하다고 인정하여 지정 · 고시한 노선 또는 구간의 최고속도는 매시 120킬로미터(화물자동차 · 특수자동차 · 위험물운반자동차 및 건설기계의 최고속도는 매시 90킬로미터) 이내, 최저속도는 매시 50킬로미터

Answer 2.④ 3.②

4 다음 중 「도로교통법」상 용어로 틀린 것은?

① 횡단보도 : 보행자가 보도를 횡단할 수 있도록 안전표지로 표시한 도로

② 보도 : 보행자가 통행할 수 있도록 한 도로

③ 차도 : 안전표지 또는 인공구조물을 이용하여 표시 모든 차가 통행할 수 있도록 설치된 도로

④ 자동차전용도로 : 원동기를 포함하여 모든 고속차량이 다닐 수 있도록 설치된 도로

> ✔ 해설 ④ 자동차전용도로는 자동차만 다닐 수 있도록 설치된 도로를 말한다(고속차량이 다닐 수 있도록 설치된 도로는 고속도로이다)〈법 제2조 제2호〉.
>
> **Tip**
> **자동차**〈법 제2조 18호〉
> "자동차"란 철길이나 가설된 선을 이용하지 아니하고 원동기를 사용하여 운전되는 차(견인되는 자동차도 자동차의 일부로 본다)로서 다음의 차를 말한다.
> ㉠ 「자동차관리법」에 따른 다음의 자동차. 다만, 원동기장치자전거는 제외한다.
> • 승용자동차
> • 승합자동차
> • 화물자동차
> • 특수자동차
> • 이륜자동차
> ㉡ 「건설기계관리법」에 따른 건설기계

5 「도로교통법」상 운전면허 종별로 맞는 것은?

① 1종 운전면허, 2종 운전면허, 3종 운전면허

② 1종 운전면허, 2종 운전면허, 특수면허

③ 1종 운전면허, 2종 운전면허, 연습면허

④ 1종 운전면허, 2종 운전면허, 국제운전면허, 연습면허

> ✔ 해설 운전면허의 종류〈법 제80조 제2항〉
> ㉠ 제1종 운전면허 : 대형면허, 보통면허, 소형면허, 특수면허(대형견인차면허, 소형견인차면허, 구난차면허)
> ㉡ 제2종 운전면허 : 보통면허, 소형면허, 원동기장치자전거면허
> ㉢ 연습운전면허 : 제1종 보통연습면허, 제2종 보통연습면허

Answer 4.④ 5.③

6 다음 중 도로 운행시 서행해야 하는 곳이 아닌 곳은?

① 도로가 구부러진 부근
② 다리 위, 터널 안
③ 가파른 비탈길의 내리막길
④ 교통정리를 하고 있지 아니하는 교차로

✔해설 ② 앞지르기 금지장소이다.

Tip
서행해야 할 장소〈법 제31조〉
㉠ 교통정리를 하고 있지 아니하는 교차로
㉡ 도로가 구부러진 부근
㉢ 비탈길의 고갯마루 부근
㉣ 가파른 비탈길의 내리막
㉤ 시·도경찰청장이 도로에서의 위험을 방지하고 교통의 안전과 원활한 소통을 확보하기 위하여 필요하다고 인정하여 안전표지로 지정한 곳

7 「도로교통법」상 자동차 등의 운전 중 휴대용 전화를 사용할 수 없는 경우는?

① 자동차 등이 서행 운전하고 있는 경우
② 자동차 등이 정지하고 있는 경우
③ 재해신고 등 긴급한 필요가 있는 경우
④ 긴급자동차를 운전하고 있는 경우

✔해설 ① 서행하고 있는 경우에는 휴대폰 등을 사용할 수 없다.

Tip
운전자의 휴대전화 사용이 가능한 경우〈법 제49조 제1항 제10호〉
㉠ 자동차 등 또는 노면전차가 정지하고 있는 경우
㉡ 긴급자동차를 운전하는 경우
㉢ 각종 범죄 및 재해 신고 등 긴급한 필요가 있는 경우
㉣ 안전운전에 장애를 주지 아니하는 장치로서 대통령령으로 정하는 장치를 이용하는 경우

Answer 6.② 7.①

8 다음 중 앞지르기 금지 시기와 관련되는 설명이 아닌 것은?

① 앞차와 나란히 가고 있을 경우 할 수 없다.
② 앞차가 다른 차를 앞지르고 있거나 앞지르려고 하는 경우 할 수 없다.
③ 교차로, 터널 구분이 있는 도로에서는 안 되고 다리 위에서는 앞지르기 할 수 있다.
④ 경찰 공무원의 지시에 따라 정지, 서행하고 있는 차량을 앞지르기 할 수 없다.

✔ 해설 ③ 터널 안, 다리 위는 앞지르기 금지장소에 대한 설명이다〈법 제22조 제3항〉.

Tip
앞지르기 금지시기 및 장소
㉠ **앞차를 앞지르기 못하는 경우**〈법 제22조 제1항〉
 • 앞차의 좌측에 다른 차가 앞차와 나란히 가고 있는 경우
 • 앞차가 다른 차를 앞지르고 있거나 앞지르려고 하는 경우
㉡ **다른 차를 앞지르기 못하는 경우**〈법 제22조 제2항〉
 • 「도로교통법」에 따른 명령에 따라 정지하거나 서행하고 있는 차
 • 경찰공무원의 지시에 따라 정지하거나 서행하고 있는 차
 • 위험을 방지하기 위하여 정지하거나 서행하고 있는 차

앞지르기 금지 장소〈법 제22조 제3항〉
㉠ 교차로
㉡ 터널 안
㉢ 다리 위
㉣ 도로의 구부러진 곳
㉤ 비탈길의 고갯마루 부근 또는 가파른 비탈길의 내리막 등
㉥ 시·도경찰청장이 도로에서의 위험을 방지하고 교통의 안전과 원활한 소통을 확보하기 위하여 필요하
 다고 인정하는 곳으로서 안전표지로 지정한 곳

Answer 8.③

9 「도로교통법」 제163에서 통고처분 대상자로 맞는 것은?

① 달아날 우려가 있는 사람

② 성명, 주소가 확실하지 아니한 사람

③ 범칙금 납부 통고서 받기를 거부한 사람

④ 불법경범 행위를 인정한 신원이 확실한 사람

> ✔해설 **통고처분 제외 대상자**〈법 제163조 제1항〉
> ㉠ 성명이나 주소가 확실하지 아니한 사람
> ㉡ 달아날 우려가 있는 사람
> ㉢ 범칙금 납부통고서 받기를 거부한 사람
>
> ※ **통고처분** … 경찰서장이나 제주특별자치도지사는 범칙자로 인정하는 사람에 대하여는 이유를 분명하게 밝힌 범칙금 납부통고서로 범칙금을 낼 것을 통고할 수 있다〈법 제163조 제1항〉.

10 다음 중 과태료 부과가 가장 큰 것은?

① 고속도로에서 앞지르기 통행 방법을 준수하지 않은 승합자동차의 고용주

② 제한 속도 40km/h 도로에서 60km/h 이하로 운행한 승합자동차

③ 운전면허 갱신을 하지 않은 사람이 자동차를 운행한 사람

④ 정기적성 검사 또는 수시적성 검사를 받지 아니한 사람

> ✔해설 ① 승합자동차등은 8만 원, 승용자동차등은 7만 원의 과태료가 부과된다〈시행령 제88조 제4항 별표6 제11의8호〉.
> ② 승합자동차등과 승용자동차등 모두 4만 원이다〈시행령 제88조 제4항 별표6 제4호〉.
> ③ 2만 원의 과태료가 부과된다〈시행령 제88조 제4항 별표6 제14호〉.
> ④ 3만 원의 과태료가 부과된다〈시행령 제88조 제4항 별표6 제15호〉.

Answer 9.④ 10.①

1 다음 중 운전면허 발급제한이 2년이 되는 것은 모두 몇 개인가?

> 가. 무면허인자가 원동기장치자전거를 운전한 경우
> 나. 음주운전의 규정을 2회 이상 위반해서 취소된 경우
> 다. 음주운전 또는 음주측정 위반을 위반하여 운전을 하다가 교통사고를 일으켜 취소된 경우
> 라. 공동 위험행위 2회 이상 위반으로 취소된 경우

① 1개
② 2개
③ 3개
④ 4개

✔해설 2년 간 운전면허 발급제한〈법 제82조 제2항〉
　　㉠ 2회 이상 음주측정 거부 (면허 유무 무관)
　　㉡ 2회 이상 음주운전 (취소된 날부터)
　　㉢ 1회 음주운전 또는 음주 측정을 거부하여 운전을 하다가 교통사고로 면허 취소된 경우
　　㉣ 무면허운전 3회 이상 위반 또는 운전면허 발급제한기간 중에 국제운전면허증 또는 상호인정 외국 면허증으로 자동차 등을 운전 3회 이상 위반한 자 (위반한 날 또는 취소된 날부터)
　　㉤ 2회 이상 공동 위험행위(취소된 날부터) (면허 유무 무관)
　　㉥ 다른 사람의 자동차 등을 훔치거나 빼앗은 자가 운전면허가 있는 상태에서 운전한 경우 (취소된 날부터)
　　㉦ 운전면허시험 대리응시 (취소된 날부터)
　　㉧ 허위 등 부정한 방법으로 면허증 또는 증명서를 교부 받은 때 (취소된 날부터)
　　㉨ 운전면허를 받을 자격이 없는 사람이 운전면허를 받았을 경우
　　㉩ 운전면허효력의 정지 기간 중 운전면허증 또는 운전면허증에 갈음하는 증명서를 교부받은 사실이 드러난 때

Answer　1.③

2 경찰공무원이 다음 사항에 해당되어 현장에서 범칙금 납부통고서 또는 출석지시서를 발급하고, 운전면허증 등의 제출을 요구하여 이를 보관할 수 있는 사항으로 옳은 것을 모두 고르면?

가. 교통사고를 일으킨 경우
나. 운전면허의 취소처분 또는 정지처분이 아닌 교통법규를 위반한 경우
다. 외국에서 발급한 국제운전면허증 또는 상호인정외국면허증을 가진 사람으로서 제162조 제1항에 따른 범칙행위를 한 경우

---

① 가   ② 가, 나
③ 나, 다   ④ 가, 다

> ✔해설 운전면허증 등의 보관〈법 제138조〉
>   ㉠ 교통사고를 일으킨 경우
>   ㉡ 운전면허의 취소처분 또는 정지처분의 대상이 된다고 인정되는 경우
>   ㉢ 외국에서 발급한 국제운전면허증 또는 상호인정외국면허증을 가진 사람으로서 범칙행위를 한 경우

3 「도로교통법」상 신규로 교통안전교육을 받으려는 사람이 받는 교통안전교육의 내용으로 옳은 것은?

① 음주운전 주요 원인
② 알코올이 운전에 미치는 영향
③ 친환경 경제운전에 필요한 지식과 기능
④ 보복운전과 교통안전

> ✔해설 운전면허를 받으려는 사람의 교통안전교육 내용〈법 제73조〉
>   ㉠ 운전자가 갖추어야 하는 기본예절
>   ㉡ 도로교통에 관한 법령과 지식
>   ㉢ 안전운전 능력
>   ㉣ 교통사고의 예방과 처리에 관한 사항
>   ㉤ 어린이·장애인 및 노인의 교통사고 예방에 관한 사항
>   ㉥ 친환경 경제운전에 필요한 지식과 기능
>   ㉦ 긴급자동차에 길 터주기 요령
>   ㉧ 그 밖에 교통안전의 확보를 위하여 필요한 사항

Answer   2.① 3.③

4 「도로교통법」상 운전면허의 결격사유로 옳은 것은?

① 치매, 조현병, 조현정동장애, 양극성 정동장애(조울병), 재발성 우울장애 등의 정신질환 또는 정신 발육지연, 뇌전증 등으로 인하여 정상적인 운전을 할 수 없다고 해당 분야 전문의가 인정하는 사람

② 한쪽 팔의 팔꿈치관절 이상을 잃은 사람이나 양쪽 팔을 전혀 쓸 수 없는 사람

③ 제1종 대형면허 또는 제1종 특수면허를 받으려는 경우로서 20세 미만이거나 자동차(이륜자동차는 제외한다)의 운전경험이 2년 미만인 사람

④ 듣지 못하는 사람(제1종 운전면허 중 보통면허·특수면허만 해당한다), 앞을 보지 못하는 사람(한쪽 눈만 보지 못하는 사람의 경우에는 제1종 운전면허 중 보통면허·특수면허만 해당한다)이나 그 밖에 대통령령으로 정하는 신체장애인

> ✔해설 ② 양쪽 팔꿈치관절 이상을 잃은 사람이나 양쪽 팔을 전혀 쓸 수 없는 사람. 다만, 본인의 신체장애 정도에 적합하게 제작된 자동차를 이용하여 정상적인 운전을 할 수 있는 경우에는 그러하지 아니하다〈법 제82조 제1항 제4호〉.
> ③ 제1종 대형면허 또는 제1종 특수면허를 받으려는 경우로서 19세 미만이거나 자동차(이륜자동차는 제외)의 운전경험이 1년 미만인 사람〈법 제82조 제1항 제6호〉
> ④ 듣지 못하는 사람(제1종 운전면허 중 대형면허·특수면허만 해당한다), 앞을 보지 못하는 사람(한쪽 눈만 보지 못하는 사람의 경우에는 제1종 운전면허 중 대형면허·특수면허만 해당한다)이나 그 밖에 대통령령으로 정하는 신체장애인〈법 제82조 제1항 제3호〉

5 다음 중 위반 시 벌점이 가장 낮은 경우는?

① 일반도로 전용차로 통행 위반

② 신호·지시 위반

③ 철길 건널목 위반

④ 20km/h 초과 속도위반

> ✔해설 ① 일반도로 전용차로 통행위반 : 10점
> ② 신호·지시위반 : 15점
> ③ 철도건널목 통과방법위반 : 30점
> ④ 속도위반(20km/h 초과 40km/h 이하) : 15점

Answer   4.① 5.①

6 교통안전교육 등에 대한 설명으로 옳은 것은?

① 시·도경찰청장은 지정이 취소된 교통안전교육기관을 설립·운영한 자가 그 지정이 취소된 날로부터 4년 이내에 설립·운영하는 기관 또는 시설을 교통안전교육기관으로 지정하여서는 아니 된다.

② 교통안전교육강사는 도로교통 관련 행정 또는 교육 업무에 1년 이상 종사한 경력이 있는 사람으로서 대통령령으로 정하는 교통안전교육강사 자격교육을 받은 사람이 될 수 있다.

③ 시·도경찰청장은 교통안전교육기관이 시정명령을 받고 30일 이내에 시정하지 아니한 경우 2년 이내의 기간을 정하여 운영의 정지를 명할 수 있다

④ 교통안전교육기관의 장은 해당 교통안전교육기관의 운영을 1개월 이상 정지하거나 폐지하려면 정지 또는 폐지하려는 날의 7일 전까지 시·도경찰청장에게 신고하여야 한다.

✔ 해설 ④ 법 제78조
① 시·도경찰청장은 지정이 취소된 교통안전교육기관을 설립·운영한 자가 그 지정이 취소된 날부터 3년 이내에 설립·운영하는 기관 또는 시설을 교통안전교육기관으로 지정하여서는 아니 된다〈법 제74조 제4항 제1호〉. 4년 이내(×)→3년 이내(○)
② 교통안전교육강사는 도로교통 관련 행정 또는 교육 업무에 2년 이상 종사한 경력이 있는 사람으로서 대통령령으로 정하는 교통안전교육강사 자격교육을 받은 사람이 될 수 있다〈법 제76조 제2항 제2호〉. 1년 이상(×)→2년 이상(○)
③ 시·도경찰청장은 교통안전교육기관이 시정명령을 받고 30일 이내에 시정하지 아니한 경우 1년 이내의 기간을 정하여 운영의 정지를 명할 수 있다〈법 제79조 제1항 제1호〉. 2년 이내(×)→1년 이내(○)

Answer   6.④

7 다음 중 「도로교통법」상 모범운전자연합회 및 모범운전자의 지원에 대한 내용으로 가장 올바르지 않은 것은?

① 모범운전자들의 상호협력을 증진하고 교통안전 봉사활동을 효율적으로 운영하기 위하여 모범 운전자연합회를 설립할 수 있다.

② 「도로교통법」에는 모범운전자연합회를 설립할 수 있는 근거가 존재한다.

③ 지방자치단체는 모범운전자에게 필요한 복장 및 장비를 지원할 수 있다.

④ 국가는 모범운전자가 교통정리 등의 업무를 수행하는 도중 부상을 입거나 사망한 경우에 이를 보상할 수 있도록 보험에 가입할 수 있다.

> ✔해설 모범운전자연합회〈법 제5조의2 및 법 제5조의3〉
> ㉠ 설립목적 : 모범운전자들의 상호협력 증진과 교통안전 봉사활동을 효율적으로 운영하기 위함
> ㉡ 지원사항
> • 국가는 예산의 범위에서 모범운전자에게 대통령령으로 정하는 바에 따라 교통정리 등의 업무 수행에 필요한 복장 및 장비를(경적, 신호봉, 야광 조끼 등) 지원 할 수 있다.
> • 국가는 모범운전자가 교통정리 등의 업무를 수행 도중 사망하거나 부상 등에 대비 보험에 가입할 수 있다.
> • 지방자치단체는 예산의 범위 내에서 모범운전자연합회의 사업에 필요한 보조금을 지원할 수 있다.

8 다음 중 「도로교통법」상 고속도로 등에 대한 내용으로 틀린 것은?

① 긴급자동차와 고속도로 등의 보수·유지 등의 작업을 하는 자동차를 운전하는 경우 고속도로 등에서 갓길을 통행할 수 있다.

② 고속도로 전용차로의 종류 등에 필요한 사항은 행정안전부령으로 정한다.

③ 고속도로 등에서 정차 또는 주차할 수 있도록 안전표지를 설치한 곳이나 정류장에서 정차 또는 주차시키는 경우 차를 정차 또는 주차할 수 있다.

④ 밤에 고장이나 그 밖의 사유로 고속도로 등에서 자동차를 운행할 수 없게 되었을 때에는 고장자동차의 표지와 사방 500미터 지점에서 식별할 수 있는 적색의 섬광신호·전기제등 또는 불꽃신호를 설치하여야 한다.

> ✔해설 ② 고속도로 전용차로의 종류 등에 관하여는 법 제15조 제2항 및 제3항을 준용한다〈법 제61조 제2항〉.
> ※ 법 제15조 제2항 … 전용차로의 종류, 전용차로로 통행할 수 있는 차와 그 밖에 전용차로의 운영에 필요한 사항은 대통령령으로 정한다.

Answer 7.③ 8.②

9 어린이보호구역 및 노인 · 장애인보호구역에서의 범칙행위에 대한 범칙금액으로 옳은 것은?

① 신호위반한 승합자동차 : 15만 원

② 횡단보도 보행자 횡단을 방해한 승용자동차 : 13만 원

③ 속도위반(20km/h 초과 40km/h 이하)한 승용자동차 : 9만 원

④ 보행자 통행 방해 또는 보호 불이행한 승용자동차 : 6만 원

> ✔해설 ① 신호 · 지시 위반한 승합자동차 등 : 13만 원〈시행령 제93조 제2항 별표10 제1호〉
> ② 횡단보도 보행자 횡단을 방해한 승용자동차 : 12만 원〈시행령 제93조 제2항 별표10 제2호〉
> ④ 보행자 통행 방해 또는 보호 불이행한 승용자동차 : 8만 원〈시행령 제93조 제2항 별표10 제5호〉

> **Tip**
> 어린이보호구역 및 노인 · 장애인보호구역에서 속도위반차량의 종류별 범칙금액〈시행령 제93조 제2항 별표10 제3호〉
>
> | 구 분 | 차량 종류별 범칙금액 |
> |---|---|
> | 60km/h 초과 | • 승합자동차등 : 16만원
• 승용자동차등 : 15만원 |
> | 40km/h 초과 60km/h 이하 | • 승합자동차등 : 13만원
• 승용자동차등 : 12만원 |
> | 20km/h 초과 40km/h 이하 | • 승합자동차등 : 10만원
• 승용자동차등 : 9만원 |
> | 20km/h 이하 | • 승합자동차등 : 6만원
• 승용자동차 : 6만원 |

32 PART 01. 기출문제분석

10 「도로교통법」상 운전자의 의무 등에 대한 설명으로 가장 올바르지 않은 것은?

① 경찰공무원은 술에 취한 상태에서 자동차 등, 노면전차 또는 자전거를 운전하였다고 인정할 만한 상당한 이유가 있는 경우에는 운전자가 술에 취하였는지를 호흡조사와 혈액채취 등의 방법으로 측정할 수 있다. 이 경우 운전자는 경찰공무원의 측정에 응하여야 한다.

② 자동차 등(개인형 이동장치는 제외한다)의 운전자는 도로에서 2명 이상이 공동으로 2대 이상의 자동차 등을 정당한 사유 없이 앞뒤로 또는 좌우로 줄지어 통행하면서 다른 사람에게 위해를 끼치거나 교통상의 위험을 발생하게 하여서는 아니 된다.

③ 요인 경호용, 구급용 및 장의용 자동차를 제외하고는 자동차 앞면 창유리의 가시광선 투과율이 70% 기준보다 낮아 교통안전 등에 지장을 줄 수 있는 차를 운전하지 말아야 한다.

④ 운전자는 긴급자동차를 운전하는 경우 운전 중 휴대용 전화를 사용할 수 있다.

> ✔ **해설** ① 경찰공무원은 교통의 안전과 위험방지를 위하여 필요하다고 인정하거나 술에 취한 상태에서 자동차 등을 운전하였다고 인정할 만한 상당한 이유가 있는 경우에는 운전자가 술에 취하였는지를 호흡조사로 측정할 수 있다. 이 경우 운전자는 경찰공무원의 측정에 응하여야 하며, 측정결과에 불복하는 운전자에 대하여는 그 운전자의 동의를 받아 혈액 채취 등의 방법으로 다시 측정할 수 있다〈법 제44조 제2항 및 제3항〉.

1 「도로교통법 시행규칙」상 버스전용차로통행지정에 대 한 설명으로 맞는 것은?

① 버스전용차로통행지정의 지정권자는 경찰청장이다.

② 버스지정증의 바탕은 흰색으로 하되 통행지정란은 검정으로 한다.

③ 글씨는 "통행지정"은 청색으로 하고, 기타 글씨는 청색으로 한다.

④ 통행지정증은 앞면유리 우측상단, 뒷면유리 좌측하단, 좌·우측 중앙창유리 중앙상단에 부착 한다.

✔해설 버스전용차로통행 지정증〈시행규칙 제18조 제1항 별표10〉

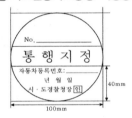

① 버스전용차로통행지정의 지정권자는 시·도경찰청장이다.

② 바탕색은 노랑색으로 하되 통행지정란은 백색으로 한다.

③ 글씨는 "통행지정"은 청색으로 하고, 기타 글씨는 흑색으로 한다.

④ 통행지정증은 앞면유리 우측상단, 뒷면유리 좌측하단, 좌·우측 중앙창유리 중앙상단에 부착한다.

2 「도로교통법」상 교통사고 발생 시 동승자 등으로 하여금 조치나 신고를 하게하고 운전을 계속할 수 있 는 차량으로 볼 수 없는 것은?

① 어린이통학버스 ② 부상자를 운반 중인 차

③ 우편물자동차 ④ 노면전차

✔해설 긴급한 경우 동승자로 하여금 신고하게 하고 운전을 계속할 수 있는 경우〈법 제54조 제5항〉
㉠ 긴급자동차
㉡ 부상자를 운반 중인 차
㉢ 우편물자동차 및 노면전차 등의 운전자

Answer 1.④ 2.①

3 다음 중 사고발생 시의 조치에 대한 설명으로 틀린 것은?

① 차 또는 노면전차의 운전 등 교통으로 인하여 사람을 사상하거나 물건을 손괴한 경우에는 그 차 또는 노면전차의 운전자나 그 밖의 승무원은 즉시 정차하여 사상자를 구호하는 등 필요한 조치를 하여야한다.

② 차 또는 노면전차의 운전자등은 경찰공무원이 현장에 있을 때에는 그 경찰공무원에게, 경찰공무원이 현장에 없을 때에는 가장 가까운 국가경찰관서에 지체 없이 신고하여야 한다.

③ 차 또는 노면전차만 손괴된 것이 분명하고 도로에서의 위험방지와 원활한 소통을 위하여 필요한 조치를 한 경우에는 신고하지 아니할 수 있다.

④ 경찰공무원 및 자치경찰공무원은 교통사고가 발생한 경우에는 대통령령으로 정하는 바에 따라 필요한 조사를 하여야 한다.

> ✔해설 ④ 경찰공무원(자치경찰공무원은 제외한다)은 교통사고가 발생한 경우에는 대통령령으로 정하는 바에 따라 필요한 조사를 하여야 한다〈법 제54조 제6항〉.
>
> **Tip**
> **사고발생 시의 조치**〈법 제54조〉
> ㉠ 차 또는 노면전차의 운전 등 교통으로 인하여 사람을 사상하거나 물건을 손괴(이하 "교통사고"라 한다)한 경우에는 그 차 또는 노면전차의 운전자나 그 밖의 승무원(이하 "운전자등"이라 한다)은 즉시 정차하여 다음의 조치를 하여야 한다.
> • 사상자를 구호하는 등 필요한 조치
> • 피해자에게 인적 사항(성명 · 전화번호 · 주소 등을 말한다) 제공
> ㉡ 교통사고 시 그 차 또는 노면전차의 운전자등은 경찰공무원이 현장에 있을 때에는 그 경찰공무원에게, 경찰공무원이 현장에 없을 때에는 가장 가까운 국가경찰관서(지구대, 파출소 및 출장소를 포함)에 다음의 사항을 지체 없이 신고하여야 한다. 다만, 차 또는 노면전차만 손괴된 것이 분명하고 도로에서의 위험방지와 원활한 소통을 위하여 필요한 조치를 한 경우에는 그러하지 아니하다.
> • 사고가 일어난 곳
> • 사상자 수 및 부상 정도
> • 손괴한 물건 및 손괴 정도
> • 그 밖의 조치사항 등
> ㉢ 신고를 받은 국가경찰관서의 경찰공무원은 부상자의 구호와 그 밖의 교통위험 방지를 위하여 필요하다고 인정하면 경찰공무원(자치경찰공무원은 제외한다)이 현장에 도착할 때까지 신고한 운전자등에게 현장에서 대기할 것을 명할 수 있다.
> ㉣ 경찰공무원은 교통사고를 낸 차 또는 노면전차의 운전자등에 대하여 그 현장에서 부상자의 구호와 교통안전을 위하여 필요한 지시를 명할 수 있다.
> ㉤ 긴급자동차, 부상자를 운반 중인 차, 우편물자동차 및 노면전차 등의 운전자는 긴급한 경우에는 동승자 등으로 하여금 ㉠에 따른 조치나 ㉡에 따른 신고를 하게 하고 운전을 계속할 수 있다.
> ㉥ 경찰공무원(자치경찰공무원은 제외한다)은 교통사고가 발생한 경우에는 대통령령으로 정하는 바에 따라 필요한 조사를 하여야 한다.

Answer 3.④

4 「도로의 구조·시설 기준에 관한 규칙」에서 설명하고 있는 내용으로 맞는 것은?

① 차도에 접하여 연석을 설치하는 경우 그 높이는 30센티미터 이하로 하여야 한다.

② 횡단보도에 접한 구간으로서 필요하다고 인정되는 지역에는 이동편의시설을 설치해야 하며, 자전거도로에 접한 구간은 자전거의 통행에 불편이 없도록 하여야 하고 「교통약자의 이동편의 증진법」에서 이를 규정하고 있다.

③ 보도의 유효폭은 보행자의 통행량과 주변 토지 이용 상황을 고려하여 결정하되, 최소 2미터 이상으로 하여야 한다.

④ 보도는 보행자의 통행 경로를 따라 연속성과 일관성이 유지되도록 설치하며, 보도에 노상시설을 설치하는 경우 가로수 등을 설치하여야 한다.

> ✔ 해설 보도〈도로의 구조·시설 기준에 관한 규칙 제16조〉
> ○ 보행자의 안전과 자동차 등의 원활한 통행을 위하여 필요하다고 인정되는 경우에는 도로에 보도를 설치해야 한다. 이 경우 보도는 연석(緣石)이나 방호울타리 등의 시설물을 이용하여 차도와 물리적으로 분리해야 하고, 필요하다고 인정되는 지역에는 이동편의시설을 설치해야 한다.
> ○ 차도와 보도를 구분하는 경우에는 다음의 기준에 따른다.
>   • 차도에 접하여 연석을 설치하는 경우 그 높이는 25센티미터 이하로 할 것
>   • 횡단보도에 접한 구간으로서 필요하다고 인정되는 지역에는 이동편의시설을 설치해야 하며, 자전거도로에 접한 구간은 자전거의 통행에 불편이 없도록 할 것
> ○ 보도의 유효폭은 보행자의 통행량과 주변 토지 이용 상황을 고려하여 결정하되, 최소 2미터 이상으로 하여야 한다. 다만, 지방지역의 도로와 도시지역의 국지도로는 지형상 불가능하거나 기존 도로의 증설·개설 시 불가피하다고 인정되는 경우에는 1.5미터 이상으로 할 수 있다.
> ○ 보도는 보행자의 통행 경로를 따라 연속성과 일관성이 유지되도록 설치하며, 보도에 가로수 등 노상시설을 설치하는 경우 노상시설 설치에 필요한 폭을 추가로 확보하여야 한다.

Answer 4.③

5 다음 중 벌점이 가장 낮은 것은?

① 앞지르기 금지시기·장소위반　　　　② 철길건널목 통과방법위반

③ 승객의 차내 소란행위 방치운전　　　④ 속도위반(60km/h 초과)

　✔해설　① 벌점 15점　② 벌점 30점　③ 벌점 40점　④ 벌점 60점

Tip
주요 벌점〈시행규칙 제91조 제1항 별표28〉

벌점	위반 사항
100	• 속도위반(100km/h 초과) • 술에 취한 상태의 기준을 넘어서 운전한 때(혈중알코올농도 0.03퍼센트 이상 0.08퍼센트 미만) • 자동차 등을 이용하여 형법상 특수상해 등(보복운전)을 하여 입건된 때
80	• 속도위반(80km/h 초과 100km/h 이하)
60	• 속도위반(60km/h 초과 80km/h 이하)

6 「도로교통법」상 음주운전에 대한 처벌내용으로 옳은 것은?

① 혈중알코올농도가 0.2퍼센트 이상 0.5퍼센트 미만인 사람은 3년 이상의 징역이나 2,000만 원 이하의 벌금에 처한다.

② 혈중알코올농도가 0.08퍼센트 이상 0.2퍼센트 미만인 사람은 1년 이상 3년 이하의 징역이나 500만 원 이상 1천만 원 이하의 벌금에 처한다.

③ 혈중알코올농도가 0.03퍼센트 이상 0.08퍼센트 미만인 사람은 1년 이하의 징역이나 500만 원 이하의 벌금에 처한다.

④ 혈중알코올농도가 0.2퍼센트 이상인 사람은 2년 이상 5년 이하의 징역이나 1천만 원 이상 3천만 원 이하의 벌금에 처한다.

　✔해설　음주운전자의 벌칙〈제148조의2 제3항〉
　　㉠ 혈중알코올농도가 0.2퍼센트 이상인 사람 : 2년 이상 5년 이하의 징역이나 1천만 원 이상 2천만 원 이하의 벌금
　　㉡ 혈중알코올농도가 0.08퍼센트 이상 0.2퍼센트 미만인 사람 : 1년 이상 2년 이하의 징역이나 500만 원 이상 1천만 원 이하의 벌금
　　㉢ 혈중알코올농도가 0.03퍼센트 이상 0.08퍼센트 미만인 사람 : 1년 이하의 징역이나 500만 원 이하의 벌금

Answer　5.①　6.③

7 「도로교통법」상 신호기 및 교통안전시설의 설치·관리기준에 대한 설명으로 틀린 것은?

① 특별시장·광역시장·제주특별자치도지사 또는 시장·군수(광역시의 군수는 제외한다. 이하 "시장 등"이라 한다)는 도로 및 유료도로에서의 위험을 방지하고 교통의 안전과 원활한 소통을 확보하기 위하여 필요하다고 인정하는 경우에는 신호기 및 안전표지(이하 "교통안전시설"이라 한다)를 설치·관리하여야 한다.

② 시장 등은 대통령령으로 정하는 사유로 도로에 설치된 교통안전시설을 철거하거나 원상회복이 필요한 경우에는 그 사유를 유발한 사람으로 하여금 해당 공사에 드는 비용의 전부 또는 일부를 부담하게 할 수 있다.

③ 시·도경찰청장, 경찰서장 또는 시장 등은 이 법을 위반한 사실을 기록·증명하기 위하여 무인 교통단속용 장비를 설치·관리할 수 있다.

④ 교통안전시설의 설치·관리기준은 주·야간이나 기상상태 등에 관계없이 교통안전시설이 운전자 및 보행자의 눈에 잘 띄도록 정한다.

> ✔️**해설** 신호기 등의 설치 및 관리〈법 제3조〉
> ㉠ 특별시장·광역시장·제주특별자치도지사 또는 시장·군수(광역시의 군수는 제외한다. 이하 "시장 등"이라 한다)는 도로에서의 위험을 방지하고 교통의 안전과 원활한 소통을 확보하기 위하여 필요하다고 인정하는 경우에는 신호기 및 안전표지(이하 "교통안전시설"이라 한다)를 설치·관리하여야 한다. 다만, 「유료도로법」 제6조에 따른 유료도로에서는 시장 등의 지시에 따라 그 도로관리자가 교통안전시설을 설치·관리하여야 한다.
> ㉡ 시장 등 및 도로관리자는 교통안전시설을 설치·관리할 때에는 교통안전시설의 설치·관리기준에 적합하도록 하여야 한다.
> ㉢ 도(道)는 시장이나 군수가 교통안전시설을 설치·관리하는 데에 드는 비용의 전부 또는 일부를 시(市)나 군(郡)에 보조할 수 있다.
> ㉣ 시장 등은 대통령령으로 정하는 사유로 도로에 설치된 교통안전시설을 철거하거나 원상회복이 필요한 경우에는 그 사유를 유발한 사람으로 하여금 해당 공사에 드는 비용의 전부 또는 일부를 부담하게 할 수 있다.
> ㉤ 부담금의 부과기준 및 환급에 관하여 필요한 사항은 대통령령으로 정한다.
> ㉥ 시장 등은 부담금을 납부하여야 하는 사람이 지정된 기간에 이를 납부하지 아니하면 지방세 체납처분의 예에 따라 징수한다.

> **Tip**
> 교통안전시설의 종류 및 설치·관리기준 등〈법 제4조〉
> ㉠ 교통안전시설의 종류, 교통안전시설의 설치·관리기준. 그 밖에 교통안전시설에 관하여 필요한 사항은 행정안전부령으로 정한다.
> ㉡ 교통안전시설의 설치·관리기준은 주·야간이나 기상상태 등에 관계없이 교통안전시설이 운전자 및 보행자의 눈에 잘 띄도록 정한다.

Answer 7.①

8 「도로교통법」상 자동차운전 전문학원의 지정기준 등에 대한 설명으로 바르지 않은 것은?

① 학과교육강사는 1일 학과교육 8시간당 1명 이상이어야 한다.

② 자동차운전 전문학원으로 지정을 받으려면 일정 자격요건을 갖춘 학감을 두어야 한다. 다만, 학원을 설립·운영하는 자가 자격요건을 갖춘 경우에는 학감을 겸임할 수 있으며 이 경우에는 학감을 보좌하는 부학감을 두지 않아도 된다.

③ 학감이나 부학감은 도로교통에 관한 업무에 3년 이상 근무한 경력(관리직 경력만 해당한다)이 있는 사람 또는 학원 등의 운영·관리에 관한 업무에 3년 이상 근무한 경력이 있는 사람으로 파산선고를 받고 복권되지 아니한 사람은 될 수 없다.

④ 전문학원의 기능검정원은 교육생 정원 200명당 1명 이상이어야 한다.

✔해설 ② 자동차운전 전문학원으로 지정을 받으려면 일정 자격요건을 갖춘 학감을 두어야 한다. 다만, 학원을 설립·운영하는 자가 자격요건을 갖춘 경우에는 학감을 겸임할 수 있으며 이 경우에는 학감을 보좌하는 부학감을 두어야 한다〈법 제104조 제1항 제1호〉.

Tip
자동차운전학원과 자동차운전전문학원의 비교〈법 제99조 및 법 제104조〉

구분	자동차운전학원(일반학원)	자동차운전 전문학원(전문학원)
설립조건	시·도경찰청장에 등록	시·도경찰청장이 지정
설립요건		6개월 동안 도로주행사업 합격률 60% 이상
자체시험	자체시험 불가 / 도로교통공단(면허시험장)	자체시험 가능
학과강사	1일 교육시간 7시간 초과 불가	8시간당 학과 강사 1명 이상
기능강사	• 1종 대형. 1·2종 보통 : 차 10대당 3명 이상 • 1종 특수 : 차 2대당 1명 이상 • 2종 소형 및 원동기 : 차 10대당 1명 이상	• 1종 대형 : 차 10대당 3명 이상 • 1·2종 보통 : 차 10대당 5명 이상 • 1종 특수 : 차 2대당 1명 이상 • 2종 소형 : 차 10대당 1명 이상
도로주행강사	차 1대당 1명 동승	차 1대당 1명 동승
기능검정원 (감독관)	해당 없음	수강생 정원 200명당 기능 검정 원 1명 이상
학감	해당 없음	필요
부학감	해당 없음	운영자가 학감을 겸임하는 경우 부학감을 두어야 한다.

Answer 8.②

9 「도로교통법」상 모든 운전자의 준수사항 등에 대한 내용으로 바르지 않은 것은?

① 모든 차 또는 노면전차의 운전자는 물이 고인 곳을 운행할 때에는 고인 물을 튀게 하여 다른 사람에게 피해를 주는 일이 없도록 하여야 한다.

② 어린이가 보호자 없이 도로를 횡단할 때, 어린이가 도로에서 앉아 있거나 서 있을 때 또는 어린이가 도로에서 놀이를 할 때 등 어린이에 대한 교통사고의 위험이 있는 것을 발견한 경우에는 일시정지 하여야 한다.

③ 앞을 보지 못하는 사람이 흰색 지팡이를 가지거나 장애인보조견을 동반하는 등의 조치를 하고 도로를 횡단하고 있는 경우에는 일시정지 하여야 한다.

④ 지하도나 육교 등 도로 횡단시설을 이용할 수 없는 지체장애인이나 노인 등이 도로를 횡단하고 있는 경우에는 서행하여야 한다.

✔ 해설 ④ 지하도나 육교 등 도로 횡단시설을 이용할 수 없는 지체장애인이나 노인 등이 도로를 횡단하고 있는 경우에는 일시 정지하여야 한다〈법 제49조 제1항 제2호〉.

Tip
일시정지해야 하는 경우〈법 제49조 제1항 제2호〉
㉠ 어린이가 보호자 없이 도로를 횡단할 때, 어린이가 도로에서 앉아 있거나 서 있을 때 또는 어린이가 도로에서 놀이를 할 때 등 어린이에 대한 교통사고의 위험이 있는 것을 발견한 경우
㉡ 앞을 보지 못하는 사람이 흰색 지팡이를 가지거나 장애인보조견을 동반하는 등의 조치를 하고 도로를 횡단하고 있는 경우
㉢ 지하도나 육교 등 도로 횡단시설을 이용할 수 없는 지체장애인이나 노인 등이 도로를 횡단하고 있는 경우

Answer 9.④

10 「도로교통법 시행령」 제19조에서 차 또는 노면전차의 운전자가 밤에 도로에서 차를 운행할 때 켜야 하는 등화의 내용으로 틀린 설명은?

① 자동차는 전조등, 차폭등, 미등, 번호등과 실내조명등을 켜야 하며, 이때 실내조명등은 승합자동차와 「여객자동차 운수사업법」에 따른 여객자동차운송사업용 승용자동차만 해당한다.
② 원동기장치자전거는 차폭등은 켜지 않아도 된다.
③ 견인되는 차는 전조등, 차폭등, 미등 및 번호등을 켜야 한다.
④ 노면전차는 전조등, 차폭등, 미등 및 실내조명등을 켜야 한다.

> ✔ 해설 밤에 도로에서 차를 운행하는 경우 등의 등화〈시행령 제19조〉
> ㉠ 자동차
> • 전조등, 차폭등, 미등, 번호등, 실내조명등
> • 단, 실내조명등은 승합자동차와 여객자동차운송사업용 승용자동차만 해당한다.
> ㉡ 원동기장치자전거 : 전조등, 미등
> ㉢ 견인되는 차 : 미등, 차폭등, 번호등
> ㉣ 노면전차 : 전조등, 차폭등, 미등, 실내조명등
> ㉤ ㉠~㉣ 외의 차 : 시 · 도경찰청장이 정하여 고시하는 등화

Answer　10.③

1 「도로교통법」 및 「자동차관리법」상 중형 승합자동차의 기준이 되는 것은?

① 승차정원이 9인 이하
② 승차정원이 9인 이상 15인 이하
③ 승차정원이 16인 이상 35인 이하
④ 승차정원이 36인 이상

> ✔해설 승합차의 종류〈자동차관리법 시행규칙 제2조 별표1〉
> ㉠ 경형승합차 : 배기량이 1,000시시 미만이고, 길이 3.6미터·너비 1.6미터·높이 2.0미터 이하인 것
> ㉡ 소형승합차 : 승차정원이 15인 이하이고, 길이 4.7미터·너비 1.7미터·높이 2.0미터 이하인 것
> ㉢ 중형승합차 : 승차정원이 16인 이상 35인 이하이거나, 길이·너비·높이 중 어느 하나라도 소형을 초과하고, 길이가 9미터 미만인 것
> ㉣ 대형승합차 : 승차정원이 36인 이상이거나, 길이·너비·높이 모두 소형을 초과하고, 길이가 9미터 이상인 것

2 「도로교통법 시행규칙」상 황색 원형등화의 신호의 뜻으로 잘못 설명하고 있는 것은?

① 차마는 정지선이 있거나 횡단보도가 있을 때에는 그 직전이나 교차로의 직전에 정지하여야 한다.
② 이미 교차로에 차마의 일부라도 진입한 경우에는 신속히 교차로 밖으로 진행하여야 한다.
③ 차마는 우회전 할 수 있고 우회전하는 경우에는 보행자의 횡단을 방해하지 못한다.
④ 신호에 따라 진행하는 다른 차마의 교통을 방해되지 않는다면 일시정지한 후 주의하면서 진행할 수 있다.

> ✔해설 황색의 원형등화〈시행규칙 제6조 제2항 별표2〉
> ㉠ 차마는 정지선이 있거나 횡단보도가 있을 때에는 그 직전이나 교차로의 직전에 정지하여야 하며, 이미 교차로에 차마의 일부라도 진입한 경우에는 신속히 교차로 밖으로 진행하여야 한다.
> ㉡ 차마는 우회전할 수 있고 우회전하는 경우에는 보행자의 횡단을 방해하지 못한다.

3 「도로교통법」상 도로의 종류가 아닌 것은?

① 「유료도로법」에 따른 유료도로

② 「농어촌도로 정비법」에 따른 농어촌도로

③ 「해양법」에 따른 해상도로

④ 불특정 다수의 사람 또는 차마가 통행할 수 있도록 공개된 장소로서 안전하고 원활한 교통을 확보할 필요가 있는 장소

✔ 해설 도로〈법 제2조 제1호〉
  ㉠ 「도로법」에 따른 도로
  ㉡ 「유료도로법」에 따른 유료도로
  ㉢ 「농어촌도로 정비법」에 따른 농어촌도로
  ㉣ 그 밖에 현실적으로 불특정 다수의 사람 또는 차마(車馬)가 통행할 수 있도록 공개된 장소로서 안전하고 원활한 교통을 확보할 필요가 있는 장소

Tip
긴급자동차 접근 시 피양방법

구 분	피양방법
일반도로	긴급자동차가 우선통행 할 수 있도록 진로를 양보하여야 한다.
교차로나 그 부근	차마와 노면전차의 운전자는 교차로를 피하여 일시정지 하여야 한다.
고속도로	긴급자동차가 우선 통행할 수 있도록 진로를 양보하여야 한다.
일방통행	긴급자동차가 우선 통행할 수 있도록 진로를 양보하여야 한다.

☞ 긴급자동차 접근 시 일시정지 등 양보 위반 범칙금 → 승용 6만 원 / 승합 7만 원

4 다음 중 긴급자동차의 우선 통행에 대한 설명으로 틀린 내용은?

① 긴급자동차는 긴급하고 부득이한 경우에는 도로의 중앙이나 좌측 부분을 통행할 수 있다.

② 긴급자동차는 「도로교통법」에 따른 명령에 따라 정지하여야 하는 경우에도 불구하고 긴급하고 부득이한 경우에는 정지하지 아니할 수 있다.

③ 교차로나 그 부근에서 긴급자동차가 접근하는 경우에는 차마와 노면전차의 운전자는 교차로를 피하여 서행하여야 한다.

④ 긴급자동차 운전자는 해당 자동차를 그 본래의 긴급한 용도로 운행하지 아니하는 경우에는 「자동차관리법」에 따라 설치된 경광등을 켜거나 사이렌을 작동하여서는 아니 된다.

✓ 해설 긴급자동차의 우선 통행〈법 제29조〉

㉠ 긴급자동차는 긴급하고 부득이한 경우에는 도로의 중앙이나 좌측 부분을 통행할 수 있다.

㉡ 긴급자동차는 「도로교통법」이나 「도로교통법」에 따른 명령에 따라 정지하여야 하는 경우에도 불구하고 긴급하고 부득이한 경우에는 정지하지 아니할 수 있다.

㉢ 긴급자동차의 운전자는 ㉠이나 ㉡의 경우에 교통안전에 특히 주의하면서 통행하여야 한다.

㉣ 교차로나 그 부근에서 긴급자동차가 접근하는 경우에는 차마와 노면전차의 운전자는 교차로를 피하여 일시정지하여야 한다.

㉤ 모든 차와 노면전차의 운전자는 제4항에 따른 곳 외의 곳에서 긴급자동차가 접근한 경우에는 긴급자동차가 우선통행할 수 있도록 진로를 양보하여야 한다.

㉥ 자동차 운전자는 해당 자동차를 그 본래의 긴급한 용도로 운행하지 아니하는 경우에는 경광등을 켜거나 사이렌을 작동하여서는 아니 된다. 다만, 대통령령으로 정하는 바에 따라 범죄 및 화재 예방 등을 위한 순찰·훈련 등을 실시하는 경우에는 그러하지 아니하다.

Answer 4.③

5 「도로교통법」상 서행을 해야 하는 경우에 대한 설명으로 틀린 것은?

① 차마의 운전자는 길가의 건물이나 주차장 등에서 도로에 들어갈 때에는 서행하여야 한다.
② 교통정리를 하고 있지 아니하는 교차로에 들어가려고 하는 차의 운전자는 그 차가 통행하고 있는 도로의 폭보다 교차하는 도로의 폭이 넓은 경우에는 서행하여야 한다.
③ 도로에 설치된 안전지대에 보행자가 있는 경우 서행하여야 한다.
④ 차로가 설치되지 아니한 좁은 도로에서 보행자의 옆을 지나는 경우에는 안전한 거리를 두고 서행하여야 한다.

> ✔해설 서행 또는 일시정지할 장소〈법 제31조〉
> ㉠ 서행해야 할 장소
> • 교통정리를 하고 있지 아니하는 교차로
> • 도로가 구부러진 부근
> • 비탈길의 고갯마루 부근
> • 가파른 비탈길의 내리막
> • 시 · 도경찰청장이 도로에서의 위험을 방지하고 교통의 안전과 원활한 소통을 확보하기 위하여 필요하다고 인정하여 안전표지로 지정한 곳
> ㉡ 일시정지해야 할 장소
> • 교통정리가 행하여지지 않고 교통이 빈번한 교차로
> • 교통정리가 행하여지지 않고 좌우 확인이 곤란한 교차로
> • 적색등화 점멸중일 때 교차로 직진 정지선
> • 철길 건널목
> • 길가의 건물이나 주차장에서 도로 진입 시
> • 시 · 도경찰청장이 도로에서의 위험을 방지하고 교통의 안전과 원활한 소통을 확보하기 위하여 필요하다고 인정하는 곳으로서 안전표지로 지정한 곳

6 「도로교통법 시행규칙」상 속도를 50/100으로 줄여야 하는 경우로 틀린 것은?

① 비가 내려 노면이 젖어 있는 경우

② 노면이 얼어붙은 경우

③ 안개 등으로 가시거리가 100미터 이내인 경우

④ 눈이 20밀리미터 이상 쌓인 경우

> ✔ **해설** 비 · 안개 · 눈 등으로 인한 악천후 시 감속 운행해야 하는 경우〈시행규칙 제19조 제2항〉
> ㉠ 최고속도의 100분의 20을 줄인 속도로 운행하여야 하는 경우
>   • 비가 내려 노면이 젖어 있는 경우
>   • 눈이 20밀리미터 미만 쌓인 경우
> ㉡ 최고속도의 100분의 50을 줄인 속도로 운행하여야 하는 경우
>   • 폭우 · 폭설 · 안개 등으로 가시거리가 100미터 이내인 경우
>   • 노면이 얼어붙은 경우
>   • 눈이 20밀리미터 이상 쌓인 경우

1 「도로교통법」상 승차 또는 적재의 방법과 제한으로 가장 옳지 않은 것은?

① 모든 차 또는 노면전차의 운전자는 운전 중 타고 있는 사람 또는 타고 내리는 사람이 떨어지지 아니하도록 하기 위하여 문을 정확히 여닫는 등 필요한 조치를 하여야 한다.

② 모든 차의 운전자는 운전 중 실은 화물이 떨어지지 아니하도록 덮개를 씌우거나 묶는 등 확실하게 고정될 수 있도록 필요한 조치를 하여야 한다.

③ 모든 차의 운전자는 영유아나 동물을 안고 운전 장치를 조작하거나 운전석 주위에 물건을 싣는 등 안전에 지장을 줄 우려가 있는 상태로 운전하여서는 아니 된다.

④ 모든 차의 운전자는 승차 인원, 적재중량 및 적재용량에 관하여 대통령령으로 정하는 운행상의 안전기준을 넘어서 승차시키거나 적재한 상태로 운전하여서는 아니 된다. 다만, 출발지를 관할하는 시장의 허가를 받은 경우에는 그러하지 아니하다.

✔ 해설 ④ 모든 차의 운전자는 승차 인원, 적재중량 및 적재용량에 관하여 대통령령으로 정하는 운행상의 안전기준을 넘어서 승차시키거나 적재한 상태로 운전하여서는 아니 된다. 다만, 출발지를 관할하는 경찰서장의 허가를 받은 경우에는 그러하지 아니하다〈법 제39조 제1항〉.

Tip

승차 또는 적재의 방법과 제한〈법 제39조〉

㉠ 모든 차의 운전자는 승차 인원, 적재중량 및 적재용량에 관하여 대통령령으로 정하는 운행상의 안전기준을 넘어서 승차시키거나 적재한 상태로 운전하여서는 아니 된다. 다만, 출발지를 관할하는 경찰서장의 허가를 받은 경우에는 그러하지 아니하다.

㉡ 허가를 받으려는 차가 「도로법」 제77조 제1항 단서에 따른 운행허가를 받아야 하는 차에 해당하는 경우에는 제14조 제4항을 준용한다.

㉢ 모든 차 또는 노면전차의 운전자는 운전 중 타고 있는 사람 또는 타고 내리는 사람이 떨어지지 아니하도록 하기 위하여 문을 정확히 여닫는 등 필요한 조치를 하여야 한다.

㉣ 모든 차의 운전자는 운전 중 실은 화물이 떨어지지 아니하도록 덮개를 씌우거나 묶는 등 확실하게 고정될 수 있도록 필요한 조치를 하여야 한다.

㉤ 모든 차의 운전자는 영유아나 동물을 안고 운전 장치를 조작하거나 운전석 주위에 물건을 싣는 등 안전에 지장을 줄 우려가 있는 상태로 운전하여서는 아니 된다.

㉥ 시 · 도경찰청장은 도로에서의 위험을 방지하고 교통의 안전과 원활한 소통을 확보하기 위하여 필요하다고 인정하는 경우에는 차의 운전자에 대하여 승차 인원, 적재중량 또는 적재용량을 제한할 수 있다.

Answer   1.④

2 「도로교통법 시행규칙」상 신호등의 성능으로 가장 옳지 않은 것은?

① 등화의 밝기는 낮에 150미터 앞쪽에서 식별할 수 있도록 할 것
② 등화의 빛의 발산각도는 사방으로 각각 45도 이상으로 할 것
③ 보행자에게 남은 시간을 알려주는 장치를 설치할 것
④ 태양광선이나 주위의 다른 빛에 의하여 그 표시가 방해받지 아니하도록 할 것

> ✔해설 신호등의 성능〈시행규칙 제7조 제3항〉
> ㉠ 등화의 밝기는 낮에 150미터 앞쪽에서 식별할 수 있도록 할 것
> ㉡ 등화의 빛의 발산각도는 사방으로 각각 45도 이상으로 할 것
> ㉢ 태양광선이나 주위의 다른 빛에 의하여 그 표시가 방해받지 아니하도록 할 것

3 「도로교통법」상 차량 운행 시 통행방법에 대한 설명으로 가장 옳지 않은 것은?

① 모든 차(긴급자동차는 제외한다)의 운전자는 뒤에서 따라오는 차보다 느린 속도로 가려는 경우에는 도로의 우측 가장자리로 피하여 진로를 양보하여야 한다. 다만, 통행 구분이 설치된 도로의 경우에는 그러하지 아니하다.
② 모든 차의 운전자는 다른 차를 앞지르려면 앞차의 좌측으로 통행하여야 한다.
③ 비탈진 좁은 도로에서 긴급자동차 외의 자동차가 서로 마주보고 진행하는 경우에는 내려가는 자동차가 우측 가장자리로 피하여 진로를 양보하여야 한다.
④ 모든 차의 운전자는 앞차의 좌측에 다른 차가 앞차와 나란히 가고 있는 경우 앞지르기를 하여서는 아니 된다.

> ✔해설 ③ 비탈진 좁은 도로에서 긴급자동차 외의 자동차가 서로 마주보고 진행하는 경우에는 올라가는 자동차가 우측 가장자리로 피하여 진로를 양보하여야 한다〈법 제20조 제2항〉.
>
> **Tip**
> 진로 양보의 의무〈법 제20조 제2항〉 … 좁은 도로에서 긴급자동차 외의 자동차가 서로 마주보고 진행할 때에는 다음의 구분에 따른 자동차가 도로의 우측 가장자리로 피하여 진로를 양보하여야 한다.
> ㉠ 비탈진 좁은 도로에서 자동차가 서로 마주보고 진행하는 경우에는 올라가는 자동차
> ㉡ 비탈진 좁은 도로 외의 좁은 도로에서 사람을 태웠거나 물건을 실은 자동차와 동승자(同乘者)가 없고 물건을 싣지 아니한 자동차가 서로 마주보고 진행하는 경우에는 동승자가 없고 물건을 싣지 아니한 자동차

Answer   2.③ 3.③

4 「도로교통법 시행령」상 자동차운전학원의 교육생 1명에 대한 교육시간으로 가장 옳은 것은?

① 학과교육의 경우에는 1일 8시간을 초과하지 아니할 것

② 학과교육의 경우에는 1일 9시간을 초과하지 아니할 것

③ 기능교육 및 도로주행교육의 경우에는 1일 4시간을 초과하지 아니할 것

④ 기능교육 및 도로주행교육의 경우에는 1일 6시간을 초과하지 아니할 것

> ✔해설 교육생 1명에 대한 교육시간은 학과과목의 경우에는 1일 7시간, 기능교육 및 도로주행교육의 경우에는 1일 4시간을 각각 초과하지 아니하여야 한다〈시행령 제65조 제1항 제2호〉.
>
> **Tip**
> 학원의 교육과정, 교육방법 및 운영기준〈시행령 제65조〉
> ㉠ 교육과정 : 학원은 학과교육, 기능교육 및 도로주행교육으로 과정을 구분하여 교육을 실시할 것
> ㉡ 교육방법
> • 운전면허의 범위별로 구분하여 행정안전부령으로 정하는 최소 시간 이상 교육할 것
> • 교육생 1명에 대한 교육시간은 학과교육의 경우에는 1일 7시간, 기능교육 및 도로주행교육의 경우에는 1일 4시간을 각각 초과하지 아니할 것
> • 도로주행교육은 제63조제4항에 따른 기준에 맞는 도로에서 실시할 것
> ㉢ 운영기준
> • 행정안전부령으로 정하는 정원의 범위에서 교육을 실시할 것
> • 자동차운전교육생을 모집하기 위한 사무실 등을 학원 밖에서 별도로 운영하지 아니할 것
> • 교육생이 학원의 위치, 연락처, 교육시간에 관하여 착오를 일으킬 만한 정보를 표시하거나 광고하지 아니할 것
> • 교육시간을 모두 수료하지 아니한 교육생에게 운전면허시험에 응시하도록 유도하지 아니할 것
> ☞ 교육과정별 교육의 과목 및 순서 등 교육방법과 운영기준에 관하여 필요한 사항은 행정안전부령으로 정한다.

5 「도로교통법 시행규칙」상 자동차의 운전자는 밤에 고장이나 그 밖의 사유로 고속도로에서 자동차를 운행할 수 없게 되었을 때에 식별할 수 있는 적색의 섬광신호·전기제등 또는 불꽃신호 표지를 설치하여야 한다. 해당 표지를 설치해야 하는 지점으로 가장 옳은 것은?

① 사방 700미터 지점

② 사방 500미터 지점

③ 사방 300미터 지점

④ 사방 100미터 지점

> ✔해설 ② 자동차의 운전자는 밤에 고장이나 그 밖의 사유로 고속도로에서 자동차를 운행할 수 없게 되었을 때에는 사방 500미터 지점에 식별할 수 있는 적색의 섬광신호, 전기제등 또는 불꽃신호표지를 설치하여야 한다 다만, 밤에 고장이나 그 밖의 사유로 고속도로등에서 자동차를 운행할 수 없게 되었을 때로 한정한다〈시행규칙 제40조 제1항 제2호〉.

Answer 4.③ 5.②

6 〈보기〉는 「도로교통법 시행령」의 출석지시불이행자의 처리에 대한 내용이다. ㈜에 들어갈 내용으로 옳은 것은?

보기

법 제138조(운전면허증 등의 보관) 제1항에 따라 출석지시서를 받은 사람은 출석지시서를 받은 날부터 ___㈜___ 이내에 지정된 장소로 출석하여야 한다.

① 3일   ② 7일
③ 10일   ④ 15일

> ✔해설 법 제138조 제1항에 따라 운전면허증 등의 보관에 따라 출석지시는 출석지시를 받은 날로부터 10일 이내에 지정된 장소로 출석하여야 한다〈시행령 제83조 제1항〉.

7 〈보기〉는 「도로교통법」상 "개인형 이동장치"에 대한 정의이다. ㈜와 ㈏에 들어갈 내용으로 옳은 것은?

보기

"개인형 이동장치"란 원동기장치자전거 중 [㈜   ]으로 운행할 경우 전동기가 작동하지 아니하고 차체 중량이 [㈏   ]인 것으로서 행정안전부령으로 정하는 것을 말한다.

	㈜	㈏
①	시속 20킬로미터 이상	30킬로그램 이하
②	시속 25킬로미터 이상	30킬로그램 미만
③	시속 20킬로미터 이상	35킬로그램 이하
④	시속 25킬로미터 이상	35킬로그램 미만

> ✔해설 개인형 이동장치란 원동기장치자전거 중 시속 25킬로미터 이상으로 운행할 경우 전동기가 작동하지 아니하고 차체 중량이 30킬로그램 미만인 것으로서 행정안전부령으로 정하는 것을 말한다〈법 제2조 제19의2호〉.

Answer   6.③ 7.②

8 「도로교통법 시행령」에서 규정한 긴급자동차가 아닌 것은?

① 혈액 공급차량
② 국내외 요인에 대한 경호업무 수행에 공무로 사용되는 자동차
③ 전파감시업무에 사용되는 자동차
④ 경찰용 자동차 중 범죄수사 업무 수행에 사용되는 자동차

> ✔ 해설 긴급자동차〈법 제2조 제22호〉
>   ㉠ 소방차
>   ㉡ 구급차
>   ㉢ 혈액 공급차량
>   ㉣ 그 밖에 대통령령으로 정하는 자동차
>
> **Tip**
> 대통령령으로 정하는 자동차〈시행령 제2조〉
> ㉠ 경찰용 자동차 중 범죄수사, 교통단속, 그 밖의 긴급한 경찰업무 수행에 사용되는 자동차
> ㉡ 국군 및 주한 국제연합군용 자동차 중 군 내부의 질서 유지나 부대의 질서 있는 이동을 유도하는 데 사용되는 자동차
> ㉢ 수사기관의 자동차 중 범죄수사를 위하여 사용되는 자동차
> ㉣ 다음에 해당하는 시설 또는 기관의 자동차 중 도주자의 체포 또는 수용자, 보호관찰 대상자의 호송·경비를 위하여 사용되는 자동차
>   • 교도소·소년교도소, 구치소
>   • 소년원 또는 소년분류심사원
>   • 보호관찰소
> ㉤ 국내외 요인에 대한 경호업무 수행에 공무로 사용되는 자동차
> ㉥ 전기사업, 가스사업, 그 밖의 공익사업을 하는 기관에서 위험 방지를 위한 응급작업에 사용되는 자동차
> ㉦ 민방위업무를 수행하는 기관에서 긴급예방 또는 복구를 위한 출동에 사용되는 자동차
> ㉧ 도로관리를 위하여 사용되는 자동차 중 도로상의 위험을 방지하기 위한 응급작업에 사용되거나 운행이 제한되는 자동차를 단속하기 위하여 사용되는 자동차
> ㉨ 전신·전화의 수리공사 등 응급작업에 사용되는 자동차
> ㉩ 긴급한 우편물의 운송에 사용되는 자동차
> ㉪ 전파감시업무에 사용되는 자동차
>
> 긴급자동차에 준하는 자동차
> ㉠ 경찰용 긴급자동차에 의하여 유도되고 있는 자동차
> ㉡ 국군 및 주한 국제연합군용의 긴급자동차에 의하여 유도되고 있는 국군 및 주한 국제연합군의 자동차
> ㉢ 생명이 위급한 환자 또는 부상자나 수혈을 위한 혈액을 운송 중인 자동차

Answer 8.①

9 〈보기〉는 「도로교통법 시행규칙」 제15조(차로의 설치)에 대한 내용이다. ㈎와 ㈏에 들어갈 내용으로 가장 옳은 것은?

보기

제1항 시·도경찰청장은 법 제14조 제1항에 따라 도로에 차로를 설치하고자 하는 때에는 별표6에 따른 노면표시로 표시하여야 한다.

제2항 제1항에 따라 설치되는 차로의 너비는 ㈎ 미터 이상으로 하여야 한다. 다만, 좌회전전용차로의 설치 등 부득이하다고 인정되는 때에는 ㈏ 센티미터 이상으로 할 수 있다.

	㈎	㈏		㈎	㈏
①	2	175	②	3	275
③	4	375	④	5	475

> ✔해설 **차로의 설치**〈시행규칙 제15조〉
> ㉠ 시·도경찰청장은 도로에 차로를 설치하고자 하는 때에는 노면표시로 표시하여야 한다.
> ㉡ 설치되는 차로의 너비는 3미터 이상으로 하여야 한다. 다만, 좌회전전용차로의 설치 등 부득이하다고 인정되는 때에는 275센티미터 이상으로 할 수 있다.
> ㉢ 차로는 횡단보도·교차로 및 철길건널목에는 설치할 수 없다.
> ㉣ 보도와 차도의 구분이 없는 도로에 차로를 설치하는 때에는 보행자가 안전하게 통행할 수 있도록 그 도로의 양쪽에 길가장자리구역을 설치하여야 한다.

10 「도로교통법」상 위반 사례 중 과태료 금액이 가장 높은 것은?

① 제한속도보다 20km/h를 초과하여 위반한 승용자동차
② 고속도로에서 갓길로 통행하여 법을 위반한 승용자동차
③ 창유리의 가시광선 투과율 기준을 위반한 차의 운전자에 부과하는 과태료
④ 교차로에서 우회전 통행방법을 위반한 승용자동차

> ✔해설 ① 승용 7만 원, 승합 8만 원〈시행령 제88조 제4항 별표6 제4호〉
> ② 승용 9만 원, 승합 10만 원〈시행령 제88조 제4항 별표6 제2호〉
> ③ 2만 원〈시행령 제88조 제4항 별표6 제8호〉
> ④ 승용 5만 원, 승합 6만 원〈시행령 제88조 제4항 별표6 제4의4호〉

Answer 9.② 10.②

1 다음 중 앞지르기가 안 되는 곳은?

| ㉠ 교차로 | ㉡ 터널 안 |
| ㉢ 도로의 구부러진 곳 | ㉣ 다리 위 |

---

① ㉠, ㉢　　　　　　　　　　　　　② ㉡

③ ㉡, ㉢, ㉣　　　　　　　　　　　④ ㉠, ㉡, ㉢, ㉣

✔ 해설 앞지르기 금지 장소〈법 제22조 제3항〉
　　㉠ 교차로
　　㉡ 터널 안
　　㉢ 다리 위
　　㉣ 시·도경찰청장이 도로에서의 위험을 방지하고 교통의 안전과 원활한 소통을 확보하기 위하여 필요하다고 인정하는 곳으로서 안전표지로 지정한 곳
　　• 도로의 구부러진 곳
　　• 비탈길의 고갯마루 부근
　　• 가파른 비탈길의 내리막 등

Tip
앞지르기 금지 시기〈법 제22조 제1항 제2항〉
㉠ **앞차를 앞지르지 못하는 경우**
　• 앞 차 좌측에 다른 차가 앞 차와 나란히 가고 있는 경우
　• 앞 차가 다른 차를 앞지르고 있거나 앞지르려고 하는 경우
㉡ **다른 차를 앞지르지 못하는 경우**
　• 본 법령에 따라 정지하거나 서행하고 있는 차
　• 경찰공무원의 지시에 따라 정지나 서행하고 있는 차
　• 위험을 방지하기 위하여 정지하거나 서행하고 있는 차

Answer　1.④

2 「도로교통법」상 음주운전에 대한 처벌기준으로 틀린 것은?

① 음주수치 0.03 이상 0.08 미만일 경우 2년 이하의 징역 및 500만 원 이하의 벌금

② 혈중알코올농도가 0.08퍼센트 이상 0.2퍼센트 미만인 경우 1년 이상 2년 이하의 징역이나 500만 원 이상 1천만 원 이하의 벌금

③ 음주측정 1회 거부시 1년 이상 5년 이하 징역이나 500만 원 이상 2천만 원 이하 벌금

④ 음주수치 0.2% 이상 시 2년 이상 5년 이하 징역 및 1천만 원 이상 2천만 원 이하 벌금

> ✔해설 음주운전자의 벌칙〈제148조의2〉
> ㉠ 경찰공무원의 음주측정에 응하지 않은 사람 : 1년 이상 5년 이하의 징역이나 500만 원 이상 2천만 원 이하의 벌금
> ㉡ 음주운전자의 벌칙
> • 혈중알코올농도가 0.2퍼센트 이상인 사람 : 2년 이상 5년 이하의 징역이나 1천만 원 이상 2천만 원 이하의 벌금
> • 혈중알코올농도가 0.08퍼센트 이상 0.2퍼센트 미만인 사람 : 1년 이상 2년 이하의 징역이나 500만 원 이상 1천만 원 이하의 벌금
> • 혈중알코올농도가 0.03퍼센트 이상 0.08퍼센트 미만인 사람 : 1년 이하의 징역이나 500만 원 이하의 벌금

3 「도로교통법 시행규칙」상 특별교통안전 의무교육 관련 시간이 틀린 것은?

① 음주운전으로 5년이 지나지 않은 사람은 6시간

② 보복운전 관련한 운전자는 6시간

③ 운전면허효력 정지처분을 받게 되거나 받은 초보운전자로서 그 정지기간이 끝나지 아니한 사람 6시간

④ 최근 5년 동안 2회 음주운전을 한 운전자는 16시간

> ✔해설 특별교통안전 의무교육 시간〈시행규칙 제46조 제1항 별표16〉
> ㉠ 최근 5년 동안 처음으로 음주운전을 한 사람 : 12시간(3회, 회당 4시간)
> ㉡ 최근 5년 동안 2번 음주운전을 한 사람 : 16시간(4회, 회당 4시간)
> ㉢ 최근 5년 동안 3번 이상 음주운전을 한 사람 : 48시간(12회, 회당 4시간)

Answer   2.① 3.①

4 「도로교통법」상 이에 준하는 사람은?

시각 장애인 및 안내견을 데리고 다니는 사람

① 듣지를 못하는 사람
② 평형감각 저하인 사람
③ 보행이 불가능한 사람
④ 말하지 못하는 사람

> ✔해설 앞을 보지 못하는 사람(이에 준하는 사람을 포함한다)의 보호자는 그 사람이 도로를 보행할 때에는 흰색 지팡이를 갖고 다니도록 하거나 앞을 보지 못하는 사람에게 길을 안내하는 개로서 행정안전부령으로 정하는 개(이하 "장애인보조견"이라 한다)를 동반하도록 하는 등 필요한 조치를 하여야 한다〈법 제11조 제2항〉.
>
> **Tip**
> 앞을 보지 못하는 사람에 준하는 사람〈시행령 제8조〉
> ㉠ 듣지 못하는 사람
> ㉡ 신체의 평형 기능에 장애가 있는 사람
> ㉢ 의족 등을 사용하지 아니하고는 보행을 할 수 없는 사람

5 다음 중 1종 보통면허로 운전이 불가능한 차량은?

① 승용자동차
② 최대 적재중량 15톤인 화물자동차
③ 승차인원인 12인 승합자동차
④ 원동기장치자전거

> ✔해설 1종 보통면허로 운전할 수 있는 차의 종류〈시행규칙 제53조〉
> ㉠ 승용자동차
> ㉡ 승차정원 15인 이하의 승합자동차
> ㉢ 적재중량 12톤 미만의 화물자동차
> ㉣ 총중량 10톤 미만의 특수자동차(구난차 등 제외)
> ㉤ 건설기계(도로를 운행하는 3톤 미만의 지게차에 한한다.)
> ㉥ 원동기장치자전거

Answer 4.① 5.②

6 「도로교통법」상 차마의 통행과 관련된 내용으로 틀린 것은?

① 자동차의 운전자는 그 차를 운전하여 고속도로 등을 횡단하거나 유턴 또는 후진하여서는 아니 된다.

② 모든 차의 운전자는 좌회전, 우회전, 유턴 등 후진을 하거나 같은 방향으로 진행하면서 진로를 바꾸려고 하는 경우에는 손이나 방향지시기 또는 등화로써 그 행위가 끝날 때까지 신호를 하여야 한다.

③ 차마의 운전자는 보행자나 다른 차마의 정상적인 통행을 방해할 우려가 있는 경우에는 차마를 운전하여 도로를 횡단하거나 유턴 또는 후진하여서는 아니 된다.

④ 자전거 등의 운전자는 자전거도로가 설치되지 아니한 곳에서는 도로 좌측 가장자리에 붙어서 통행하여야 한다.

> ✔해설 ④ 자전거 등의 운전자는 자전거도로가 설치되지 아니한 곳에서는 도로 우측 가장자리에 붙어서 통행하여야 한다〈법 제13조의2 제2항〉.

7 「도로교통법」상 횡단이 가능한 방법으로 옳은 것은?

① 횡단과 관련된 설비가 설치된 곳에서의 횡단

② 횡단과 관련된 설비가 설치되지 아니한 곳에서의 횡단

③ 횡단보도 표지가 설치된 곳에서의 횡단

④ 차마 및 차량의 앞뒤로 횡단

> ✔해설 도로의 횡단〈법 제10조〉
> ㉠ 시·도경찰청장은 도로를 횡단하는 보행자의 안전을 위하여 행정안전부령으로 정하는 기준에 따라 횡단보도를 설치할 수 있다.
> ㉡ 보행자는 횡단보도, 지하도, 육교나 그 밖의 도로 횡단시설이 설치되어 있는 도로에서는 그 곳으로 횡단하여야 한다. 다만, 지하도나 육교 등의 도로 횡단시설을 이용할 수 없는 지체장애인의 경우에는 다른 교통에 방해가 되지 아니하는 방법으로 도로 횡단시설을 이용하지 아니하고 도로를 횡단할 수 있다.
> ㉢ 보행자는 횡단보도가 설치되어 있지 아니한 도로에서는 가장 짧은 거리로 횡단하여야 한다.
> ㉣ 보행자는 차와 노면전차의 바로 앞이나 뒤로 횡단하여서는 아니 된다. 다만, 횡단보도를 횡단하거나 신호기 또는 경찰공무원등의 신호나 지시에 따라 도로를 횡단하는 경우에는 그러하지 아니하다.
> ㉤ 보행자는 안전표지 등에 의하여 횡단이 금지되어 있는 도로의 부분에서는 그 도로를 횡단하여서는 아니 된다.

Answer   6.④ 7.③

8 「도로교통법 시행규칙」상 다음 표에 들어갈 내용을 맞게 짝지은 것은?

구분	벌점		내용
인적 피해 교통사고	사망 1명마다	㉠	사고발생 시부터 ㉡시간 이내에 사망한 때
	중상 1명마다	15	3주 이상의 치료를 요하는 의사의 진단이 있는 사고
	경상 1명마다	5	㉢주 미만 5일 이상의 치료를 요하는 의사의 진단이 있는 사고
	부상신고 1명마다	㉣	5일 미만 치료를 요하는 의사의 진단이 있는 사고

	㉠	㉡	㉢	㉣
①	90	72	3	2
②	70	72	3	2
③	70	35	2	3
④	90	30	3	2

✔해설 자동차 등의 운전 중 교통사고를 일으킨 경우(사고결과에 따른 벌점기준)〈시행규칙 제91조 제1항 별표28〉

구분	벌점		내용
인적피해 교통사고	사망 1명마다	90	사고발생 시부터 72시간 이내에 사망한 때
	중상 1명마다	15	3주 이상의 치료를 요하는 의사의 진단이 있는 사고
	경상 1명마다	5	3주 미만 5일 이상의 치료를 요하는 의사의 진단이 있는 사고
	부상 신고 1명마다	2	5일 미만 치료를 요하는 의사의 진단이 있는 사고

Answer 8.①

9 「도로교통법」상 긴급자동차에 대한 설명으로 맞는 것은?

① 긴급자동차로 분류된 차량들은 중앙선을 침범할 수 없다.
② 「도로교통법」상 긴급자동차란 긴급한 용도로 사용되고 있는 자동차로 소방차, 구급차, 혈액공급차량, 그 밖에 대통령령으로 정하는 자동차를 말한다.
③ 교차로나 그 부근에서 긴급자동차가 접근하는 경우에는 차마와 노면전차의 운전자는 그 즉시 일시 정지하여야 한다.
④ 소방차는 화재로 인한 출동시에도 중앙선을 침범할 수 없다.

> ✔해설 ① 개정으로 중앙선 침범도 긴급자동차예외 규정에 포함된다.
> ③ 교차로나 그 부근에서 긴급자동차가 접근하는 경우 차마와 노면전차의 운전자는 그 즉시 그 자리를 피해야 한다. (일시정지 ×)
> ④ 화재로 인해 출동 시는 긴급성이 인정되므로 중앙선 침범이 가능하다.

Tip

긴급자동차 접근 시 피양 방법

일반도로	긴급자동차가 우선통행 할 수 있도록 진로를 양보하여야 한다.
교차로나 그 부근	차마와 노면전차의 운전자는 교차로를 피하여 일시정지 하여야 한다.
고속도로	긴급자동차가 우선 통행할 수 있도록 진로를 양보하여야 한다.
일방통행	긴급자동차가 우선 통행할 수 있도록 진로를 양보하여야 한다.

☞ 긴급자동차 접근 시 일시정지등 양보 위반 범칙금 → 승용 6만 원 / 승합 7만 원

긴급자동차에 대한 특례〈법 제30조〉… 긴급자동차에는 다음 사항을 적용하지 아니한다.
㉠ 자동차 등의 속도 제한(다만, 긴급자동차에 대하여 속도를 제한한 경우 같은 조의 규정을 적용한다).
㉡ 앞지르기의 금지(시기 및 장소)
㉢ 끼어들기의 금지
㉣ 신호위반
㉤ 보도침범
㉥ 중앙선침범
㉦ 횡단 등의 금지
㉧ 안전거리 확보
㉨ 앞지르기 방법
㉩ 정차 및 주차금지
㉪ 주차금지
㉫ 고장 등의 조치
☞ 단 ㉣부터 ㉫까지는 소방차, 구급차, 혈액공급차량, 경찰용자동차에 대해서만 적용하지 않는다. (다른 긴급차는 대상이 아니다)

Answer   9.②

10 「도로교통법」상 주·정차 금지장소를 잘못 설명하고 있은 것은?

① 경찰서장이 도로에서의 위험을 방지하고 교통의 안전과 원활한 소통을 확보하기 위하여 필요하다고 인정하여 지정한 곳

② 교차로의 가장자리나 도로의 모퉁이로부터 5m 이내인 곳

③ 「소방기본법」 제10조에 따른 소방용수시설 또는 비상소화장치가 설치된 곳으로 부터 5m 이내인 곳

④ 횡단보도로부터 10미터 이내인 곳

✔ 해설 ① 경찰서장이 아니고 시·도경찰청장이 도로에서의 위험을 방지하고 교통의 안전과 원활한 소통을 확보하기 위하여 필요하다고 인정하여 지정한 곳〈법 제32조 제7호〉

Tip

정차 및 주차의 금지〈법 제32조〉… 모든 차의 운전자는 다음의 어느 하나에 해당하는 곳에서는 차를 정차하거나 주차하여서는 아니 된다. 다만, 이 법이나 이 법에 따른 명령 또는 경찰공무원의 지시를 따르는 경우와 위험방지를 위하여 일시 정지하는 경우에는 그러하지 아니하다.

㉠ 교차로·횡단보도·건널목이나 보도와 차도가 구분된 도로의 보도(「주차장법」에 따라 차도와 보도에 걸쳐서 설치된 노상주차장은 제외한다)

㉡ 교차로의 가장자리나 도로의 모퉁이로부터 5미터 이내인 곳

㉢ 안전지대가 설치된 도로에서는 그 안전지대의 사방으로부터 각각 10미터 이내인 곳

㉣ 버스여객자동차의 정류지임을 표시하는 기둥이나 표지판 또는 선이 설치된 곳으로부터 10미터 이내인 곳. 다만, 버스여객자동차의 운전자가 그 버스여객자동차의 운행시간 중에 운행노선에 따르는 정류장에서 승객을 태우거나 내리기 위하여 차를 정차하거나 주차하는 경우에는 그러하지 아니하다.

㉤ 건널목의 가장자리 또는 횡단보도로부터 10미터 이내인 곳

㉥ 다음의 곳으로부터 5미터 이내인 곳
- 「소방기본법」 제10조에 따른 소방용수시설 또는 비상소화장치가 설치된 곳
- 「소방시설 설치 및 관리에 관한 법률」 제2조 제1항 제1호에 따른 소방시설로서 대통령령으로 정하는 시설이 설치된 곳

㉦ 시·도경찰청장이 도로에서의 위험을 방지하고 교통의 안전과 원활한 소통을 확보하기 위하여 필요하다고 인정하여 지정한 곳

◎ 시장 등이 지정한 어린이 보호구역

1 다음 중 「도로교통법」상 휴대전화가 사용 가능하지 않은 경우는?

① 긴급자동차를 운전하는 경우

② 자동차 등 또는 노면전차가 정지하고 있는 경우

③ 차량의 화물을 내리기 위해 서행하고 있는 경우

④ 각종 범죄 및 재해 신고 등 긴급할 필요가 있는 경우

> ✔**해설** 운전 중 휴대전화사용이 예외적으로 가능한 경우〈법 제49조 제10호〉
> ㉠ 자동차 등 또는 노면전차가 정지하고 있는 경우
> ㉡ 긴급자동차를 운전하는 경우
> ㉢ 범죄 및 재해 신고 등 긴급한 필요가 있는 경우
> ㉣ 안전운전에 방해를 주지 아니하는 장치로서 대통령령으로 정하는 장치를 이용하는 경우
> ※ 안전운전에 방해를 주지 아니하는 장치〈시행령 제29조〉 … 손으로 잡지 아니하고도 휴대용 전화를 사용할 수 있도록 해 주는 장치

2 다음 중 신호등 성능 기준으로 옳은 것은?

① 등화의 빛의 발산각도는 사방으로 각각 45° 이상으로 할 것

② 등화의 밝기는 낮에 100m 앞쪽에서 식별 가능할 것

③ 등화의 빛의 발산각도는 사방으로 30° 이상으로 할 것

④ 등화의 밝기는 낮에 50m 앞쪽에서 식별 가능할 것

> ✔**해설** 신호등 성능 기준〈시행규칙 재7조 제3항〉
> ㉠ 등화의 발산각도 : 사방으로 각각 45도 이상 (30도 이상 ×)
> ㉡ 등화의 밝기 : 낮에 150미터 앞쪽에서 식별이 가능할 것
> ㉢ 기타 : 태양광선이나 주위의 다른 빛에 의하여 표시가 방해받지 않을 것

Answer 　1.③ 2.①

3 「도로교통법」상 주 · 정차가 금지된 지역이 아닌 곳은?

① 교차로 · 횡단보도 · 건널목이나 보도와 차도가 구분된 도로의 보도

② 건널목의 가장자리 또는 횡단보도로부터 10m 초과

③ 교차로의 가장자리나 도로의 모퉁이로부터 5m 이내

④ 시 · 도경찰청장이 도로에서 위험을 방지하고 교통의 안전과 원활한 소통을 확보하기 위하여 필요하다고 인정하여 지정한 곳

✔해설 ② 건널목의 가장자리 또는 횡단보도로부터 10미터 이내인 곳은 정차 및 주차를 할 수 없다〈법 제32조 제5호〉.

Tip

정차 및 주차의 금지〈법 제32조〉 ··· 모든 차의 운전자는 다음의 어느 하나에 해당하는 곳에서는 차를 정차하거나 주차하여서는 아니 된다. 다만, 이 법이나 이 법에 따른 명령 또는 경찰공무원의 지시를 따르는 경우와 위험방지를 위하여 일시 정지하는 경우에는 그러하지 아니하다.

㉠ 교차로 · 횡단보도 · 건널목이나 보도와 차도가 구분된 도로의 보도(「주차장법」에 따라 차도와 보도에 걸쳐서 설치된 노상주차장은 제외한다)
㉡ 교차로의 가장자리나 도로의 모퉁이로부터 5미터 이내인 곳
㉢ 안전지대가 설치된 도로에서는 그 안전지대의 사방으로부터 각각 10미터 이내인 곳
㉣ 버스여객자동차의 정류지임을 표시하는 기둥이나 표지판 또는 선이 설치된 곳으로부터 10미터 이내인 곳. 다만, 버스여객자동차의 운전자가 그 버스여객자동차의 운행시간 중에 운행노선에 따르는 정류장에서 승객을 태우거나 내리기 위하여 차를 정차하거나 주차하는 경우에는 그러하지 아니하다.
㉤ 건널목의 가장자리 또는 횡단보도로부터 10미터 이내인 곳
㉥ 다음의 곳으로부터 5미터 이내인 곳
 • 「소방기본법」 제10조에 따른 소방용수시설 또는 비상소화장치가 설치된 곳
 • 「소방시설 설치 및 관리에 관한 법률」 제2조 제1항 제1호에 따른 소방시설로서 대통령령으로 정하는 시설이 설치된 곳
㉦ 시 · 도경찰청장이 도로에서의 위험을 방지하고 교통의 안전과 원활한 소통을 확보하기 위하여 필요하다고 인정하여 지정한 곳
㉧ 시장 등이 지정한 어린이 보호구역

4 다음 중 「도로교통법」상 면허 결격사유에 해당하는 것은?

① 대형특수면허 – 운전경력 1년 미만, 19세 미만
② 원동기장치자전거면허 – 17세 미만
③ 1종 보통면허 – 듣지 못하는 경우
④ 1종 소형면허 – 한쪽 눈이 안 보이는 경우

> ✔해설 ② 원동기장치자전거의 경우에는 16세 미만인 사람이 결격사유에 해당한다〈법 제82조 제1항 제1호〉.
> ③ 듣지 못하는 사람은 제1종 운전면허 중 대형면허·특수면허만 결격사유에 해당한다〈법 제82조 제1항 제3호〉.
> ④ 한쪽 눈이 안 보이는 경우는 결격사유가 아니다〈법 제82조 제1항 제3호〉.

> **Tip**
> 운전면허 결격사유〈법 제82조 제1항〉
> ㉠ 18세 미만(원동기장치자전거의 경우에는 16세 미만)인 사람
> ㉡ 교통상의 위험과 장해를 일으킬 수 있는 정신질환자 또는 뇌전증[=간질(癎疾)]환자로서 대통령령으로 정하는 사람
>
> > **대통령령으로 정하는 사람**
> > 치매·조현병·조현 정동장애(情動障碍)·양극성 정동장애(조울병)·재발성 우울장애등의 정신질환 또는 정신발육지연·뇌전증(간질환자) 등으로 인하여 해당 분야 전문의가 정상적인 운전을 할 수 없다고 인정하는 사람
>
> ㉢ 듣지 못하는 사람(제1종 운전면허 중 대형면허·특수면허만 해당한다), 앞을 보지 못하는 사람이나 그 밖에 대통령령으로 정하는 신체장애인(다리, 머리, 척추, 그밖에 신체의 장애로 인하여 앉아 있을 수 없는 사람)
> ㉣ 양쪽 팔꿈치관절 이상을 잃은 사람이나 양쪽 팔을 전혀 쓸 수 없는 사람. 다만, 본인의 신체장애 정도에 적합하게 제작된 자동차를 이용하여 정상적인 운전을 할 수 있는 경우에는 그러하지 아니하다.
> ㉤ 교통상의 위험과 장해를 일으킬 수 있는 마약·대마·향정신성의약품 또는 알코올 중독자로서 대통령령으로 정하는 사람
>
> > **대통령령으로 정하는 사람**
> > 마약·대마·향정신성의약품 또는 알코올 관련 장애 등으로 인하여 정상적인 운전을 할 수 없다고 해당 분야 전문의가 인정하는 사람
>
> ㉥ 제1종 대형면허 또는 제1종 특수면허를 받으려는 경우로서 19세 미만이거나 자동차(이륜자동차는 제외한다)의 운전경험이 1년 미만인 사람
> ㉦ 대한민국의 국적을 가지지 아니한 사람 중 「출입국관리법」 제31조에 따라 외국인등록을 하지 아니한 사람(외국인등록이 면제된 사람은 제외한다) 이나 「재외동포의 출입국과 법적지위에 관한 법률」 제6조 제1항에 따라 국내 거소 신고를 하지 아니한 사람

Answer 4.①

5 다음 중 긴급자동차 차량에 해당하지 않는 것은?

① 혈액 운송차량

② 응급차

③ 소방차

④ 그 외 행정안전부장관이 정하는 차량

> ✔️해설 ④ 그 밖에 대통령령으로 정하는 자동차이다〈법 제2조 제22호 라목〉.
>
> **Tip**
> 긴급자동차〈제2조 제22호〉
> ㉠ 소방차
> ㉡ 구급차
> ㉢ 혈액 공급차량
> ㉣ 그 밖에 대통령령으로 정하는 자동차

6 「도로교통법 시행령」상 승차 또는 적재 제한 관련 설명으로 틀린 것은?

① 자동차의 승차인원은 승차정원 이내일 것

② 이륜자동차는 그 승차장치의 길이 또는 적재장치 길이에 30cm를 더한 길이 이내

③ 화물자동차의 경우 지상으로부터 4m 높이 이내

④ 고속버스 운송사업용 자동차의 승차인원은 승차정원의 110% 이내

> ✔️해설 운행상의 안전기준〈시행령 제22조〉
> ㉠ 자동차의 승차인원은 승차정원 이내일 것
> ㉡ 화물자동차의 적재중량은 구조 및 성능에 따르는 적재중량의 110퍼센트 이내일 것
> ㉢ 자동차(화물자동차, 이륜자동차 및 소형 3륜자동차만 해당한다)의 적재용량은 다음의 구분에 따른 기준을 넘지 아니할 것
> • 길이 : 자동차 길이에 그 길이의 10분의 1을 더한 길이. 다만, 이륜자동차는 그 승차장치의 길이 또는 적재장치의 길이에 30센티미터를 더한 길이를 말한다.
> • 너비 : 자동차의 후사경으로 뒤쪽을 확인할 수 있는 범위(후사경의 높이보다 화물을 낮게 적재한 경우에는 그 화물을, 후사경의 높이보다 화물을 높게 적재한 경우에는 뒤쪽을 확인할 수 있는 범위를 말한다)의 너비
> • 높이 : 화물자동차는 지상으로부터 4미터(도로구조의 보전과 통행의 안전에 지장이 없다고 인정하여 고시한 도로노선의 경우에는 4미터 20센티미터), 소형 3륜자동차는 지상으로부터 2미터 50센티미터, 이륜자동차는 지상으로부터 2미터의 높이

> **Answer** 5.④ 6.④

7 「도로교통법」상 교통법규 위반자에 대한 벌칙이 가장 중한 것은?

① 정비 불량 자동차를 운전하게 하거나 운전하는 사람

② 교통단속을 회피할 목적으로 교통단속용 장비의 기능을 방해하는 장치를 제작·수입·판매 또는 장착한 사람

③ 약물로 인하여 정상적으로 운전하지 못할 우려가 있는 상태에서 자동차 등을 운전한 사람

④ 교통사고 발생 시 운전자나 그 밖의 승무원의 조치 또는 신고행위를 방해한 사람

> **✔해설** ③ 약물로 인하여 정상적으로 운전하지 못할 우려가 있는 상태에서 자동차 등 또는 노면전차를 운전한 사람은 3년 이하의 징역이나 1천만 원 이하의 벌금에 처한다〈법 148조의2 제4항〉.
> ①②④ 6개월 이하의 징역이나 200만 원 이하의 벌금 또는 구류에 처한다〈법 제153조 제1항〉.

> **Tip**
> 6개월 이하의 징역이나 200만 원 이하의 벌금 또는 구류〈법 제153조 제1항〉
> ㉠ 정비 불량차를 운전하도록 시키거나 운전한 사람
> ㉡ 경찰공무원의 요구·조치 또는 명령에 따르지 아니하거나 이를 거부 또는 방해한 사람
> ㉢ 교통단속을 회피할 목적으로 교통단속용 장비의 기능을 방해하는 장치를 제작·수입·판매 또는 장착한 사람
> ㉣ 교통단속용 장비의 기능을 방해하는 장치를 한 차를 운전한 사람
> ㉤ 교통사고 발생 시의 조치 또는 신고 행위를 방해한 사람
> ㉥ 함부로 교통안전시설이나 그 밖에 그와 비슷한 인공구조물을 설치한 사람
> ㉦ 운전면허 및 적성검사 등에 필요한 조건을 위반하여 운전한 사람

Answer 7.③

8 「도로교통법」상 술에 취한 상태에서 자동차 등을 운전한 사람에 대한 처벌로 옳지 않은 것은?

① 혈중알코올농도 0.03퍼센트 이상 0.08퍼센트 미만인 사람 – 1년 이하의 징역이나 500만 원 이하의 벌금

② 혈중알코올농도 0.08퍼센트 이상 0.2퍼센트 미만인 사람 – 2년 이상 4년 이하의 징역이나 500만 원 이상 1천만 원 이하의 벌금

③ 혈중알코올농도 0.2퍼센트 이상인 사람 – 2년 이상 5년 이하의 징역이나 1천만 원 이상 2천만 원 이하의 벌금

④ 술에 취한 상태에 있다고 인정할만한 상당한 이유가 있는 사람으로서 경찰공무원의 음주측정에 응하지 않은 사람 – 1년 이상 5년 이하의 징역이나 500만 원 이상 2천만 원 이하의 벌금

> ✔해설 음주운전자의 벌칙〈법 제148조의2 제2항〉
>   ㉠ 술에 취한 상태에 있다고 인정할 만한 상당한 이유가 있는 사람으로서 경찰공무원의 측정에 응하지 아니하는 사람(자동차 등 또는 노면전차를 운전하는 사람으로 한정) : 1년 이상 5년 이하의 징역이나 500만 원 이상 2천만 원 이하의 벌금
>   ㉡ 술에 취한 상태에서 자동차 등 또는 노면전차를 운전한 사람은 다음의 구분에 따라 처벌
>   • 혈중알코올농도가 0.2퍼센트 이상인 사람 : 2년 이상 5년 이하의 징역이나 1천만 원 이상 2천만 원 이하의 벌금
>   • 혈중알코올농도가 0.08퍼센트 이상 0.2퍼센트 미만인 사람 : 1년 이상 2년 이하의 징역이나 500만 원 이상 1천만 원 이하의 벌금
>   • 혈중알코올농도가 0.03퍼센트 이상 0.08퍼센트 미만인 사람 : 1년 이하의 징역이나 500만 원 이하의 벌금

Answer   8.②

1 「도로교통법」상 어린이통학버스에 신고에 관한 사항으로 맞는 내용은?

① 시·도경찰청장은 신고서를 접수한 경우 구비요건을 확인한 후 기준에 적합한 때에는 어린이 통학버스 신고증명서를 교부하여야 한다.

② 어린이통학버스 신고증명서는 그 자동차의 앞면 창유리 우측하단의 보기 쉬운 곳에 부착하여야 한다.

③ 어린이통학버스 신고증명서를 잃어버리거나 헐어 못쓰게 된 때에는 어린이통학버스 신고증명서 재교부신청서를 도로교통공단에 제출하여 다시 교부받아야 한다.

④ 어린이통학버스 신고증명서가 헐어 못쓰게 되어 다시 신청하는 때에는 어린이통학버스 신고증명서 재교부신청서에 헐어 못쓰게 된 신고증명서를 첨부하여 관할경찰서장에게 제출하여야 한다.

✔해설 ① 신고증명서는 관할경찰서장이 교부한다〈법 제52조 제1항〉.
② 어린이 통학버스를 운영하는 자는 어린이 통학버스 안에 발급받은 신고증명서를 항상 갖추어 두어야 한다〈법 제52조 제2항〉.
③ 어린이통학버스 신고증명서 재교부신청서를 도로교통공단이 아닌 관할경찰서장에게 제출하여 다시 교부받아야 한다〈법 제52조 제1항〉.

Tip
어린이통학버스의 신고 등〈법 제52조〉
㉠ 어린이통학버스(한정면허를 받아 어린이를 여객대상으로 하여 운행되는 운송사업용 자동차는 제외한다)를 운영하려는 자는 행정안전부령으로 정하는 바에 따라 미리 관할 경찰서장에게 신고하고 신고증명서를 발급받아야 한다.
㉡ 어린이통학버스를 운영하는 자는 어린이통학버스 안에 발급받은 신고증명서를 항상 갖추어 두어야 한다.
㉢ 어린이통학버스로 사용할 수 있는 자동차는 행정안전부령으로 정하는 자동차로 한정한다. 이 경우 그 자동차는 도색·표지, 보험가입, 소유 관계 등 대통령령으로 정하는 요건을 갖추어야 한다.
㉣ 누구든지 신고를 하지 아니하거나 어린이를 여객대상으로 하는 한정면허를 받지 아니하고 어린이통학버스와 비슷한 도색 및 표지를 하거나 이러한 도색 및 표지를 한 자동차를 운전하여서는 아니 된다.

Answer   1.④

2 「도로교통법」상 고속도로에서의 관리 및 조치 등에 대한 설명으로 틀린 설명은?

① 고속도로의 관리자는 고속도로에서 일어나는 위험을 방지하고 교통의 안전과 원활한 소통을 확보하기 위하여 교통안전시설을 설치·관리하여야 한다.

② 고속도로의 관리자가 교통안전시설을 설치하려면 경찰청장과 협의하여야 한다.

③ 경찰청장은 고속도로의 원활한 소통을 위하여 특히 필요한 경우에는 고속도로에 전용차로를 설치할 수 있다.

④ 자치경찰공무원은 도로의 손괴, 교통사고의 발생이나 그 밖의 사정으로 고속도로 등에서 교통이 위험 또는 혼잡하거나 그러할 우려가 있을 때에는 교통의 위험 또는 혼잡을 방지하고 교통의 안전 및 원활한 소통을 확보하기 위하여 필요한 범위에서 진행 중인 자동차의 통행을 일시 금지 또는 제한하거나 그 자동차의 운전자에게 필요한 조치를 명할 수 있다.

> ✔해설 ④ 위험방지 등의 조치〈법 제58조〉 … 경찰공무원(자치경찰공무원은 제외한다)은 도로의 손괴, 교통사고의 발생이나 그 밖의 사정으로 고속도로 등에서 교통이 위험 또는 혼잡하거나 그러할 우려가 있을 때에는 교통의 위험 또는 혼잡을 방지하고 교통의 안전 및 원활한 소통을 확보하기 위하여 필요한 범위에서 진행 중인 자동차의 통행을 일시 금지 또는 제한하거나 그 자동차의 운전자에게 필요한 조치를 명할 수 있다.

3 「도로교통법」상 교통안전시설물을 설치·관리할 수 없는 자는?

① 서울특별시장

② 경기도지사

③ 제주특별자치도지사

④ 경기도 고양시장

> ✔해설 신호기 등의 설치 및 관리〈법 제3조 제1항〉 … 특별시장, 광역시장, 제주특별자치도지사 또는 시장, 군수(광역시의 군수는 제외한다. 이하 "시장 등"이라 한다)는 도로에서의 위험을 방지하고 교통의 안전과 원활한 소통을 확보하기 위하여 필요하다고 인정하는 경우에는 신호기 및 안전표지를 설치, 관리하여야 한다. 다만, 유료도로에서는 시장 등의 지시에 따라 그 도로관리자가 교통안전시설을 설치·관리하여야 한다.

4 「도로교통법」상 앞지르기에 대한 내용으로 올바른 것은?

① 터널 안에서는 주간에는 앞지르기가 가능하지만 야간에는 앞지르기가 금지된다.

② 앞지르기할 때에는 전조등을 켜고 경음기를 울리면서 좌측이나 우측 관계없이 할 수 있다.

③ 다리 위나 교차로는 앞지르기가 금지된 장소이므로 앞지르기를 할 수 없다.

④ 앞차의 우측에 다른 차가 나란히 가고 있을 때에는 앞지르기를 할 수 없다.

✔해설 ① 다리 위, 교차로, 터널 안은 앞지르기가 금지된 장소이므로 앞지르기를 할 수 없다〈법 제22조 제3항〉.
② 앞지르기할 때에는 방향지시기 · 등화 또는 경음기를 사용하는 등 안전한 속도와 방법으로 좌측으로 앞지르기를 하여야 한다.
④ 모든 차의 운전자는 앞차의 좌측에 다른 차가 앞차와 나란히 가고 있는 경우에는 앞차를 앞지르지 못한다〈법 제22조 제1항〉.

Tip
앞지르기 방법〈법 제21조〉
㉠ 모든 차의 운전자는 다른 차를 앞지르려면 앞차의 좌측으로 통행하여야 한다.
㉡ 자전거등의 운전자는 서행하거나 정지한 다른 차를 앞지르려면 제1항에도 불구하고 앞차의 우측으로 통행할 수 있다. 이 경우 자전거등의 운전자는 정지한 차에서 승차하거나 하차하는 사람의 안전에 유의하여 서행하거나 필요한 경우 일시정지하여야 한다.
㉢ 앞지르려고 하는 모든 차의 운전자는 반대방향의 교통과 앞차 앞쪽의 교통에도 주의를 충분히 기울여야 하며, 앞차의 속도 · 진로와 그 밖의 도로상황에 따라 방향지시기 · 등화 또는 경음기(警音機)를 사용하는 등 안전한 속도와 방법으로 앞지르기를 하여야 한다.
㉣ 모든 차의 운전자는 앞지르기를 하는 차가 있을 때에는 속도를 높여 경쟁하거나 그 차의 앞을 가로막는 등의 방법으로 앞지르기를 방해하여서는 아니 된다.

Answer   4.③

5 다음 중 운전면허에 대한 설명으로 틀린 설명은?

① 국제운전면허증을 발급받은 사람은 국내에 입국한 날부터 1년 동안만 그 국제운전면허증으로 자동차 등을 운전할 수 있다.

② 운전면허의 결격사유로 교통상의 위험과 장해를 일으킬 수 있는 정신질환자 또는 뇌전증 환자로서 경찰서장이 정하는 사람은 운전면허를 받을 수 없다.

③ 연습운전면허는 그 면허를 받은 날부터 1년 동안 효력을 가진다. 다만, 연습운전면허를 받은 날부터 1년 이전이라도 연습운전면허를 받은 사람이 제1종 보통면허 또는 제2종 보통면허를 받은 경우 연습운전면허는 그 효력을 잃는다.

④ 운전면허를 받지 아니하거나 운전면허의 효력이 정지된 경우에는 자동차 등 운전한 경우에는 그 위반한 날(운전면허효력 정지기간에 운전하여 취소된 경우에는 그 취소된 날)부터 1년, 원동기장치자전거면허를 받으려는 경우에는 6개월의 결격기간이 주어진다.

✔해설 ② 교통상의 위험과 장해를 일으킬 수 있는 정신질환자 또는 뇌전증 환자로서 대통령령으로 정하는 사람은 운전면허를 받을 수 없다〈법 제82조 제1항 제2호〉.

6 「도로교통법」상 교통안전교육에서의 교육사항이 아닌 것은?

① 기본예절

② 법령과 지식

③ 안전운전능력

④ 자율주행자동차의 지식과 기능

✔해설 교통안전교육 교육사항〈법 제73조 제1항〉
ㄱ 운전자가 갖추어야 하는 기본예절
ㄴ 도로교통에 관한 법령과 지식
ㄷ 안전운전능력
ㄹ 교통사고의 예방과 처리에 관한 사항
ㅁ 어린이, 장애인 및 노인의 교통사고 예방에 관한 사항
ㅂ 친환경 경제운전에 필요한 지식과 기능
ㅅ 긴급자동차에 길 터주기 요령
ㅇ 그 밖에 교통안전의 확보를 위하여 필요한 사항

Answer 5.② 6.④

7 「도로교통법 시행령」상 차의 운전자가 지켜야 하는 정차 또는 주차의 방법에 대하여 잘못 설명하고 있는 것은?

① 모든 차의 운전자는 도로에서 주차할 때에는 시·도경찰청장이 정하는 주차의 장소·시간 및 방법에 따라야 한다.

② 차도와 보도의 구별이 없는 도로의 경우에는 도로의 오른쪽 가장자리에 정차하여야 한다.

③ 여객자동차의 운전자는 승객을 태우거나 내려주기 위하여 정류소 또는 이에 준하는 장소에서 정차하였을 때에는 승객이 타거나 내린 즉시 출발하여야 하며 뒤따르는 다른 차의 정차를 방해하지 아니하여야 한다.

④ 경사진 곳에 정차하거나 주차하려는 자동차의 운전자는 대통령령이 정하는 바에 따라 고임목을 설치하거나 조향장치를 도로의 가장자리 방향으로 돌려놓는 등 미끄럼사고의 발생을 방지하기 위한 조치를 취하여야 한다.

✔해설 ② 모든 차의 운전자는 도로에서 정차할 때에는 차도의 오른쪽 가장자리에 정차할 것. 다만 차도와 보도의 구별이 없는 도로의 경우에는 도로의 오른쪽 가장자리로부터 중앙으로 50센티미터 이상의 거리를 두어야 한다〈시행령 제11조 제1항〉.

> **Tip**
> **정차 또는 주차의 방법 등**〈시행령 제11조〉
> ㉠ 차의 운전자가 지켜야 하는 정차 또는 주차의 방법 및 시간은 다음과 같다.
> • 모든 차의 운전자는 도로에서 정차할 때에는 차도의 오른쪽 가장자리에 정차할 것. 다만, 차도와 보도의 구별이 없는 도로의 경우에는 도로의 오른쪽 가장자리로부터 중앙으로 50센티미터 이상의 거리를 두어야 한다.
> • 여객자동차의 운전자는 승객을 태우거나 내려주기 위하여 정류소 또는 이에 준하는 장소에서 정차하였을 때에는 승객이 타거나 내린 즉시 출발하여야 하며 뒤따르는 다른 차의 정차를 방해하지 아니할 것
> • 모든 차의 운전자는 도로에서 주차할 때에는 시·도경찰청장이 정하는 주차의 장소·시간 및 방법에 따를 것
> ㉡ 모든 차의 운전자는 정차하거나 주차할 때에는 다른 교통에 방해가 되지 아니하도록 하여야 한다. 다만, 다음의 어느 하나에 해당하는 경우에는 그러하지 아니하다.
> • 안전표지 또는 다음 각 목의 어느 하나에 해당하는 사람의 지시에 따르는 경우
> – 경찰공무원(의무경찰을 포함한다)
> – 제주특별자치도의 자치경찰공무원(이하 "자치경찰공무원"이라 한다)
> – 경찰공무원(자치경찰공무원을 포함한다)을 보조하는 모범운전자, 군사경찰, 소방공무원 등에 해당하는 사람
> • 고장으로 인하여 부득이하게 주차하는 경우
> ㉢ 자동차의 운전자는 경사진 곳에 정차하거나 주차(도로 외의 경사진 곳에서 정차하거나 주차하는 경우를 포함한다)하려는 경우 자동차의 주차제동장치를 작동한 후에 다음의 어느 하나에 해당하는 조치를 취하여야 한다. 다만, 운전자가 운전석을 떠나지 아니하고 직접 제동장치를 작동하고 있는 경우는 제외한다.
> • 경사의 내리막 방향으로 바퀴에 고임목, 고임돌, 그 밖에 고무, 플라스틱 등 자동차의 미끄럼 사고를 방지할 수 있는 것을 설치할 것
> • 조향장치(操向裝置)를 도로의 가장자리(자동차에서 가까운 쪽을 말한다) 방향으로 돌려놓을 것

Answer 7.②

8 「도로교통법」상 도로교통법에서 규정하고 있는 내용을 잘못 설명한 것은?

① 시장 등은 교통을 원활하게 하기 위하여 노면전차 전용도로 또는 전용차로를 설치하려는 경우에는 「도시철도법」 제7조 제1항에 따른 도시철도사업계획의 승인 후에 시·도경찰청장과 협의 하여야 한다.

② 차마의 운전자는 길가의 건물이나 주차장 등에서 도로에 들어갈 때에는 일단 정지한 후에 안전한지 확인하면서 서행하여야 한다.

③ 자동차 등의 운전자는 같은 방향으로 가고 있는 자전거 등의 운전자에 주의하여야 하며, 그 옆을 지날 때에는 자전거등과의 충돌을 피할 수 있는 필요한 거리를 확보하여야 한다.

④ 모든 차의 운전자는 차의 진로를 변경하려는 경우에 그 변경하려는 방향으로 오고 있는 다른 차의 정상적인 통행에 장애를 줄 우려가 있을 때에는 진로를 변경하여서는 아니 된다.

> ✔️ 해설 노면전차 전용로의 설치 등〈법 제16조〉
>
> ㉠ 시장 등은 교통을 원활하게 하기 위하여 노면전차 전용도로 또는 전용차로를 설치하려는 경우에는 「도시철도법」에 따른 도시철도사업계획의 승인 전에 다음 각 호의 사항에 대하여 시·도경찰청장과 협의하여야 한다. 사업 계획을 변경하려는 경우에도 또한 같다.
> • 노면전차의 설치 방법 및 구간
> • 노면전차 전용로 내 교통안전시설의 설치
> • 그 밖에 노면전차 전용로의 관리에 관한 사항
> ㉡ 노면전차의 운전자는 제1항에 따른 노면전차 전용도로 또는 전용차로로 통행하여야 하며, 차마의 운전자는 노면전차 전용도로 또는 전용차로를 다음 각 호의 경우를 제외하고는 통행하여서는 아니 된다.
> • 좌회전, 우회전, 횡단 또는 회전하기 위하여 궤도 부지를 가로지르는 경우
> • 도로, 교통안전시설, 도로의 부속물 등의 보수를 위하여 진입이 불가피한 경우
> • 노면전차 전용차로에서 긴급자동차가 그 본래의 긴급한 용도로 운행되고 있는 경우

9 「도로교통법」상 차마 및 노면전차의 통행방법에 대해 잘못된 설명은?

① 도로가 일방통행인 경우에는 도로의 중앙이나 좌측 부분을 통행할 수 있다.

② 도로의 파손, 도로공사나 그 밖의 장애 등으로 도로의 우측 부분을 통행할 수 없는 경우에는 도로의 중앙이나 좌측 부분으로 통행할 수 있다.

③ 도로 우측 부분의 폭이 5미터가 되지 아니하는 도로에서 다른 차를 앞지르려는 경우에는 도로의 중앙이나 좌측 부분으로 통행할 수 있다.

④ 가파른 비탈길의 구부러진 곳에서 교통의 위험을 방지하기 위하여 시·도경찰청장이 필요하다고 인정하여 구간 및 통행방법을 지정하고 있는 경우에 그 지정에 따라 통행하는 경우에는 도로의 중앙이나 좌측 부분으로 통행할 수 있다.

✔해설 ③ 도로 우측 부분의 폭이 6미터가 되지 아니하는 도로에서 다른 차를 앞지르려는 경우 중앙 또는 좌측통행이 가능하다〈법 제13조 제4항〉.

Tip
차마의 운전자가 도로의 중앙이나 좌측 부분을 통행할 수 있는 경우〈법 제13조 제4항〉
㉠ 도로가 일방통행인 경우
㉡ 도로의 파손, 도로공사나 그 밖의 장애 등으로 도로의 우측 부분을 통행할 수 없는 경우
㉢ 도로 우측 부분의 폭이 6미터가 되지 아니하는 도로에서 다른 차를 앞지르려는 경우. 다만, 다음 각 목의 어느 하나에 해당하는 경우에는 그러하지 아니하다.
 • 도로의 좌측 부분을 확인할 수 없는 경우
 • 반대 방향의 교통을 방해할 우려가 있는 경우
 • 안전표지 등으로 앞지르기를 금지하거나 제한하고 있는 경우
㉣ 도로 우측 부분의 폭이 차마의 통행에 충분하지 아니한 경우
㉤ 가파른 비탈길의 구부러진 곳에서 교통의 위험을 방지하기 위하여 시·도경찰청장이 필요하다고 인정하여 구간 및 통행방법을 지정하고 있는 경우에 그 지정에 따라 통행하는 경우

10 「도로교통법」상의 내용을 잘못 설명하고 있는 것은?

① 친환경적이고 경제적인 방법으로 운전하여 연료소모와 탄소배출을 줄이도록 노력하여야 한다는 규정은 교통안전법의 내용이다.

② 자전거 등이 교통안전에 위험을 초래하지 않도록 보행자에게 위해를 줄 우려가 있는 금속재 모서리는 둥글게 가공되거나 고무, 플라스틱 등으로 덮여 있어야 한다.

③ 자전거 등의 운전자가 횡단보도를 이용하여 도로를 횡단할 때에는 자전거 등에서 내려서 자전거 등을 끌거나 들고 보행하여야 한다.

④ 지리안내 영상 또는 교통정보안내 영상의 경우에는 자동차 등 또는 노면전차에 영상표시장치를 장착하여 운전자가 운전 중 볼 수 있는 위치에 영상이 표시되게 할 수 있다.

✔ 해설 ①은 「도로교통법」 제48조 제2항의 내용이다.

> **Tip**
> **안전운전 및 친환경 경제운전의 의무**〈법 제48조〉
> ㉠ 모든 차 또는 노면전차의 운전자는 차 또는 노면전차의 조향장치와 제동장치, 그 밖의 장치를 정확하게 조작하여야 하며, 도로의 교통상황과 차 또는 노면전차의 구조 및 성능에 따라 다른 사람에게 위험과 장해를 주는 속도나 방법으로 운전하여서는 아니 된다.
> ㉡ 모든 차의 운전자는 차를 친환경적이고 경제적인 방법으로 운전하여 연료소모와 탄소배출을 줄이도록 노력하여야 한다.

1 「도로교통법 시행규칙」상 차량신호등의 적색 등화의 점멸 신호가 뜻하는 바로 가장 옳은 것은?

① 차마는 정지선이나 횡단보도가 있을 때에는 그 직전이나 교차로의 직전에 일시정지한 후 다른 교통에 주의하면서 진행할 수 있다.

② 차마는 정지선, 횡단보도 및 교차로의 직전에서 정지해야 한다.

③ 차마는 우회전하려는 경우 정지선, 횡단보도 및 교차로의 직전에서 정지한 후 신호에 따라 진행하는 다른 차마의 교통을 방해하지 않고 우회전할 수 있다.

④ 교차로에서 차마가 우회전하려는 경우 차마는 우회전 삼색등이 적색의 등화인 경우 우회전 할 수 없다.

> ✔해설 차량신호등의 신호〈시행규칙 제6조 제2항 별표2〉
>
> ㉠ **녹색의 등화**
> • 차마는 직진 또는 우회전할 수 있다.
> • 비보호 좌회전 표지 또는 비호로 좌회전표시가 있는 곳에서는 좌회전 할 수 있다.
>
> ㉡ **황색의 등화**
> • 차마는 정지선이 있거나 횡단보도가 있을 때에는 그 직전이나 교차로의 직전에 정지하여야 하며, 이미 교차로에 차마의 일부라도 진입한 경우에는 신속히 교차로 밖으로 진행하여야 한다.
> • 차마는 우회전 할 수 있고 우회전하는 경우에는 보행자의 횡단을 방해하지 못한다.
>
> ㉢ **적색의 등화**
> • 차마는 정지선, 횡단보도 및 교차로의 직전에서 정지하여야 한다.
> • 차마는 우회전하려는 경우 정지선, 횡단보도 및 교차로의 직전에서 정지한 후 신호에 따라 진행하는 다른 차마의 교통을 방해하지 않고 우회전할 수 있다.
> • 위의 내용에도 불구하고 차마는 우회전 삼색등이 적색의 등화인 경우 우회전할 수 없다.
>
> ㉣ **황색등화의 점멸** : 차마는 다른 교통 또는 안전표지의 표시에 주의하면서 진행할 수 있다.
>
> ㉤ **적색등화의 점멸** : 차마는 정지선이나 횡단보도가 있을 때에는 그 직전이나 교차로의 직전에 일시정지한 후 다른 교통에 주의하면서 진행할 수 있다.

Answer 1.①

2 「도로교통법」상 운전면허의 결격사유에 대한 설명으로 가장 옳지 않은 것은?

① 무면허운전 금지를 위반하여 자동차를 운전한 경우에는 그 위반한 날부터 1년간 운전면허를 받을 수 없다.

② 음주운전 금지를 위반하여 운전을 하다가 사람을 사상한 후 사고발생 시의 조치에 따른 필요한 조치 및 신고를 하지 아니한 경우에는 그 위반한 날부터 3년간 운전면허를 받을 수 없다.

③ 자동차 등을 이용하여 범죄행위를 하거나 다른 사람의 자동차 등을 훔치거나 빼앗은 사람이 무면허운전 금지를 위반하여 그 자동차 등을 운전한 경우에는 그 위반한 날부터 3년간 운전면허를 받을 수 없다.

④ 음주운전 금지를 위반하여 운전을 하다가 교통사고를 일으킨 경우에는 운전면허가 취소된 날부터 2년간 운전면허를 받을 수 없다.

> ✔해설 ② 음주운전 금지를 위반하여 운전을 하다가 사람을 사상한 후 사고발생 시의 조치에 따른 필요한 조치 및 신고를 하지 아니한 경우에는 그 위반한 날부터 5년간 운전면허를 받을 수 없다〈법 제82조 제2항 제3호〉.

3 「도로교통법 시행령」상 차도를 통행할 수 있는 경우로 가장 옳지 않은 것은?

① 사다리, 목재, 그 밖에 보행자의 통행에 지장을 줄 우려가 있는 물건을 운반 중인 사람
② 기(旗) 또는 현수막 등을 휴대한 행렬
③ 말·소 등의 큰 동물을 몰고 가는 사람
④ 신체의 평형기능에 장애가 있는 사람

> ✔해설 행렬 등의 통행〈법 제9조〉
> ㉠ 학생의 대열
> ㉡ 차도를 통행할 수 있는 사람 또는 행렬〈시행령 제7조〉
> • 말·소 등의 큰 동물을 몰고 가는 사람
> • 사다리, 목재, 그 밖에 보행자의 통행에 지장을 줄 우려가 있는 물건을 운반 중인 사람
> • 도로에서 청소나 보수 등의 작업을 하고 있는 사람
> • 군부대나 그 밖에 이에 준하는 단체의 행렬
> • 기(旗) 또는 현수막 등을 휴대한 행렬
> • 장의(葬儀) 행렬

Answer　2.②　3.④

4 「도로교통법」상 운전면허증의 반납에 대한 설명으로 가장 옳지 않은 것은?

① 운전면허 취소처분을 받은 경우 그 사유가 발생한 날부터 7일 이내에 반납하여야 한다.

② 경찰공무원은 취소처분을 받고 법정 기한 내에 운전면허증을 반납하지 아니한 사람이 소지한 운전면허증을 직접 회수할 수 있다.

③ 시 · 도경찰청장이 운전면허효력 정지처분을 받은 사람으로부터 운전면허증을 회수하였을 때에는 이를 보관하였다가 정지기간이 끝난 6개월 후 돌려주어야 한다.

④ 운전면허증을 갱신 받았을 때, 기존 운전면허증은 반납하여야 한다.

> ✔ 해설 운전면허증 반납〈법 제95조〉
> ㉠ 반납사유 및 반납기간
>   • 반납기간 : 사유가 발생한 날부터 7일 이내
>   • 반납기관 : 시 · 도경찰청장
>   • 반납사유
>   – 운전면허 취소처분을 받은 경우
>   – 운전면허효력 정지처분을 받은 경우
>   – 운전면허증을 잃어버리고 다시 발급받은 후 그 잃어버린 운전면허증을 찾은 경우
>   – 연습운전면허증을 받은 사람이 제1종 보통면허증 또는 제2종 보통면허증을 받은 경우
>   – 운전면허증 갱신을 받은 경우
> ㉡ 미 반납자 조치 : 경찰공무원은 운전면허증을 반납하지 아니한 사람이 소지한 운전면허증을 직접 회수(모바일운전면허증의 경우 전자적 회수를 포함한다)할 수 있다.
> ㉢ 회수한 면허증 처리 : 시 · 도경찰청장은 운전면허증을 반납 받았거나, 운전면허효력 정지처분을 받아 회수하였을 때에는 이를 보관하였다가 정지기간이 끝난 즉시 돌려주어야 한다.

Answer   4.③

5 「도로교통법」상 보행자의 통행에 대한 설명으로 가장 옳지 않은 것은?

① 보행자는 보도에서는 우측통행을 원칙으로 한다.

② 보행자는 보도와 차도가 구분되지 아니한 도로 중 중앙선이 있는 도로에서는 길 가장자리 또는 길가장자리구역으로 통행하여야 한다.

③ 보행자는 보도와 차도가 구분되지 아니한 도로 중 중앙선이 없는 도로에서는 도로의 전 부분으로 통행할 수 없다.

④ 보행자는 보도와 차도가 구분된 도로에서는 언제나 보도로 통행하여야 한다. 다만, 차도를 횡단하는 경우, 도로공사 등으로 보도의 통행이 금지된 경우나 그 밖의 부득이한 경우에는 그러하지 아니하다.

> ✔ **해설** 보행자의 통행〈법 제8조〉
> ⊙ 보행자는 보도와 차도가 구분된 도로에서는 언제나 보도로 통행하여야 한다. 다만, 차도를 횡단하는 경우, 도로공사 등으로 보도의 통행이 금지된 경우나 그 밖의 부득이한 경우에는 그러하지 아니하다.
> ⓛ 보행자는 보도와 차도가 구분되지 아니한 도로 중 중앙선이 있는 도로(일방통행인 경우에는 차선으로 구분된 도로를 포함한다)에서는 길 가장자리 또는 길가장자리구역으로 통행하여야 한다.
> ⓒ 보행자는 다음 각 호의 어느 하나에 해당하는 곳에서는 도로의 전 부분으로 통행할 수 있다. 이 경우 보행자는 고의로 차마의 진행을 방해하여서는 아니 된다.
> • 보도와 차도가 구분되지 아니한 도로 중 중앙선이 없는 도로(일방통행인 경우에는 차선으로 구분되지 아니한 도로에 한정한다)
> • 보행자우선도로
> ⓔ 보행자는 보도에서는 우측통행을 원칙으로 한다.

6 「도로교통법」상 정차 및 주차 금지인 위치가 아닌 것은?

① 노상주차장을 제외하고, 보도와 차도가 구분된 도로의 보도

② 안전지대가 설치된 도로에서 그 안전지대의 사방으로부터 8미터 떨어진 곳

③ 횡단보도로부터 8미터 떨어진 곳

④ 「소방기본법」 제10조에 따른 소방용수시설로부터 8미터 떨어진 곳

> ✔해설 정차 및 주차의 금지〈법 제32조〉… 모든 차의 운전자는 다음의 어느 하나에 해당하는 곳에서는 차를 정차하거나 주차하여서는 아니 된다. 다만, 이 법이나 이 법에 따른 명령 또는 경찰공무원의 지시를 따르는 경우와 위험방지를 위하여 일시 정지하는 경우에는 그러하지 아니하다.
>
> ㉠ 교차로 · 횡단보도 · 건널목이나 보도와 차도가 구분된 도로의 보도(「주차장법」에 따라 차도와 보도에 걸쳐서 설치된 노상주차장은 제외한다)
>
> ㉡ 교차로의 가장자리나 도로의 모퉁이로부터 5미터 이내인 곳
>
> ㉢ 안전지대가 설치된 도로에서는 그 안전지대의 사방으로부터 각각 10미터 이내인 곳
>
> ㉣ 버스여객자동차의 정류지임을 표시하는 기둥이나 표지판 또는 선이 설치된 곳으로부터 10미터 이내인 곳. 다만, 버스여객자동차의 운전자가 그 버스여객자동차의 운행시간 중에 운행노선에 따르는 정류장에서 승객을 태우거나 내리기 위하여 차를 정차하거나 주차하는 경우에는 그러하지 아니하다.
>
> ㉤ 건널목의 가장자리 또는 횡단보도로부터 10미터 이내인 곳
>
> ㉥ 다음의 곳으로부터 5미터 이내인 곳
> • 「소방기본법」에 따른 소방용수시설 또는 비상소화장치가 설치된 곳
> • 「소방시설 설치 및 관리에 관한 법률」에 따른 소방시설로서 대통령령으로 정하는 시설이 설치된 곳
>
> ㉦ 시 · 도경찰청장이 도로에서의 위험을 방지하고 교통의 안전과 원활한 소통을 확보하기 위하여 필요하다고 인정하여 지정한 곳
>
> ㉧ 시장 등이 지정한 어린이 보호구역

7 〈보기〉에서 「도로교통법 시행규칙」상 도로교통 안전표지판 중 규제표지의 개수는?

―――――――――――――――――――― 보기 ――――――――――――――――――――

① 2개   ② 3개
③ 4개   ④ 5개

✔ 해설 규제표지

도로교통의 안전을 위하여 각종제한·금지 등의 규제를 하는 경우에 이를 도로 사용자에게 알리는 표지				
201 통행금지	202 자동차통행금지	203 화물자동차 통행금지	204 승합자동차 통행금지	205 이륜자동차 및 원동기 장치자전거 통행금지
205의2 2개인형이동장치 통행금지	206 자동차, 이륜자동차 및 원동기장치자전거 통행금지	206의2 이륜자동차·원동기 장치자전거및개인형이동장 치 통행금지	207 경운기·트랙터 및 손수레 통행금지	210 자전거통행금지
211 진입금지	212 직진금지	213 우회전금지	214 좌회전금지	216 유턴금지
217 앞지르기 금지	218 주정차금지	219 주차 금지	220 차중량제한	221 차높이제한
222 차폭제한	223 차간거리확보	224 최고속도제한	225 최저속도제한	226 서 행
227 일시정지	228 양보	230 보행자보행금지	231 위험물적재차량 통행금지	

Answer   7.③

8 「도로교통법」상 벌칙에 대한 설명으로 가장 옳지 않은 것은?

① 운전면허의 효력이 정지된 경우 자동차를 운전한 사람은 6개월 이하의 징역이나 200만 원 이하의 벌금 또는 구류에 처한다.

② 정비 불량차를 운전하도록 시킨 사람은 6개월 이하의 징역이나 200만 원 이하의 벌금 또는 구류에 처한다.

③ 교통단속용 장비의 기능을 방해하는 장치를 한 차를 운전한 사람은 6개월 이하의 징역이나 200만 원 이하의 벌금 또는 구류에 처한다.

④ 고속도로에서 고의로 중앙선의 좌측 부분으로 통행한 운전자는 100만 원 이하의 벌금 또는 구류에 처한다.

✔ 해설 ①은 무면허운전으로 1년 이하 징역 또는 300만 원이하 벌금이다〈법 제152조 제1호〉.

Tip
1년 이하 징역 또는 300만 원이하 벌금
㉠ 운전면허(원동기장치자전거면허는 제외) 또는 국제운전면허증 또는 상호인정외국면허증을 받지 아니하고 자동차를 운전한 사람(운전면허의 효력이 정지된 사람을 포함)
㉡ 조건부 운전면허를 발급받고 음주운전 방지장치가 설치되지 아니하거나 설치기준에 적합하지 아니하게 설치된 자동차등을 운전한 사람
㉢ 무면허운전자에게 자동차를 운전하도록 시킨 고용주등(운전면허의 효력이 정지된 사람을 포함)
㉣ 거짓이나 그 밖의 부정한 수단으로 운전면허를 받거나 운전면허증 또는 운전면허증을 갈음하는 증명서를 발급받은 사람
㉤ 교통에 방해가 될 만한 물건을 함부로 도로에 내버려둔 사람
㉥ 교통안전교육강사가 아닌 사람으로 하여금 교통안전 교육을 하게 한 교통 안전교육기관의 장
㉦ 자동차운전학원이 아닌데도 유사명칭 등을 사용한 사람

Answer 8.①

9 「도로교통법」상 어린이통학버스 운영자 등에 대한 안전교육 중 〈보기〉의 ㈎에 들어갈 말로 가장 옳은 것은?

보기

어린이통학버스를 운영하는 사람과 운전하는 사람은 어린이통학버스 안전교육을 받아야 한다. 어린이통학버스 안전교육 중 정기 안전교육은 어린이통학버스를 계속하여 운전하는 사람과 운전하는 사람 및 동승한 보호자를 대상으로 ㈎ 마다 정기적으로 실시하는 교육이다.

① 1년
② 2년
③ 3년
④ 5년

✔**해설** 어린이통학버스 운영자 등에 대한 안전교육〈법 제53조의3〉
㉠ 어린이통학버스를 운영하는 사람과 운전하는 사람 및 보호자는 어린이통학버스의 안전운행 등에 관한 교육(어린이통학버스 안전교육)을 받아야 한다.
㉡ 어린이통학버스 안전교육은 다음의 구분에 따라 실시한다.
• 신규 안전교육 : 어린이통학버스를 운영하려는 사람과 운전하려는 사람 및 동승하려는 보호자를 대상으로 그 운영, 운전 또는 동승을 하기 전에 실시하는 교육
• 정기 안전교육 : 어린이통학버스를 계속하여 운영하는 사람과 운전하는 사람 및 동승한 보호자를 대상으로 2년마다 정기적으로 실시하는 교육

Tip
어린이통학버스 관련 시험에 잘나오는 것
㉠ 도색, 표지 소유관계, 보험관계 → 대통령령(행정안전부령 X)
㉡ 9인승 이상(11인승 X)
㉢ 일시정지(서행 X)
㉣ 허가권자 → 관할경찰서장(시 · 도경찰청장 X)
㉤ 안전교육(운영자, 운전자) → 3시간(2시간 X)
㉥ 재교육 → 2년마다(3년마다 X)

10 「도로교통법령」상 운전면허를 받으려는 사람이 시험에 응시하기 전에 받아야 하는 교통안전교육에 대한 설명으로 가장 옳지 않은 것은?

① 교통안전교육은 시청각교육 등의 방법으로 1시간 실시한다.

② 운전면허 및 자동차관리에 관한 교통안전교육을 받아야 한다.

③ 교육의 과목·내용·방법 및 시간 등에 관하여 필요한 사항은 행정안전부령으로 정한다.

④ 운전자가 갖추어야 하는 기본예절에 관한 교통안전교육을 받아야 한다.

> ✔해설 교통안전교육〈법 제73조〉
>   ㉠ 운전면허를 신규로 받으려는 사람의 교육시간(시청각교육 방법) : 1시간
>   ㉡ 안전교육 내용
>   • 운전자가 갖추어야 하는 기본예절
>   • 도로교통에 관한 법령과 지식
>   • 안전운전 능력
>   • 교통사고의 예방과 처리에 관한 사항
>   • 어린이·장애인 및 노인의 교통사고 예방에 관한 사항
>   • 친환경 경제운전에 필요한 지식과 기능
>   • 긴급자동차에 길 터주기 요령
>   • 그 밖에 교통안전의 확보를 위하여 필요한 사항

Answer 10.②

1 「도로교통법」상 운전면허증의 반납에 대한 설명으로 가장 옳지 않은 것은?

① 운전면허 취소처분을 받은 경우 그 사유가 발생한 날부터 7일 이내에 반납하여야 한다.
② 경찰공무원은 취소처분을 받고 법정 기한 내에 운전면허증을 반납하지 아니한 사람이 소지한 운전면허증을 직접 회수할 수 있다.
③ 시·도경찰청장이 운전면허효력 정지처분을 받은 사람으로부터 운전면허증을 회수하였을 때에는 이를 보관하였다가 정지기간이 끝난 6개월 후 돌려주어야 한다.
④ 운전면허증을 갱신 받았을 때, 기존 운전면허증은 반납하여야 한다.

✔해설 ③ 시·도경찰청장이 운전면허증을 반납 받았거나 운전면허효력 정지처분을 받은 사람으로부터 운전면허증을 회수하였을 때에는 이를 보관하였다가 정지기간이 끝난 즉시 돌려주어야 한다〈법 제95조 제3항〉.

Tip
운전면허증의 반납〈법 제95조〉
㉠ 반납기간 : 사유가 발생한 날부터 7일 이내
㉡ 반납기관 : 시·도경찰청장
㉢ 반납사유
• 운전면허 취소처분을 받은 경우
• 운전면허효력 정지처분을 받은 경우
• 운전면허증을 잃어버리고 다시 발급받은 후 그 잃어버린 운전면허증을 찾은 경우
• 연습운전면허증을 받은 사람이 제1종 보통면허증 또는 제2종 보통면허증을 받은 경우
• 운전면허증 갱신을 받은 경우

Answer　1.③

2 「도로교통법 시행규칙」 상 차량신호등의 적색 등화의 점멸 신호가 뜻하는 바로 가장 옳은 것은?

① 차마는 정지선이나 횡단보도가 있을 때에는 그 직전이나 교차로의 직전에 일시정지한 후 다른 교통에 주의하면서 진행할 수 있다.

② 차마는 정지선, 횡단보도 및 교차로의 직전에서 정지해야 한다.

③ 차마는 우회전하려는 경우 정지선, 횡단보도 및 교차로의 직전에서 정지한 후 신호에 따라 진행하는 다른 차마의 교통을 방해하지 않고 우회전할 수 있다.

④ 교차로에서 차마가 우회전하려는 경우 차마는 우회전 삼색등이 적색의 등화인 경우 우회전할 수 없다.

✔해설 차량신호등의 신호

신호의 종류	신호의 뜻
㉠ 녹색의 등화 ○○●	• 차마는 직진 또는 우회전할 수 있다. • 비보호 좌회전 표지 또는 비호로 좌회전표시가 있는 곳에서는 좌회전 할 수 있다.
㉡ 황색의 등화 ○◐○	• 차마는 정지선이 있거나 횡단보도가 있을 때에는 그 직전이나 교차로의 직전에 정지하여야 하며, 이미 교차로에 차마의 일부라도 진입한 경우에는 신속히 교차로 밖으로 진행하여야 한다. • 차마는 우회전 할 수 있고 우회전하는 경우에는 보행자의 횡단을 방해하지 못한다.
㉢ 적색의 등화 ●○○	• 차마는 정지선, 횡단보도 및 교차로의 직전에서 정지하여야 한다. 다만, 신호에 따라 진행하는 다른 차마의 교통을 방해하지 아니하고 우회전할 수 있다. • 다만 차마는 우회전 삼색등이 적색의 등화인 경우 우회전 할 수 없다.
㉣ 황색등화의 점멸 ○✶○	차마는 다른 교통 또는 안전표지의 표시에 주의하면서 진행할 수 있다.
㉤ 적색등화의 점멸 ●○○	차마는 정지선이나 횡단보도가 있을 때에는 그 직전이나 교차로의 직전에 일시정지한 후 다른 교통에 주의하면서 진행할 수 있다.

Answer   2.①

3 「도로교통법」상 어린이통학버스에 대한 설명으로 가장 옳지 않은 것은?

① 모든 차의 운전자는 어린이나 영유아를 태우고 있다는 표시를 한 상태로 도로를 통행하는 어린이통학버스를 앞지르지 못한다.

② 어린이통학버스로 사용할 수 있는 자동차는 관할시·도지사의 령으로 정하는 자동차로 한정한다.

③ 중앙선이 설치되지 아니한 도로와 편도 1차로인 도로에서는 반대방향에서 진행하는 차의 운전자도 어린이 통학버스에 이르기 전에 일시 정지하여 안전을 확인한 후 서행하여야 한다.

④ 어린이통학버스로 사용할 수 있는 자동차는 도색·표지, 보험가입, 소유관계 등 대통령령으로 정하는 요건을 갖추어야 한다.

✔ 해설 ② 어린이통학버스로 사용할 수 있는 자동차는 행정안전부령으로 정하는 자동차로 한정한다. 이 경우 그 자동차는 도색·표지, 보험가입, 소유관계 등 대통령령으로 정하는 요건을 갖추어야 한다〈법 제52조 제3항〉.

Tip
어린이통학버스 관련 시험에 잘나오는 것
㉠ 도색, 표지 소유관계, 보험관계 → 대통령령(행정안전부령 X)
㉡ 9인승 이상(11인승 X)
㉢ 일시정지(서행 X)
㉣ 허가권자 → 관할경찰서장(시·도경찰청장 X)
㉤ 안전교육(운영자, 운전자) → 3시간(2시간 X)
㉥ 재교육 → 2년마다(3년마다 X)

4 「도로교통법」상 차량 운행 중 안전거리 확보에 대한 설명으로 가장 옳지 않은 것은?

① 모든 차의 운전자는 같은 방향으로 가고 있는 앞차의 뒤를 따르는 경우에는 앞차가 갑자기 정지하게 되는 경우 그 앞차와의 충돌을 피할 수 있는 필요한 거리를 확보하여야 한다.

② 자동차 등의 운전자는 같은 방향으로 가고 있는 자전거 등의 운전자에 주의하여야 하며, 그 옆을 지날 때에는 자전거 등과의 충돌을 피할 수 있는 필요한 거리를 확보하여야 한다.

③ 모든 차의 운전자는 차의 진로를 변경하려는 경우에 그 변경하려는 방향으로 오고 있는 다른 차의 정상적인 통행에 지장을 줄 우려가 있을 때에는 빠른 진로 변경을 통해 안전거리를 확보하여야 한다.

④ 모든 차의 운전자는 위험방지를 위한 경우와 그 밖의 부득이한 경우가 아니면 운전하는 차를 갑자기 정지시키거나 속도를 줄이는 등의 급제동을 하여서는 아니 된다.

✔해설 ③ 모든 차의 운전자는 차의 진로를 변경하려는 경우에 그 변경하려는 방향으로 오고 있는 다른 차의 정상적인 통행에 장애를 줄 우려가 있을 때에는 진로를 변경하여서는 아니 된다〈법 제19조 제3항〉.

Tip
안전거리 확보 등〈법 제19조〉
㉠ 모든 차의 운전자는 같은 방향으로 가고 있는 앞차의 뒤를 따르는 경우에는 앞차가 갑자기 정지하게 되는 경우 그 앞차와의 충돌을 피할 수 있는 필요한 거리를 확보하여야 한다.
㉡ 자동차 등의 운전자는 같은 방향으로 가고 있는 자전거 등의 운전자에 주의하여야 하며, 그 옆을 지날 때에는 자전거 등과의 충돌을 피할 수 있는 필요한 거리를 확보하여야 한다.
㉢ 모든 차의 운전자는 차의 진로를 변경하려는 경우에 그 변경하려는 방향으로 오고 있는 다른 차의 정상적인 통행에 장애를 줄 우려가 있을 때에는 진로를 변경하여서는 아니 된다.
㉣ 모든 차의 운전자는 위험방지를 위한 경우와 그 밖의 부득이한 경우가 아니면 운전하는 차를 갑자기 정지시키거나 속도를 줄이는 등의 급제동을 하여서는 아니 된다.

5 「도로교통법」상 도로에서 어린이 또는 영유아를 보호하기 위한 보호자의 조치 내용으로 가장 옳지 않은 것은?

① 어린이의 보호자는 도로에서 어린이가 개인형 이동장치를 안전하게 운전하도록 하여야 한다.

② 어린이의 보호자는 교통이 빈번한 도로에서 어린이를 놀게 하여서는 아니 된다.

③ 영유아의 보호자는 교통이 빈번한 도로에서 영유아가 혼자 보행하게 하여서는 아니 된다.

④ 어린이의 보호자는 도로에서 어린이가 자전거를 타는 경우에는 인명 보호 장구를 착용하도록 하여야 한다.

✔해설 ① 어린이의 보호자는 도로에서 어린이가 개인형 이동장치를 운전하게 하여서는 아니 된다〈법 제11조 제4항〉.

Tip
어린이 등에 대한 보호〈법 제11조〉
㉠ 어린이의 보호자는 교통이 빈번한 도로에서 어린이를 놀게 하여서는 아니 되며, 영유아(6세 미만인 사람)의 보호자는 교통이 빈번한 도로에서 영유아가 혼자 보행하게 하여서는 아니 된다.
㉡ 앞을 보지 못하는 사람의 보호자는 그 사람이 도로를 보행할 때에는 흰색 지팡이를 갖고 다니도록 하거나 앞을 보지 못하는 사람에게 길을 안내하는 개로서 행정안전부령으로 정하는 개(장애인보조견)를 동반하도록 하는 등 필요한 조치를 하여야 한다.
㉢ 어린이의 보호자는 도로에서 어린이가 자전거를 타거나 행정안전부령으로 정하는 위험성이 큰 움직이는 놀이기구를 타는 경우에는 어린이의 안전을 위하여 행정안전부령으로 정하는 인명보호 장구(裝具)를 착용하도록 하여야 한다.
㉣ 어린이의 보호자는 도로에서 어린이가 개인형 이동장치를 운전하게 하여서는 아니 된다.
㉤ 경찰공무원은 신체에 장애가 있는 사람이 도로를 통행하거나 횡단하기 위하여 도움을 요청하거나 도움이 필요하다고 인정하는 경우에는 그 사람이 안전하게 통행하거나 횡단할 수 있도록 필요한 조치를 하여야 한다.

6 「도로교통법」상 명시된 자동차 등(개인형 이동장치는 제외한다)의 운전자의 난폭운전 행위가 아닌 것은?

① 횡단 · 유턴 · 후진 금지 위반

② 정당한 사유 없는 소음 발생

③ 고속도로에서의 앞지르기 방법 위반

④ 앞뒤로 줄지어 통행

> ✔해설 난폭운전 금지행위〈법 제46조의3〉
> ㉠ 신호 또는 지시 위반
> ㉡ 중앙선 침범
> ㉢ 속도의 위반
> ㉣ 횡단 · 유턴 · 후진 금지 위반
> ㉤ 안전거리 미확보, 진로변경 금지 위반, 급제동 금지 위반
> ㉥ 앞지르기 방법 또는 앞지르기의 방해금지 위반
> ㉦ 정당한 사유 없는 소음 발생
> ㉧ 고속도로에서의 앞지르기 방법 위반
> ㉨ 고속도로 등에서의 횡단 · 유턴 · 후진 금지 위반

7 「도로교통법」상 어린이통학버스 운영자 등에 대한 안전교육 중 〈보기〉의 ㈎에 들어갈 말로 가장 옳은 것은?

───── 보기 ─────

어린이통학버스를 운영하는 사람과 운전하는 사람은 어린이통학버스 안전교육을 받아야 한다. 어린이통학버스 안전교육 중 정기 안전교육은 어린이통학버스를 계속하여 운전하는 사람과 운전하는 사람 및 동승한 보호자를 대상으로 ㈎ 마다 정기적으로 실시하는 교육이다.

① 1년   ② 2년

③ 3년   ④ 5년

> ✔해설 어린이통학버스 운영자 등에 대한 안전교육〈법 제53조의3〉… 어린이통학버스를 운영하는 사람과 운전하는 사람 및 보호자는 어린이통학버스 안전교육을 받아야 한다.
> ㉠ 신규 안전교육 : 어린이통학버스를 운영하려는 사람과 운전하려는 사람 및 동승하려는 보호자를 대상으로 그 운영, 운전 또는 동승을 하기 전에 실시하는 교육
> ㉡ 정기 안전교육 : 어린이통학버스를 계속하여 운영하는 사람과 운전하는 사람 및 동승한 보호자를 대상으로 2년마다 정기적으로 실시하는 교육

Answer   6.④ 7.②

8 「도로교통법」상 보행자의 통행에 대한 설명으로 가장 옳지 않은 것은?

① 보행자는 보도에서는 우측통행을 원칙으로 한다.

② 보행자는 보도와 차도가 구분되지 아니한 도로 중 중앙선이 있는 도로에서는 길가장자리 또는 길가장자리구역으로 통행하여야 한다.

③ 보행자는 보도와 차도가 구분되지 아니한 도로 중 중앙선이 없는 도로에서는 도로의 전 부분 으로 통행할 수 없다.

④ 보행자는 보도와 차도가 구분된 도로에서는 언제나 보도로 통행하여야 한다. 다만, 차도를 횡 단하는 경우, 도로공사 등으로 보도의 통행이 금지된 경우나 그 밖의 부득이한 경우에는 그러 하지 아니하다.

> ✔**해설** 보행자의 통행〈법 제8조〉
> ㉠ 보행자는 보도와 차도가 구분된 도로에서는 언제나 보도로 통행하여야 한다. 다만, 차도를 횡단하 는 경우, 도로공사 등으로 보도의 통행이 금지된 경우나 그 밖의 부득이한 경우에는 그러하지 아 니하다.
> ㉡ 보행자는 보도와 차도가 구분되지 아니한 도로 중 중앙선이 있는 도로(일방통행인 경우에는 차선 으로 구분된 도로를 포함한다)에서는 길가장자리 또는 길가장자리구역으로 통행하여야 한다.
> ㉢ 보행자는 다음 어느 하나에 해당하는 곳에서는 도로의 전 부분으로 통행할 수 있다. 이 경우 보행 자는 고의로 차마의 진행을 방해하여서는 아니 된다.
> • 보도와 차도가 구분되지 아니한 도로 중 중앙선이 없는 도로(일방통행인 경우에는 차선으로 구분 되지 아니한 도로)
> • 보행자우선도로
> ㉣ 보행자는 보도에서는 우측통행을 원칙으로 한다.

Answer   8.③

9 「도로교통법 시행령」상 차도를 통행할 수 있는 경우로 가장 옳지 않은 것은?

① 사다리, 목재, 그 밖에 보행자의 통행에 지장을 줄 우려가 있는 물건을 운반 중인 사람
② 기(旗) 또는 현수막 등을 휴대한 행렬
③ 말·소 등의 큰 동물을 몰고 가는 사람
④ 신체의 평형기능에 장애가 있는 사람

> ✔해설 행렬등의 통행〈법 제9조〉
> ㉠ 학생의 대열
> ㉡ 차도를 통행할 수 있는 사람 또는 행렬〈시행령 제7조〉
> • 말·소 등의 큰 동물을 몰고 가는 사람
> • 사다리, 목재, 그 밖에 보행자의 통행에 지장을 줄 우려가 있는 물건을 운반 중인 사람
> • 도로에서 청소나 보수 등의 작업을 하고 있는 사람
> • 군부대나 그 밖에 이에 준하는 단체의 행렬
> • 기(旗) 또는 현수막 등을 휴대한 행렬
> • 장의(葬儀) 행렬

10 「도로교통법 시행규칙」상 최고속도의 100분의 20을 줄인 속도로 운행하여야 하는 경우에 해당하는 것은?

① 눈이 20밀리미터 미만 쌓인 경우
② 폭우로 가시거리가 100미터 이내인 경우
③ 노면이 얼어붙은 경우
④ 안개로 가시거리가 50미터 이내인 경우

> ✔해설 비·안개·눈 등으로 인한 악천후 시 감속 운행해야 하는 경우〈시행규칙 제19조 제2항〉
> ㉠ 최고속도의 100분의 20을 줄인 속도로 운행하여야 하는 경우
> • 비가 내려 노면이 젖어 있는 경우
> • 눈이 20밀리미터 미만 쌓인 경우
> ㉡ 최고속도의 100분의 50을 줄인 속도로 운행하여야 하는 경우
> • 폭우·폭설·안개 등으로 가시거리가 100미터 이내인 경우
> • 노면이 얼어붙은 경우
> • 눈이 20밀리미터 이상 쌓인 경우

Answer   9.④ 10.①

1 다음 중 특별교통안전 권장교육의 종류가 아닌 것은?

① 벌점감경교육

② 배려운전교육

③ 현장참여교육

④ 고령운전교육

> ✔해설 ② 음주운전교육, 배려운전교육, 법규준수교육(의무)은 권장교육이 아니고 특별교통안전 의무교육이다 〈시행규칙 제46조 제1항 별표16〉.

Tip

특별교통안전 권장교육〈시행규칙 제46조 제1항 별표16〉

교육과정	교육시간	교육과목 및 내용
법규준수교육(권장)	6시간	㉠ 교통환경과 교통문화 ㉡ 안전운전의 기초 ㉢ 교통심리 및 행동이론 ㉣ 위험예측과 방어운전 ㉤ 운전유형 진단 교육 ㉥ 교통관련 법령의 이해
벌점감경교육	4시간	㉠ 교통질서와 교통사고 ㉡ 운전자의 마음가짐 ㉢ 교통법규와 안전 ㉣ 운전면허 및 자동차 관리 등
현장참여교육	8시간	㉠ 도로교통 현장 관찰 ㉡ 음주 등 위험상황에서의 운전 가상체험 ㉢ 교통법규 위반별 사고 사례분석 및 토의 등
고령운전교육	3시간	㉠ 신체노화와 안전운전 ㉡ 약물과 안전운전 ㉢ 인지능력 자가진단 및 그 결과에 따른 안전운전 요령 ㉣ 교통관련 법령의 이해 ㉤ 고령운전자 교통사고 실태

Answer 1.②

2 「도로교통법령」상 주차위반 차의 견인·보관 및 반환 등을 위한 조치에 대한 내용이다. ( )안에 들어갈 숫자를 모두 더하면?

ⓐ 경찰서장, 도지사 또는 시장 등은 차를 견인하였을 때부터 ( )시간이 경과되어도 이를 인수하지 아니하는 때에는 해당 차의 보관장소 등 행정안전부령이 정하는 사항을 해당 차의 사용자 또는 운전자에게 등기우편으로 통지하여야 한다.

ⓑ 법 제35조 제4항에 따라 차를 견인한 날부터 ( )일간 해당 기관의 게시판에 다음 각 호의 사항을 공고하고, 행정안전부령으로 정하는 바에 따라 열람부를 작성·비치하여 관계자가 열람할 수 있도록 하여야 한다.

ⓒ 운전자가 조치 또는 공고를 한 날부터 ( )개월 이내에 그 반환을 요구하지 아니할 때에는 대통령령으로 정하는 바에 따라 그 차를 매각하거나 폐차할 수 있다.

---

① 39   ② 42

③ 63   ④ 65

✔해설 ⓐ 24시간 ⓑ 14일 ⓒ 1개월
ⓐ 경찰서장, 도지사 또는 시장 등은 차를 견인하였을 때부터 24시간이 경과되어도 이를 인수하지 아니하는 때에는 해당 차의 보관장소 등 행정안전부령이 정하는 사항을 해당 차의 사용자 또는 운전자에게 등기우편으로 통지하여야 한다〈시행령 제13조 제3항〉.
ⓑ 경찰서장, 도지사 또는 시장 등은 견인하여 보관하고 있는 차의 사용자나 운전자를 알 수 없는 경우에는 차를 견인한 날부터 14일간 해당 기관의 게시판에 다음의 사항을 공고하고, 행정안전부령으로 정하는 바에 따라 열람부를 작성·비치하여 관계자가 열람할 수 있도록 하여야 한다〈시행령 제13조 제4항〉.
• 보관하고 있는 차의 종류 및 형상
• 보관하고 있는 차가 있던 장소 및 그 차를 견인한 일시
• 차를 보관하고 있는 장소
• 그 밖에 차를 보관하기 위하여 필요하다고 인정되는 사항
ⓒ 경찰서장이나 시장 등은 차의 반환에 필요한 조치 또는 공고를 하였음에도 불구하고 그 차의 사용자나 운전자가 조치 또는 공고를 한 날부터 1개월 이내에 그 반환을 요구하지 아니할 때에는 대통령령으로 정하는 바에 따라 그 차를 매각하거나 폐차할 수 있다〈법 제35조 제5항〉.

Answer   2.①

3 다음 중 벌칙이 가장 무거운 법정형은?

① 교통단속용 장비의 기능을 방해하는 장치를 한 차를 운전한 사람

② 경찰관서에서 사용하는 무전기와 동일한 주파수의 무전기를 사용하여 운전한 사람

③ 긴급자동차가 아닌 자동차에 부착된 경광등, 사이렌 또는 비상등을 부착하여 운전한 사람

④ 「자동차 및 자동차부품의 성능과 기준에 관한 규칙」에서 정하지 아니한 것으로서 안전운전에 현저히 장애가 될 정도의 장치를 부착하여 운전한 사람

> ✔해설 ①은 6개월 이하의 징역이나 200만 원 이하의 벌금이다〈법 제153조 제1항〉.
> ②③④는 불법부착장치 차 운전으로 범칙금 대상자로 범칙금(승합자동차 등 2만 원, 승용자동차 등 2만 원)대상이다〈시행령 제93조 제1항 별표8〉.
>
> **Tip**
> 6개월 이하 징역 또는 200만 원이하 벌금 또는 구류〈법 제153조 제1항〉
> ㉠ 정비 불량 차를 운전하도록 시키거나 운전한 사람
> ㉡ 자동차의 점검 음주, 과로, 약물 등에 의한 운전으로 인한 위험 방지를 위한 조치 또는 고속도로에서의 도로파손 등으로 인한 위험방지를 위한 조치에 따른 경찰공무원의 요구 · 조치 또는 명령에 따르지 아니 하거나 이를 거부 또는 방해한 사람
> ㉢ 교통단속을 회피할 목적으로 교통단속용장비의 기능을 방해하는 장치를 제작 · 수입 · 판매 또는 장착한 사람
> ㉣ 교통단속용 장비의 기능을 방해하는 장치를 한 차를 운전한 사람
> ㉤ 교통사고 발생 시의 조치 또는 신고 행위를 방해한 사람
> ㉥ 함부로 교통안전시설이나 그 밖에 그와 비슷한 인공구조물을 설치한 사람
> ㉦ 신체상태 또는 운전능력에 따른 자동차의 구조한정 조건에 위반하여 운전한 사람

4 다음 교통안전표지의 종류와 속도규정을 바르게 연결한 것은?

① 주의표지 - 80km/h ② 주의표지 - 90km/h

③ 지시표지 - 80km/h ④ 지시표지 - 90km/h

> ✔해설 ④ 지시표지이며 자동차전용도로의 최고속도는 90km/h이다.

Answer 3.① 4.④

5 다음 중 자율주행자동차의 대한 설명으로 틀린 것은?

① "자율주행자동차"란 운전자 또는 승객의 조작 없이 자동차 스스로 운행이 가능한 자동차를 말한다.

② "완전 자율주행시스템"은 모든 영역에서 운전자의 개입 없이 자동차를 운행하는 자율주행시스템을 갖춘 자동차를 말한다.

③ "부분 자율주행시스템"은 지정된 조건에서 운전자의 개입 없이 자동차를 운행하는 자율주행시스템을 갖춘 자동차를 말한다.

④ "완전 자율주행시스템"에 해당하지 않는 자동차를 운전하는 자율주행 운전자는 자율주행시스템의 직접 운전요구에 지체없이 대응하여 조향장치, 제동장치 및 그 밖의 장치를 직접 조작하여 운전하여야 한다.

✔ **해설** 자율주행자동차〈자율주행자동차법 제2조〉
　　㉠ **자율주행자동차** : 「자동차관리법」에 따른 운전자 또는 승객의 조작 없이 자동차 스스로 운행이 가능한 자동차를 말한다.
　　　• 부분 자율주행자동차 : 제한된 조건에서 자율주행시스템으로 운행할 수 있으나 작동한계상황 등 필요한 경우 운전자의 개입을 요구하는 자율주행자동차
　　　• 완전 자율주행자동차 : 자율주행시스템만으로 운행할 수 있어 운전자가 없거나 운전자 또는 승객의 개입이 필요하지 아니한 자율주행자동차
　　㉡ **자율주행시스템** : 운전자 또는 승객의 조작 없이 주변상황과 도로 정보 등을 스스로 인지하고 판단하여 자동차를 운행할 수 있게 하는 자동화 장비, 소프트웨어 및 이와 관련한 모든 장치를 말한다.

Tip
자율주행시스템의 종류〈자동차규칙 제111조〉
　㉠ **부분 자율주행시스템** : 지정된 조건에서 자동차를 운행하되 작동한계상황 등 필요한 경우 운전자의 개입을 요구하는 자율주행시스템
　㉡ **조건부 완전자율주행시스템** : 지정된 조건에서 운전자의 개입 없이 자동차를 운행하는 자율주행시스템
　㉢ **완전 자율주행시스템** : 모든 영역에서 운전자의 개입 없이 자동차를 운행하는 자율주행시스템

Answer 　5.③

6 「도로교통법」상 교통정리가 없는 교차로에서 양보운전 중 올바르지 않은 것은?

① 이미 교차로에 들어가 있는 다른 차가 있을 때에는 그 차에 진로를 양보한다.

② 폭이 넓은 도로로부터 교차로에 들어가려고 하는 차에 진로를 양보한다.

③ 교차로에 동시에 들어가려고 하는 차의 운전자는 우측도로의 차에 진로를 양보한다.

④ 교차로에서 직진하려고 하는 차의 운전자는 좌회전하려는 차에 진로를 양보한다.

> **✔해설** 교통정리가 없는 교차로에서의 양보운전〈법 제26조〉
> ㉠ 교통정리를 하고 있지 아니하는 교차로에 들어가려고 하는 차의 운전자는 이미 교차로에 들어가 있는 다른 차가 있을 때에는 그 차에 진로를 양보하여야 한다.
> ㉡ 교통정리를 하고 있지 아니하는 교차로에 들어가려고 하는 차의 운전자는 그 차가 통행하고 있는 도로의 폭보다 교차하는 도로의 폭이 넓은 경우에는 서행하여야 하며, 폭이 넓은 도로로부터 교차로에 들어가려고 하는 다른 차가 있을 때에는 그 차에 진로를 양보하여야 한다.
> ㉢ 교통정리를 하고 있지 아니하는 교차로에 동시에 들어가려고 하는 차의 운전자는 우측도로의 차에 진로를 양보하여야 한다.
> ㉣ 교통정리를 하고 있지 아니하는 교차로에서 좌회전하려고 하는 차의 운전자는 그 교차로에서 직진하거나 우회전하려는 다른 차가 있을 때에는 그 차에 진로를 양보하여야 한다.

Answer   6.④

7 다음의 법 조항에 따라 시·군공무원이 발급하는 출석고지시의 발급대상에 해당되지 않는 운전자는?

> 시·군공무원은 위반한 운전자가 있으면 행정안전부령으로 정하는 바에 따라 현장에서 위반행위의 요지와 경찰서장(제주특별자치도의 경우 제주특별자치도지사로 한다. 이하 이 조에서 같다)에게 출석할 기일 및 장소 등을 구체적으로 밝힌 고지서를 발급하고, 운전면허증의 제출을 요구하여 이를 보관할 수 있다.
>
> −「도로교통법」제143조의 일부 −

① 제15조 제3항에 따른 전용차로 통행금지 의무 위반

② 제24조 제1항에 따른 철길건널목 일시정지 의무 위반

③ 제29조 제4항·제5항에 따른 긴급자동차에 대한 진로양보 의무 위반

④ 제32조부터 제34조까지의 규정에 따른 정차 및 주차 금지 의무 위반

> **해설** 시·군 공무원이 발급 할 수 있는 고지서〈법 제143조 제1항〉
> ㉠ 전용차로 통행금지 의무
> ㉡ 긴급자동차 진로양보 의무 위반
> ㉢ 주·정차 금지 의무 위반

8 다음 중 주정차 금지장소가 아닌 것은?

① 도로의 모퉁이로부터 5미터 이내인 곳

② 안전지대가 설치된 도로에서는 그 안전지대의 사방으로부터 각각 10미터 이내인 곳

③ 건널목의 가장자리 또는 횡단보도로부터 10미터 이내인 곳

④ 도로공사를 하고 있는 경우 그 공사 구역의 양쪽 가장자리로부터 5미터 이내인 곳

> ✔️**해설** 정차 및 주차의 금지〈법 제32조〉
> ㉠ 교차로 · 횡단보도 · 건널목이나 보도와 차도가 구분된 도로의 보도(차도와 보도에 걸쳐서 설치된 노상주차장은 제외한다)
> ㉡ 교차로의 가장자리나 도로의 모퉁이로부터 5미터 이내인 곳
> ㉢ 안전지대가 설치된 도로에서는 그 안전지대의 사방으로부터 각각 10미터 이내인 곳
> ㉣ 버스여객자동차의 정류지임을 표시하는 기둥이나 표지판 또는 선이 설치된 곳으로부터 10미터 이내인 곳. 다만, 버스여객자동차의 운전자가 그 버스여객자동차의 운행시간 중에 운행노선에 따르는 정류장에서 승객을 태우거나 내리기 위하여 차를 정차하거나 주차하는 경우에는 그러하지 아니하다.
> ㉤ 건널목의 가장자리 또는 횡단보도로부터 10미터 이내인 곳
> ㉥ 다음의 곳으로부터 5미터 이내인 곳
> • 소방용수시설 또는 비상소화장치가 설치된 곳
> • 소방시설로서 대통령령으로 정하는 시설이 설치된 곳
> ㉦ 시 · 도경찰청장이 도로에서의 위험을 방지하고 교통의 안전과 원활한 소통을 확보하기 위하여 필요하다고 인정하여 지정한 곳
> ㉧ 시장 등이 지정한 어린이 보호구역
> ☞ 다만, 「도로교통법」이나 도로교통법에 따른 명령 또는 경찰공무원의 지시를 따르는 경우와 위험방지를 위하여 일시정지 하는 경우에는 그러하지 아니하다.

9 다음 중 자동차의 종류에 대한 설명으로 바르지 못한 것은?

① 승합자동차 : 15인 이하의 자동차는 승합자동차에 해당된다.

② 이륜자동차 : 총배기량 또는 정격출력의 크기와 관계없이 1인 또는 2인의 사람을 운송하기에 적합하게 제작된 이륜의 자동차 및 그와 유사한 구조로 되어 있는 자동차를 말한다.

③ 화물자동차 : 화물을 운송하기에 적합한 화물적재공간을 갖추고, 화물적재공간의 총적재화물의 무게가 운전자와 승객이 승차공간에 모두 탑승했을 때의 승객의 무게보다 많은 자동차

④ 특수자동차 : 다른 자동차를 견인하거나 구난작업 또는 특수한 용도로 사용하기에 적합하게 제작된 자동차로서 승용자동차·승합자동차 또는 화물자동차가 아닌 자동차

> ✔ 해설 **자동차의 종류**〈자동차관리법 제3조 제1항〉
> ㉠ **승용자동차** : 10인 이하를 운송하기에 적합하게 제작된 자동차
> ㉠ **승합자동차** : 11인 이상을 운송하기에 적합하게 제작된 자동차. 다만, 다음의 어느 하나에 해당하는 자동차는 승차인원과 관계없이 이를 승합자동차로 본다.
> • 내부의 특수한 설비로 인하여 승차인원이 10인 이하로 된 자동차
> • 국토교통부령으로 정하는 경형자동차로서 승차인원이 10인 이하인 전방조종자동차
> ㉢ **화물자동차** : 화물을 운송하기에 적합한 화물적재공간을 갖추고, 화물적재공간의 총적재화물의 무게가 운전자를 제외한 승객이 승차공간에 모두 탑승했을 때의 승객의 무게보다 많은 자동차
> ㉣ **특수자동차** : 다른 자동차를 견인하거나 구난작업 또는 특수한 용도로 사용하기에 적합하게 제작된 자동차로서 승용자동차·승합자동차 또는 화물자동차가 아닌 자동차
> ㉤ **이륜자동차** : 총배기량 또는 정격출력의 크기와 관계없이 1인 또는 2인의 사람을 운송하기에 적합하게 제작된 이륜의 자동차 및 그와 유사한 구조로 되어 있는 자동차

Answer 9.③

10 「도로교통법」상 음주운전의 처벌 기준으로 바르지 않은 것은?

① 음주측정불응시에는 1년 이상 5년 이하 징역이나 500만 원 이상 2천만 원 이하 벌금에 처한다.

② 혈중알콜농도 0.04% 운전하다 적발될 시 1년 이하의 징역이나 500만 원 이하의 벌금에 처한다.

③ 혈중알콜농도 0.08%~0.2%에서 운전하다 적발될 시 면허취소와 함께 결격기간 1년이 주어지며, 혈중알콜농도 0.2%에서 사고시에는 2년간 면허취득을 할 수 없다.

④ 혈중알콜농도 0.03%에서 운전하다 적발될 시에는 면허가 취소된다.

✔해설 ④ 혈중알콜농도 0.03 ~ 0.08 미만은 면허취소가 아니고 100일 이하의 면허정지처분을 받는다.
　　　① 술에 취한 상태에 있다고 인정할 만한 상당한 이유가 있는 사람으로서 경찰공무원의 측정에 응하지 아니하는 사람(자동차등 또는 노면전차를 운전한 경우로 한정한다)은 1년 이상 5년 이하의 징역이나 500만 원 이상 2천만 원 이하의 벌금에 처한다〈법 제148조의2 제2항〉.

Tip
음주운전 처벌 기준〈법 제148조의2〉

0.2% 이상	2년 이상 5년 이하의 징역이나 1천만 원 이상 2천만 원 이하의 벌금
1회 음주측정불응 시	1년 이상 5년 이하 징역이나 500만 원 이상 2천만 원 이하 벌금
0.08% 이상 ~ 0.2% 미만	1년 이상 2년 이하의 징역이나 500만 원 이상 1천만 원 이하의 벌금
0.03% 이상 ~ 0.08% 미만	1년 이하의 징역이나 500만 원 이하의 벌금

1 다음 중 교통안전교육관련 내용으로 옳지 않은 설명은?

① 75세 이상인 사람으로서 운전면허를 받으려는 사람은 교통안전교육을 받아야 한다.

② 교통안전교육 기관이나 시설은 대통령령으로 정하는 시설·설비 및 강사 등의 요건을 갖추어야 한다.

③ 도로교통 관련 행정 또는 교육 업무에 3년 이상 종사한 경력이 있는 사람으로서 대통령령으로 정하는 교통안전교육강사 자격교육을 받은 사람은 강사가 가능하다.

④ 교통안전교육기관의 장은 해당 교통안전교육기관의 운영을 1개월 이상 정지하거나 폐지하려면 정지 또는 폐지하려는 날의 7일 전까지 행정안전부령으로 정하는 바에 따라 시·도경찰청장에게 신고하여야 한다.

✔해설 ③ 도로교통 관련 행정 또는 교육 업무에 2년 이상 종사한 경력이 있는 사람으로서 대통령령으로 정하는 교통안전교육강사 자격교육을 받은 사람이 강사가 가능하다〈법 제76조 제2항 제2호〉.
① 법 제73조 제5항
② 법 제74조 제2항
④ 법 제78조

Tip
교통안전교육강사의 자격기준 등〈법 제76조〉
㉠ **교통안전교육강사의 자격**
• 경찰청장이 발급한 학과교육 강사자격증을 소지한 사람
• 도로교통 관련 행정 또는 교육 업무에 2년 이상 종사한 경력이 있는 사람으로서 대통령령으로 정하는 교통안전교육강사 자격교육을 받은 사람
㉡ **교통안전교육강사의 결격사유**
• 다음의 어느 하나에 해당하는 죄를 저질러 금고 이상의 형을 선고받고 그 집행이 끝나거나 집행이 면제된 날부터 2년이 지나지 아니한 사람 또는 그 집행유예기간 중에 있는 사람
－「교통사고처리 특례법」 제3조 제1항에 따른 죄
－「특정범죄 가중처벌 등에 관한 법률」 제5조의3, 제5조의11 제1항 및 제5조의13에 따른 죄
－「성폭력범죄의 처벌 등에 관한 특례법」 제2조에 따른 성폭력범죄
－「아동·청소년의 성보호에 관한 법률」 제2조 제2호에 따른 아동·청소년대상 성범죄
• 자동차를 운전할 수 있는 운전면허를 받지 아니한 사람 또는 초보운전자

Answer　1.③

2 「도로교통법」상 주정차 금지장소가 아닌 것은?

① 횡단보도로부터 10미터 이내인 곳

② 도로공사를 하고 있는 경우 그 공사 구역의 양쪽 가장자리로부터 5미터 이내인 곳

③ 도로 모퉁이로부터 5미터 이내인 곳

④ 안전지대가 설치된 도로에서는 그 안전지대의 사방으로부터 각각 10미터 이내인

✔해설 ②는 주차금지의 장소이다〈법 제33조 제2호〉.

Tip
정차 및 주차의 금지〈법 제32조〉
㉠ 교차로 · 횡단보도 · 건널목이나 보도와 차도가 구분된 도로의 보도(차도와 보도에 걸쳐서 설치된 노상 주차장은 제외한다)
㉡ 교차로의 가장자리나 도로의 모퉁이로부터 5미터 이내인 곳
㉢ 안전지대가 설치된 도로에서는 그 안전지대의 사방으로부터 각각 10미터 이내인 곳
㉣ 버스여객자동차의 정류지(停留地)임을 표시하는 기둥이나 표지판 또는 선이 설치된 곳으로부터 10미터 이내인 곳. 다만, 버스여객자동차의 운전자가 그 버스여객자동차의 운행시간 중에 운행노선에 따르는 정류장에서 승객을 태우거나 내리기 위하여 차를 정차하거나 주차하는 경우에는 그러하지 아니하다.
㉤ 건널목의 가장자리 또는 횡단보도로부터 10미터 이내인 곳
㉥ 다음 각 목의 곳으로부터 5미터 이내인 곳
• 소방용수시설 또는 비상소화장치가 설치된 곳
• 소방시설로서 대통령령으로 정하는 시설이 설치된 곳
㉦ 시 · 도경찰청장이 도로에서의 위험을 방지하고 교통의 안전과 원활한 소통을 확보하기 위하여 필요하다고 인정하여 지정한 곳
㉧ 시장 등이 지정한 어린이 보호구역
☞ 다만, 「도로교통법」이나 도로교통법에 따른 명령 또는 경찰공무원의 지시를 따르는 경우와 위험방지를 위하여 일시정지 하는 경우에는 그러하지 아니하다.

3 다음 중 「도로교통법」상 올바른 운전방법이 아닌 것은?

① 다른 차를 앞지르려면 앞차의 좌측으로 통행하여야 한다.

② 서행하거나 정지한 다른 차를 앞지르려면 주위확인 후 천천히 추월하여야 한다.

③ 교통정리를 하고 있지 아니하는 교차로에서 좌회전하려고 하는 차의 운전자는 그 교차로에서 직진하거나 우회전하려는 다른 차가 있을 때에는 그 차에 진로를 양보하여야 한다.

④ 폭이 넓은 도로로부터 교차로에 들어가려고 하는 차에 진로를 양보한다.

> ✔해설 ② 자전거등의 운전자는 서행하거나 정지한 다른 차를 앞지르려면 앞차의 우측으로 통행할 수 있다. 이 경우 자전거등의 운전자는 정지한 차에서 승차하거나 하차하는 사람의 안전에 유의하여 서행하거나 필요한 경우 일시정지하여야 한다〈법 제21조 제2항〉.

4 다음 중 안전표지에 대한 설명으로 옳은 것은?

① 지시표지 : 도로상태가 위험하거나 도로 또는 그 부근에 위험물이 있는 경우에 필요한 안전 조치를 할 수 있도록 이를 도로사용자에게 알리는 표지

② 주의표지 : 도로의 통행방법·통행구분 등 도로교통의 안전을 위하여 필요한 경우에 도로사용자가 이에 따르도록 알리는 표지

③ 보조표지 : 도로교통의 안전을 위하여 각종 주의·규제·지시 등의 내용을 기호·문자 또는 선으로 도로사용자에게 알리는 표지

④ 규제표지 : 도로교통의 안전을 위하여 각종 제한·금지 등을 하는 경우에 이를 도로사용자에게 알리는 표지

> ✔해설 교통안전표지의 종류〈시행규칙 제8조 제1항〉
> ㉠ **주의표지** : 도로의 상태가 위험하거나 도로 또는 그 부근에 위험물이 있는 경우 안전조치를 할 수 있도록 도로사용자에게 알리는 표지
> ㉡ **규제표지** : 도로교통의 안전을 위하여 각종제한·금지 등의 규제를 하는 경우에 이를 도로 사용자에게 알리는 표지
> ㉢ **지시표지** : 도로의 통행방법·통행구분 등 도로 교통의 안전을 위하여 필요한 지시를 하는 경우에 도로 사용자가 이를 따르도록 알리는 표지
> ㉣ **보조표지** : 주의·규제·지시표지의 주 기능을 보충하여 도로 사용자에게 알리는 표지
> ㉤ **노면표시** : 도로 교통의 안전을 위하여 각종 주의·규제·지시 등의 내용을 노면에 기호·문자 또는 선으로 도로 사용자에게 알리는 표지

Answer   3.② 4.④

5 다음 중 「도로교통법」상 난폭운전의 경우가 아닌 것은?

① 속도를 위반하는 경우

② 정당한 사유 없이 소음을 발생하는 경우

③ 신호를 위반하는 경우

④ 차선변경을 무리하게 하는 경우

> ✔해설 난폭운전의 금지〈법 제46조의3〉
> ㉠ 신호 또는 지시위반
> ㉡ 중앙선침범
> ㉢ 속도위반
> ㉣ 횡단, 유턴, 후진금지 위반
> ㉤ 안전거리 미확보, 진로변경금지위반, 급제동 금지 위반
> ㉥ 앞지르기 방법 또는 앞지르기의 방해금지 위반
> ㉦ 정당한 사유 없는 소음 발생
> ㉧ 고속도로에서의 앞지르기 방법 위반
> ㉨ 고속도로 등에서의 횡단, 유턴, 후진 금지 위반

6 다음 중 차도의 우측을 통행할 수 없는 경우는?

① 말 · 소 등의 큰 동물을 몰고 가는 사람

② 군부대나 그 밖에 이에 준하는 단체의 행렬

③ 신체장애인

④ 사다리, 목재, 그 밖에 보행자의 통행에 지장을 줄 우려가 있는 물건을 운반 중인 사람

> ✔해설 차도 우측으로 통행해야 하는 행렬〈법 제9조 제1항〉
> ㉠ 학생의 대열
> ㉡ 대통령령으로 정하는 행렬〈시행령 제7조〉
> • 말 · 소 등의 큰 동물을 몰고 가는 사람
> • 사다리 · 목재나 그 밖에 보행자의 통행에 지장을 줄 우려가 있는 물건을 운반 중인 사람
> • 도로의 청소나 보수 등의 작업을 하고 있는 사람
> • 군부대 그 밖에 이에 준하는 단체의 행렬
> • 기(旗) 또는 현수막 등을 휴대한 행렬
> • 장의(葬儀)행렬
> ☞ 행렬등은 사회적으로 중요한 행사에 따라 시가를 행진하는 경우에는 도로의 중앙을 통행할 수 있다.

7 「도로교통법」상 좌석안전띠를 매지 않아도 되는 경우가 아닌 것은?

① 자동차를 주차시키고 있을 때

② 긴급자동차가 그 본래의 용도로 운행되고 있는 때

③ 부상·질병·장애 또는 임신한 자가 자동차를 운전하거나 승차하는 때

④ 경호 등을 위한 경찰용 자동차에 의하여 호위되거나 유도되고 있는 자동차를 운전하거나 승차하는 때

> ✔해설 안전띠 착용 예외사유
> ㉠ 법에서 정하는 예외〈법 제50조 제1항〉: 질병 등으로 인하여 좌석 안전띠를 매는 것이 곤란한 경우
> ㉡ 행정안전부령에서 정하는 예외〈시행규칙 제31조〉
> • 부상·질병·장애 또는 임신 등으로 인하여 좌석안전띠의 착용이 적당하지 아니하다고 인정되는 자가 자동차를 운전하거나 승차하는 때
> • 자동차를 후진시키기 위하여 운전하는 때
> • 신장·비만, 그 밖의 신체의 상태에 의하여 좌석안전띠의 착용이 적당하지 아니하다고 인정되는 자가 자동차를 운전하거나 승차하는 때
> • 긴급자동차가 그 본래의 용도로 운행되고 있는 때
> • 경호 등을 위한 경찰용 자동차에 의하여 호위되거나 유도되고 있는 자동차를 운전하거나 승차하는 때
> • 「국민투표법」 및 「공직선거관리법령」에 의하여 국민투표운동·선거운동 및 국민투표·선거관리업무에 사용되는 자동차를 운전하거나 승차하는 때
> • 우편물의 집배, 폐기물의 수집 그 밖에 빈번히 승강하는 것을 필요로 하는 업무에 종사하는 자가 해당업무를 위하여 자동차를 운전하거나 승차하는 때
> • 「여객자동차 운수사업법」에 의한 여객 자동차 운송 사업용 자동차의 운전자가 승객의 주취, 약물 복용 등으로 좌석안전띠를 매도록 할 수 없는 때

8 다음 보기에서 벌점이 동일한 것을 묶은 것은?

ㄱ 공동위험행위로 형사입건된 때
ㄴ 운전 중 휴대용 전화사용
ㄷ 고속도로 버스전용차로·다인승전용차로 통행위반
ㄹ 앞지르기 방법위반
ㅁ 철길건널목 통과방법위반

---

① ㄱ, ㅁ   ② ㄴ, ㄹ

③ ㄷ, ㅁ   ④ ㄹ, ㅁ

✔ **해설** ㄱ 40점 ㄴ 15점 ㄷ 30점 ㄹ 10점 ㅁ 30점

Tip
벌점 30점〈시행규칙 제91조 제1항 별표28〉
ㄱ 통행구분 위반(중앙선 침범에 한함)
ㄴ 속도위반(40km/h 초과 60km/h 이하)
ㄷ 철길건널목 통과방법위반
ㄹ 회전교차로 통행방법 위반(통행 방향 위반에 한정한다)
ㅁ 어린이통학버스 특별보호 위반
ㅂ 어린이통학버스 운전자의 의무위반(좌석안전띠를 매도록 하지 아니한 운전자는 제외한다)
ㅅ 고속도로·자동차전용도로 갓길통행
ㅇ 고속도로 버스전용차로·다인승전용차로 통행위반
ㅈ 운전면허증 등의 제시의무위반 또는 운전자 신원확인을 위한 경찰공무원의 질문에 불응

9 다음 괄호 안에 들어갈 숫자로 알맞은 것은?

> 차로의 너비는 (㉠)미터 이상으로 하여야 한다. 다만, (㉡)설치 등 부득이하다고 인정되는 때에는 (㉢)센티미터 이상으로 할 수 있다.

	㉠	㉡	㉢
①	3	버스전용차로	265
②	3	일방통행차로	265
③	3	좌회전전용차로	275
④	3	우회전전용차로	275

✔해설 차로의 너비는 3미터 이상으로 하여야 한다. 다만, 좌회전전용차로의 설치 등 부득이하다고 인정되는 때에는 275센티미터 이상으로 할 수 있다〈시행규칙 제15조 제2항〉.

10 최고속도의 절반으로 운행해야 하는 경우는?

① 눈이 10밀리미터 미만 쌓인 경우
② 눈이 10밀리미터 이상 쌓인 경우
③ 비가 내려 노면이 젖어 있는 경우
④ 노면이 얼어붙은 경우

✔해설 비·안개·눈 등으로 인한 악천후 시 감속 운행해야 하는 경우〈시행규칙 제19조 제2항〉
　㉠ 최고속도의 100분의 20을 줄인 속도로 운행하여야 하는 경우
　　• 비가 내려 노면이 젖어 있는 경우
　　• 눈이 20밀리미터 미만 쌓인 경우
　㉡ 최고속도의 100분의 50을 줄인 속도로 운행하여야 하는 경우
　　• 폭우·폭설·안개 등으로 가시거리가 100미터 이내인 경우
　　• 노면이 얼어붙은 경우
　　• 눈이 20밀리미터 이상 쌓인 경우

Answer　9.③　10.④

1 다음 중 주차 및 정차의 금지장소가 아닌 곳은?

① 건널목의 가장자리 또는 횡단보도로부터 10m 이내인 곳

② 「주차장 법」에 따라 차도와 보도에 걸쳐서 설치된 노상주차장

③ 안전지대가 설치된 도로에서는 그 안전지대 사방으로부터 각각 10m 이내인 곳

④ 교차로의 가장자리나 도로의 모퉁이로부터 5m 이내인 곳

✔해설 ② 차도와 보도에 걸쳐서 설치된 노상주차장은 정차 및 주차의 금지장소에서 제외된다.

Tip

정차 및 주차의 금지〈법 제32조〉
㉠ 교차로·횡단보도·건널목이나 보도와 차도가 구분된 도로의 보도(차도와 보도에 걸쳐서 설치된 노상 주차장은 제외한다)
㉡ 교차로의 가장자리나 도로의 모퉁이로부터 5미터 이내인 곳
㉢ 안전지대가 설치된 도로에서는 그 안전지대의 사방으로부터 각각 10미터 이내인 곳
㉣ 버스여객자동차의 정류지임을 표시하는 기둥이나 표지판 또는 선이 설치된 곳으로부터 10미터 이내인 곳. 다만, 버스여객자동차의 운전자가 그 버스여객자동차의 운행시간 중에 운행노선에 따르는 정류장에서 승객을 태우거나 내리기 위하여 차를 정차하거나 주차하는 경우에는 그러하지 아니하다.
㉤ 건널목의 가장자리 또는 횡단보도로부터 10미터 이내인 곳
㉥ 다음의 곳으로부터 5미터 이내인 곳
　• 소방용수시설 또는 비상소화장치가 설치된 곳
　• 소방시설로서 대통령령으로 정하는 시설이 설치된 곳
㉦ 시·도경찰청장이 도로에서의 위험을 방지하고 교통의 안전과 원활한 소통을 확보하기 위하여 필요하다고 인정하여 지정한 곳
㉧ 시장 등이 지정한 어린이 보호구역
　☞ 다만, 「도로교통법」이나 도로교통법에 따른 명령 또는 경찰공무원의 지시를 따르는 경우와 위험방지를 위하여 일시정지 하는 경우에는 그러하지 아니하다.

Answer　1.②

2 다음 중 「도로교통법 시행령」 제7조에 의거 차도의 우측으로 통행할 수 있는 경우가 아닌 것은?

① 장의 행렬

② 5인 이상 차도의 통행

③ 도로에서 청소나 보수 등의 작업을 하고 있는 사람

④ 군부대의 행렬

> ✔해설 차도 우측으로 통행해야 하는 행렬⟨법 제9조 제1항⟩
>
> ㉠ 학생의 대열
> ㉡ 대통령령으로 정하는 행렬⟨시행령 7조⟩
> • 말·소 등의 큰 동물을 몰고 가는 사람
> • 사다리·목재나 그 밖에 보행자의 통행에 지장을 줄 우려가 있는 물건을 운반 중인사람
> • 도로의 청소나 보수 등의 작업을 하고 있는 사람
> • 군부대 그 밖에 이에 준하는 단체의 행렬
> • 기(旗) 또는 현수막 등을 휴대한 행렬
> • 장의(葬儀)행렬
> ☞ 행렬등은 사회적으로 중요한 행사에 따라 시가를 행진하는 경우에는 도로의 중앙을 통행할 수 있다.

3 「도로교통법 시행령」상 보복운전으로 입건 시 처분 벌점으로 맞는 것은?

① 30점

② 50점

③ 60점

④ 100점

> ✔해설 자동차등을 이용하여 형법상 특수상해 등(보복운전)을 하여 입건된 때에는 벌점이 100점이다⟨시행령 제93조 제1항 별표8 제3호⟩.
>
> **Tip**
> 난폭운전과 보복운전
> ㉠ **난폭운전** : 불특정인 대상 → 도로교통법적용 → 벌점 40점(형사입건 시)
> ㉡ **보복운전** : 특정인대상 → 형법적용 → 벌점 100점(형사입건 시)

Answer　2.② 3.④

4 「도로교통법」 제22조에서 앞지르기의 금지 시기 및 장소에 대한 내용이 잘못된 것은?

① 앞차가 다른 차를 앞지르고 있거나 앞지르려고 하는 경우

② 앞차의 좌측에 다른 차가 앞차와 나란히 가고 있는 경우

③ 경찰공무원의 지시에 따라 앞차가 서행하고 있을 경우

④ 왕복 4차선에서 앞차가 서행 중일 경우

✔해설 ④ 왕복 4차선에서 앞차가 서행 중일 경우는 앞지르기가 가능하며, ①②③은 앞지르기가 금지된다.

Tip
앞지르기 금지의 시기 및 장소〈법 제22조〉

구분	내용
앞차를 앞지르지 못하는 경우	• 앞차의 좌측에 다른 차가 앞차와 나란히 가고 있을 때 • 앞차가 다른 차를 앞지르고 있거나 앞지르려고 하고 있을 때
다른 차를 앞지르지 못하는 경우	• 이 법이나 이 법에 따른 명령에 따라 정지하거나 서행하고 있는 차 • 경찰공무원의 지시에 따라 정지하거나 서행하고 있는 차 • 위험을 방지하기 위하여 정지하거나 서행하고 있는 차
앞지르지 금지 장소	• 교차로, 터널 안, 다리 위 • 도로의 구부러진 곳 • 비탈길의 고갯마루 부근 • 가파른 비탈길의 내리막 • 시·도경찰청장이 필요하다 인정하여 안전표지로 지정한 곳 ☞ 오르막길은 앞지르지 금지 장소가 아니다.

5 「도로교통법」상 경사진 곳에 주차 시 해야 할 일로 가장 옳은 것은?

① 고임목을 설치해야 하며, 핸들을 도로 가장자리로 돌려놓는다.

② 고임목을 설치해야 하며, 핸들을 차도로 돌려놓는다.

③ 주차제동장치를 가동하여 안전을 방지한다.

④ 도로 턱이 차량 오른쪽에 있으면 운전대를 왼쪽으로 완전히 꺾어야 한다.

✔해설 경사진 곳에서의 정차 또는 주차의 방법〈법 제34조의3〉 … 경사진 곳에 정차하거나 주차(도로 외의 경사진 곳에서 정차하거나 주차하는 경우를 포함한다)하려는 자동차의 운전자는 대통령령으로 정하는 바에 따라 고임목을 설치하거나 조향장치를 도로의 가장자리 방향으로 돌려놓는 등 미끄럼 사고의 발생을 방지하기 위한 조치를 취하여야 한다.

Answer 4.④ 5.①

6 「도로교통법」 제11조에서 경찰공무원이 안전을 위하여 적절한 조치를 하여야 할 경우가 아닌 사람은?

① 교통이 빈번한 도로에서 놀고 있는 어린이

② 보호자 없이 도로를 보행하는 영유아

③ 앞을 보지 못하는 사람으로서 흰색 지팡이를 가지고 장애인보조견을 동반하여 걷고 있는 사람

④ 횡단보도나 교통이 빈번한 도로에서 보행에 어려움을 겪고 있는 노인(65세 이상)

> ✔해설 경찰공무원은 다음의 어느 하나에 해당하는 사람을 발견한 경우에는 그들의 안전을 위하여 적절한 조치를 하여야 한다〈법 제11조 제6항〉.
> ㉠ 교통이 빈번한 도로에서 놀고 있는 어린이
> ㉡ 보호자 없이 도로를 보행하는 영유아
> ㉢ 앞을 보지 못하는 사람으로서 흰색 지팡이를 가지지 아니하거나 장애인 보조견을 동반하지 아니하는 등 필요한 조치를 하지 아니하고 다니는 사람
> ㉣ 횡단보도나 교통이 빈번한 도로에서 보행에 어려움을 겪고 있는 노인(65세 이상인 사람)

7 「도로교통법」상 자동차 등 또는 노면전차의 운전 중 휴대용 전화사용이 불가한 경우는?

① 자동차 등 또는 노면전차가 천천히 서행하면서 이동하는 경우

② 안전운전에 장애를 주지 아니하는 장치로서 대통령령으로 정하는 장치를 이용하는 경우

③ 긴급자동차를 운전하는 경우

④ 각종 범죄 및 재해 신고 등 긴급한 필요가 있는 경우

> ✔해설 운전자의 휴대전화(자동차용 전화 포함) 사용금지 예외의 경우〈법 제49조 제1항 제10호〉
> ㉠ 자동차 등이 정지하고 있는 경우
> ㉡ 긴급자동차를 운전하는 경우
> ㉢ 각종 범죄 및 재해 신고 등 긴급한 필요가 있는 경우
> ㉣ 안전운전에 장애를 주지 아니하는 장치로서 대통령령으로 정하는 장치를 이용하는 경우
> ※ 대통령령으로 정하는 장치란〈시행령 제29조〉 … 손으로 잡지 아니하고도 휴대용 전화(자동차용 전화를 포함한다)를 사용할 수 있도록 해 주는 장치를 말한다.

8 운전면허의 취소처분 또는 정지처분에 대한 이의신청 기간으로 옳은 것은?

① 그 처분을 받은 날부터 15일 이내
② 그 처분을 받은 날부터 30일 이내
③ 그 처분을 받은 날부터 60일 이내
④ 그 처분을 받은 날부터 90일 이내

> ✔해설 운전면허 처분에 대한 이의신청〈법 제94조 제1항〉
> ㉠ 이의 신청자
> • 운전면허 취소 처분 자
> • 운전면허 정지 처분 자
> • 연습운전면허 취소 처분 자
> ㉡ 이의신청 사유 : 처분에 대하여 이의가 있는 경우
> ㉢ 이의신청 기관 : 시·도경찰청장
> ㉣ 이의신청 기간 : 그 처분을 받은 날부터 60일 이내에 행정안전부령으로 정하는 바에 따라 이의를 신청할 수 있다.
> ☞ 운전면허 처분에 대한 이의를 신청한 사람은 그 이의신청과 관계없이 행정심판을 청구할 수 있다. 이 경우 이의를 신청하여 그 결과를 통보받은 사람(결과를 통보받기 전에 행정심판을 청구한 사람은 제외한다)은 통보받은 날부터 90일 이내에 행정심판을 청구할 수 있다.

9 다음 중 자동차의 최고속도를 20/100으로 줄어야 하는 경우는?

① 비가 내려 노면이 젖어 있는 경우
② 노면이 얼어붙은 경우
③ 안개 등으로 가시거리가 100미터 이내인 경우
④ 눈이 20밀리미터 이상 쌓인 경우

> ✔해설 비·안개·눈 등으로 인한 악천후 시 감속 운행해야 하는 경우〈시행규칙 제19조 제2항〉
> ㉠ 최고속도의 100분의 20을 줄인 속도로 운행하여야 하는 경우
> • 비가 내려 노면이 젖어 있는 경우
> • 눈이 20밀리미터 미만 쌓인 경우
> ㉡ 최고속도의 100분의 50을 줄인 속도로 운행하여야 하는 경우
> • 폭우·폭설·안개 등으로 가시거리가 100미터 이내인 경우
> • 노면이 얼어붙은 경우
> • 눈이 20밀리미터 이상 쌓인 경우

Answer 8.③ 9.①

10 「도로교통법 시행령」상 밤에 도로에서 견인되는 차가 켜야 하는 등화로 옳은 것은?

① 전조등, 차폭등, 미등, 번호등, 실내조명등

② 미등, 차폭등, 번호등

③ 미등, 차폭등

④ 전조등, 미등

> ✓ **해설** 밤에 도로에서 차를 운행할 때 켜야 하는 등화의 종류〈시행령 제19조 제1항〉
> ㉠ **자동차**: 자동차안전기준에서 정하는 전조등, 차폭등, 미등, 번호등과 실내조명등(실내조명등은 승합자동차와 여객자동차운송사업용 승용자동차만 해당한다)
> ㉡ **원동기장치자전거**: 전조등 및 미등
> ㉢ **견인되는 차**: 미등·차폭등 및 번호등
> ㉣ **노면전차**: 전조등, 차폭등, 미등 및 실내조명등
> ㉤ **㉠부터 ㉣까지의 규정 외의 차**: 시·도경찰청장이 정하여 고시하는 등화
>
> **Tip**
> 도로에서 주·정차할 때 켜야 하는 등화의 종류〈시행령 제19조 제2항〉
> ㉠ 자동차(이륜자동차는 제외한다): 자동차안전기준에서 정하는 미등·차폭등
> ㉡ 이륜자동차 및 원동기장치자전거: 미등(후부 반사기를 포함한다)
> ㉢ 노면전차: 차폭등 및 미등
> ㉣ ㉠부터 ㉢까지의 규정 외의 차: 시·도경찰청장이 정하여 고시하는 등화

1 「도로교통법」상 차마의 통행방법으로 옳지 않은 것은?

① 도로 외의 곳으로 출입할 때에는 보도를 횡단하여 통행할 수 있다.

② 도로 우측 부분의 폭이 6미터가 되지 아니하는 도로에서 다른 차를 앞지르려는 경우에는 도로의 중앙이나 좌측 부분을 통행할 수 있다.

③ 규정 속도로 주행하는 것이 원칙이나, 교통이 밀리거나 그 밖의 부득이한 사유로 최저속도보다 느리게 운전할 수밖에 없는 경우에는 그러하지 아니하다.

④ 경사진 곳에서 차량을 마주쳤을 때에는 내려가는 차량이 도로 우측 가장자리로 양보한다.

> ✔ 해설 진로양보의 의무〈법 제20조〉
> ㉠ **앞·뒤차의 진로양보의무** : 모든 차(긴급자동차는 제외한다)의 운전자는 뒤에서 따라오는 차보다 느린 속도로 가려는 경우에는 도로의 우측 가장자리로 피하여 진로를 양보하여한다. 다만, 통행구분이 설치된 도로의 경우에는 그러하지 아니하다.
> ㉡ **마주보고 진행할 때 진로양보의무(좁은 도로에서의 양보)** : 자동차(긴급자동차는 제외한다)의 운전자는 서로 마주보고 진행할 때 비탈진 좁은 도로에서는 내려가는 자동차에 올라가는 자동차가, 비탈진 좁은 도로 외의 좁은 도로에선 사람을 태웠거나 물건을 실은 자동차에 동승자가 없고 물건을 싣지 아니한 자동차가 도로의 우측 가장자리로 피하여 진로를 양보해야 한다.

2 「도로교통법 시행규칙」상 비, 안개, 눈 등에 따른 감속 운행 조건으로 옳은 것은?

① 비로 젖은 도로를 주행 시에는 최고속도의 100분의 10을 줄인 속도로 운행하여야 한다.

② 폭우, 눈, 안개로 가시거리가 100m 이하일 때 도로를 주행 시에는 최고속도의 100분의 30을 줄인 속도로 운행하여야 한다.

③ 빙판 도로를 주행 시에는 최고속도의 100분의 90을 줄인 속도로 운행하여야 한다.

④ 눈이 20mm 이상 쌓여있는 도로를 주행 시에는 최고속도의 100분의 50을 줄인 속도로 운행하여야 한다.

> ✔해설 비·안개·눈 등으로 인한 악천후 시 감속 운행해야 하는 경우〈시행규칙 제19조 제2항〉
> ㉠ 최고속도의 100분의 20을 줄인 속도로 운행하여야 하는 경우
> • 비가 내려 노면이 젖어 있는 경우
> • 눈이 20밀리미터 미만 쌓인 경우
> ㉡ 최고속도의 100분의 50을 줄인 속도로 운행하여야 하는 경우
> • 폭우·폭설·안개 등으로 가시거리가 100미터 이내인 경우
> • 노면이 얼어붙은 경우
> • 눈이 20밀리미터 이상 쌓인 경우

3 「도로교통법」제73조에서 운전면허시험 전 받아야만 하는 교통안전교육 사항이 아닌 것은?

① 도로교통에 관련 법령과 지식

② 안전운전 능력

③ 어린이·장애인 및 노인의 교통사고 예방에 관한 사항

④ 도로운전에 필요한 지식과 기능

> ✔해설 운전면허시험 전 받아야만 하는 교통안전교육 사항〈법 제73조 제1항〉
> ㉠ 운전자가 갖추어야 하는 기본예절
> ㉡ 도로교통에 관한 법령과 지식
> ㉢ 안전운전 능력
> ㉣ 교통사고의 예방과 처리에 관한 사항
> ㉤ 어린이·장애인 및 노인의 교통사고 예방에 관한 사항
> ㉥ 친환경 경제운전에 필요한 지식과 기능
> ㉦ 긴급자동차에 길 터주기 요령
> ㉧ 그 밖에 교통안전의 확보를 위하여 필요한 사항

Answer　2.④　3.④

4 「도로교통법」상 앞지르기가 금지 시기 및 장소에 대한 내용으로 틀린 것은?

① 도로가 구부러진 곳과 고갯마루 또는 비탈길 오르막은 앞지르기가 금지되는 장소이다.

② 교차로, 터널 안, 다리 위는 앞지르기가 금지 된다.

③ 앞차의 좌측에 다른 차가 앞차와 나란히 가고 있는 경우 앞지르기가 금지 된다.

④ 앞차가 다른 차를 앞지르고 있거나 앞지르려고 하는 경우 앞지르기가 금지 된다.

✔해설 앞지르기 금지의 시기 및 장소〈법 제22조〉

구분	내용
앞차를 앞지르지 못하는 경우	• 앞차의 좌측에 다른 차가 앞차와 나란히 가고 있을 때 • 앞차가 다른 차를 앞지르고 있거나 앞지르려고 하고 있을 때
다른 차를 앞지르지 못하는 경우	• 「도로교통법」이나 도로교통법에 따른 명령에 따라 정지하거나 서행하고 있는 차 • 경찰공무원의 지시에 따라 정지하거나 서행하고 있는 차 • 위험을 방지하기 위하여 정지하거나 서행하고 있는 차
앞지르지 금지 장소	• 교차로 • 터널 안 • 다리 위 • 도로의 구부러진 곳 • 비탈길의 고갯마루 부근 • 가파른 비탈길의 내리막 • 시·도경찰청장이 필요하다고 인정하여 안전표지로 지정한 곳

5 「도로교통법」상 운전자의 준수사항으로 옳은 것은?

① 원동기 동력을 바퀴에 전달하지 않을 시 원동기 회전수를 증가할 수 있다.

② 차량이 정지 시 휴대폰을 사용하면 안 된다.

③ 운전 시 자동차 등 또는 노면전차의 좌우 또는 전후방을 볼 수 있도록 도움을 주는 영상 표시장치는 영상이 표시되도록 할 수 있다.

④ 화물적재함에 적재중량과 동일한 사람을 태울 수 있다.

✔해설 ① 자동차 등의 원동기 동력을 차의 바퀴에 전달시키지 아니하고 원동기의 회전수를 증가시키는 행위를 하여서는 아니된다(공회전 금지)〈법 제49조 제1항 제8호〉.
② 자동차 등 또는 노면전차가 정지하고 있는 경우에는 휴대폰 사용이 가능하다〈법 제49조 제1항 제10호〉.
④ 운전자는 자동차의 화물 적재함에 사람을 태우고 운행할 수 없다〈법 제49조 제1항 제12호〉.

6 「도로교통법」상 경찰공무원이 안전을 위해서 적절한 조치를 하여할 사람으로 옳지 않은 것은?

① 횡단보도와 교통이 빈번한 도로에서 보행이 불편한 60대 노인

② 교차로 및 교통이 빈번한 도로에서 노는 어린이

③ 보호자 없이 혼자 도로를 보행하는 어린이

④ 앞이 보이지 않은 사람이 흰색 지팡이가 없고, 보조견도 없으며 보행에 적절한 조치가 없는 사람

> ✔해설 경찰공무원은 다음의 어느 하나에 해당하는 사람을 발견한 경우에는 그들의 안전을 위하여 적절한 조치를 하여야 한다〈법 제11조 제6항〉.
> ㉠ 교통이 빈번한 도로에서 놀고 있는 어린이
> ㉡ 보호자 없이 도로를 보행하는 영유아
> ㉢ 앞을 보지 못하는 사람으로서 흰색 지팡이를 가지지 아니하거나 장애인 보조견을 동반하지 아니하는 등 필요한 조치를 하지 아니하고 다니는 사람
> ㉣ 횡단보도나 교통이 빈번한 도로에서 보행에 어려움을 겪고 있는 노인(65세 이상인 사람)

7 「도로교통법」상 용어의 정의로 옳지 않은 것은?

① '차마'란 사람 또는 가축의 힘이나 그 밖의 동력으로 도로에서 운전되는 것과 교통운수에 사용되는 가축

② '정차'란 10분 이내 주행하지 않고 정지하는 것

③ '원동기장치자전거' 「자동차관리법」 제3조에 따른 이륜자동차 가운데 배기량 125cc 이하(전기를 동력으로 하는 경우에는 최고정격출력 11킬로와트 이하)의 이륜자동차

④ '일시정지'란 차 또는 노면전차의 운전자가 그 차 또는 노면전차의 바퀴를 일시적으로 완전히 정지시키는 것

> ✔해설 **주차 및 정차**〈법 제2조 제24호 및 제25호〉
> ㉠ **주차**: 운전자가 승객을 기다리거나 화물을 싣거나 차가 고장 나거나 그 밖의 사유로 차를 계속 정지 상태에 두는 것 또는 운전자가 차에서 떠나서 즉시 그 차를 운전할 수 없는 상태에 두는 것을 말한다.
> ㉡ **정차**: 운전자가 5분을 초과하지 아니하고 차를 정지시키는 것으로서 주차 외의 정지 상태를 말한다.

Answer 6.① 7.②

8 도로교통 안전공단으로 부터 통보 받은 시·도경찰청장이 운전면허를 받을 사람 또는 적성검사를 받은 사람에게 붙이거나 바꿀 수 있는 자동차 등의 구조를 한정하는 조건으로 옳지 않은 것은?

① 신체장애에 적합하게 제작 및 승인된 자동차 조건
② 가속페달과 브레이크를 손으로 조작하는 장치, 왼쪽 방향지시기, 오른쪽 가속페달을 부착하는 조건
③ 삼륜이상 원동기장치자전거만 운전하는 조건
④ 자동변속기장착 자동차만 운전하는 조건

> ✔해설 자동차 등의 구조를 한정하는 조건⟨시행규칙 제54조 제2항 제1호⟩
> ㉠ 자동변속기장치 자동차만을 운전하도록 하는 조건
> ㉡ 삼륜 이상의 원동기장치자전거(이하 "다륜형 원동기장치자전거"라 한다) 만을 운전하도록 하는 조건
> ㉢ 가속페달 또는 브레이크를 손으로 조작하는 장치, 오른쪽 방향지시기 또는 왼쪽 엑셀레이터를 부착하도록 하는 조건
> ㉣ 신체장애 정도에 적합하게 제작·승인된 자동차등만을 운전하도록 하는 조건⟨시행규칙 제54조 제2항 제1호⟩
> ☞ 시·도경찰청장은 운전면허를 받을 사람의 신체상태 또는 운전능력에 따라 행정안전부령으로 정하는 바에 따라 운전할 수 있는 자동차 등의 구조를 한정하는 등 운전면허에 필요한 조건을 붙일 수 있다⟨법 제83조 제3항⟩.

9 「도로교통법 시행령」상 장내기능 시험에 대한 설명으로 적절한 것은?

① 도로교통법규에 따라 운전하는 능력을 평가한다.

② 장내기능 시험차량은 대통령령으로 지정된 차량을 사용한다.

③ 전자채점기로 채점하고, 다만, 경찰청장의 명령에 따라 기능 시험은 운전면허시험관이 직접 채점한다.

④ 장내기능 시험 불합격자는 불합격일자로부터 2일 이내에 재 응시가 가능하다.

> ✔해설 자동차 등의 운전에 필요한 장내기능시험〈시행령 제48조〉
> ㉠ 자동차 등의 운전에 필요한 기능에 관한 시험(이하 "장내기능시험"이라 한다)은 다음의 사항에 대하여 실시한다.
> • 운전 장치를 조작하는 능력
> • 교통법규에 따라 운전하는 능력
> • 운전 중의 지각 및 판단 능력
> ㉡ 장내기능시험에 사용되는 자동차 등의 종류는 행정안전부령으로 정한다.
> ㉢ 장내기능시험은 전자채점기로 채점한다. 다만, 행정안전부령으로 정하는 기능시험은 운전면허시험관이 직접 채점할 수 있다.
> ㉣ ㉢에 따른 전자채점기의 규격 · 설치 및 사용연한 등에 관하여 필요한 사항은 경찰청장이 정한다.
> ㉤ 장내기능시험에 불합격한 사람은 불합격한 날부터 3일이 지난 후에 다시 장내기능 시험에 응시할 수 있다.
>
> **Tip**
> 운전면허시험관이 직접 채점할 수 있는 기능시험〈시행규칙 제66조 제2항〉
> ㉠ 양팔을 쓸 수 없는 사람 및 신체상 또는 정신상의 장애가 있는 사람에 대한 기능시험
> ㉡ 경찰서장이 실시하는 원동기장치자전거면허 기능시험
> ㉢ 응시자의 일시적 증가로 인하여 운전면허시험장 외의 장소에서 실시하는 기능시험

Answer 9.①

전라남도 · 2022년 7월 16일 시행

1 「도로교통법」상 신호기에 대한 설명으로 옳은 것은?

① 신호기 신호와 경찰공무원의 수신호가 다를 경우 경찰공무원의 신호를 따른다.

② 신호기의 신호와 경비원의 수신호가 다를 경우 경비원의 신호를 따른다.

③ 신호기의 신호와 군사경찰의 수신호가 다를 경우 신호기의 수신호를 따른다.

④ 신호기의 신호와 구급차를 유도 중인 소방공무원의 신호가 다를 경우 신호기의 수신호를 따른다.

> **해설** 신호 또는 지시에 따를 의무〈법 제5조〉
> ㉠ 도로를 통행하는 보행자, 차마 또는 노면 전차의 운전자는 교통안전시설이 표시하는 신호 또는 지시와 다음의 어느 하나에 해당하는 사람이 하는 신호 또는 지시를 따라야 한다.
> • 교통정리를 하는 경찰공무원(의무경찰을 포함한다) 및 제주특별자치도의 자치 경찰공무원(자치경찰공무원)
> • 경찰공무원(자치경찰공무원을 포함한다)을 보조하는 사람으로서 대통령령으로 정하는 사람(경찰보조자)
> ㉡ 도로를 통행하는 보행자, 차마 또는 노면전차의 운전자는 교통안전시설이 표시하는 신호 또는 지시와 교통정리를 하는 경찰공무원 또는 경찰보조자(이하 "경찰공무원등"이라 한다)의 신호 또는 지시가 서로 다른 경우에는 경찰공무원등의 신호 또는 지시에 따라야 한다.
>
> **Tip**
> 대통령령이 정하는 경찰공무원을 보조하는 사람의 범위(경찰보조자)〈시행령 제6조〉
> ㉠ 모범운전자
> ㉡ 군사훈련 및 작전에 동원되는 부대의 이동을 유도하는 군사경찰(헌병)
> ㉢ 본래의 긴급한 용도로 운행하는 소방차 · 구급차를 유도하는 소방공무원
>
> ▶ 경찰공무원을 보조하는 사람에 포함 할 수 없는 사람(수신호 권한이 없다)
> ㉠ 어린이 교통경찰대 ㉡ 아파트 경비원 ㉢ 녹색 어머니 회원
> ㉣ 자원봉사자 ㉤ 해병전우회

2 「도로교통법」상 교통정리가 없는 교차로에서 우선순위로 옳은 것은?

① 좁은 도로보다 폭넓은 도로의 차가 우선

② 우측도로의 차량보다 좌측도로의 차가 우선

③ 긴급차보다 통행우선권이 있는 차가 우선

④ 직진하거나 우회전하려는 차보다 이미 좌회전하고 있는 차가 우선

> ✔️**해설** 교통정리가 없는 교차로에서 양보운전〈법 제26조〉
> ㉠ 선 진입 차에 대한 양보의무 : 교차로에 들어가려고 하는 차의 운전자는 이미 교차로에 들어가 있는 다른 차가 있을 때에는 그 차에 진로를 양보해야 한다.
> ㉡ 넓은 도로로부터 들어가려고 하는 차에 대한 양보의무
> • 교차로에 들어가려고 하는 차의 운전자는 그 차가 통행하고 있는 도로의 폭보다 교차하는 도로의 폭이 넓은 경우에는 서행하여야 한다.
> • 폭이 넓은 도로로부터 교차로에 들어가려고 하는 다른 차가 있을 때에는 그 차에 진로를 양보하여야 한다.
> ㉢ 우측 도로 차에 양보의무 : 교차로에 동시에 들어가려고 하는 차의 운전자는 우측도로의 차에 진로를 양보해야 한다.
> ㉣ 직진 또는 우회전 차에 양보의무 : 교차로에서 좌회전하려고 하는 차의 운전자는 그 교차로에서 직진하거나 우회전하려는 다른 차가 있을 때에는 그 차에 진로를 양보해야 한다.

3 다음 중 비보호 좌회전이 가능한 경우는?

① 녹색불일 때 맞은 편에 차가 없으면 가능

② 적색불일 때 가능

③ 황색불일 때 가능

④ 녹색불일 때 언제든지 가능

> ✔️**해설** ① 비보호 좌회전인 경우 녹색불일 때 맞은편에 차가 없는 경우 좌회전 한다.
> ※ **비보호 좌회전** … 교차로에서, 별도의 좌회전 신호를 주지 않고 직진 신호일 때 좌회전을 허용하는 신호 운영 방식이다. 일반적으로 직진과 회전 교통량이 적은 교차로에서 행하며, 신호 주기가 짧고 지체가 적어 효율성이 높다.

Answer   2.① 3.①

4 「도로교통법」상 아래 (   )안의 들어갈 말로 올바른 것은?

> 차로폭초과차에 대하여 (   )의 허가를 받으면 운행이 가능하다

① 행정안전부장관
② 출발지를 관할하는 시도지사
③ 출발지를 관할하는 경찰서장
④ 도착지를 관할하는 경찰서장

✔ **해설** 차로가 설치된 도로를 통행하려는 경우로서 차의 너비가 행정안전부령으로 정하는 차로의 너비보다 넓어 교통의 안전이나 원활한 소통에 지장을 줄 우려가 있는 경우 그 차의 운전자는 도로를 통행하여서는 아니 된다. 다만, 행정안전부령으로 정하는 바에 따라 그 차의 출발지를 관할하는 경찰서장의 허가를 받은 경우에는 그러하지 아니하다〈법 제14조 제3항〉.

Tip
차로의 너비보다 넓은 차의 통행허가〈시행규칙 제17조〉
㉠ 통행허가신청은 차로폭초과차 통행허가신청서에 의한다.
㉡ 경찰서장이 허가를 한 때에는 차로폭초과차 통행허가증을 교부하여야 한다.
㉢ 통행허가를 받은 운전자는 표지를 달아야 한다.

5 「도로교통법 시행규칙」 제19조에서 100분의 50의 속도로 감속해야 하는 경우는?

① 안개, 폭우 등으로 인해 가시거리가 100미터 이상인 경우
② 비가 시간당 5mm이상 오는 경우
③ 비가 내려 노면이 젖어 있는 경우
④ 눈이 20mm이상 쌓인 경우

✔ **해설** 비·안개·눈 등으로 인한 악천후 시 감속 운행해야 하는 경우〈시행규칙 제19조 제2항〉
㉠ 최고속도의 100분의 20을 줄인 속도로 운행하여야 하는 경우
 • 비가 내려 노면이 젖어 있는 경우
 • 눈이 20밀리미터 미만 쌓인 경우
㉡ 최고속도의 100분의 50을 줄인 속도로 운행하여야 하는 경우
 • 폭우·폭설·안개 등으로 가시거리가 100미터 이내인 경우
 • 노면이 얼어붙은 경우
 • 눈이 20밀리미터 이상 쌓인 경우

6 「도로교통법」상 앞지르기가 가능한 장소는?

① 교차로 ② 터널 안

③ 다리 위 ④ 경사진 오르막

> ✔해설 앞지르기 금지의 시기 및 장소〈법 제22조〉
> ㉠ 앞차를 앞지르지 못하는 경우
>   • 앞차의 좌측에 다른 차가 앞차와 나란히 가고 있을 때
>   • 앞차가 다른 차를 앞지르고 있거나 앞지르려고 하고 있을 때
> ㉡ 다른 차를 앞지르지 못하는 경우
>   • 「도로교통법」이나 도로교통법에 따른 명령에 따라 정지하거나 서행하고 있는 차
>   • 경찰공무원의 지시에 따라 정지하거나 서행하고 있는 차
>   • 위험을 방지하기 위하여 정지하거나 서행하고 있는 차
> ㉢ 앞지르지 금지 장소
>   • 교차로, 터널 안, 다리 위
>   • 도로의 구부러진 곳, 비탈길의 고갯마루 부근 또는 가파른 비탈길의 내리막 등
>   • 시·도경찰청장이 필요하다 인정하여 안전표지로 지정한 곳
> ☞ 오르막은 앞지르기 금지장소가 아니다.

7 「도로교통법 시행령」 제2조에서 시·도경찰청장이 긴급자동차로 지정할 수 있는 차는?

① 경찰용 긴급 차에 유도중인차량

② 긴급 경찰업무 수행 차

③ 군용차

④ 가스 사업 기관에서 응급작업 중인 차량

> ✔해설 신청에 의하여 시·도경찰청장이 지정하는 긴급자동차〈시행령 제2조 제1항 제6호 ~ 제11호〉
> ㉠ 전기사업·가스사업 그 밖의 공익사업기관에서 위험방지를 위한 응급작업에 사용되는 자동차
> ㉡ 민방위업무를 수행하는 기관에서 긴급예방 또는 복구를 위한 출동에 사용되는 자동차
> ㉢ 도로관리를 위하여 사용되는 자동차 중 도로상의 위험을 방지하기 위한 응급작업 및 운행이 제한되는 자동차를 단속하기 위하여 사용되는 자동차
> ㉣ 전신·전화의 수리공사 등 응급작업에 사용되는 자동차
> ㉤ 긴급한 우편물의 운송에 사용되는 자동차
> ㉥ 전파감시업무에 사용되는 자동차

Answer ▶ 6.④ 7.④

8 「교통사고처리 특례법」상 12대 중과실 위반이 아닌 것은?

① 제한속도를 15km/h 초과
② 일시정지 등 안전표지 지시 위반
③ 횡단보도에서 보행자 보호 위반
④ 앞지르기 금지 위반

> **해설** 교통사고처리특례법상 특례조항(중대법규위반) 12개 항목〈교통사고처리특례법 제13조 제2항〉
> ㉠ 신호위반
> ㉡ 중앙선 침범(고속도로 유턴, 횡단, 후진 등 포함)
> ㉢ 음주운전
> ㉣ 무면허운전
> ㉤ 과속(20km초과)
> ㉥ 보도침범
> ㉦ 보행자 보호의무 위반(횡단보도)
> ㉧ 앞지르기 위반(방법, 시기, 장소 등 포함)
> ㉨ 철길건널목 통과 방법 위반
> ㉩ 승객 추락방지 조치위반
> ㉪ 어린이 보호구역 위반
> ㉫ 적재물, 추락방지 조치위반
> ☞ 12개 항목 중에서 인적 교통사고를 발생시키지 않아도 형사처벌이 가능한 것 → 음주운전, 무면허운전

1 「도로교통법 시행규칙」상 좌석안전띠를 매지 아니하거나 승차자에게 좌석안전띠를 매도록 하지 아니하여도 되는 경우에 해당하지 않는 것은?

① 자동차를 주차시키기 위하여 운전하는 때

② 경호 등을 위한 경찰용 자동차에 의하여 호위되거나 유도되고 있는 자동차를 운전하거나 승차하는 때

③ 「여객자동차운수사업법」에 의한 여객 자동차 운송 사업용 자동차의 운전자가 승객에게 좌석안전띠 착용을 안내하였음에도 불구하고 승객이 착용하지 않는 때

④ 부상, 질병, 장애 또는 임신 등으로 인하여 좌석안전띠의 착용이 적당하지 아니하다고 인정되는 자가 자동차를 운전하거나 운전하는 때

✅**해설** ① 자동차를 주차시키기 위하여 운전하는 경우에도 안전띠는 착용해야 한다.

Tip
좌석안전띠를 매지 않거나 승차자에게 좌석안전띠를 매도록 하지 않아도 되는 경우〈시행규칙 제31조〉
㉠ 부상·질병·장애 또는 임신 등으로 인하여 좌석안전띠의 착용이 적당하지 아니하다고 인정되는 자가 자동차를 운전하거나 승차하는 때
㉡ 자동차를 후진시키기 위하여 운전하는 때
㉢ 신장·비만, 그 밖의 신체의 상태에 의하여 좌석안전띠의 착용이 적당하지 아니하다고 인정되는 자가 자동차를 운전하거나 승차하는 때
㉣ 긴급자동차가 그 본래의 용도로 운행되고 있는 때
㉤ 경호 등을 위한 경찰용 자동차에 의하여 호위되거나 유도되고 있는 자동차를 운전하거나 승차하는 때
㉥ 국민투표운동·선거운동 및 국민투표·선거관리업무에 사용되는 자동차를 운전하거나 승차하는 때
㉦ 우편물의 집배, 폐기물의 수집 그 밖에 빈번히 승강하는 것을 필요로 하는 업무에 종사하는 자가 해당업무를 위하여 자동차를 운전하거나 승차하는 때
㉧ 여객자동차운송사업용 자동차의 운전자가 승객의 주취·약물복용 등으로 좌석안전띠를 매도록 할 수 없거나 승객에게 좌석안전띠 착용을 안내하였음에도 불구하고 승객이 착용하지 않는 때

Answer　1.①

2 「도로교통법」상 운전자는 운전 중에 휴대용 전화를 사용할 수 없지만 예외적으로 허용하는 경우에 해당하지 않는 것은?

① 자동차등 또는 노면전차가 정지하고 있는 경우

② 특수자동차를 운전하는 경우

③ 각종범죄 및 재해 신고 등 긴급한 필요가 있는 경우

④ 안전운전에 장애를 주지 아니하는 장치로서 대통령령으로 정하는 장치를 이용하는 경우

> ✔해설 ② 운전자는 자동차등 또는 노면전차의 운전 중에는 휴대용 전화(자동차용 전화를 포함한다)를 사용할 수 없다〈법 제49조 제1항 제10호〉.
>
> > **Tip**
> > 휴대용 전화를 사용할 수 있는 경우〈법 제49조 제1항 제10호〉
> > ㉠ 자동차등 또는 노면전차가 정지하고 있는 경우
> > ㉡ 긴급자동차를 운전하는 경우
> > ㉢ 각종 범죄 및 재해 신고 등 긴급한 필요가 있는 경우
> > ㉣ 안전운전에 장애를 주지 아니하는 장치로서 대통령령으로 정하는 장치를 이용하는 경우

3 「도로교통법」상 모든 차의 운전자가 보행자 옆을 지나갈 경우 안전한 거리를 두고 서행해야 하는 곳에 해당하지 않는 것은?

① 보행자 우선도로

② 도로 외의 곳

③ 보도와 차도가 구분되지 아니한 도로 중 중앙선이 없는 도로

④ 보도와 차도가 구분된 도로

> ✔해설 ④ 보도와 차도가 구분된 도로에서가 아니라 보도와 차도가 구분되지 않은 도로에서 서행하여야 한다〈법 제27조 제6항 제1호〉.
>
> > **Tip**
> > 모든 차의 운전자는 다음의 어느 하나에 해당하는 곳에서 보행자의 옆을 지나는 경우에는 안전한 거리를 두고 서행하여야 하며, 보행자의 통행에 방해가 될 때에는 서행하거나 일시정지하여 보행자가 안전하게 통행할 수 있도록 하여야 한다〈법 제27조 제6항〉.
> > ㉠ 보도와 차도가 구분되지 아니한 도로 중 중앙선이 없는 도로
> > ㉡ 보행자우선도로
> > ㉢ 도로 외의 곳

Answer 2.② 3.④

4 「도로교통법」상 회전교차로의 통행방법으로 가장 옳지 않은 것은?

① 이미 진행하고 있는 다른 차가 있는 때에는 바깥 쪽 차선으로 진입하여 진행이 가능하다

② 모든 차의 운전자는 회전교차로에서는 반시계 방향으로 통행하여야 한다.

③ 모든 차의 운전자는 회전교차로에 진입하려는 경우에는 서행하거나 일시 정지하여야 한다.

④ 회전교차로 통행을 위하여 손이나 방향지시기 또는 등화로써 신호를 하는 자가 있는 경우 그 뒤차의 운전자는 신호를 한 앞차의 진행을 방해하여서는 아니 된다.

> **✔해설** 회전교차로 통행방법〈법 제25조의2〉
> ㉠ 모든 차의 운전자는 회전교차로에서는 반시계방향으로 통행하여야 한다.
> ㉡ 모든 차의 운전자는 회전교차로에 진입하려는 경우에는 서행하거나 일시 정지하여야 하며, 이미 진행하고 있는 다른 차가 있는 때에는 그 차에 진로를 양보하여야 한다.
> ㉢ 회전교차로 통행을 위하여 손이나 방향지시기 또는 등화로써 신호를 하는 차가 있는 경우 그 뒤차의 운전자는 신호를 한 앞차의 진행을 방해하여서는 아니 된다.

5 「도로교통법」 제13조의 2에서 자전거 등의 통행방법 특례에 대한 설명으로 가장 옳지 않은 것은?

① 자전거 등의 운전자는 안전표지로 통행이 허용된 경우를 제외하고는 2대 이상이 나란히 차도를 통행하여서는 아니 된다

② 자전거 등의 운전자는 자전거 도로가 따로 있는 곳에서는 그 자전거도로로 통행하여야 한다.

③ 자전거 등의 운전자가 횡단보도를 이용하여 도로를 횡단할 때에는 속도를 줄여 서행하거나 일시정지 하여야 한다.

④ 자전거 등의 운전자는 자전거도로가 설치되지 아니한 곳에서는 도로 우측 가장자리에 붙어서 통행하여야 한다.

> **✔해설** ③ 자전거등의 운전자가 횡단보도를 이용하여 도로를 횡단할 때에는 자전거등에서 내려서 자전거등을 끌거나 들고 보행하여야 한다〈법 제13조의2 제6항〉.

Answer 4.① 5.③

6 보기는 「도로교통법 시행규칙」상 개인형 이동장치의 승차정원에 대한 내용이다 ㈎와 ㈏에 들어갈 내용으로 가장 옳은 것은?

> 1. 전동킥보드 및 전동이륜평행차의 경우 : ㈎
> 2. 전동기의 동력만으로 움직일 수 있는 저전거의 경우 : ㈏

	㈎	㈏		㈎	㈏
①	1명	1명	②	1명	2명
③	2명	1명	④	2명	2명

✔해설 개인형 이동장치의 승차정원〈시행규칙 제33조의3〉
  ㉠ 전동킥보드 및 전동이륜평행차의 경우 : 1명
  ㉡ 전동기의 동력만으로 움직일 수 있는 자전거의 경우 : 2명

7 「도로교통법」 제31조에서 모든 차 또는 노면전차의 운전자가 서행하여야 하는 곳에 해당하지 않는 것은?

① 교통정리를 하고 있지 아니하는 교차로

② 비탈길의 고갯마루 부근

③ 도로가 구부러진 부근

④ 교통정리를 하고 있지 아니하고 좌우를 확인할 수 없거나 교통이 빈번한 교차로

✔해설 모든 차가 서행해야 할 장소〈법 제31조 제1항〉
  ㉠ 교통정리를 하고 있지 아니하는 교차로
  ㉡ 도로가 구부러진 부근
  ㉢ 비탈길의 고갯마루 부근
  ㉣ 가파른 비탈길의 내리막
  ㉤ 시·도경찰청장이 도로에서의 위험을 방지하고 교통의 안전과 원활한 소통을 확보하기 위하여 필요하다고 인정하여 안전표지로 지정한 곳

Tip
모든 차가 일시정지해야 할 장소〈법 제31조 제1항〉
  ㉠ 교통정리를 하고 있지 아니하고 좌우를 확인할 수 없거나 교통이 빈번한 교차로
  ㉡ 시·도경찰청장이 도로에서의 위험을 방지하고 교통의 안전과 원활한 소통을 확보하기 위하여 필요하다고 인정하여 안전표지로 지정한 곳

Answer 6.② 7.④

8 「도로교통법 시행령」상 자동차등의 운전에 필요한 적성검사의 기준으로 가장 옳지 않은 것은?

① 제2종 운전면허 : 두 눈을 동시에 뜨고 잰 시력이 0.8 이상일 것. 다만, 한쪽 눈을 보지 못하는 사람은 다른 쪽 눈의 시력이 0.5이상이어야 한다.

② 붉은색, 녹색 및 노란색을 구별할 수 있을 것

③ 55데시벨 (보청기를 사용하는 사람은 40데시벨)의 소리를 들을 수 있을 것

④ 조향장치나 그 밖의 장치를 뜻대로 조작할 수 없는 등 정상적인 운전을 할 수 없다고 인정되는 신체상 또는 정신상의 장애가 없을 것

> **✔해설** 자동차등의 운전에 필요한 적성적성검사의 기준〈시행령 제45조 제1항〉
>
> ㉠ 시력(교정시력을 포함한다)
>   • 제1종 운전면허 : 두 눈을 동시에 뜨고 잰 시력이 0.8 이상이고, 두 눈의 시력이 각각 0.5 이상일 것. 다만, 한쪽 눈을 보지 못하는 사람이 보통면허를 취득하려는 경우에는 다른 쪽 눈의 시력이 0.8 이상이고, 수평시야가 120도 이상이며, 수직시야가 20도 이상이고, 중심시야 20도 내 암점(暗點)과 반맹(半盲)이 없어야 한다.
>   • 제2종 운전면허 : 두 눈을 동시에 뜨고 잰 시력이 0.5 이상일 것. 다만, 한쪽 눈을 보지 못하는 사람은 다른 쪽 눈의 시력이 0.6 이상이어야 한다.
> ㉡ 색채식별능력 : 붉은색·녹색 및 노란색을 구별할 수 있을 것
> ㉢ 청력(제1종 대형면허 또는 특수면허를 취득하려는 경우에만 적용) : 55데시벨(보청기를 사용하는 사람은 40데시벨)의 소리를 들을 수 있을 것
> ㉣ 신체상 또는 정신상의 장애
>   • 조향장치나 그 밖의 장치를 뜻대로 조작할 수 없는 등 정상적인 운전을 할 수 없다고 인정되는 신체상 또는 정신상의 장애가 없을 것.
>   • 보조수단이나 신체장애 정도에 적합하게 제작·승인된 자동차를 사용하여 정상적인 운전을 할 수 있다고 인정되는 경우에는 그러하지 아니하다.

Answer 8.①

9 「도로교통법 시행령」 제10조에서 전용차로 통행차 외에 전용차로로 통행할 수 있는 경우에 해당하지 않는 것은?

① 긴급자동차가 그 본래의 긴급한 용도로 운행되고 있는 경우

② 전용차로 통행 차의 통행에 장해를 주지 아니하는 범위에서 택시가 승객을 태우거나 내려주기 위하여 일시 통행하는 경우

③ 행사를 위하여 기(旗) 또는 현수막 등을 휴대한 행렬

④ 도로의 파손, 공사, 그 밖의 부득이한 장애로 인하여 전용차로가 아니면 통행할 수 없는 경우

> ✔해설 ③ 행사를 위하여 기 또는 현수막 등을 휴대한 행렬은 차도를 통행할 수 있는 경우이며 전용차로 통행과는 관련이 없다.

> **Tip**
> 전용차로통행차 외에 전용차로로 통행할 수 있는 경우〈시행령 제10조〉
> ㉠ 긴급자동차가 그 본래의 긴급한 용도로 운행되고 있는 경우
> ㉡ 전용차로통행차의 통행에 장해를 주지 아니하는 범위에서 택시가 승객을 태우거나 내려주기 위하여 일시 통행하는 경우. 이 경우 택시 운전자는 승객이 타거나 내린 즉시 전용차로를 벗어나야 한다.
> ㉢ 도로의 파손, 공사, 그 밖의 부득이한 장애로 인하여 전용차로가 아니면 통행할 수 없는 경우

10 「도로교통법」상 외국의 권한 있는 기관에서 발급한 운전면허증을 가진 사람 가운데 운전면허시험의 일부가 면제되지 않는 사람은?

① 「주민등록법」 제6조에 따라 주민등록이 된 사람

② 「출입국관리법」 제31조에 따라 외국인등록이 면제된 사람

③ 「난민법」에 따른 난민 인정자

④ 「재외동포의 출입국과 법적 지위에 관한 법률」 제6조에 따라 국내 거소 신고를 하지 않은 사람

> ✔해설 외국면허증 소지자에 대한 운전면허시험의 일부 면제대상〈법 제84조 제1항 제3호〉
> ㉠ 「주민등록법」 제6조에 따라 주민등록이 된 사람
> ㉣ 「출입국관리법」 제31조에 따라 외국인등록을 한 사람(이하 "등록외국인"이라 한다) 또는 외국인등록이 면제된 사람
> ㉢ 「난민법」에 따른 난민인정자
> ㉤ 「재외동포의 출입국과 법적 지위에 관한 법률」 제6조에 따라 국내거소신고를 한 사람(이하 "외국국적동포"라 한다)

Answer 9.③ 10.④

1 「도로교통법 시행규칙」상 차마에서 제외하는 기구, 장치가 아닌 것은?

① 보행보조용 의자차

② 운전자가 내려서 끌거나 들고 통행하는 원동기장치자전거

③ 의료기기의 기준규격에 따른 전동휠체어

④ 전동이륜평행차

> ✔해설 **차마에서 제외하는 기구 · 장치**〈시행규칙 제2조 제1항〉
> ㉠ 유모차
> ㉡ 보행보조용 의자차(수동휠체어, 전동휠체어 및 의료용 스쿠터를 말한다)
> ㉢ 노약자용 보행기
> ㉣ 놀이기구(어린이가 이용하는 것에 한정한다)
> ㉤ 동력이 없는 손수레
> ㉥ 이륜자동차, 원동기장치자전거 또는 자전거로서 운전자가 내려서 끌거나 들고 통행하는 것
> ㉦ 도로의 보수 · 유지, 도로상의 공사 등 작업에 사용되는 기구 · 장치(사람이 타거나 화물을 운송하지 않는 것에 한정한다)

> **Tip**
> 너비가 1미터 이하인 기구 · 장치이어야 한다〈시행규칙 제2조 제1항〉.
>
> | 구분 | 내용 |
> |---|---|
> | "차"로 보는 것 | ㉠ 자동차 → (승용, 승합, 화물, 특수, 이륜)
㉡ 건설기계 (27종)
㉢ 원동기장치자전거 (125cc 이하)
㉣ 자전거 (자전거+전동킥보드)
㉤ 사람 또는 가축의 힘이나 그 밖의 동력으로 도로에서 운전되는 것 |
> | "차"로 볼 수 없는 것 | ㉠ 열차, 지하철, 비행기, 케이블카
㉡ 유모차, 보행보조형 의자차, 노약자용 보행기, 세발자전거
㉢ 놀이기구, 동력이 없는 손수레
㉣ 이륜자동차, 원동기장치자전거 또는 자전거로써 운전자가 내려서 끌거나 들고 통행하는 것
㉤ 도로의 보수 등 공사에 사용되는 기구 장치(사람이 타거나 화물을 운송하지 않는 것에 한정)
㉥ 실외 이동 로봇 |

Answer 　1.④

2 「도로교통법 시행규칙」상 〈보기〉의 안전표지 종류 중 주의표지에 해당하지 않는 것을 모두 고른 것은?

① A, C

② B, D

③ B, E

④ C, D

✅해설 B = 규제표지〈시행규칙 제8조 제1항 제2호〉

D = 지시표지〈시행규칙 제8조 제1항 제3호〉

3 「도로교통법 시행규칙」상 임시운전증명서의 유효기간에 대한 설명으로 가장 옳지 않은 것은?

① 임시운전증명서의 유효기간은 20일 이내로 한다.

② 운전면허의 취소처분 대상자의 경우에는 임시운전증명서의 유효기간을 40일 이내로 할 수 있다.

③ 운전면허의 정지처분 대상자의 경우에는 임시운전증명서의 유효기간을 40일 이내로 할 수 있다.

④ 경찰서장이 필요하다고 인정하는 경우에는 임시운전증명서의 유효기간을 1회에 한하여 30일의 범위에서 연장할 수 있다.

✅해설 임시운전증명서〈시행규칙 제88조〉

㉠ 임시운전증명서의 유효기간은 20일 이내로 한다.

㉡ 운전면허의 취소 또는 정지처분 대상자의 경우에는 40일 이내로 할 수 있다.

㉢ 경찰서장이 필요하다고 인정하는 경우에는 그 유효기간을 1회에 한하여 20일의 범위에서 연장할 수 있다.

4 「도로교통법 시행령」상 승합자동차 운전 중 범칙금액 7만 원에 해당하는 범칙행위가 아닌 것은?

① 속도위반(40km/h 초과 60km/h 이하)

② 신호 · 지시 위반

③ 앞지르기 금지 시기 · 장소 위반

④ 철길건널목 통과방법 위반

> ✔ **해설** ① 범칙금 10만 원이다〈시행령 제93조 제1항 별표8 제3호〉.

> **Tip**
> **승합자동차등(7만원), 승용자동차등(6만원)**〈시행령 제93조 제1항 별표8 제3호〉
> • 신호 · 지시 위반
> • 중앙선 침범, 통행구분 위반
> • 자전거횡단도 앞 일시정지의무 위반
> • 속도위반(20km/h 초과 40km/h 이하)
> • 횡단 · 유턴 · 후진 위반
> • 앞지르기 방법 위반
> • 앞지르기 금지 시기 · 장소 위반
> • 철길건널목 통과방법 위반
> • 회전교차로 통행방법 위반
> • 횡단보도 보행자 횡단 방해(신호 또는 지시에 따라 도로를 횡단하는 보행자의 통행 방해와 어린이 보호
>   구역에서의 일시정지 위반을 포함한다)
> • 보행자전용도로 통행 위반(보행자전용도로 통행방법 위반을 포함한다)
> • 긴급자동차에 대한 양보 · 일시정지 위반
> • 긴급한 용도나 그 밖에 허용된 사항 외에 경광등이나 사이렌 사용
> • 승차 인원 초과, 승객 또는 승하차자 추락 방지조치 위반
> • 어린이 · 앞을 보지 못하는 사람 등의 보호 위반
> • 운전 중 휴대용 전화사용
> • 운전 중 운전자가 볼 수 있는 위치에 영상 표시
> • 운전 중 영상표시장치 조작
> • 운행기록계 미설치 자동차 운전금지 등의 위반
> • 고속도로 · 자동차전용도로 갓길 통행
> • 고속도로버스전용차로 · 다인승전용차로 통행 위반

Answer 4.①

5 「도로교통법 시행규칙」상 〈보기〉의 ㈎, ㈏에 들어갈 내용으로 가장 옳은 것은?

───── 보기 ─────

견인자동차가 아닌 자동차로 다른 자동차를 견인하여 도로(고속도로를 제외한다)를 통행하는 때의 속도는 제19조에 불구하고 다음 각 호에서 정하는 바에 의한다.

1. 총중량 2천킬로그램 미만인 자동차를 총중량이 그의 3배 이상인 자동차로 견인하는 경우에는 매시 ㈎ 킬로미터 이내

2. 제1호 외의 경우 및 이륜자동차가 견인하는 경우에는 매시 ㈏ 킬로미터 이내(M)

	㈎	㈏		㈎	㈏
①	30	20	②	30	25
③	35	20	④	35	25

✔해설 **자동차를 견인할 때의 속도**〈시행규칙 제20조〉 … 견인자동차가 아닌 자동차로 다른 자동차를 견인하여 도로(고속도로를 제외한다)를 통행하는 때의 속도는 제19조에 불구하고 다음에서 정하는 바에 의한다.

㉠ 총중량 2천킬로그램 미만(2톤 미만)인 자동차를 총중량이 그의 3배 이상(6톤 이상)인 자동차로 견인하는 경우에는 매시 30킬로미터 이내

㉡ 기타 견인 및 이륜자동차가 견인하는 경우에는 매시 25킬로미터 이내

6 「도로교통법」상 〈보기〉의 ㈎, ㈏에 들어갈 내용으로 가장 옳은 것은?

───── 보기 ─────

최초의 운전면허증 갱신기간은 제83조 제1항 또는 제2항에 따른 운전면허시험에 합격한 날부터 기산하여 10년(운전면허시험 합격일에 65세 이상 75세 미만인 사람은 ___㈎___, 75세 이상인 사람은 ___㈏___)이 되는 날이 속하는 해의 1월 1일부터 12월 31일까지이다.

	㈎	㈏		㈎	㈏
①	5년	2년	②	5년	3년
③	7년	2년	④	7년	3년

✔해설 최초의 운전면허증 갱신기간은 제83조 제1항 또는 제2항에 따른 운전면허시험에 합격한 날부터 기산하여 10년(운전면허시험 합격일에 65세 이상 75세 미만인 사람은 5년, 75세 이상인 사람은 3년, 한쪽 눈만 보지 못하는 사람으로서 제1종 운전면허 중 보통면허를 취득한 사람은 3년)이 되는 날이 속하는 해의 1월 1일부터 12월 31일까지이다〈법 제87조 제1항 제1호〉.

Answer 5.② 6.②

7 「도로교통법 시행규칙」상 시 · 도경찰청장이 긴급자동차의 지정을 취소할 수 있는 경우에 해당하지 않는 것은?

① 자동차의 사이렌 또는 경광등이 긴급자동차에 관한 구조에 적합하지 않은 경우

② 자동차의 색칠이 긴급자동차에 관한 구조에 적합하지 않은 경우

③ 자동차의 고장으로 인하여 긴급자동차로 사용할 수 없게 된 경우

④ 자동차가 지정된 기간 내에 정기검사를 받지 않은 경우

> ✔ 해설 긴급자동차 지정의 취소〈시행규칙 제4조 제1항〉
> ㉠ 지정취소권자 : 시 · 도경찰청장
> ㉡ 지정을 취소해야 하는 경우
> • 자동차의 색칠 · 사이렌 또는 경광등이 자동차안전기준에 규정된 긴급자동차에 관한 구조에 적합하지 아니한 경우
> • 그 차를 긴급자동차의 목적에 벗어나 사용하거나 고장이나 그 밖의 사유로 인하여 긴급자동차로 사용할 수 없게 된 경우
>
> **Tip**
> 시 · 도경찰청장이 긴급자동차로 지정할 수 있는 자동차〈시행령 제2조 제1항 제6호 ~ 제11호〉
> ㉠ 전기사업, 가스사업, 그 밖의 공익사업을 하는 기관에서 위험 방지를 위한 응급작업에 사용되는 자동차
> ㉡ 민방위업무를 수행하는 기관에서 긴급예방 또는 복구를 위한 출동에 사용되는 자동차
> ㉢ 도로관리를 위하여 사용되는 자동차 중 도로상의 위험을 방지하기 위한 응급작업에 사용되거나 운행이 제한되는 자동차를 단속하기 위하여 사용되는 자동차
> ㉣ 전신 · 전화의 수리공사 등 응급작업에 사용되는 자동차
> ㉤ 긴급한 우편물의 운송에 사용되는 자동차
> ㉥ 전파감시업무에 사용되는 자동차

Answer   7.④

8 「도로교통법 시행령」상 밤에 도로에서 차 또는 노면전차를 운행할 때 켜야 하는 등화(燈火)의 종류로 가장 옳지 않은 것은?

① 노면전차 : 전조등, 미등, 번호등 및 실내조명등

② 견인되는 차 : 미등 · 차폭등 및 번호등

③ 원동기장치자전거 : 전조등 및 미등

④ 승합자동차 : 자동차안전기준에서 정하는 전조등, 차폭등, 미등, 번호등과 실내조명등

> ✔ **해설** 밤에 도로에서 차를 운행할 때 켜야 하는 등화의 종류〈시행령 제19조 제1항〉
> ㉠ **자동차** : 자동차안전기준에서 정하는 전조등, 차폭등, 미등, 번호등과 실내조명등(실내조명등은 승합자동차와 여객자동차운송사업용 승용자동차만 해당한다)
> ㉡ **원동기장치자전거** : 전조등 및 미등
> ㉢ **견인되는 차** : 미등 · 차폭등 및 번호등
> ㉣ **노면전차** : 전조등, 차폭등, 미등 및 실내조명등
> ㉤ ㉠부터 ㉣까지의 규정 외의 차 : 시 · 도경찰청장이 정하여 고시하는 등화
>
> **Tip**
> 밤에 도로에서 정차하거나 주차할 때 켜야 하는 등화의 종류〈시행령 제19조 제2항〉
> ㉠ **자동차**(이륜자동차는 제외한다) : 자동차안전기준에서 정하는 미등 및 차폭등
> ㉡ **이륜자동차 및 원동기장치자전거** : 미등(후부 반사기를 포함한다)
> ㉢ **노면전차** : 차폭등 및 미등
> ㉣ ㉠부터 ㉢까지의 규정 외의 차 : 시 · 도경찰청장이 정하여 고시하는 등화

Answer 8.①

9 「도로교통법」제49조의 모든 운전자의 준수사항을 이행한 것으로 가장 옳은 것은?

① 자동차의 앞면 창유리와 운전석 좌우 옆면 창유리의 가시광선의 투과율이 대통령령으로 정하는 기준보다 낮아 교통안전 등에 지장을 줄 수 있는 차를 운전한 경우

② 행정안전부령으로 정하는 기준에 적합하지 않은 장치이지만, 자율주행자동차의 신기술 개발을 위한 장치를 장착한 차를 운전한 경우

③ 도로 횡단시설을 이용할 수 없는 지체장애인이나 노인 등이 도로를 횡단하고 있어 서행운전하는 경우

④ 도로에서 자동차를 세워둔 채 시비·다툼 등의 행위를 하여 다른 차마의 통행을 방해한 경우

> ✔해설 ② 자율주행자동차의 신기술 개발을 위한 장치를 장착한 차를 운전한 경우는 예외 사유로써 위반이라고 할 수 없다.
> ① 자동차의 앞면 창유리와 운전석 좌우 옆면 창유리의 가시광선의 투과율이 대통령령으로 정하는 기준보다 낮아 교통안전 등에 지장을 줄 수 있는 차를 운전하지 아니할 것. 다만, 요인 경호용, 구급용 및 장의용 자동차는 제외한다〈법 제49조 제1항 제3호〉.
> ③ 지하도나 육교 등 도로 횡단시설을 이용할 수 없는 지체장애인이나 노인 등이 도로를 횡단하고 있는 경우에는 일시 정지할 것〈법 제49조 제1항 제2호 다목〉
> ④ 도로에서 자동차등(개인형 이동장치는 제외한다) 또는 노면전차를 세워둔 채 시비·다툼 등의 행위를 하여 다른 차마의 통행을 방해하지 아니할 것〈법 제49조 제1항 제5호〉

Answer 9.②

10 「도로교통법 시행규칙」상 무사고운전자 등에 대한 표시장의 수여 상 및 종류 등에 대한 설명으로 가장 옳지 않은 것은?

① 무사고운전자의 표시장은 10년 이상의 사업용 자동차 무사고 운전경력이 있는 사람으로서 사업용자동차의 운전에 종사하고 있는 사람에게 수여한다.

② 교통성실장은 운전경력별 표시장의 종류에 속한다.

③ 교통질서장은 20년 이상의 운전경력을 갖추어야 한다.

④ 무사고운전자의 표시장과 유공운전자의 표시장의 수여는 연 1회 실시한다.

> ✔ 해설 ④ 무사고운전자의 표시장 수여는 연 1회, 유공운전자의 표시장의 수여는 수시로 실시한다〈시행규칙 제137조〉.

> **Tip**
> 무사고운전자 등에 대한 표시장의 수여〈시행규칙 136조 제1항〉
> ㉠ **수여 상** : 무사고운전자의 표시장은 10년 이상의 사업용 자동차 무사고 운전경력이 있는 사람으로서 사업용자동차의 운전에 종사하고 있는 사람에게 수여한다.
> ㉡ **운전경력별 표시장의 종류 및 운전경력**
> • 교통안전장 : 30년 이상
> • 교통삼색장 : 25년 이상
> • 교통질서장 : 20년 이상
> • 교통발전장 : 15년 이상
> • 교통성실장 : 10년 이상
> ☞ 유공운전자의 표시장은 「정부표창규정」에 따라 경찰기관의 장의 표창을 받은 사람에게 수여한다〈시행규칙 136조 제2항〉.

1 「도로교통법 시행령」 제11조에서 규정한 자동차의 정차 또는 주차의 방법 등에 대한 설명으로 가장 옳지 않은 것은?

① 차도와 보도의 구별이 없는 도로의 경우에는 도로의 오른쪽 가장자리로부터 중앙으로 30센티미터의 거리를 두어야 한다.

② 여객자동차의 운전자는 승객을 태우거나 내려주기 위하여 정류소에 정차하였을 때에는 승객이 타거나 내린 즉시 출발하여야 한다.

③ 정차하거나 주차할 때에는 다른 교통에 방해가 되지 아니하도록 하여야 하지만, 고장으로 인하여 부득이하게 주차하는 경우는 예외가 될 수 있다.

④ 경사진 곳에 주차하는 경우, 주차제동장치를 작동한 후에 운전자가 운전석을 떠나지 않고 직접 제동장치를 작동하고 있으면 별도의 미끄럼 사고 방지 조치를 할 필요가 없다.

> ✔해설 모든 차의 운전자가 지켜야 할 정차 또는 주차의 방법 및 시간〈시행령 제11조〉
> ㉠ 도로에서 정차할 때에는 차도의 우측 가장자리에 정차할 것.
> ㉡ 차도와 보도의 구별이 없는 도로의 경우에는 도로의 우측 가장자리로부터 중앙으로 50센티미터 이상의 거리를 두어야 한다.
> ㉢ 모든 차의 운전자는 도로에서 주차할 때에는 시 · 도경찰청장이 정하는 주차의 장소 · 시간 및 방법에 따를 것
> ㉣ 정차하거나 주차할 때에는 다른 교통에 방해가 되지 아니 하도록 하여야 한다.
> ㉤ 다만, 다음의 경우에는 그러하지 아니하다.
> • 안전표지에 따르는 경우
> • 경찰공무원(의무경찰포함)의 지시에 따르는 경우
> • 제주특별자치도의 자치경찰공무원의 지시에 따르는 경우
> • 경찰공무원 또는 자치경찰공무원을 보조하는 자의 지시에 따르는 경우
> • 고장으로 인하여 부득이하게 주차하는 경우
> ㉥ 여객자동차의 운전자는 승객을 태우거나 내려주기 위하여 정류소 또는 이에 준하는 장소에서 정차하였을 때에는 승객이 타거나 내린 즉시 출발하여야 하며 뒤따르는 다른 차의 정차를 방해하지 아니할 것

Answer 1.①

2 「도로교통법령」상 자동차운전학원 기능교육 강사의 정원 및 배치기준이 바르게 연결된 것을 〈보기〉에서 모두 고른 것은?

─────── 보기 ───────
㉠ 제1종 대형면허 : 교육용 자동차 10대당 3명 이상
㉡ 제1종 특수면허 : 교육용 자동차 3대당 1명 이상
㉢ 제2종 보통연습면허 : 교육용 자동차 10대 당 2명 이상
㉣ 제2종 소형면허 : 교육용 자동차 10대당 1명 이상

① ㉠, ㉡
② ㉠, ㉣
③ ㉡, ㉢
④ ㉢, ㉣

✔해설 전문학원의 기능교육강사 배치기준〈시행령 제67조 제1항〉
㉠ 제1종 대형면허 : 교육용 자동차 10대당 3명 이상
㉡ 제1종 보통연습면허 또는 제2종 보통연습면허 : 각각 교육용 자동차 10대당 5명 이상
㉢ 제1종 특수면허 : 각각 교육용 자동차 2대당 1명 이상
㉣ 제2종 소형면허 및 원동기장치자전거면허 : 교육용 자동차등 10대당 1명 이상

Tip
전문학원의 강사 및 기능검정원의 배치기준〈시행령 제67조 제1항〉
㉠ 학과교육강사 : 1일 학과교육 8시간당 1명 이상
㉡ 도로주행 기능교육강사 : 교육용 자동차 1대당 1명 이상
㉢ 기능검정원 : 교육생 정원 200명당 1명 이상
☞ 교육용 자동차등에는 예비용자동차등은 포함되지 아니한다〈시행령 제67조 제1항〉.

Answer 2.②

3 「도로교통법 시행령」에서 〈보기〉의 ㈎에 들어갈 내용으로 가장 옳은 것은?

─────── 보기 ───────

제83조(출석지시불이행자의 처리) 「도로교통법」 제138조 제1항에 따라 출석지시서를 받은 사람은 출석지시서를 받은 날부터 ___㈎___ 일 이내에 지정된 장소로 출석하여야 한다.

① 10   ② 15

③ 20   ④ 30

> **해설** 출석지시불이행자의 처리〈시행령 제8조 제1항〉 … 법 제138조 제1항에 따라 출석지시서를 받은 사람은 출석지시서를 받은 날부터 10일 이내에 지정된 장소로 출석하여야 한다.

4 「도로교통법 시행령」 제31조에서 어린이통학버스의 요건 등에 해당하지 않는 것은?

① 어린이교육시설에 고용된 운전자의 명의로 등록되어 있는 자동차일 것
② 자동차안전기준에서 정한 어린이운송용 승합자동차의 구조를 갖출 것
③ 어린이통학버스 앞면 창유리 우측상단과 뒷면 창유리 중앙하단의 보기 쉬운 곳에 행정안전부령이 정하는 어린이보호표지를 부착할 것
④ 교통사고로 인한 피해를 전액 배상할 수 있도록 「보험업법」 제4조에 따른 보험에 가입되어 있을 것

> **해설** ① 등록원부에 어린이교육시설의 장의 명의로 등록되어 있는 자동차 또는 어린이교육시설등의 장이 전세버스운송사업자와 운송계약을 맺은 자동차일 것〈시행령 제31조 제4호〉
>
> **Tip**
> 어린이통학버스의 요건〈시행령 제31조〉
> ㉠ 자동차안전기준에서 정한 어린이운송용 승합자동차의 구조를 갖출 것
> ㉡ 어린이통학버스 앞면 창유리 우측상단과 뒷면 창유리 중앙하단의 보기 쉬운 곳에 행정안전부령이 정하는 어린이 보호표지를 부착할 것
> ㉢ 교통사고로 인한 피해를 전액 배상할 수 있도록 「보험업법」 제4조에 따른 보험 또는 「여객자동차 운수사업법」 제61조에 따른 공제조합에 가입되어 있을 것
> ㉣ 등록원부에 어린이교육시설등의 장의 명의로 등록되어 있는 자동차 또는 어린이교육시설등의 장이 전세버스운송사업자와 운송계약을 맺은 자동차일 것

Answer 3.① 4.①

5 「도로교통법령」상 자동차의 속도제한에 대한 설명으로 가장 옳은 것은? (단, 개인형 이동장치는 제외한다.)

① 고속도로와 자동차전용도로 외의 일반도로에서 자동차의 최고속도는 시속 90킬로미터까지 지정할 수 있다.

② 일반적인 자동차 전용도로에서의 최고속도는 시속 60킬로미터, 최저속도는 시속 40킬로미터이다.

③ 자동차의 통행 속도는 국토교통부령으로 정하나 경찰청장이나 시·도경찰청장이 필요하다고 인정하는 경우에는 구간을 지정하여 추가로 속도를 제한할 수 있다.

④ 비가 내려 노면이 젖어 있고, 가변형 속도제한표지가 없는 경우 최고속도의 100분의 20을 줄인 속도로 운행해야 한다.

> ✅**해설** 자동차등과 노면전차의 속도〈시행규칙 제19조 제1항〉
> ㉠ **일반도로** : 고속도로 및 자동차전용도로 외의 모든 도로를 말한다.
> • 주거지역·상업지역 및 공업지역의 일반도로에서는 매시 50킬로미터 이내. 다만, 시·도경찰청장이 원활한 소통을 위하여 특히 필요하다고 인정하여 지정한 노선 또는 구간에서는 매시 60킬로미터 이내
> • 일반도로에서는 매시 60킬로미터 이내. 다만, 편도 2차로 이상의 도로에서는 매시 80킬로미터 이내
> ㉡ **자동차전용도로** : 최고속도는 매시 90킬로미터, 최저속도는 매시 30킬로미터
> ㉢ **고속도로**
> • 편도 1차로 고속도로 : 최고속도는 매시 80킬로미터, 최저속도는 매시 50킬로미터
> • 편도 2차로 이상 고속도로 : 최고속도는 매시 100킬로미터(적재중량 1.5톤을 초과하는 화물자동차·특수자동차·위험물운반자동차 및 건설기계의 최고속도는 매시 80킬로미터, 최저속도는 매시 50킬로미터
> • 편도 2차로 이상의 고속도로로서 경찰청장이 고속도로의 원활한 소통을 위하여 특히 필요하다고 인정하여 지정·고시한 노선 또는 구간의 최고속도 : 매시 120킬로미터(화물자동차·특수자동차·위험물운반자동차 및 건설기계의 최고속도는 매시 90킬로미터) 이내, 최저속도는 매시 50킬로미터
>
> **Tip**
> 비·안개·눈 등으로 인한 악천후 시 감속 운행해야 하는 경우〈시행규칙 제19조 제2항〉
> ㉠ **최고속도의 100분의 20을 줄인 속도로 운행하여야 하는 경우**
> • 비가 내려 노면이 젖어 있는 경우
> • 눈이 20밀리미터 미만 쌓인 경우
> ㉡ **최고속도의 100분의 50을 줄인 속도로 운행하여야 하는 경우**
> • 폭우·폭설·안개 등으로 가시거리가 100미터 이내인 경우
> • 노면이 얼어붙은 경우
> • 눈이 20밀리미터 이상 쌓인 경우

Answer 5.④

6 「도로교통법 시행령」 제28조에서 자동차 운전석 좌우 옆면 창유리 가시광선 투과율의 기준으로 가장 옳은 것은?

① 30퍼센트
② 40퍼센트
③ 60퍼센트
④ 70퍼센트

> ✔해설 자동차 창유리 가시광선 투과율의 기준〈시행령 28조〉
> ㉠ 앞면 창유리 : 70퍼센트
> ㉡ 운전석 좌우 옆면 창유리 : 40퍼센트

7 「도로교통법」 제64조에서 자동차의 운전자는 고속도로 등에서 차를 정차하거나 주차시켜서는 아니 되나, 예외가 되는 경우가 아닌 것은?

① 통행료를 내기 위하여 통행료를 받는 곳에서 정차하는 경우
② 도로의 관리자가 고속도로등을 보수 · 유지 또는 순회하기 위하여 정차 또는 주차시키는 경우
③ 자치경찰공무원의 지시에 따르거나 위험을 방지하기 위하여 일시 정차 또는 주차시키는 경우
④ 정차 또는 주차할 수 있도록 안전표지를 설치한 곳이나 정류장에서 정차 또는 주차시키는 경우

> ✔해설 ③ 법령의 규정 또는 경찰공무원(자치경찰공무원은 제외한다)의 지시에 따르거나 위험을 방지하기 위하여 일시 정차 또는 주차시키는 경우이다〈법 제64조 제1호〉
>
> **Tip**
> 고속도로등에서의 정차 및 주차할 수 있는 경우〈법 제64조〉
> ㉠ 법령의 규정 또는 경찰공무원(자치경찰공무원은 제외한다)의 지시에 따르거나 위험을 방지하기 위하여 일시 정차 또는 주차시키는 경우
> ㉡ 정차 또는 주차할 수 있도록 안전표지를 설치한 곳이나 정류장에서 정차 또는 주차시키는 경우
> ㉢ 고장이나 그 밖의 부득이한 사유로 길가장자리구역(갓길을 포함한다)에 정차 또는 주차시키는 경우
> ㉣ 통행료를 내기 위하여 통행료를 받는 곳에서 정차하는 경우
> ㉤ 도로의 관리자가 고속도로등을 보수 · 유지 또는 순회하기 위하여 정차 또는 주차시키는 경우
> ㉥ 경찰용 긴급자동차가 고속도로등에서 범죄수사, 교통단속이나 그 밖의 경찰임무를 수행하기 위하여 정차 또는 주차시키는 경우
> ㉦ 소방차가 고속도로등에서 화재진압 및 인명 구조 · 구급 등 소방활동, 소방지원활동 및 생활안전활동을 수행하기 위하여 정차 또는 주차시키는 경우
> ㉧ 경찰용 긴급자동차 및 소방차를 제외한 긴급자동차가 사용 목적을 달성하기 위하여 정차 또는 주차시키는 경우
> ㉨ 교통이 밀리거나 그 밖의 부득이한 사유로 움직일 수 없을 때에 고속도로등의 차로에 일시 정차 또는 주차시키는 경우

Answer 6.② 7.③

8 「도로교통법 시행규칙」 제91조에서 운전면허 정지처분 개별기준상 벌점 40점을 받는 경우가 아닌 것은?

① 정차 · 주차 위반에 대한 조치불응(단체에 소속되거나 다수인에 포함되어 경찰공무원의 3회 이상의 이동명령에 따르지 아니하고 교통을 방해한 경우에 한한다)

② 안전운전의무위반(단체에 소속되거나 다수인에 포함되어 경찰공무원의 3회 이상의 안전운전 지시에 따르지 아니하고 타인에게 위험과 장애를 주는 속도나 방법으로 운전한 경우에 한한다)

③ 승객의 차내 소란행위 방치운전

④ 고속도로 버스전용차로 통행위반

✔ 해설 ④ 고속도로 버스전용차로 · 다인승전용차로 통행위반은 벌점 30점이다〈규칙 제91조 제1항 별표28〉.

Tip
벌점 40점을 받는 경우〈시행규칙 제91조 제1항 별표28〉
㉠ 정차 · 주차위반에 대한 조치불응(단체에 소속되거나 다수인에 포함되어 경찰공무원의 3회이상의 이동명령에 따르지 아니하고 교통을 방해한 경우에 한한다)
㉡ 공동위험행위로 형사입건된 때
㉢ 난폭운전으로 형사입건된 때
㉣ 안전운전의무위반(단체에 소속되거나 다수인에 포함되어 경찰공무원의 3회 이상의 안전운전 지시에 따르지 아니하고 타인에게 위험과 장해를 주는 속도나 방법으로 운전한 경우에 한한다)
㉤ 승객의 차내 소란행위 방치운전
㉥ 출석기간 또는 범칙금 납부기간 만료일부터 60일이 경과될 때까지 즉결심판을 받지 아니한 때

9 「도로교통법령」상 교통정리가 없는 교차로에서의 양보운전에 대한 설명으로 가장 옳지 않은 것은?

① 교차로에서의 양보운전 위반은 승용자동차등은 4만 원, 승합자동차등은 5만 원의 범칙금이 부과된다.

② 교통정리를 하고 있지 아니하는 교차로에 동시에 들어가려고 하는 차의 운전자는 좌측도로의 차에 진로를 양보하여야 한다.

③ 교통정리를 하고 있지 아니하는 교차로에 들어가려고 하는 차의 운전자는 이미 교차로에 들어가 있는 다른 차가 있을 때에는 그 차에 진로를 양보하여야 한다.

④ 교통정리를 하고 있지 아니하는 교차로에서 좌회전하려고 하는 차의 운전자는 그 교차로에서 직진하거나 우회전하려는 다른 차가 있을 때에는 그 차에 진로를 양보하여야 한다.

✔해설 교통정리가 없는 교차로에서의 양보운전〈법 제26조〉

ⓐ 교통정리를 하고 있지 아니하는 교차로에 들어가려고 하는 차의 운전자는 이미 교차로에 들어가 있는 다른 차가 있을 때에는 그 차에 진로를 양보하여야 한다.

ⓑ 교통정리를 하고 있지 아니하는 교차로에 들어가려고 하는 차의 운전자는 그 차가 통행하고 있는 도로의 폭보다 교차하는 도로의 폭이 넓은 경우에는 서행하여야 하며, 폭이 넓은 도로로부터 교차로에 들어가려고 하는 다른 차가 있을 때에는 그 차에 진로를 양보하여야 한다.

ⓒ 교통정리를 하고 있지 아니하는 교차로에 동시에 들어가려고 하는 차의 운전자는 우측도로의 차에 진로를 양보하여야 한다.

ⓓ 교통정리를 하고 있지 아니하는 교차로에서 좌회전하려고 하는 차의 운전자는 그 교차로에서 직진하거나 우회전하려는 다른 차가 있을 때에는 그 차에 진로를 양보하여야 한다.

10 「도로교통법」 제12조에서 어린이 보호구역 지정에 대한 설명으로 가장 옳지 않은 것은?

① 「학원의 설립·운영 및 과외교습에 관한 법률」 제2조에 따른 학원 가운데 행정안전부령으로 정하는 학원의 주변도로 가운데 일정 구간을 어린이 보호구역으로 지정할 수 있다.

② 「유아교육법」 제2조에 따른 유치원의 주변도로 가운데 일정 구간을 어린이 보호구역으로 지정할 수 있다.

③ 「영유아보육법」 제10조에 따른 어린이집 가운데 보건복지부령으로 정하는 어린이집의 주변도로 가운데 일정 구간을 어린이 보호구역으로 지정할 수 있다.

④ 어린이 보호구역 지정시 자동차등과 노면전차의 통행속도를 시속 30킬로미터 이내로 제한할 수 있다.

✔해설 ③ 「영유아보육법」 제10조에 따른 어린이집 가운데 행정안전부령으로 정하는 어린이집이다〈법 제12조 제1항 제2호〉.

> **Tip**
> **어린이 보호구역의 지정**〈법 제12조 제1항〉
> ㉠ 유치원, 초등학교 또는 특수학교
> ㉡ 어린이집 가운데 행정안전부령으로 정하는 어린이집
> ㉢ 학원 가운데 행정안전부령으로 정하는 학원
> ㉣ 외국인학교 또는 대안학교, 대안교육기관, 국제학교 및 외국교육기관 중 유치원·초등학교 교과과정이 있는 학교
> ㉤ 그 밖에 어린이가 자주 왕래하는 곳으로서 조례로 정하는 시설 또는 장소
> ☞ 시장등이 교통사고의 위험으로부터 어린이를 보호하기 위하여 필요하다고 인정하여 지정한 시설이나 장소의 주변도로 가운데 일정 구간을 어린이 보호구역으로 지정하여 자동차등과 노면전차의 통행속도를 시속 30킬로미터 이내로 제한할 수 있다〈법 제12조 제1항〉.

Answer 10.③

02

핵심요약정리

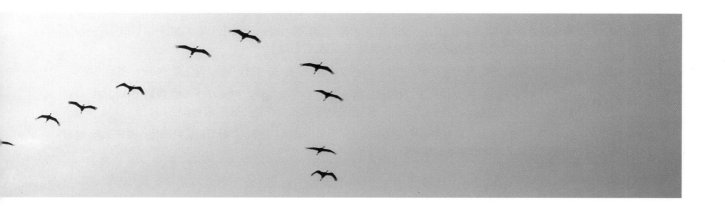

01 자주 출제되는 도로교통법 핵심요약

✿ 도로 관련 용어정리

주요용어	용어의 뜻
도로	• 「도로법」에 따른 도로 • 「유료도로법」에 따른 유료도로 • 「농어촌도로 정비법」에 따른 농어촌도로 • 그 밖에 현실적으로 불특정 다수의 사람 또는 차마가 통행할 수 있도록 공개된 장소로서 안전하고 원활한 교통을 확보할 필요가 있는 장소
고속도로	• 자동차의 고속 운행에만 사용하기 위하여 지정된 도로를 말한다.
자동차전용도로	• 자동차만 다닐 수 있도록 설치된 도로를 말한다.
노면전차 전용로	• 도로에서 궤도를 설치하고, 안전표지 또는 인공구조물로 경계를 표시하여 설치한 「도시철도법」에 따른 도로 또는 차로를 말한다.
차로	• 차마가 한 줄로 도로의 정하여진 부분을 통행하도록 차선(車線)으로 구분한 차도의 부분을 말한다.
차도	• 연석선(차도와 보도를 구분하는 돌 등으로 이어진 선을 말한다. 이하 같다), 안전표지 또는 그와 비슷한 인공구조물을 이용하여 경계를 표시하여 모든 차가 통행할 수 있도록 설치된 도로의 부분을 말한다.
차선	• 차로와 차로를 구분하기 위하여 그 경계지점을 안전표지로 표시한 선을 말한다.
중앙선	• 차마의 통행 방향을 명확하게 구분하기 위하여 도로에 황색 실선이나 황색 점선 등의 안전표지로 표시한 선 또는 중앙분리대나 울타리 등으로 설치한 시설물을 말한다. 다만, 가변차로가 설치된 경우에는 신호기가 지시하는 진행방향의 가장 왼쪽에 있는 황색 점선을 말한다.
자전거도로	• 안전표지, 위험방지용 울타리나 그와 비슷한 인공구조물로 경계를 표시하여 자전거 및 개인형 이동장치가 통행할 수 있도록 설치된 「자전거 이용 활성화에 관한 법률」 제3조 각 호의 도로를 말한다.
회전교차로	• 교차로 중 차마가 원형의 교통섬(차마의 안전하고 원활한 교통처리나 보행자 도로횡단의 안전을 확보하기 위하여 교차로 또는 차도의 분기점 등에 설치하는 섬 모양의 시설을 말한다)을 중심으로 반시계방향으로 통행하도록 한 원형의 도로를 말한다.
실외이동로봇	• 「지능형 로봇 개발 및 보급 촉진법」에 따른 지능형 로봇 중 행정안전부령으로 정하는 것을 말한다.
개인형 이동장치	• 원동기장치자전거 중 시속 25킬로미터 이상으로 운행할 경우 전동기가 작동하지 아니하고 차체중량이 30킬로그램 미만인 것으로서 행정안전부령으로 정하는 것을 말한다.
음주운전 방지장치	• 술에 취한 상태에서 자동차등을 운전하려는 경우 시동이 걸리지 아니하도록 하는 것으로서 행정안전부령으로 정하는 것을 말한다.

✿ 차마와 자동차의 종류

구분		종류
차마	차	• 자동차 • 건설기계 • 원동기장치자전거 • 자전거 • 사람 또는 가축의 힘이나 그 밖의 동력으로 도로에서 운전되는 것 ☞ 철길이나 가설된 선을 이용하여 운전되는 것, 유모차, 보행보조용 의자차, 노약자용 보행기, 제21호의3에 따른 실외이동로봇 등 행정안전부령으로 정하는 기구·장치는 제외한다.
	우마	• 교통이나 운수에 사용되는 가축
자동차	「자동차관리법」에 따른 자동차	• 승용자동차 • 승합자동차 • 화물자동차 • 특수자동차 • 이륜자동차
	「건설기계관리법」에 따른 건설기계	

✿ 자율주행자동차 및 자율주행시스템

구분		교육과목 및 내용
자율주행자동차	개요	「자동차관리법」 제2조 제1호의3에 따른 운전자 또는 승객의 조작 없이 자동차 스스로 운행이 가능한 자동차를 말한다.
	종류	• 부분 자율주행자동차 : 제한된 조건에서 자율주행시스템으로 운행할 수 있으나 작동한계상황 등 필요한 경우 운만으로 운행할 수 있어 운전자가 없거나 운전자 또는 승객의 개입이 필요하지 아니한 자율주행자동차전자의 개입을 요구하는 자율주행자동차 • 완전 자율주행자동차 : 자율주행시스템
자율주행시스템	개요	• 운전자 또는 승객의 조작 없이 주변상황과 도로 정보 등을 스스로 인지하고 판단하여 자동차를 운행할 수 있게 하는 자동화 장비, 소프트웨어 및 이와 관련한 모든 장치를 말한다.
	종류	• 부분 자율주행시스템 : 지정된 조건에서 자동차를 운행하되 작동한계상황 등 필요한 경우 운전자의 개입을 요구하는 자율주행시스템 • 조건부 완전자율주행시스템 : 지정된 조건에서 운전자의 개입 없이 자동차를 운행하는 자율주행시스템 • 완전 자율주행시스템 : 모든 영역에서 운전자의 개입 없이 자동차를 운행하는 자율주행시스템

☞ **자율협력주행시스템** … 「도로교통법」에 따른 신호기, 안전표지, 교통시설 등을 활용하여 국토교통부령으로 정하는 바에 따라 자율주행기능을 지원·보완하여 효율성과 안전성을 향상시키는 지능형교통체계를 말한다.

☞ **자율주행자동차 시범운행지구** … 자율주행자동차의 연구·시범운행을 촉진하기 위하여 규제특례가 적용되는 구역으로서 제7조에 따라 지정되는 구역을 말한다.

✿ 긴급자동차

구분	긴급자동차
도로교통법상	• 소방자동차 • 구급자동차 • 혈액 공급차량 • 대통령령으로 정한 자동차

대통령령으로
정하는 긴급자동차
	• 경찰용 자동차 중 범죄수사, 교통단속, 그 밖의 긴급한 경찰업무 수행에 사용되는 자동차
	• 국군 및 주한 국제연합군용 자동차 중 군 내부의 질서 유지나 부대의 질서 있는 이동을 유도하는 데 사용되는 자동차
	• 수사기관의 자동차 중 범죄수사를 위하여 사용되는 자동차
	• 다음에 해당하는 시설 또는 기관의 자동차 중 도주자의 체포 또는 수용자, 보호관찰 대상자의 호송·경비를 위하여 사용되는 자동차
	  – 교도소·소년교도소, 구치소
	  – 소년원 또는 소년분류심사원
	  – 보호관찰소
	• 국내외 요인에 대한 경호업무 수행에 공무로 사용되는 자동차

신청에 의하여 시·도경찰청장이 지정하는 경우	• 전기사업, 가스사업, 그 밖의 공익사업을 하는 기관에서 위험 방지를 위한 응급작업에 사용되는 자동차 • 민방위업무를 수행하는 기관에서 긴급예방 또는 복구를 위한 출동에 사용되는 자동차 • 도로관리를 위하여 사용되는 자동차 중 도로상의 위험을 방지하기 위한 응급작업에 사용되거나 운행이 제한되는 자동차를 단속하기 위하여 사용되는 자동차 • 전신·전화의 수리공사 등 응급작업에 사용되는 자동차 • 긴급한 우편물의 운송에 사용되는 자동차 • 전파감시업무에 사용되는 자동차
긴급자동차에 준하는 자동차 (긴급자동차로 간주됨)	• 경찰용 긴급자동차에 의하여 유도되고 있는 자동차 • 국군 및 주한 국제연합군용의 긴급자동차에 의하여 유도되고 있는 국군 및 주한 국제연합군의 자동차 • 생명이 위급한 환자 또는 부상자나 수혈을 위한 혈액을 운송 중인 자동차

✿ 신호기 등의 설치 및 관리

구분	긴급자동차
설치관리권자	• 특별시장 • 광역시장 • 제주특별자치도지사 • 시장·군수(광역시의 군수는 제외한다. 이하 "시장등"이라 한다)
설치목적	• 도로에서의 위험을 방지하고 교통의 안전과 원활한 소통을 확보하기 위
설치대상	• 신호기 및 안전표지(이하 "교통안전시설"이라 한다)

☞ 「유료도로법」에 따른 유료도로에서는 시장등의 지시에 따라 그 도로관리자가 교통안전시설을 설치·관리하여야 한다.

✿ 교통안전표지의 종류

구분	내용
주의표지	• 도로의 상태가 위험하거나 도로 또는 그 부근에 위험물이 있는 경우 안전조치를 할 수 있도록 도로사용자에게 알리는 표지
규제표지	• 도로교통의 안전을 위하여 각종제한·금지 등의 규제를 하는 경우에 이를 도로 사용자에게 알리는 표지
지시표지	• 도로의 통행방법·통행구분 등 도로 교통의 안전을 위하여 필요한 지시를 하는 경우에 도로 사용자가 이를 따르도록 알리는 표지
보조표지	• 주의·규제·지시표지의 주 기능을 보충하여 도로 사용자에게 알리는 표지
노면표시	• 도로 교통의 안전을 위하여 각종 주의·규제·지시 등의 내용을 노면에 기호·문자 또는 선으로 도로 사용자에게 알리는 표지

✿ 고령운전자 표지 〈2023년 신설〉

구분	내용
개념	• 국가 또는 지방자치단체가 고령운전자의 안전운전 및 교통사고 예방을 위하여 고령운전자가 운전하는 차임을 나타내는 표지를 말한다.
제작 및 배부	• 국가(경찰청장) 또는 지방자치단체장
부착대상 및 장소	• 운전면허를 받은 65세 이상인 사람이 운전하는 차임을 나타내는 표지 • 고령운전자가 다른 차의 운전자에게 쉽게 식별할 수 있도록 표지를 부착하고 운전 • 차의 뒷면 중 안전운전에 지장을 주지 않고, 시인성을 확보할 수 있는 장소에 부착
제작방법	• 바탕은 하늘색, 글씨는 흰색으로 한다. • 앞면은 반사지로 제작하고, 뒷면은 탈부착이 가능하도록 고무자석으로 제작한다. • 글씨체는 문체부 제목 돋움체로 한다.
표지견본	어르신 운전중

✿ 신호 또는 지시에 따를 의무〈법 제5조 및 시행령 제6조〉

구분	신호 또는 지시할 수 있는 주체
도로교통법상	• 교통안전시설이 표시하는 신호 또는 지시 • 교통정리를 하는 경찰공무원(의무경찰 포함) 및 제주특별자치도의 자치경찰공무원 • 경찰보조자 : 경찰공무원(자치경찰공무원 포함)을 보조하는 사람으로서 대통령령으로 정하는 사람
경찰보조자(대통령령)	• 모범운전자 • 군사훈련 및 작전에 동원되는 부대의 이동을 유도하는 군사경찰 • 본래의 긴급한 용도로 운행하는 소방차·구급차를 유도하는 소방공무원

✿ 행렬등의 통행

구분		차도를 통행할 수 있는 사람 또는 행렬
차도 우측으로 통행해야 하는 행렬	• 학생의 대열	
	• 대통령령으로 정하는 행렬등	• 말·소 등의 큰 동물을 몰고 가는 사람 • 사다리, 목재, 그 밖에 보행자의 통행에 지장을 줄 우려가 있는 물건을 운반 중인 사람 • 도로에서 청소나 보수 등의 작업을 하고 있는 사람 • 군부대나 그 밖에 이에 준하는 단체의 행렬 • 기(旗) 또는 현수막 등을 휴대한 행렬 • 장의(葬儀) 행렬
도로의 중앙을 통행할 수 있는 행렬등	• 사회적으로 중요한 행사에 따라 시가를 행진하는 경우	

☞ 경찰공무원은 도로에서의 위험을 방지하고 교통의 안전과 원활한 소통을 확보하기 위하여 행렬등에 대하여 구간을 정하고 그 구간에서 행렬등이 도로 또는 차도의 우측(자전거도로가 설치되어 있는 차도에서는 자전거도로를 제외한 부분의 우측을 말한다)으로 붙어서 통행할 것을 명하는 등 필요한 조치를 할 수 있다〈법 제9조 제3항〉.

✿ 앞지르기 금지의 시기 및 장소

구분	내용
앞차를 앞지르지 못하는 경우	• 앞차의 좌측에 다른 차가 앞차와 나란히 가고 있을 때 • 앞차가 다른 차를 앞지르고 있거나 앞지르려고 하고 있을 때
다른 차를 앞지르지 못하는 경우	• 이 법이나 이 법에 따른 명령에 따라 정지하거나 서행하고 있는 차 • 경찰공무원의 지시에 따라 정지하거나 서행하고 있는 차 • 위험을 방지하기 위하여 정지하거나 서행하고 있는 차
앞지르지 금지 장소	• 교차로 • 터널 안 • 다리 위 • 도로의 구부러진 곳 • 비탈길의 고갯마루 부근 • 가파른 비탈길의 내리막 • 시·도경찰청장이 필요하다 인정하여 안전표지로 지정한 곳 ☞ 오르막길은 앞지르지 금지 장소가 아니다.

☞ **앞지르기 방법 등**〈법 제21조〉
　㉠ 모든 차의 운전자는 다른 차를 앞지르려면 앞차의 좌측으로 통행하여야 한다.
　㉡ 앞지르려고 하는 모든 차의 운전자는 반대방향의 교통과 앞차 앞쪽의 교통에도 주의를 충분히 기울여야 하며, 앞차의 속도·진로와 그 밖의 도로상황에 따라 방향지시기·등화 또는 경음기(警音機)를 사용하는 등 안전한 속도와 방법으로 앞지르기를 하여야 한다.
　㉢ 모든 차의 운전자는 앞지르기를 하는 차가 있을 때에는 속도를 높여 경쟁하거나 그 차의 앞을 가로막는 등의 방법으로 앞지르기를 방해하여서는 아니 된다.

✿ 서행 또는 일시정지

구분	내용
서행해야 할 장소	• 교통정리를 하고 있지 아니하는 교차로 • 도로가 구부러진 부근 • 비탈길의 고갯마루 부근 • 가파른 비탈길의 내리막 • 시 · 도경찰청장이 도로에서의 위험을 방지하고 교통의 안전과 원활한 소통을 확보하기 위하여 필요하다고 인정하여 안전표지로 지정한 곳
일시정지해야 할 장소	• 교통정리가 행하여지지 않고 교통이 빈번한 교차로 • 교통정리가 행하여지지 않고 좌우 확인이 곤란한 교차로 • 시 · 도경찰청장이 도로에서의 위험을 방지하고 교통의 안전과 원활한 소통을 확보하기 위하여 필요하다고 인정하는 곳으로서 안전표지로 지정한 곳 • 건널목 앞에서 일시정지〈법 제24조 제1항〉 • 도로 외의 곳으로 출입할 때 보도를 횡단하기 직전에 일시정지〈법 제13조 제2항〉
일시정지해야 하는 경우 〈법 제49조 제1항 제2호〉	• 어린이가 보호자 없이 도로를 횡단할 때 • 어린이가 도로에서 앉아 있거나 서 있을 때 • 어린이가 도로에서 놀이를 할 때 • 어린이에 대한 교통사고의 위험이 있는 것을 발견한 경우 • 앞을 보지 못하는 사람이 흰색 지팡이를 가지거나 장애인보조견을 동반하는 등의 조치를 하고 도로를 횡단하고 있는 경우 • 지하도나 육교 등 도로 횡단시설을 이용할 수 없는 지체장애인이나 노인 등이 도로를 횡단하고 있는 경우

✿ 자동차등과 도로 통행 속도

구분	자동차의 도로 통행속도
일반도로(고속도로 및 자동차전용도로 외의 모든 도로)	• 주거지역 · 상업지역 및 공업지역의 일반도로 : 매시 50킬로미터 이내 (다만, 시 · 도경찰청장이 원활한 소통을 위하여 특히 필요하다고 인정하여 지정한 노선 또는 구간에서는 매시 60킬로미터 이내) • 일반도로 : 매시 60킬로미터 이내. 다만, 편도 2차로 이상의 도로에서는 매시 80킬로미터 이내
자동차전용도로	• 최고속도는 매시 90킬로미터, 최저속도는 매시 30킬로미터
고속도로	• 편도 1차로 고속도로 : 최고속도는 매시 80킬로미터, 최저속도는 매시 50킬로미터 • 편도 2차로 이상 고속도로 : 최고속도는 매시 100킬로미터(적재중량 1.5톤을 초과하는 화물자동차 · 특수자동차 · 위험물운반자동차 및 건설기계의 최고속도는 매시 80킬로미터), 최저속도는 매시 50킬로미터 • 경찰청장이 지정 · 고시한 편도 2차로 이상의 고속도로의 노선 또는 구간 : 최고속도는 매시 120킬로미터(화물자동차 · 특수자동차 · 위험물운반자동차 및 건설기계의 최고속도는 매시 90킬로미터) 이내, 최저속도는 매시 50킬로미터

✿ 비 · 안개 · 눈 등으로 인한 악천후 시 감속 운행해야 하는 경우

구분	긴급자동차
최고속도의 100분의 20을 줄인 속도로 운행하여야 하는 경우	• 비가 내려 노면이 젖어 있는 경우 • 눈이 20밀리미터 미만 쌓인 경우
최고속도의 100분의 50을 줄인 속도로 운행하여야 하는 경우	• 폭우 · 폭설 · 안개 등으로 가시거리가 100미터 이내인 경우 • 노면이 얼어붙은 경우 • 눈이 20밀리미터 이상 쌓인 경우

✿ 정차 및 주차의 금지

구분	긴급자동차
정차 및 주차금지 장소	• 교차로 · 횡단보도 · 건널목이나 보도와 차도가 구분된 도로의 보도(차도와 보도에 걸쳐서 설치된 노상주차장은 제외한다) • 교차로의 가장자리나 도로의 모퉁이로부터 5미터 이내인 곳 • 안전지대가 설치된 도로에서는 그 안전지대의 사방으로부터 각각 10미터 이내인 곳 • 버스여객자동차의 정류지임을 표시하는 기둥이나 표지판 또는 선이 설치된 곳으로부터 10미터 이내인 곳. 다만, 버스여객자동차의 운전자가 그 버스여객자동차의 운행시간 중에 운행노선에 따르는 정류장에서 승객을 태우거나 내리기 위하여 차를 정차하거나 주차하는 경우에는 그러하지 아니하다. • 건널목의 가장자리 또는 횡단보도로부터 10미터 이내인 곳 • 다음의 곳으로부터 5미터 이내인 곳 　－소방용수시설 또는 비상소화장치가 설치된 곳 　－소방시설로서 대통령령으로 정하는 시설이 설치된 곳 　☞ 대통령령으로 정하는 시설〈시행령 10조의3 제1항〉 　　• 옥내소화전설비(호스릴옥내소화전설비를 포함한다) · 스프링클러설비등 · 물분무등소화설비의 송수구 　　• 소화용수설비 　　• 연결송수관설비, 연결살수설비, 연소방지설비의 송수구 및 무선통신보조설비의 무선기기접속단자 • 시 · 도경찰청장이 도로에서의 위험을 방지하고 교통의 안전과 원활한 소통을 확보하기 위하여 필요하다고 인정하여 지정한 곳 • 시장 등이 지정한 어린이 보호구역 　☞ 다만, 도로교통법이나 도로교통법에 따른 명령 또는 경찰공무원의 지시를 따르는 경우와 위험방지를 위하여 일시정지 하는 경우에는 그러하지 아니하다.
주차금지의 장소	• 터널 안 및 다리 위 • 다음의 곳으로부터 5미터 이내인 곳 　－도로공사를 하고 있는 경우에는 그 공사 구역의 양쪽 가장자리 　－다중이용업소의 영업장이 속한 건축물로 소방본부장의 요청에 의하여 시 · 도경찰청장이 지정한 곳 • 시 · 도경찰청장이 도로에서의 위험을 방지하고 교통의 안전과 원활한 소통을 확보하기 위하여 필요하다고 인정하여 지정한 곳

✿ 운전자가 켜야 하는 등화의 종류

구분	켜야 하는 등화
밤에 도로에서 차를 운행할 때	• 자동차 : 자동차안전기준에서 정하는 전조등, 차폭등, 미등, 번호등과 실내조명등(실내조명등은 승합자동차와 여객자동차운송사업용 승용자동차만 해당한다) • 원동기장치자전거 : 전조등 및 미등 • 견인되는 차 : 미등 · 차폭등 및 번호등 • 노면전차 : 전조등, 차폭등, 미등 및 실내조명등 • ㉠부터 ㉣까지의 규정 외의 차 : 시 · 도경찰청장이 정하여 고시하는 등화
도로에서 주 · 정차할 때	• 자동차(이륜자동차는 제외한다) : 자동차안전기준에서 정하는 미등 · 차폭등 • 이륜자동차 및 원동기장치자전거 : 미등(후부 반사기를 포함한다) • 노면전차 : 차폭등 및 미등 • ㉠부터 ㉢까지의 규정 외의 차 : 시 · 도경찰청장이 정하여 고시하는 등화

✿ 운행상의 안전기준

구분		운행상의 안전기준 및 운행허가
운행상의 안전기준		• 자동차의 승차인원은 승차정원 이내일 것 • 화물자동차의 적재중량은 구조 및 성능에 따르는 적재중량의 110퍼센트 이내일 것 • 자동차(화물자동차, 이륜자동차 및 소형 3륜자동차만 해당)의 적재용량은 다음의 구분에 따른 기준을 넘지 아니할 것 −길이 : 자동차 길이에 그 길이의 10분의 1을 더한 길이. 다만, 이륜자동차는 그 승차장치의 길이 또는 적재장치의 길이에 30센티미터를 더한 길이를 말한다. −너비 : 자동차의 후사경(後寫鏡)으로 뒤쪽을 확인할 수 있는 범위(후사경의 높이보다 화물을 낮게 적재한 경우에는 그 화물을, 후사경의 높이보다 화물을 높게 적재한 경우에는 뒤쪽을 확인할 수 있는 범위를 말한다)의 너비 −높이 : 화물자동차는 지상으로부터 4미터(도로구조의 보전과 통행의 안전에 지장이 없다고 인정하여 고시한 도로노선의 경우에는 4미터 20센티미터), 소형 3륜자동차는 지상으로부터 2미터 50센티미터, 이륜자동차는 지상으로부터 2미터의 높이
안전기준을 넘는 승차 및 적재의 허가	허가기관	• 출발지를 관할하는 경찰서장
	허가내용	• 전신 · 전화 · 전기공사, 수도공사, 제설작업, 그 밖에 공익을 위한 공사 또는 작업을 위하여 부득이 화물자동차의 승차정원을 넘어서 운행하려는 경우 • 분할할 수 없어 적재중량 또는 적재용량의 기준을 적용할 수 없는 화물을 수송하는 경우

☞ 승차 또는 적재의 방법과 제한〈법 제39조〉

㉠ 운전 중 타고 있는 사람 또는 타고 내리는 사람이 떨어지지 아니하도록 하기 위하여 문을 정확히 여닫는 등 필요한 조치를 하여야 한다.

㉡ 운전 중 실은 화물이 떨어지지 아니하도록 덮개를 씌우거나 묶는 등 확실하게 고정될 수 있도록 필요한 조치를 하여야 한다.

㉢ 영유아나 동물을 안고 운전 장치를 조작하거나 운전석 주위에 물건을 싣는 등 안전에 지장을 줄 우려가 있는 상태로 운전하여서는 아니 된다.

✿ 운전금지 행위

구분	내용
음주운전금지	• 술에 취한 상태에서 자동차등(건설기계 포함), 노면전차 또는 자전거의 운전금지
과로한 때 등의 운전 금지	• 다음의 영향으로 정상적으로 운전하지 못할 우려가 있는 상태에서 자동차등 또는 노면전차의 운전 금지(개인형 이동장치 제외) −과로, 질병 −약물(마약, 대마 및 향정신성의약품과 그 밖에 행정안전부령으로 정하는 것)
공동 위험행위의 금지	• 도로에서 2명 이상이 공동으로 2대 이상의 자동차등을 정당한 사유 없이 앞뒤로 또는 좌우로 줄지어 통행하면서 다른 사람에게 위해를 끼치거나 교통상의 위험을 발생할 수 있는 행위금지(개인형 이동장치 제외) • 자동차등의 동승자는 공동 위험행위의 주도 금지
교통단속용 장비의 기능방해 금지	• 누구든지 교통단속을 회피할 목적으로 교통단속용 장비의 기능을 방해하는 장치를 제작·수입·판매 또는 장착 금지
난폭운전 금지	• 2가지 이상의 난폭운전행위를 연달아 하는 행위 금지 • 하나의 난폭운전행위를 지속 또는 반복하여 다른 사람에게 위협 또는 위해를 가하거나 교통상의 위험을 발생시키는 행위 금지

✿ 난폭운전

구분	내용
유형	• 신호 또는 지시위반 • 중앙선침범 • 속도위반 • 횡단, 유턴, 후진금지 위반 • 안전거리 미확보, 진로변경금지위반, 급제동 금지 위반 • 앞지르기 방법 또는 앞지르기의 방해금지 위반 • 정당한 사유 없는 소음 발생 • 고속도로에서의 앞지르기 방법 위반 • 고속도로 등에서의 횡단, 유턴, 후진금지 위반
처벌	• 행정형벌(1년 이하의 징역 또는 500만 원 이하의 벌금) • 형사처벌(검찰에서 벌금(운전면허정지 40일), 법정구속(면허취소)
운전면허취소정지시	특별안전의무교육 대상
난폭운전과 보복운전의 차이점	• 난폭운전 : 불특정인 대상 → 도로교통법적용 → 벌점 40점 • 보복운전 : 특정인대상 → 형법적용 → 벌점 100점 ☞ 2가지 법정구속 → 운전면허 취소
벌칙	• 1년 이하의 징역 또는 500만 원 이하의 벌금

☞ **안전운전 및 친환경 경제운전의 의무**〈법 제48조 제2항〉 … 모든 차의 운전자는 차를 친환경적이고 경제적인 방법으로 운전하여 연료소모와 탄소배출을 줄이도록 노력하여야 한다.

✿ 운전자의 준수사항

구분	내용
자동차 창유리 가시광선 투과율의 기준	• 앞면 창유리 : 70퍼센트 • 운전석 좌우 옆면 창유리 : 40퍼센트 ☞ 요인(要人) 경호용, 구급용 및 장의용(葬儀用) 자동차는 제외한다.
운전자 중 금지행위	• 자동차등을 급히 출발시키거나 속도를 급격히 높이는 행위 • 자동차등의 원동기 동력을 차의 바퀴에 전달시키지 아니하고 원동기의 회전수를 증가시키는 행위 • 반복적이거나 연속적으로 경음기를 울리는 행위
휴대용 전화를 사용할 수 있는 경우 (자동차용 전화 포함)	• 자동차등 또는 노면전차가 정지하고 있는 경우 • 긴급자동차를 운전하는 경우 • 각종 범죄 및 재해 신고 등 긴급한 필요가 있는 경우 • 안전운전에 장애를 주지 아니하는 장치로서 대통령령으로 정하는 장치를 이용하는 경우 ☞ 대통령령으로 정하는 장치〈시행령 29조〉 • 손으로 잡지 아니하고도 휴대용 전화(자동차용 전화 포함)를 사용할 수 있도록 해 주는 장치
운전 중 영상표시장치를 조작할 수 있는 경우	• 자동차등 또는 노면전차가 정지하고 있는 경우 • 지리안내 영상 또는 교통정보안내 영상 • 국가비상사태·재난상황 등 긴급한 상황을 안내하는 영상 • 운전을 할 때 자동차등 또는 노면전차의 좌우 또는 전후방을 볼 수 있도록 도움을 주는 영상
불법부착장치의 기준	• 경찰관서에서 사용하는 무전기와 동일한 주파수의 무전기 • 긴급자동차가 아닌 자동차에 부착된 경광등, 사이렌 또는 비상등 • 「자동차 및 자동차부품의 성능과 기준에 관한 규칙」에서 정하지 아니한 것으로서 안전운전에 현저히 장애가 될 정도의 장치
운전자의 주요 금지행위	• 물이 고인 곳을 운행할 때에는 고인 물을 튀게 하여 다른 사람에게 피해를 주는 일이 없도록 할 것 • 도로에서 자동차등 또는 노면전차를 세워둔 채 시비·다툼 등의 행위 • 운전자는 자동차의 화물 적재함에 사람을 태우고 운행하지 아니할 것 • 운전자는 승객이 차 안에서 안전운전에 현저히 장해가 될 정도로 춤을 추는 등 소란행위를 하도록 내버려두고 차를 운행하지 아니할 것 • 운전자가 자동차를 떠나는 경우에는 교통사고를 방지하고 다른 사람이 함부로 운전하지 못하도록 필요한 조치를 할 것 • 운전자는 안전을 확인하지 아니하고 자동차의 문을 열거나 내려서는 아니 되며, 동승자가 교통의 위험을 일으키지 아니하도록 필요한 조치를 할 것 • 시·도경찰청장이 교통안전과 교통질서 유지에 필요하다고 인정하여 지정·공고한 사항에 따를 것

☞ 경찰공무원은 썬팅 및 교통단속용 장비의 기능을 방해하는 장치를 한 자동차를 발견한 경우에는 그 현장에서 운전자에게 위반사항을 제거하게 하거나 필요한 조치를 명할 수 있다〈법 제49조 제2항〉.

✿ 음주운전 방지장치 `2023년 신설`

㉠ 음주운전 방지장치

구분	내용
정의	• 자동차등의 시동을 걸기 전 운전자의 호흡을 측정하여 혈중알코올농도가 혈중알코올농도가 0.03퍼센트 이상인 경우 시동이 걸리지 않도록 하는 장치를 말한다.
설치기관	• 시·도경찰청장
설치대상	• 음주운전 방지장치 부착 조건부 운전면허를 받은 사람이 자동차등을 운전하려는 경우
설치대상 자동차	• 여객자동차 운수사업자의 사업용 자동차 • 화물자동차 운수사업자의 사업용 자동차 • 대통령령으로 정하는 자동차등
음주운전 방지장치를 해체하거나 조작 또는 효용을 해치는 행위를 할 수 있는 경우	• 음주운전 방지장치의 점검 또는 정비를 위한 경우 • 폐차하는 경우 • 교육·연구의 목적으로 사용하는 등 대통령령으로 정하는 사유에 해당하는 경우 • 음주운전 방지장치의 부착 기간이 경과한 경우
운행기록의 제출	• 제출기관 : 시·도경찰청장 • 제출횟수 : 연 2회 이상 • 제출내용 : 음주운전 방지장치 부착 자동차등의 운행기록 ☞ 음주운전 방지장치의 정상 작동여부 등을 점검하는 검사를 받아야 한다.

㉡ 음주운전 방지장치 부착 조건부 운전면허를 받은 운전자등의 준수사항〈법 제50조의3〉

구분	내용
음주운전 방지장치를 해체하거나 조작 또는 효용을 해치는 행위를 할 수 있는 경우	• 음주운전 방지장치의 점검 또는 정비를 위한 경우 • 폐차하는 경우 • 교육·연구의 목적으로 사용하는 등 대통령령으로 정하는 사유에 해당하는 경우 • 음주운전 방지장치의 부착 기간이 경과한 경우
운행기록의 제출	• 제출기관 : 시·도경찰청장 • 제출대상 : 음주운전 방지장치의 설치 사항을 시·도경찰청장에게 등록한 자 • 제출횟수 : 연 2회 이상 • 제출내용 : 음주운전 방지장치 부착 자동차등의 운행기록 ☞ 음주운전 방지장치의 정상 작동여부 등을 점검하는 검사를 받아야 한다.
운전자등의 준수사항	• 음주운전 방지장치 부착 조건부 운전면허를 받은 사람은 음주운전 방지장치가 설치되지 아니하거나 설치기준에 적합하지 아니한 음주운전 방지장치가 설치된 자동차등을 운전하여서는 아니 된다. • 누구든지 음주운전 방지장치 부착 조건부 운전면허를 받은 사람을 대신하여 음주운전 방지장치가 설치된 자동차등을 운전할 수 있도록 해당 장치에 호흡을 불어넣거나 다른 부정한 방법으로 음주운전 방지장치가 설치된 자동차등에 시동을 거는 행위를 하여서는 아니 된다.

☞ 음주운전 방지장치 설치기준·방법 및 등록기준·등록절차 등 그 밖에 필요한 사항은 행정안전부령으로 정한다.

✿ 교통사고발생 시의 조치

구분	사고시의 조치
운전자 및 승무원	• 즉시정차 • 사상자를 구호하는 등 필요한 조치 • 피해자에게 인적 사항(성명 · 전화번호 · 주소 등을 말한다) 제공 • 국가경찰관서에 신고
국가경찰관서에 신고사항	• 사고가 일어난 곳 • 사상자 수 및 부상 정도 • 손괴한 물건 및 손괴 정도 • 그 밖의 조치사항 등
동승자에게 신고하게 하고 운전을 계속할 수 있는 경우	• 긴급자동차 운전자 • 부상자를 운반 중인 차의 운전자 • 우편물자동차 및 노면전차 등의 운전자

☞ 교통사고 시 그 차 또는 노면전차의 운전자등은 경찰공무원이 현장에 있을 때에는 그 경찰공무원에게, 경찰공무원이 현장에 없을 때에는 가장 가까운 국가경찰관서(지구대, 파출소 및 출장소를 포함)에 다음의 사항을 지체 없이 신고하여야 한다. 다만, 차 또는 노면전차만 손괴된 것이 분명하고 도로에서의 위험방지와 원활한 소통을 위하여 필요한 조치를 한 경우에는 그러하지 아니하다〈법 제54조 제2항〉.

✿ 자율주행자동차 운전자 및 시험운전자의 준수사항 `2024년 신설`

구분		내용
운전자	완전 자율주행시스템에 해당하지 아니하는 자율주행시스템	• 부분 자율주행시스템 • 조건부 완전자율주행시스템 ☞ 완전 자율주행시스템에 해당하지 아니하는 부분 자율주행시스템, 조건부 완전 자율주행시스템을 갖춘 자동차의 운전자는 자율주행시스템의 직접 운전 요구에 지체 없이 대응하여 조향장치, 제동장치 및 그 밖의 장치를 직접 조작하여 운전하여야 한다.

	자율주행시스템에서
	적용되지 않는 규정
		• 휴대용 전화(자동차용 전화 포함) 사용가능
		  −자동차등 또는 노면전차가 정지하고 있는 경우
		  −긴급자동차를 운전하는 경우
		  −각종 범죄 및 재해 신고 등 긴급한 필요가 있는 경우
		  −안전운전에 장애를 주지 아니하는 장치로서 대통령령으로 정하는 장치를 이용하는 경우
		• 영상표시장치 표시 및 시청가능
		• 영상표시장치 조작가능

시험운전자	자율주행자동차 안전교육	• 「자동차관리법」에 따른 임시운행허가를 받은 자동차를 운전하려는 사람은 자율주행자동차의 안전운행 등에 관한 교육을 받아야 한다.
	교육과정 및 교육방법	• 교육과정, 교육방법 등에 관하여 필요한 사항은 대통령령으로 정한다.

✿ 교통안전교육

① 75세 이하인 사람

구분		내용
교통안전교육	받아야 할 시기	운전면허시험에 응시하기 전(시청각교육 등의 방법으로 1시간 실시)
	교육내용	• 운전자가 갖추어야 하는 기본예절 • 도로교통에 관한 법령과 지식 • 안전운전 능력 • 교통사고의 예방과 처리에 관한 사항 • 어린이 · 장애인 및 노인의 교통사고 예방에 관한 사항 • 친환경 경제운전에 필요한 지식과 기능 • 긴급자동차에 길 터주기 요령 • 그 밖에 교통안전의 확보를 위하여 필요한 사항
특별교통안전 의무교육	교육대상	• 운전면허 취소처분을 받은 사람(적성검사를 받지 아니하거나 그 적성검사에 불합격한 경우 또는 운전면허를 받은 사람이 자신의 운전면허를 실효(失效)시킬 목적으로 시 · 도경찰청장에게 자진하여 운전면허를 반납하는 경우에 해당하여 운전면허 취소처분을 받은 사람은 제외한다)으로서 운전면허를 다시 받으려는 사람 • 운전면허효력 정지처분을 받게 되거나 받은 사람으로서 그 정지기간이 끝나지 아니한 사람 • 운전면허 취소처분 또는 운전면허효력 정지처분(운전면허효력 정지처분 대상인 경우로 한정한다)이 면제된 사람으로서 면제된 날부터 1개월이 지나지 아니한 사람 • 운전면허효력 정지처분을 받게 되거나 받은 초보운전자로서 그 정지기간이 끝나지 아니한 사람 • 어린이 보호구역에서 운전 중 어린이를 사상하는 사고를 유발하여 벌점을 받은 날부터 1년 이내의 사람
특별교통안전 권장교육	신청기관	시 · 도경찰청장
	교육대상	• 교통법규 위반 등 운전면허효력 정지처분을 받게 되거나 받은 사람으로서 그 정지기간이 끝나지 아니한 사람 및 운전면허효력 정지처분을 받게 되거나 받은 초보운전자로서 그 정지기간이 끝나지 아니한 사람에 따른 사유 외의 사유로 인하여 운전면허효력 정지처분을 받게 되거나 받은 사람 • 교통법규 위반 등으로 인하여 운전면허효력 정지처분을 받을 가능성이 있는 사람 • 다음에 해당하여 제2항에 따른 특별교통안전 의무교육을 받은 사람 −운전면허효력 정지처분을 받게 되거나 받은 사람으로서 그 정지기간이 끝나지 아니한 사람 −운전면허 취소처분 또는 운전면허효력 정지처분(−운전면허효력 정지처분 대상인 경우로 한정)이 면제된 사람으로서 면제된 날부터 1개월이 지나지 아니한 사람 −운전면허효력 정지처분을 받게 되거나 받은 초보운전자로서 그 정지기간이 끝나지 아니한 사람 • 운전면허를 받은 사람 중 교육을 받으려는 날에 65세 이상인 사람

☞ 긴급자동차의 운전업무에 종사하는 사람으로서 대통령령으로 정하는 사람은 대통령령으로 정하는 바에 따라 정기적으로 긴급자동차의 안전운전 등에 관한 교육을 받아야 한다.

ⓛ 75세 이상인 사람

구분	내용
받아야 할 시기	• 운전면허증 갱신기간 이내(시청각교육 등의 방법으로 1시간 실시)
교육대상자	• 75세 이상인 사람으로서 운전면허를 받으려는 사람 • 운전면허증 갱신일에 75세 이상인 사람
교육내용	• 노화와 안전운전에 관한 사항 • 약물과 운전에 관한 사항 • 기억력과 판단능력 등 인지능력별 대처에 관한 사항 • 교통관련 법령 이해에 관한 사항

ⓒ 조건부 운전면허를 받으려는 사람 `2024년 신설`

구분	내용
교육 대상자	• 음주운전 방지장치 부착 조건부 운전면허를 받으려는 사람
받아야 할 시기	• 운전면허시험에 응시하기 전
교육사항	• 자동차등 및 도로교통에 관한 법령에 대한 지식 • 자동차등의 관리방법과 안전운전에 필요한 점검의 요령
교육내용	음주운전 방지장치의 작동방법 및 음주운전 예방에 관한 교통안전교육
교육방법	대통령령으로 정하는 바에 따라

✿ 특별교통안전교육

구분	내용
교육종류	• 특별교통안전 의무교육 • 특별교통안전 권장교육
실시기관	한국도로교통공단
교육시간	• 강의·시청각교육 또는 현장체험교육 등의 방법으로 3시간 이상 48시간 이하로 각각 실시
교육내용	• 교통질서 • 교통사고와 그 예방 • 안전운전의 기초 • 교통법규와 안전 • 운전면허 및 자동차관리 • 그 밖에 교통안전의 확보를 위하여 필요한 사항
과목·내용·방법	필요한 사항은 행정안전부령으로 정한다.

☞ 부득이한 사유로 특별교통안전 의무교육을 받을 수 없을 때에는 행정안전부령으로 정하는 특별교통안전 의무교육 연기신청서에 그 연기 사유를 증명할 수 있는 서류를 첨부하여 경찰서장에게 제출해야 한다. 이 경우 특별교통안전 의무교육을 연기받은 사람은 그 사유가 없어진 날부터 30일 이내에 특별교통안전 의무교육을 받아야 한다.

✿ 교통안전교육의 과목·내용·방법 및 시간

㉠ 교통안전교육

교육 대상자	교육시간	교육과목 및 내용	교육방법
운전면허를 신규로 받으려는 사람	1시간	• 교통환경의 이해와 운전자의 기본예절 • 도로교통 법령의 이해 • 안전운전 기초이론 • 위험예측과 방어운전 • 교통사고의 예방과 처리 • 어린이·장애인 및 노인의 교통사고 예방 • 긴급자동차에 길 터주기 요령 • 친환경 경제운전의 이해 • 전 좌석 안전띠 착용 등 자동차안전의 이해	시청각

㉡ 특별교통안전교육 (특별교통안전 의무교육)

교육과정	교육 대상자		교육시간	교육과목 및 내용	교육방법
음주 운전 교육	(1) 음주운전이 원인이 되어 법 제73조제2항제1호부터 제3호까지에 해당하는 사람	최근 5년 동안 처음으로 음주운전을 한 사람	12시간 (3회, 회당 4시간)	• 음주운전 위험요인 • 음주운전과 교통사고 • 안전운전과 교통법규 • 음주운전 성향 진단 및 해설	강의·시청각·발표·토의·영화상영·진단 등
		최근 5년 동안 2번 음주운전을 한 사람	16시간 (4회, 회당 4시간)	• 음주운전 위험요인 • 음주운전과 교통사고 • 안전운전과 교통법규 • 음주운전 성향 진단 및 해설 • 음주운전 가상체험 및 참여	강의·시청각·발표·토의·영화상영·진단·필기검사·과제작성 등
		최근 5년 동안 3번 이상 음주운전을 한 사람	48시간 (12회, 회당 4시간)	• 음주운전 위험요인 • 음주운전과 교통사고 • 안전운전과 교통법규 • 음주운전 성향 진단 및 해설 • 음주운전 가상체험 및 참여 • 행동변화를 위한 상담	강의·시청각·발표·토의·영화상영·진단·필기검사·과제작성·실습·상담 등
배려 운전 교육	(2) 보복운전이 원인이 되어 법 제73조 제2항 제1호부터 제3호까지에 해당하는 사람		6시간	• 스트레스 관리 • 분노 및 공격성 관리 • 공감능력 향상 • 보복운전과 교통안전	강의·시청각·토의·검사·영화상영 등
법규 준수 교육 (의무)	(3) (1), (2)를 제외하고 법 제73조 제2항 각 호에 해당하는 사람		6시간	• 교통환경과 교통문화 • 안전운전의 기초 • 교통심리 및 행동이론 • 위험예측과 방어운전 • 운전유형 진단 교육 • 교통관련 법령의 이해	강의·시청각·토의·검사·영화상영 등

ⓒ 특별교통안전교육 (특별교통안전 권장교육)

교육과정	교육 대상자	교육시간	교육과목 및 내용	교육방법
법규 준수 교육 (권장)	(1) 법 제73조 제3항 제1호에 해당하는 사람 중 교육받기를 원하는 사람	6시간	• 교통환경과 교통문화 • 안전운전의 기초 • 교통심리 및 행동이론 • 위험예측과 방어운전 • 운전유형 진단 교육 • 교통관련 법령의 이해	강의 · 시청각 · 토의 · 검사 · 영화상영 등
벌점 감경 교육	(2) 법 제73조 제3항 제2호에 해당하는 사람 중 교육받기를 원하는 사람	4시간	• 교통질서와 교통사고 • 운전자의 마음가짐 • 교통법규와 안전 • 운전면허 및 자동차 관리 등	강의 · 시청각 · 영화상영 등
현장 참여 교육	(3) 법 제73조 제3항 제3호에 해당하는 사람이나 (1)의 교육을 받은 사람 중 교육받기를 원하는 사람	8시간	• 도로교통 현장 관찰 • 음주 등 위험상황에서의 운전 가상체험 • 교통법규 위반별 사고 사례분석 및 토의 등	도로교통현장관찰 · 강의 · 시청각 · 토의 · 영화상영 등
고령 운전 교육	(4) 법 제73조제3항제4호에 해당하는 사람 중 교육받기를 원하는 사람	3시간	• 신체노화와 안전운전 • 약물과 안전운전 • 인지능력 자가진단 및 그 결과에 따른 안전운전 요령 • 교통관련 법령의 이해 • 고령운전자 교통사고 실태	강의 · 시청각 · 인지능력 자가진단 등

ⓔ 75세 이상인 사람에 대한 교통안전교육

교육 대상자	교육시간	교육과목 및 내용	교육방법
법 제73조제5항에 해당하는 사람	2시간	• 신체 노화와 안전운전 • 약물과 안전운전 • 인지능력 자가진단 및 그 결과에 따른 안전운전 요령 • 교통관련 법령의 이해 • 고령 운전자 교통사고 실태	강의 · 시청각 · 인지능력 자가진단 등

ⓜ 긴급자동차 교통안전교육

교육 대상자	교육시간	교육과목 및 내용	교육방법
법 제73조제4항에 해당하는 사람	2시간 (3시간)	• 긴급자동차 관련 도로교통법령에 관한 내용 • 주요 긴급자동차 교통사고 사례 • 교통사고 예방 및 방어운전 • 긴급자동차 운전자의 마음가짐 • 긴급자동차의 주요 특성	강의 · 시청각 · 영화상영 등

✿ 운전면허 종류별 운전할 수 있는 차의 종류

운전면허			운전할 수 있는 차량
종별	구분		
제1종	대형면허		• 승용자동차 • 승합자동차 • 화물자동차 • 건설기계 　−덤프트럭, 아스팔트살포기, 노상안정기 　−콘크리트믹서트럭, 콘크리트펌프, 천공기(트럭 적재식) 　−콘크리트믹서트레일러, 아스팔트콘크리트재생기 　−도로보수트럭, 3톤 미만의 지게차 • 특수자동차(구난차등 : 대형견인차, 소형견인차 및 구난차) • 원동기장치자전거
	보통면허		• 승용자동차 • 승차정원 15명 이하의 승합자동차 • 적재중량 12톤 미만의 화물자동차 • 건설기계(도로를 운행하는 3톤 미만의 지게차로 한정한다) • 총중량 10톤 미만의 특수자동차(구난차등은 제외한다) • 원동기장치자전거
	소형면허		• 3륜화물자동차, 3륜승용자동차, 원동기장치자전거
	특수면허	대형견인차	• 견인형 특수자동차 • 제2종 보통면허로 운전할 수 있는 차량
		소형견인차	• 총중량 3.5톤 이하의 견인형 특수자동차 • 제2종 보통면허로 운전할 수 있는 차량
		구난차	• 구난형 특수자동차 • 제2종보통면허로 운전할 수 있는 차량
제2종	보통면허		• 승용자동차 • 승차정원 10명 이하의 승합자동차 • 적재중량 4톤 이하의 화물자동차 • 총중량 3.5톤 이하의 특수자동차(구난차등은 제외한다) • 원동기장치자전거
	소형면허		• 이륜자동차(운반차를 포함한다), 원동기장치자전거
	원동기장치자전거면허		• 원동기장치자전거
연습면허	제1종보통		• 승용자동차 • 승차정원 15명 이하의 승합자동차 • 적재중량 12톤 미만의 화물자동차
	제2종보통		• 승용자동차 • 승차정원 10명 이하의 승합자동차 • 적재중량 4톤 이하의 화물자동차

✿ 음주운전 방지장치 부착 조건부 운전면허 〈2023년 신설〉

구분	내용
면허명	• 조건부 운전면허
발급기관	• 시 · 도경찰청장
발급대상	• 음주운전으로 5년 이내에 다시 위반하여 운전면허 취소처분을 받은 사람이 자동차등을 운전하려는 경우 • 음주측정불응으로 5년 이내에 다시 위반하여 운전면허 취소처분을 받은 사람이 자동차등을 운전하려는 경우 ☞ 개인형 이동장치를 운전한 경우는 제외한다.
음주운전 방지장치 부착기간	• 운전면허 발급제한 기간동안 부착하며, 운전면허 결격기간이 종료된 다음 날부터 부착기간을 산정
범위 · 발급 · 종류	• 조건부 운전면허의 범위 · 발급 · 종류 등에 필요한 사항은 행정안전부령으로 정한다.

✿ 운전면허 발급제한 기간

㉠ 3년 ~ 5년 운전면허 발급제한

기간	운전면허 발급을 제한하는 경우
5년	㉠ 운전을 하다가 사람을 사상한 후 필요한 조치 및 신고를 하지 아니한 경우 • 무면허운전(면허정지기간 중 운전 포함) • 국제운전면허증 또는 상호인정외국면허증 없이 자동차등의 운전 • 음주운전 • 과로(질병, 약물)운전 • 공동위험행위(2명 이상이 공동으로 2대 이상의 자동차등을 앞뒤로 또는 좌우로 줄지어 통행하면서 다른 사람에게 위해를 끼치거나 교통상의 위험을 발생시키는 행위) ㉡ 운전을 하다가 사람을 사망에 이르게 한 경우 • 음주운전 • 무면허운전(면허정지기간 중 운전 포함) • 국제운전면허증 또는 상호인정외국면허증 없이 자동차등의 운전
4년	5년의 제한 사유 이외의 사유로 교통사고를 야기한 후에 도주한 경우(일반교통사고 야기 후 도주)
3년	㉠ 운전을 하다가 2회 이상 교통사고를 일으킨 경우 • 음주운전 • 음주측정거부(면허유무무관) • 무면허운전(면허정지기간 중 운전 포함) • 국제운전면허증 또는 상호인정외국면허증 없이 자동차등의 운전 ㉡ 자동차등을 이용하여 범죄행위를 한 경우 • 자동차등을 이용하여 범죄행위를 하거나 무면허로 그 자동차등을 운전한 경우 • 다른 사람의 자동차등을 훔치거나 빼앗은 사람이 무면허로 그 자동차등을 운전한 경우

☞ 법규를 위반한 경우에는 위반날부터 기산하고, 면허가 취소된 경우에는 취소된 날로부터 기산한다. 음주, 과로, 공동위험행위는 취소된 날부터 기산한다.

© 2년 ~ 3년 운전면허 발급제한

기간	운전면허 발급을 제한하는 경우
2년	㉠ 3회 이상 위반하여 자동차등을 운전한 경우 • 무면허운전(면허정지기간 중 운전 포함)을 3회 이상 위반하여 자동차등을 운전한 경우 • 국제운전면허증 또는 상호인정외국면허증 없이 3회 이상 위반하여 자동차등을 운전한 경우 ㉡ 2회 이상 위반한 경우 • 음주운전 • 음주측정거부(면허유무무관) • 무면허운전(면허정지기간 중 운전포함) • 국제운전면허증 또는 상호인정외국면허증 없이 자동차등을 운전한 경우 • 공동위험행위 ㉢ 운전을 하다가 교통사고를 일으킨 경우 • 음주운전(취소된 날부터) • 음주측정거부(면허유무무관) • 무면허운전(면허정지기간 중 운전 포함) • 국제운전면허증 또는 상호인정외국면허증 없이 자동차등을 운전한 경우 ㉣ 다음의 사유로 운전면허가 취소된 경우 • 운전면허를 받을 수 없는 사람이 운전면허를 받거나 운전면허효력의 정지기간 중 운전면허증 또는 운전면허증을 갈음하는 증명서를 발급받은 사실이 드러난 경우 • 다른 사람의 자동차등을 훔치거나 빼앗은 경우 • 다른 사람이 부정하게 운전면허를 받도록 하기 위하여 제83조에 따른 운전면허시험에 대신 응시한 경우

© 1년 운전면허 발급제한

기간	운전면허 발급을 제한하는 경우
1년	㉠ 다음을 위반하여 자동차등을 운전한 경우 • 무면허운전(면허정지기간 중 운전 포함) → 위반한 날부터 기산 • 국제운전면허증 또는 상호인정외국면허증 없이 자동차등의 운전 • 운전면허효력 정지기간에 운전하여 취소된 경우 → 취소된 날부터 기산 ㉡ 2 ~ 5년 제한 사유 이외의 사유로 운전면허가 취소 된 경우 • 누적벌점초과에 의한 취소 → 1년간(121점), 2년간(201점), 3년간(271점) • 공동위험행위 • 음주운전으로 운전면허가 취소 된 때 • 교통사고로 인하여 운전면허가 취소된 때(사고야기 후 도주는 제외) • 무면허 운전 • 운전면허를 받은 사람이 자동차 등을 이용하여 범죄행위(아래 기타 사항에서 상술함)를 한 때 • 음주측정불응, 약물운전 • 면허증대여 또는 대여 받아 운전 • 면허 정지 기간 중에 자동차 등을 운전한자 • 무등록 차량운전 • 경찰공무원을 폭행한 경우 • 연습면허 취소사유가 있었던 경우

㉣ 기타 운전면허 발급제한

기간	운전면허 발급을 제한하는 경우
기타	㉠ 운전면허 발급이 제한되는 기간 • 운전면허효력 정지처분을 받고 있는 경우에는 그 정지기간 • 국제운전면허증 또는 상호인정외국면허증으로 운전하는 운전자가 운전금지 처분을 받은 경우에는 그 금지기간 • 음주운전 방지장치를 부착하는 기간(조건부 운전면허의 경우는 제외한다)　◀2023년 신설▶ ㉡ 운전면허 취소처분을 받은 사람은 운전면허 결격기간이 끝났다 하더라도 그 취소처분을 받은 이후에 특별교통안전의무교육을 받지 아니하면 운전면허를 받을 수 없다.
즉시 응시 가능	• 적성검사를 받지 아니하거나 그 적성검사에 불합격한 사유로 운전면허가 취소된 사람 또는 제 1종 운전면허를 받은 사람이 적성검사에 불합격되어 다시 2종 운전면허를 받으려 하는 경우에는 그러하지 아니하다.

☞ 벌금 미만의 형이 확정되거나 선고유예의 판결이 확정된 경우 또는 기소유예나 보호처분의 결정이 있는 경우에는 각 호에 규정된 기간 내라도 운전면허를 받을 수 있다〈법 제82조 제2항〉.

✿ 운전면허증

㉠ 운전면허증의 발급

구분	내용
발급조건	• 운전면허시험에 합격
발급기관	• 발급기관 : 시 · 도경찰청장 • 발급 : 시험합격 후 30일 이내에 경찰서장 또는 도로교통공단이 발급
재발급	• 시 · 도경찰청장에게 신청(도로교통공단으로 하여금 대행)
확대축소	• 가능(기존에 받은 운전면허의 범위를 추가 또는 삭제하는 것을 말함)
운전면허의 효력발생	• 운전면허증을 발급받은 때부터 ☞ 운전면허의 범위를 확대하거나 축소하는 경우에도 제93조에 따라 받게 되거나 받은 운전면허 취소 · 정지처분의 효력과 벌점은 그대로 승계된다.
준수사항	• 발급받은 운전면허증은 부정하게 사용할 목적으로 다른 사람에게 빌려주거나 빌려서는 아니 되며, 이를 알선하여서도 아니 된다. 　◀2023년 신설▶

㉡ 조건부 운전면허증의 발급　◀2024년 신설▶

구분	내용
발급조건	• 운전면허시험에 합격
발급기관	• 시 · 도경찰청장
재발급	• 조건부 운전면허증을 잃어버렸거나 헐어 못 쓰게 되었을 때에는 행정안전부령으로 정하는 바에 따라 시 · 도경찰청장에게 신청하여 다시 발급받을 수 있다.
조건의 소멸	• 조건부 운전면허증의 조건 기간이 경과하면 해당 조건은 소멸한 것으로 본다.

ⓛ 모바일운전면허증 발급 및 운전면허증의 확인

구분	내용
발급조건	• 운전면허증을 발급받으려는 사람이 모바일운전면허증을 신청하는 경우 추가발급
발급기관	• 시 · 도경찰청장
운전면허증으로 확인	• 국가기관, 지방자치단체, 공공단체, 사회단체, 기업체 등에서 다음의 경우에 운전면허소지자의 성명 · 사진 · 주소 · 주민등록번호 · 운전면허번호 등을 확인할 필요가 있으면 증빙서류를 붙이지 아니하고 운전면허증으로 확인하여야 한다. −운전면허의 범위 및 운전할 수 있는 차의 종류를 확인하는 경우 −민원서류나 그 밖의 서류를 접수하는 경우 −특정인에게 자격을 인정하는 증서를 발급하는 경우 −그 밖에 신분을 확인하기 위하여 필요한 경우
운전면허확인 서비스를 제공	• 시 · 도경찰청장은 경찰청에 연계된 운전면허정보를 이용하여 운전면허확인서비스를 제공할 수 있다.
발급 및 신청	• 모바일운전면허증 및 운전면허확인서비스의 발급 및 신청 등에 필요한 사항은 행정안전부령으로 정한다.

✿ 운전면허증의 갱신과 정기 적성검사

구분		내용
갱신 발급기관		• 시 · 도경찰청장
갱신기간	최초 운전면허증갱신	• 운전면허시험에 합격한 날부터 기산하여 10년(운전면허시험 합격일에 65세 이상 75세 미만인 사람은 5년, 75세 이상인 사람은 3년, 한쪽 눈만 보지 못하는 사람으로서 제1종 운전면허 중 보통면허를 취득한 사람은 3년)이 되는 날이 속하는 해의 1월 1일부터 12월 31일까지
	기존 운전면허증갱신	• 운전면허증 갱신기간은 직전의 운전면허증 갱신일부터 기산하여 매 10년(직전의 운전면허증 갱신일에 65세 이상 75세 미만인 사람은 5년, 75세 이상인 사람은 3년, 한쪽 눈만 보지 못하는 사람으로서 제1종 운전면허 중 보통면허를 취득한 사람은 3년)이 되는 날이 속하는 해의 1월 1일부터 12월 31일까지
적성검사	실시시관	• 한국도로교통공단
	대상	• 제1종 운전면허를 받은 사람 • 제2종 운전면허를 받은 사람 중 운전면허증 갱신기간에 70세 이상인 사람
갱신하여 받을 수 없는 자		• 교통안전교육을 받지 아니한 사람 • 정기 적성검사를 받지 아니하거나 이에 합격하지 못한 사람

☞ 운전면허증을 갱신하여 발급받거나 정기 적성검사를 받아야 하는 사람이 해외여행 또는 군 복무 등 대통령령으로 정하는 사유로 그 기간 이내에 운전면허증을 갱신하여 발급받거나 정기 적성검사를 받을 수 없는 때에는 대통령령으로 정하는 바에 따라 이를 미리 받거나 그 연기를 받을 수 있다.

✿ 운전면허의 취소사유

구분	내용
음주	• 음주운전 또는 음주측정을 불응한 사람이 다시 음주운전을 하여 운전면허 정지 사유에 해당된 경우 • 음주측정에 불응한 경우
운전면허	• 운전면허를 받을 수 없는 사람에 해당된 경우 • 운전면허를 받을 수 없는 사람이 운전면허를 받거나 운전면허효력의 정지기간 중 운전면허증 또는 운전면허증을 갈음하는 증명서를 발급받은 사실이 드러난 경우 • 거짓이나 그 밖의 부정한 수단으로 운전면허를 받은 경우 • 제1종 보통면허 및 제2종 보통면허를 받기 전에 연습운전면허의 취소 사유가 있었던 경우 • 운전면허를 받은 사람이 자신의 운전면허를 실효시킬 목적으로 시 · 도경찰청장에게 자진하여 운전면허를 반납하는 경우 ☞ 실효시키려는 운전면허가 취소처분 또는 정지처분의 대상이거나 효력정지 기간 중인 경우는 제외
적성검사	• 적성검사를 받지 아니하거나 그 적성검사에 불합격한 경우(정기 적성검사 기간이 지난 경우는 제외)
운전	• 등록되지 아니하거나 임시운행허가를 받지 아니한 자동차(이륜자동차는 제외)를 운전한 경우
음주운전 방지장치 ◀ 2024년 신설	• 음주운전 방지장치가 설치된 자동차등을 시 · 도경찰청에 등록하지 아니하고 운전한 경우 • 음주운전 방지장치가 설치되지 아니하거나 설치기준에 부합하지 아니한 음주운전 방지장치가 설치된 자동차등을 운전한 경우 • 음주운전 방지장치가 해체 · 조작 또는 그 밖의 방법으로 효용이 떨어진 것을 알면서 해당 장치가 설치된 자동차등을 운전한 경우
공무원폭행	• 도로교통법에 따른 교통단속 임무를 수행하는 경찰공무원등 및 시 · 군공무원을 폭행한 경우

✿ 운전면허증의 반납

구분	내용
반납사유	• 운전면허 취소처분을 받은 경우 • 운전면허효력 정지처분을 받은 경우 • 운전면허증을 잃어버리고 다시 발급받은 후 그 잃어버린 운전면허증을 찾은 경우 • 연습운전면허증을 받은 사람이 제1종 보통면허증 또는 제2종 보통면허증을 받은 경우 • 운전면허증 갱신을 받은 경우
반납기한	• 사유가 발생한 날부터 7일 이내(분실 및 갱신의 경우 새로운 운전면허증을 받기 위하여 운전면허증을 제출한 때)
반납기관	• 주소지를 관할하는 시 · 도경찰청장
직접회수	• 회수권자 : 경찰공무원 • 직접회수 : 운전면허증 반납대상이 운전면허증을 반납하지 아니한 사람이 소지한 운전면허증을 직접 회수(모바일운전면허증의 경우 전자적 회수를 포함)
면허증 반환	• 반환기관 : 시 · 도경찰청장 • 반환 : 운전면허증을 반납받았거나 운전면허증을 회수하였을 때에는 이를 보관하였다가 정지기간이 끝난 즉시 돌려주어야 한다.

✿ 전문학원의 강사 및 기능검정원의 배치기준

구분	내용
학과교육강사	• 1일 학과교육 8시간당 1명 이상
기능교육강사	• 제1종 대형면허 : 교육용 자동차 10대당 3명 이상 • 제1종 보통연습면허 또는 제2종 보통연습면허 : 각각 교육용 자동차 10대당 5명 이상 • 제1종 특수면허 : 각각 교육용 자동차 2대당 1명 이상 • 제2종 소형면허 및 원동기장치자전거면허 : 교육용 자동차등 10대당 1명 이상
도로주행 기능교육강사	• 교육용 자동차 1대당 1명 이상
기능검정원	• 교육생 정원 200명당 1명 이상

☞ 교육용 자동차등에는 예비용자동차등은 포함되지 아니한다.

번호	구분	내용
1	신호기 설치 및 관리권자	• 원칙 : 특별시장, 광역시장, 제주특별자치도지사 또는 시장·군수 • 예외 : 유료도로의 경우 시장 등의 지시에 따라 그 도로 관리자 • 위임, 위탁 　−광역시급 이상 지역→ 시도경찰청장 　−시·군 지역→ 경찰서장이 실질적으로 설치 관리 • 교통안전시설의 처리 및 원상회복 : 비용부과권자 − 시장등
2	무인교통단속용 장비의 설치 및 관리	• 시·도 경찰청장, 경찰서장 또는 시장 등 ☞ 유의 : 경찰청장(×)
3	통행의 금지 제한권자	• 시도경찰청장, 경찰서장 • 일시금지 또는 제한권자 : 경찰공무원
4	횡단보도 설치권자	• 시·도 경찰청장
5	어린이 보호구역 지정권자	• 신청 : 초등학교의 장 • 지정 : 시장 등 (경찰과 협의)
6	노인 및 장애인 보호구역 정권자	• 시장 등
7	차로 설치권자	• 시·도 경찰청장
8	전용차로 설치권자	• 시장 등
9	자전거횡단도 설치권자	• 시·도경찰청장
10	속도 제한권자	• 고속도로 : 경찰청장 • 고속도로를 제외한 도로 : 시·도경찰청장
11	차마의 횡단, 유턴, 후진 금지권자	• 시·도경찰청장
12	보행자전용도로 설치권자	• 시·도경찰청장, 경찰서장
13	주차위반 단속권자	• 경찰공무원, 시장(시·군 공무원) • 주정차 단속담당공무원 교육 실시권자 : 시장 등(도지사 포함) • 연 1회 8시간 정기교육
14	자동차 견인 및 보관업무 등의 대행지정권자	• 경찰서장 또는 시장·군수·구청장 • 24시간 경과 후 인수하지 않을 때 등기우편으로 통보 　−등록번호, 차종 및 형식, 위반 장소, 보관일시 및 장소, 1개월 지나도 반환 요구 안할시 매각 또는 폐차한다는 내용 　−매각방법은 경쟁입찰 방식 　−차의 이동, 보관, 공고, 매각 또는 폐차 등의 소요비용 → 그 차의 사용자가 부담

15	어린이통학버스 신고 및 교육	• 관할 경찰서장에게 신고 • 안전교육 : 재교육(2년마다), 3시간
16	고속도로의 관리	• 고속도로의 관리자가 교통안전시설을 설치하려면 경찰청장과 협의해야 한다. • 경찰청장은 고속도로의 관리자에게 교통안전시설의 관리에 필요한 사항을 지시할 수 있다. • 경찰청장은 고속도로에서의 교통의 안전과 원활한 소통을 확보하기 위하여 특히 필요하다고 인정되는 경우에는 통행방법을 따로 정하여 고시
17	고속도로 전용차로 설치권자	• 경찰청장
18	도로공사 신고	관할 경찰서장에게 3일 전에 신고, 공사 끝난 날부터 3일 이내 원상회복 • 도로점용허가 등 통보 • 고속도로 → 경찰청장 • 고속도로 이외의 도로 → 관할경찰서장

19	공작물 등 보관권자	경찰서장
		• 인공구조물 보관한 날로부터 14일간 경찰서 게시판 공고
		  −해당 인공구조물의 명칭, 종류, 형상, 수량
		  −설치되어 있던 장소 및 제거한 일시
		  −인공구조물 보관한 장소
		  −그 밖에 필요하다고 인정되는 사항
		• 일간신문 공고 : 공고한 날부터 6개월 경과 시 매각하여 대금 보관
		• 대금은 공고한 날부터 5년이 경과하여도 알 수 없을 경우 국고에 귀속

20	도로의 지상 공작물 등에 대한 위험방지 조치권자	• 경찰서장
21	자동차 신규, 변경, 이전(매매, 증여, 상속, 기타) 등록	• 시 · 도지사에게 신청
22	운전면허 조건을 붙일 수 있는 자	• 시 · 도경찰청장
23	운전면허시험 실시권자	
24	운전면허시험의 공고 및 접수	• 공고권자 : 경찰서장 또는 도로교통공단 (시험일 20일 전에, 단 월 4회 이상 실시할 경우)
25	운전면허시험의 장소 공고	• 장소 : 도로교통공단 • 원동기장치자전거 면허 시험 : 시 · 도경찰청장이나 도로교통공단이 공고
26	임시운전증명서 발급	• 발급권자 : 시 · 도경찰청장 • 연장 : 경찰서장이 필요하다고 인정하는 경우 유효기간을 1회에 한하여 20일의 범위에서 연장할 수 있다.
27	국제운전면허증 발급권자	• 시 · 도경찰청장(도로교통공단으로 하여금 대행) • 유효기간 : 입국한 날부터 1년(외국에서 발급), 발급 받은 날 부터 1년(국내에서 발급) • 1년을 넘지 아니하는 범위에서 운전을 금지할 수 있다(취소 정지는 시킬 수 없다). → 금지권자 : 시 · 도경찰청장

28	전산시스템 구축 운영자	• 경찰청장	
29	전산시스템에 등록 · 관리자	• 시 · 도경찰청장 및 경찰서장	
30	정보 확인 증명 신청	• 시 · 도경찰청장, 경찰서장, 도로교통공단	
31	교통안전교육기관 또는 학원 등의 건전한 육성 발전을 위하여 적절한 지도 감독권자	• 시 · 도경찰청장	
32	교통안전수칙 제정 보급, 필요한 정보 수집 분석 제공	• 경찰청장	
33	필요하다고 인정하는 경우에 제한	• 제한권자 : 시 · 도경찰청장 • 제한대상 : 자동차의 운전자 • 제한범위 : 승차인원, 적재중량 또는 적재용량	
34	고속도로 외의 도로에 설치된 버스전용차로로 통행 할 수 있는 자동차의 지정 및 취소	• 행정안정부령으로 정함	

35	자동차의 처리	• 처리권자 : 시장 · 군수 · 구청장
		• 처리대상 자동차
		  −일정한 장소에 고정주차된 자동차
		  −도로에 계속 방치된 자동차
		  −타인의 토지에 방치하는 자동차	

36	수시 적성검사 관련 개인정보 통보	• 통보횟수 : 분기 1회 이상 • 통보 : 경찰청장에게 통보하여야 한다.	
37	교통안전심의위원회 설치(경찰청)	• 25~30인, 민간인, 경찰청장이 위축 임명하는 사람으로 구성. 민간인은 임기 2년으로 연임할 수 있다.	
38	운전적성판정위원회	• 5인 이상 7명 이하 위원(재적위원 2/3 출석과 출석위원 과반수 찬성)	
39	운전면허시험실시	• 시 · 도경찰청장이나 도로교통공단	
40	운전면허 결격사유	• 18세 미만(원동기 16세 미만) • 1종 대형면허 및 특수면허 : 19세 미만(운전경험이 1년 미만인 사람)	
41	신체조건	• 1종 : 두 눈 뜨고 0.8 이상, 각각 0.5 이상 • 2종 : 두 눈 뜨고 0.5 이상, 한쪽 눈을 보지 못하는 사람은 다른 한쪽 눈 시력이 0.6 이상 • 1종 대형 특수 : 청력 55데시벨(보청기 사용 40데시벨)	
42	무사고 운전자 표시장	• 무사고 운전자의 표시장, 유공자운전자 표시장 수여자 : 경찰청장 • 유공운전자의 표시장은 경찰기관의 장의 표창을 받은 사람에게 수여한다. • 무사고운전자 표시장 : 10년 이상 사업용 자동차 무사고 운전경력, 사업용 자동차 운전에 종사하고 있는 사람에게 수여한다. • 교통성실장(10년)/교통발전장(15년)/교통질서장(20년)/교통삼색장(25년)/교통안전장(30년)	
43	위반차량 처분	• 전용차로 통행금지 의무, 긴급자동차에 대한 진로양보 의무 또는 주정차 금지 의무 위반 • 시 군 공무원 : 출석고지서 발급(관할 경찰서장에게 운전면허증 첨부하여 통보) → 범칙행위로 인정되는 때에는 통고처분(경찰서장)	

44	범칙금 납부 통고	• 경찰서장이나 제주특별자치도지사 　☞ 예외 ··· 성명이나 주소가 확실하지 아니한 사람, 달아날 우려가 있는 　　사람, 범칙금 납부 통고서 받기를 거부한 사람 • 통고처분을 받은 사람의 인적사항 및 운전면허번호 • 위반내용 및 적용 법조문 • 범칙금 액수 및 납부기한 • 통고처분 연월일 • 통고서 발부시 범칙금 미납시 즉결심판을 받을 수 있다는 사실을 반드시 고지
45	적성검사를 받지 않은 경우 운전면허의 취소	• 취소권자 : 시·도경찰청장 • 운전면허조건부취소결정통지서 발송 : 정기 적성검사 기간 만료일부터 10개월이 경과되기 전
46	운전면허 행정처분절차	• 시·도경찰청장 또는 경찰서장이 운전면허 정지 취소 사전통지서를 대상자에게 발송, 발급 • 주소 확인할 수 없거나, 발송이 불가능할 경우 주소지 관할하는 경찰관서의 게시판에 14일간 공고함으로써 통지를 대신 • 지정된 일시에 출석하거나 서면으로 이의제기 • 정지 또는 취소처분을 결정한 때에는 운전면허정지 취소처분결정 통지서를 발송 발급 • 소재불명으로 통지할 수 없는 때에는 주소지를 관할하는 경찰관서의 게시판에 14일간 공고함으로써 통지를 대신
47	운전면허 행정처분 이의신청	• 처분받은 날(취소나 정지)로부터 60일 이내 시·도경찰청장에게 • 운전면허 행정처분 이의심의위원회 설치권자 : 시·도경찰청장(7인), 민간인 3인
48	특별시장·광역시장· 시장·군수 권한의 위임 및 위탁	• 위임 : 특별시장, 광역시장이 시·도경찰청장에게 위임 • 위탁 : 시장·군수가 경찰서장에게 위탁 • 위임 및 위탁사항 　－교통안전시설의 설치 관리에 대한 사항 　－유료도로 관리자에 대한 지시 권한
49	특별시장·광역시장의 권한을 관할구역의 구청장 및 군수에게 위임	• 구 및 군 소속 단속담당공무원의 임면권(任免權) • 주차위반 차에 대한 조치 권한 • 차의 견인·보관 및 반환 업무를 대행하게 하는 권한 및 대행 업무 수행에 필요한 조치와 교육을 명하는 권한 • 과태료의 부과 및 징수 권한(일부규정을 위반한 경우만 해당)
50	시·도경찰청장의 권한을 관할 경찰서장에게 위임	• 원동기장치자전거 운전면허시험 • 임시운전증명서 발급 • 운전면허효력 정지처분 • 운전면허 취소처분을 위한 사전 통지 • 자동차등의 운전 금지 • 자격정지처분 • 과태료(일부 과태료는 제외)의 부과 및 징수

51	시 · 도경찰청장 또는 경찰청장의 업무를 한국도로교통공단이 대행	• 운전면허증의 발급(원동기장치자전거 제외) • 모바일운전면허증의 발급(원동기장치자전거 제외) • 운전면허확인서비스의 제공 • 운전면허증의 재발급 • 운전면허증의 갱신발급 • 운전면허증 발급 대상자 본인 확인(원동기장치자전거 제외) • 운전면허증의 반납 접수 • 국제운전면허증의 신청 접수 및 발급 • 강사자격증 발급 및 기능검정원자격증의 발급
52	과태료의 납부	• 납부기한 : 납부고시서를 받은 날부터 60일 이내 • 기타 천재지변이나 부득이한 사유가 있을 경우 그 사유가 없어진 날로부터 5일 이내
53	범칙금의 납부	• 납부기한 : 범칙금 납부통고서를 받은 사람은 10일 이내에 경찰청장이 지정한 곳 • 기타 천재지변이나 부득이한 사유가 해소된 날로부터 5일 이내에 납부 • 납부기간 내에 납부하지 않으면→ 20/100의 가산금을 더한 금액 • 분할하여 납부할 수 없음(분납 안 됨)
54	통고처분 불이행자 등의 처리	• 청구권자 : 경찰서장 • 청구대상 : 납부기간에 따른 범칙금을 납부하지 아니한 사람에게 지체없이 법원에 즉결심판청구, 다만 즉결심판이 청구되기 전까지 통고받은 범칙금액에 100분에 50을 더한 금액을 납부한 사람에 대하여는 청구할 수 없고 청구하였더라도 즉결심판을 취소하여야 함(취소할 수 있다×)
55	통고처분서의 받기를 거부한 사람의 처리 (현장즉결심판대상자)	• 경찰서장은 즉결심판 출석통지서를 출석일 10일 전까지 발급하거나 발송 • 출석하지 아니한 사람에게는 즉결심판 출석최고서를 출석일 10일 전까지 발송 • 출석최고에도 불구하고 출석하지 아니한 사람에게는 운전면허의 효력을 일시 정지시킬 수 있음
56	속도제한장치 설치 자동차	• 차량 총중량이 10톤 이상인 승합자동차 • 차량총중량이 16톤 이상 또는 최대적재량이 8톤 이상인 화물자동차 및 특수자동차 • 고압가스를 운송하기 위하여 필요한 탱크를 설치한 화물차 • 저속전기자동차
57	전용차로의 운영에 필요한 사항	• 전용차로의 종류, 전용차로로 통행할 수 있는 차와 그 밖에 전용차로의 운영에 필요한 사항은 대통령령으로 정한다.
58	위험방지를 위한 조치	• 조치권자 : 경찰공무원 • 요구조치 : 운전면허증의 제시 • 위반여부 확인 : 무면허운전, 음주운전, 과로 질병 약물 등 운전
59	사고발생시 신고사항	• 사고가 일어난 곳 • 사상자 수 및 부상정도 • 손괴한 물건 및 손괴 정도, 그 밖의 조치사항 등

60	고속도로 고장자동차의 표시	• 주간 : 운전자가 확인할 수 있는 위치 • 야간 : 사방 500미터 지점에서 식별할 수 있는 적색의 섬광신호 전기제등 불꽃신호를 추가로 설치
61	자동차 등록	• 신규등록 : 임시운행허가기간 10일 이내에 시 도지사에게 • 변경등록 : 그 사유가 발생한 날부터 30일 이내에 등록관청에 신청 • 이전등록 : 시 · 도지사에게 신청 　－매매 : 매수한 날부터 15일 이내 　－증여 : 증여받은 날부터 20일 이내 　－상속 : 상속개시일이 속하는 달의 말일부터 6개월 이내 　－기타 : 사유가 발생한 날부터 15일 이내 • 말소등록 : 그 사유가 발생한 날부터 1개월 이내에 등록관청에 신청
62	자동차검사 유효기간	• 비사업용 승용자동차 및 피견인 자동차 : 2년(신조차로서 신규검사 받은 4년) • 사업용 승용자동차 : 1년(신조차로서 신규검사 받은 2년) • 경형 소형의 승합 및 화물자동차 : 1년 • 사업용 대형화물자동차(차량이 2년 이하인 경우) : 1년 • 사업용 대형화물자동차(차령이 2년 초과된 경우) : 6개월 • 중형, 승합 자동 차 및 사업용 대형 승합자동차 　(차령이 8년 이하인 경우) : 1년 　(차령이 8년 초과인 경우) : 6개월 • 그 밖의 자동차(차령이 5년 이하인 경우) : 1년 • 그 밖의 자동차(차령이 5년 초과된 경우) : 6개월

✿ 3가지만 암기

구분	내용
도로교통법상 권한자(경찰)	• 경찰청장 • 시 · 도경찰청장 • 경찰서장
가시광선 제한 없는 것	• 요인경호용 • 구급용 • 장의용
차로를 설치할 수 없는 곳	• 교차로 • 횡단보도 • 철도건널목
운송사업용 자동차 등 화물자동차 금지	• 운행기록계 미설치 운전 • 운행기록계 부정사용 • 승차거부행위
고속도로 이외 전용차로 시 · 도경찰청장이 지정하여 갈 수 있는 차	• 노선지정 통학, 통근용 승합자동차(16인승 이상) • 국제행사 참가인원 수송 등 승합자동차 • 외국인 관광객 수송용 승합자동차(25인승 이상)
불법부착장치 기준 (행정안전부령으로 정하는 기준)	• 경찰관서에서 사용하는 무전기와 동일한 주파수 무전기 • 긴급자동차가 아님에도 경광등, 사이렌, 비상등 부착 • 안전운전에 현저히 장애가 될 정도의 기타장치
경찰서장의 시정 · 제거 명령	• 물건을 도로에 방치 • 인공구조물(교통방해 우려) 설치하거나 공사 • 교통안전시설 등 그 밖에 비슷한 인공구조물 함부로 설치
속도 100분의 50 감속	• 폭우, 폭설, 안개등으로 가시거리가 100미터 이내인 경우 • 노면이 얼어붙은 경우 • 눈이 20밀리미터 이상 쌓인 경우
경찰보조자	• 모범운전자 • 군사경찰 • 소방공무원
앞지르기 관련 금지	• 금지장소 • 금지시기 • 방법위반

3색 등화 및 배열순서	• 녹→ 황→ 적 • 적→ 황→ 녹
도로교통공단이 하는 일 3가지	• 교통안전교육(일반/특별) • 면허시험 실시 및 부정행위자 무효처리 • 적성검사(정기/수시) 실시
준 긴급자동차	• 경찰용 긴급자동차에 의하여 유도 • 국군 및 주한 국제연합군용의 긴급자동차에 의하여 유도 • 생명이 위급한 환자 또는 부상자나 수혈을 위한 혈액운송
운행기록장치를 장착해야 하는 차	• 여객자동차 운수사업자 • 화물자동차 운수사업자 • 어린이 통학버스
화물자동차 적재용량	• 길이 • 너비 • 높이
고속도로에서 금지	• 횡단 • 유턴 • 후진
시·군 공무원의 출석고지서 발급대상	• 전용차로 통행금지 의무 위반 • 긴급자동차에 대한 진로양보 의무 위반 • 정차 및 주차금지 의무위반
끼어들기 금지	• 법에 따른 명령에 의거 정지 또는 서행 하는 차 • 경찰공무원의 지시에 따라 정지하거나 서행하는 차 • 위험을 방지하기 위하여 정지하거나 서행하고 있는 차
위험방지를 위한 조치 (경찰관)	• 무면허(제43조) • 음주(제44조) • 과로(제45조)
어린이 통학버스 관련 과태료 8만 원	• 어린이 통학버스 안전교육 미이수자 • 어린이 통학버스 안전교육 미이수자를 운전시킨 운영자 • 안전운행기록을 제출하지 아니한 운영자
범칙금 납부통고서 또는 출석지시서의 발급사유	• 교통사고를 발생시킨 경우 • 면허 취소처분 또는 정지처분의 대상이 된다고 인정 • 외국에서 발급한 국제운전면허증을 가진 사람으로서 범칙행위를 한 경우
출석고지서 발급대상	• 전용차로 통행금지 의무위반 • 긴급자동차에 대한 진로양보 의무위반 • 정차 및 주차금지
교통정보확인 신청에 의한 증명서 발급권자	• 시·도경찰청장 • 경찰서장 • 공단

시 · 군 공무원이 단속할 수 있는 3가지	• 전용차로 통행금지 의무위반 • 긴급자동차에 대한 진로 양보 의무위반 • 정차 및 주차금지 의무위반
국제운전면허증을 운전할 수 있는 협약 협정	• 제네바협약 「도로교통에 관한 협약」 • 비엔나협약 「도로교통에 관한 협약」 • 한국과 외국간에 국제운전면허 상호 인정하는 각종 협약
통고처분 할 수 없는 자 (현장즉결심판대상자)	• 성명, 또는 주소가 불확실한 자 • 달아날 우려가 있는 자 • 범칙금납부통고서 받기를 거부한 사람
연습운전면허를 취소할 수 없는 경우	• 도로가 아닌 곳에서 교통사고를 일으킨 경우 • 교통사고 물적 피해만 발생한 경우 • 운전학원의 강사 등의 지시에 따라 운전하던 중 사고 발생
연간 누산 벌점 초과로 인한 면허 취소	• 1년간 121점 • 2년간 201점 • 3년간 271점
법규위반으로 교통사고를 야기한 경우 벌점 합산 항목	• 교통사고의 원인이 된 법규위반이 둘 이상인 경우 그 중 중한 것 하나 • 사고결과에 따른 벌점(교통사고 발생) • 조치 등 불이행에 따른 벌점(교통사고 발생)
긴급한 용도 외에도 경광등을 사용할 수 있는 경우	• 소방차가 화재예방 등 순찰 • 긴급자동차가 본래의 긴급한 용도와 관련된 훈련 • 긴급자동차가 범죄예방 및 단속을 위한 순찰
운전면허증을 대신할 수 있는 증명서	• 임시운전증명서 • 범칙금납부통고서 또는 출석지시서 • 출석고지서
운전면허 기능(장내기능시험) 실시사항	• 운전 장치를 조작하는 능력 • 교통법규에 따라 운전하는 능력 • 운전 중의 지각 및 판단능력
운전면허증 보관사유	• 교통사고 발생시 • 면허취소, 정지처분이 된다고 인정되는 때 • 국제운전면허증 소지자가 범칙행위를 한 때
교통사고 발생 시 조치 관련 불이행 3가지	• 사고발생시 구호조치를 하지 않은 경우 5년/1,500 • 사고발생시 조치신고 행위를 방해 6월/200 • 사고발생시 조치 등 신고를 하지 않은 경우 30만
특정운전자의 준수사항	• 전 좌석 안전띠 착용 • 인명보호장구 착용(이륜자동차, 원동기, 자전거 등) • 운행기록계 설치
신호의 시기에 있어 45도 손을 흔들거나 펴는 것	• 정지 • 후진 • 서행

등화의 점등시기 또는 장소	• 밤 또는 안개 • 비 또는 눈 • 터널 안
경찰공무원 및 시장 등이 주차위반 등에 대한 단속 시 단속대상	• 정차 및 주차의 금지규정 위반 • 주차금지의 장소규정 위반 • 정차 또는 주차의 방법 및 시간의 제한규정 위반
모든 차의 운전자가 다른 차를 앞지르지 못하는 경우	• 정지하거나 서행하고 있는 차 • 경찰공무원의 지시에 따라 정지하거나 서행하고 있는 차 • 위험을 방지하기 위하여 정지하거나 서행하고 있는 차
안전거리의 종류	• 공주거리 • 제동거리 • 정지거리
전용차로 통행차 외에 전용차로로 통행할 수 있는 경우	• 긴급자동차가 그 본래의 긴급한 용도로 운행 • 택시가 승객을 태우거나 내려주기 위해 일시 통행 • 도로, 파손, 공사 그 밖의 부득이한 장애
차마 중앙 또는 좌측통행이 금지되는 경우	• 도로의 좌측 부분을 확인할 수 없는 경우 • 반대 방향의 교통을 방해할 우려가 있는 경우 • 안전표지 등으로 앞지르기를 금지하거나 제한하는 경우
무인교통단속용 장비의 설치 및 관리자	• 시도경찰청장 • 경찰서장 • 시장
특별교통안전교육에 따른 처분벌점 및 정지처분 집행일수의 감경	• 처분벌점이 40점미만인 사람 → 특별교통안전권장교육 중 벌점감경교육 → 처분 벌점에서 20점 감경 • 면허정지처분 받은 사람 → 특별교통안전의무교육 또는 특별교통안전권장교육 중 법규준수교육 → 정지처분기간에서 20일을 감경 • 면허정지처분을 받은 사람 → 특별교통안전권장교육 중 현장참여교육을 추가 → 정지처분기간에서 30일 추가 감경
승합차의 종류	• 소형(11인 이상– 15인 이하) • 중형(16인 이상 – 35인 이하) • 대형(36인 이상)
앞지르기 시 사용해야 하는 것(고속도로)	• 방향지시기 • 등화 • 경음기
전용차로 버스 지정증 부착	• 앞면 우측상단 • 뒷면 좌측하단 • 좌, 우측중앙상단
어린이통학버스 관련 안전교육대상자	• 운영자 • 운전자 • 동승보호자

운전면허의 종별		• 제1종 • 제2종 • 연습면허
1종 소형면허로 운전 가능		• 3륜화물자동차 • 3륜승용자동차 • 원동기장치자전거
2종 운전면허의 종류		• 보통면허 • 소형면허 • 원동기장치자전거면허
연습면허	1종보통	• 승용자동차 • 승차정원 15명 이하의 승합자동차 • 적재중량 12톤 미만의 화물자동차
	2종보통	• 승용자동차 • 승차정원 10명 이하의 승합자동차 • 적재중량 4톤 이하의 화물자동차
특수면허로 운전가능		• 대형견인차 • 소형견인차 • 구난차
특별교통안전의무교육 연기사유		• 질병이나 부상 • 신체의 자유를 구속당한 경우 • 기타 부득이하다고 인정할 만한 사유
고속도로 전용차로로 통행할 수 있는 차		• 8인승 이하 → 운행불가 • 9인승 이상 12인승 이하 → 6명 이상이 승차한 경우 • 13인승 이상 → 운행가능
불법 주정차의 예외사유		• 안전표지에 의한 경우 • 관계공무원등 지시 → 경찰(의무경찰포함) / 제주자치경찰공무원 / 경찰보조자 등 • 고장 등 부득이한 경우
임시운전증명서의 발급 사유		• 운전면허증을 받은 사람이 재발급 신청을 한 경우 • 정기적성검사 또는 면허증 갱신발급 신청 또는 수시 적성검사를 신청한 경우 • 면허의 취소처분 또는 정지처분대상자가 면허증을 제출
지정 긴급자동차를 취소하는 경우		• 목적 외 사용하는 경우 • 고장 등 부득이한 경우 • 긴급자동차 구조로 적합하지 않은 경우
운전면허 처분에 대한 이의신청 대상자		• 운전면허 취소 처분자 • 운전면허 정지 처분자 • 연습운전면허 취소 처분자

✿ 4가지만 암기

구분	내용
본래부터 긴급자동차	• 소방차 • 구급차 • 혈액공급차량 • 대통령령으로 정하는 긴급자동차
가장 오른쪽 차로로 통행 해야 하는 차	• 자전거 등 • 위험물 자동차 • 건설기계 • 우마차
4색 등화 배열순서	• 적 – 황 – 녹색화살 – 녹 • 녹 – 황 – 적(녹색화살) – 적(황)
사고 시 신고를 의뢰하고 계속 운행할 수 있는 차	• 긴급자동차 • 부상자를 운반중인 차 • 우편물 자동차 • 노면전차
교통안전교육강사의 결격사유	• 20세 미만인 사람 • 교통사고처리특례법 위반으로 금고 이상의 형을 선고받고 그 집행이 끝나거나 집행이 면제된 날부터 2년이 지나지 아니한 사람 • 도로교통법 위반으로 금고 이상의 형을 선고 받고 그 집행유예기간 중에 있는 사람 • 무면허운전자 또는 초보운전자
시 · 도경찰청장이 지정할 수 있는 교통안전교육시설	• 자동차 운전학원 • 도로교통공단과 그 지부, 지소 및 교육기관 • 평생교육과정이 개설된 대학 부설 평생교육시설 • 제주특별자치도 또는 시 · 군 · 자치구에서 운영하는 교육시설
교통사고발생시 신고해야 하는 사항	• 사고가 일어난 곳 • 사상자 수 및 부상정도 • 손괴한 물건 및 손괴정도 • 그 밖의 조치사항 등
75세 이상 고령자에 대한 교통안전교육의 내용	• 노화와 안전운전에 관한 사항 • 약물과 운전에 관한 사항 • 기억력과 판단능력 등 인지능력별 대처에 관한 사항 • 교통 관련 법령 이해에 관한 사항
국제운전면허증 또는 상호인정외국면허증 운전금지 사유	• 적성검사를 받지 아니하였거나 적성검사에 불합격한 경우 • 운전 중 고의 또는 과실로 교통사고를 일으킨 경우 • 대한민국 국적을 가진 사람이 운전면허가 취소되거나 효력이 정지된 후 면허 결격기간이 지나지 아니한 경우 • 도로교통법에 따른 명령 또는 처분을 위반한 경우

✿ 도로교통법상의 자치경찰공무원이 제외되는 경우

조문	제목	내용
제54조 제3항	사고발생시의 조치	• 신고를 받은 국가경찰관서의 경찰공무원은 부상자의 구호와 그 밖의 교통위험 방지를 위하여 필요하다고 인정하면 경찰공무원(자치경찰공무원은 제외한다)이 현장에 도착할 때까지 신고한 운전자등에게 현장에서 대기할 것을 명할 수 있다.
제54조 제6항		• 경찰공무원(자치경찰공무원은 제외한다)은 교통사고가 발생한 경우에는 대통령령으로 정하는 바에 따라 필요한 조사를 하여야 한다.
제64조 제1항	고속도로 등에서의 정차 및 주차의 금지	• 자동차의 운전자는 고속도로 등에서 차를 정차하거나 주차시켜서는 아니된다. 다만 다음에 해당하는 경우에는 그러하지 아니하다. –법령의 규정 또는 경찰공무원(자치경찰공무원은 제외한다)의 지시에 따르거나 위험을 방지하기 위하여 일시정차 또는 주차시키는 경우
제58조	위험방지 등의 조치	• 경찰공무원(자치경찰공무원은 제외한다)은 도로의 손괴, 교통사고의 발생이나 그 밖의 사정으로 고속도로 등에서 교통이 위험 또는 혼잡하거나 그러할 우려가 있을 때에는 교통의 위험 또는 혼잡을 방지하고 교통의 안전 및 원활한 소통을 확보하기 위하여 필요한 범위에서 진행 중인 자동차의 통행을 일시 금지 또는 제한하거나 그 자동차의 운전자에게 필요한 조치를 명할 수 있다.

04 벌점 및 음주관련 벌칙

✿ 벌점

벌점	위반사항
100	• 속도위반(100km/h 초과) • 술에 취한 상태의 기준을 넘어서 운전한 때(혈중알코올농도 0.03퍼센트 이상 0.08퍼센트 미만) • 자동차등을 이용하여 형법상 특수상해 등(보복운전)을 하여 입건된 때
80	• 속도위반(80km/h 초과 100km/h 이하)
60	• 속도위반(60km/h 초과 80km/h 이하)
40	• 정차 · 주차위반에 대한 조치불응(단체에 소속되거나 다수인에 포함되어 경찰공무원의 3회이상의 이동명령에 따르지 아니하고 교통을 방해한 경우에 한한다) • 공동위험행위로 형사입건된 때 • 난폭운전으로 형사입건된 때 • 안전운전의무위반(단체에 소속되거나 다수인에 포함되어 경찰공무원의 3회 이상의 안전운전 지시에 따르지 아니하고 타인에게 위험과 장해를 주는 속도나 방법으로 운전한 경우에 한한다) • 승객의 차내 소란행위 방치운전 • 출석기간 또는 범칙금 납부기간 만료일부터 60일이 경과될 때까지 즉결심판을 받지 아니한 때
30	• 통행구분 위반(중앙선 침범에 한함) • 속도위반(40km/h 초과 60km/h 이하) • 철길건널목 통과방법위반 • 회전교차로 통행방법 위반(통행 방향 위반에 한정한다) • 어린이통학버스 특별보호 위반 • 어린이통학버스 운전자의 의무위반(좌석안전띠를 매도록 하지 아니한 운전자는 제외한다) • 고속도로 · 자동차전용도로 갓길통행 • 고속도로 버스전용차로 · 다인승전용차로 통행위반 • 운전면허증 등의 제시의무위반 또는 운전자 신원확인을 위한 경찰공무원의 질문에 불응
15	• 신호 · 지시위반 • 속도위반(20km/h 초과 40km/h 이하) • 속도위반(어린이보호구역 안에서 오전 8시부터 오후 8시까지 사이에 제한속도를 20km/h 이내에서 초과한 경우에 한정한다) • 앞지르기 금지시기 · 장소위반 • 적재 제한 위반 또는 적재물 추락 방지 위반 • 운전 중 휴대용 전화 사용 • 운전 중 운전자가 볼 수 있는 위치에 영상 표시 • 운전 중 영상표시장치 조작 • 운행기록계 미설치 자동차 운전금지 등의 위반

10	• 통행구분 위반(보도침범, 보도 횡단방법 위반) • 차로통행 준수의무 위반, 지정차로 통행위반(진로변경 금지장소에서의 진로변경 포함) • 일반도로 전용차로 통행위반 • 안전거리 미확보(진로변경 방법위반 포함) • 앞지르기 방법위반 • 보행자 보호 불이행(정지선위반 포함) • 승객 또는 승하차자 추락방지조치위반 • 안전운전 의무 위반 • 노상 시비·다툼 등으로 차마의 통행 방해행위 • 자율주행자동차 운전자의 준수사항 위반 • 돌·유리병·쇳조각이나 그 밖에 도로에 있는 사람이나 차마를 손상시킬 우려가 있는 물건을 던지거나 발사하는 행위 • 도로를 통행하고 있는 차마에서 밖으로 물건을 던지는 행위

✿ 음주운전 및 응주측정 불응자에 대한 벌칙

㉠ 음주운전 또는 음주측정불응 처벌 후 10년 이내에 같은 내용을 위반(2진 아웃)

혈중알코올농도기준		형사처벌
형사처벌대상		• 음주운전 또는 음주측정을 불응하여 벌금이상의 형을 선고받고 그 형이 확정된 날로부터 10년 이내에 다시 같은 내용을 위반한 사람(개인형 이동장치는 제외)
위반내용	음주측정불응	• 1년 이상 6년 이하의 징역이나 500만원 이상 3천만원 이하의 벌금
	0. 2% 이상	• 2년 이상 6년 이하의 징역이나 1천만 원 이상 3천만 원 이하의 벌금
	0. 03%이상 0. 2% 미만	• 1년 이상 5년 이하의 징역이나 500만 원 이상 2천만 원 이하의 벌금

㉡ 음주운전 처벌기준

단속기준	행정형벌(형사처벌)	행정처분(취소·정지)
0.03% 이상 ~ 0.08% 미만	• 1년 이하의 징역 또는 5백만 원 이하 벌금	면허정지 100일(벌점 100점) (교통사고로 사망 또는 상해 시 면허취소)
0.08% 이상 ~ 0.2% 미만	• 1년 이상 2년 이하의 징역 또는 5백만 원 이상 1천만 원 이하 벌금	면허취소
0.2% 이상	• 2년 이상 5년 이하의 징역 또는 1천만 원 이상 2천만 원 이하 벌금	
음주측정불응	• 1년 이상 5년 이하의 징역 또는 5백만 원 이상 2천만 원 이하 벌금	

☞ 약물로 인하여 정상적으로 운전하지 못할 우려가 있는 상태에서 자동차등 또는 노면전차를 운전한 사람은 3년 이하의 징역이나 1천만 원 이하의 벌금에 처한다.

✿ 음주운전 방지장치 처벌기준 〈2023년 신설〉

형사처벌	단속기준
3년 이하의 징역 또는 3천만 원 이하의 벌금	• 음주운전 방지장치를 해체 · 조작하거나 그 밖의 방법으로 효용을 해친 자
1년 이하의 징역 또는 300만 원 이하의 벌금	• 장치가 해체 · 조작되었거나 효용이 떨어진 것을 알면서 해당 장치가 설치된 자동차등을 운전한 자
1년 이하의 징역 또는 300만 원 이하의 벌금	• 조건부 운전면허를 받은 사람을 대신하여 음주운전 방지장치가 설치된 자동차등을 운전할 수 있도록 해당 장치에 호흡을 불어넣은 사람 • 다른 부정한 방법으로 음주운전 방지장치가 설치된 자동차등에 시동을 걸어 운전할 수 있도록 한 사람

☞ 자동차등을 난폭운전한 사람 또는 최고속도보다 시속 100킬로미터를 초과한 속도로 3회 이상 자동차등을 운전한 사람은 은 1년 이하의 징역이나 500만원 이하의 벌금에 처한다.

05 행정형벌 기준

✿ 행정형벌 기준

벌칙	위반유형
5년 이하의 징역이나 1천500만 원 이하의 벌금	• 교통사고 발생 시의 필요한 조치를 하지 아니한 사람(정차된 차만 손괴한 것이 분명한 경우에 피해자에게 인적사항을 제공하지 아니한 사람은 제외)
3년 이하의 징역이나 700만 원 이하의 벌금	• 함부로 신호기를 조작한 사람 • 교통안전시설을 철거 · 이전하거나 손괴한 사람
2년 이하의 징역이나 500만 원 이하의 벌금	• 함부로 신호기를 조작하거나 교통안전시설을 철거 · 이전하여 도로에서 교통위험을 일으키게 한 사람
2년 이하의 징역이나 500만 원 이하의 벌금	• 공동위험행위를 하거나 주도한 사람 • 수강결과를 거짓으로 보고한 교통안전교육강사 • 교통안전교육을 받지 아니하거나 기준에 미치지 못하는 사람에게 교육확인증을 발급한 교통안전교육기관의 장 2024년 신설 • 운전면허증, 강사자격증 또는 기능검정원 자격증을 빌려주거나 빌린 사람 또는 이를 알선한 사람 2024년 신설 • 다른 사람의 명의의 모바일운전면허증을 부정하게 사용한 사람 2024년 신설 • 거짓이나 그 밖의 부정한 방법으로 학원의 등록을 하거나 사람 또는 전문학원의 지정을 받은 사람 • 전문학원의 지정을 받지 아니하고 수료증 또는 졸업증을 발급한 사람 • 대가를 받고 자동차등의 운전교육을 한 사람
2년 이하의 금고나 500만 원 이하의 금고	• 자동차 또는 노면전차의 운전자가 업무상 필요한 주의를 게을리하거나 중대한 과실로 다른 사람의 건조물이나 그 밖의 재물을 손괴한 경우
1년 이하 징역이나 500만 원 이하 벌금	• 자동차 등을 난폭운전한 사람 • 최고속도보다 시속 100킬로미터를 초과한 속도로 3회이상 자동차 등을 운전한 사람

1년 이하 징역이나 300만 원이하 벌금	• 운전면허(원동기장치자전거면허는 제외) 또는 국제운전면허증 또는 상호인정외국면허증을 받지 아니 하고 자동차를 운전한 사람(운전면허의 효력이 정지된 사람을 포함) • 조건부 운전면허를 발급받고 음주운전 방지장치가 설치되지 아니하거나 설치기준에 적합하지 아니하게 설치된 자동차등을 운전한 사람 ◀2023년 신설▶ • 무면허운전자에게 자동차를 운전하도록 시킨 고용주등(운전면허효력이 정지된 사람 포함) • 거짓이나 그 밖의 부정한 수단으로 운전면허를 받거나 운전면허증 또는 운전면허증을 갈음하는 증명서를 발급받은 사람 • 교통에 방해가 될 만한 물건을 함부로 도로에 내버려둔 사람 • 교통안전교육강사가 아닌 사람에게 교통안전 교육을 하게 한 교통 안전교육기관의 장 • 자동차운전학원이 아닌데도 유사명칭 등을 사용한 사람
6개월 이하 징역이나 200만 원 이하의 벌금 또는 구류	• 정비 불량 차를 운전하도록 시키거나 운전한 사람 • 자동차의 점검 음주, 과로, 약물 등에 의한 운전으로 인한 위험 방지를 위한 조치 또는 고속도로에서의 도로파손 등으로 인한 위험방지를 위한 조치에 따른 경찰공무원의 요구ㆍ조치 또는 명령에 따르지 아니 하거나 이를 거부 또는 방해한 사람 • 교통단속을 회피할 목적으로 교통단속용장비의 기능을 방해하는 장치를 제작ㆍ수입ㆍ판매 또는 장착한 사람 • 교통단속용 장비의 기능을 방해하는 장치를 한 차를 운전한 사람 • 교통사고 발생 시의 조치 또는 신고 행위를 방해한 사람 • 함부로 교통안전시설이나 그 밖에 그와 비슷한 인공구조물을 설치한 사람 • 신체상태 또는 운전능력에 따른 자동차의 구조한정 조건에 위반하여 운전한 사람
100만 원 이하의 벌금 또는 구류	• 고속도로, 자동차전용도로, 중앙 분리대가 있는 도로에서 제13조 3항(차마의 운전자는 도로의 중앙 우측부분을 통행하여야 한다)을 고의로 위반하여 운전한 사람 • 최고속도보다 시속 100킬로미터를 초과한 속도로 자동차 등을 운전한 사람
30만 원이하 벌금 또는 구류	• 자동차 등에 긴급자동차 등과 유사한 도색ㆍ표지 등을 하거나 그러한 자동차 등을 운전한 사람 • 원동기장치자전거면허를 받지 아니하고 원동기장치자전거를 운전한 사람(원동기 면허의 효력정지도 포함) • 과로ㆍ질병으로 인하여 정상적으로 운전 하지 못할 우려가 있는 상태에서 자동차 등 또는 노면전차를 운전한 사람 • 보호자를 태우지 아니하고 어린이 통학버스를 운행한 운영자 • 어린이나 영유아가 하차 하였는지를 확인하지 아니한 운전자 • 어린이 하차 확인 장치를 작동하지 아니한 운전자 • 보호자를 태우지 아니하고 운행하는 어린이 통학버스에 보호자 동승표지를 부착한자 • 사고발생 시 조치상황 등의 신고를 하지 아니한 사람 • 원동기장치자전거의 면허를 받지 아니한 사람에게 원동기장치 자전거를 운전하도록 시킨 고용주등 • 고속도로 등을 통행하거나 횡단한 사람 • 도로공사의 신고를 하지 아니하거나 교통안전시설을 원상회복하지 않은 사람 • 도로의 위법 인공구조물에 대한 조치에 따른 경찰서장의 명령을 위반한 사람 • 최고속도보다 시속 80킬로미터를 초과한 속도로 자동차 등을 운전한 사람

20만 원 이하 벌금 또는 구류	• 경찰공무원의 운전면허증 등의 제시 요구나 운전자 확인을 위한 진술 요구에 따르지 아니한 사람(운전면허증 제시의무 위반)
20만 원이하 벌금이나 구류 또는 과료(운전자)	• 신호지시위반, 차마의 통행방법위반, 지정차로위반, 차로의 통행방법위반, 전용차로 위반, 자전거횡단도 통행방법위반, 노면전차전용로위반, 지정속도위반, 횡단 등의 금지위반, 안전거리확보위반, 앞지르기방법위반, 철길건널목 통과방법위반, 교차로 통행방법 위반, 교차로에서의 양보운전위반, 보행자의 보호위반, 보행자전용도로관련규정위반, 정차 및 주차금지위반, 주차금지위반, 차의 등화사용 위반, 차의 신호 표시위반, 차의 승차 및 적재 방법 등 위반, 안전 운전 및 친환경 경제운전의무위반, 모든 운전자의 준수사항 위반, 특정운전자의 준수사항위반, 어린이통학버스특별보호위반, 어린이통학버스점멸등 작동의무위반 및 좌석안전띠 착용의무위반, 고속도로 횡단 등 금지의무위반, 특별교통안전 의무교육 위반 등 • 통행의 금지, 제한 또는 조치 위반 • 앞지르기의 금지의 시기 및 장소위반, 끼어들기 금지의 위반, 긴급자동차에 대한 진로양보 위반, 보호자가 동승하지 아니한 어린이 통학버스운전자의무위반, 갓길통행금지위반, 고속도로에서의 정차 및 주차금지위반, 고속도로진입시우선순위 위반, 고속도로에서의 고장 등의 조치 위반 등 • 서행 또는 일시정지 장소위반, 정차 또는 주차의방법 및 시간제한 위반, 주차위반에 대한 조치명령 위반 등 • 승차 또는 적재방법 위반에 대한 지방경찰청장 제한사항 위반 • 좌석안전띠 미착용 또는 이륜자동차와 원동기장치자전거 인명보호 장구 미착용 운전자 • 자율주행시스템의 직접 운전 요구에 지체 없이 대응하지 아니한 자율주행자동차의 운전자 • 경찰공무원의 운전면허증 회수를 거부하거나 방해한 사람 • 주·정차된 차만 손괴한 것이 분명한 경우에 제54조 제1항 제2호에 따라 피해자에게 인적사항을 제공하지 아니한 경우 • 술에 취한 상태에서 자전거를 운전한 경우 • 술에 취한 상태에서 자전거를 운전한 사람으로서 음주측정에 응하지 아니한 사람 • 원동기장치자전거를 운전할 수 있는 운전면허를 받지 아니하거나(운전면허의 효력이 정지된 경우 포함) 국제운전면허증 또는 상호인정외국면허증 중 원동기장치자전거를 운전할 수 있는 것으로 기재된 국제운전면허증 또는 상호인정외국면허증을 발급받지 아니하고 개인형 이동장치를 운전한 사람
20만 원이하의 벌금이나 구류 또는 과료(일반인)	• 보행자의 통행방법을 위반한 보행자(실외이동로봇이 위반한 경우에는 실외이동로봇 운용자 포함) • 통행의 금지·제한 또는 조치를 위반한 보행자(실외이동로봇이 위반한 경우에는 실외이동로봇 운용자 포함) • 실외이동로봇의 운용 장치를 도로의 교통상황과 자동차, 노면전차 또는 다른 사람에게 위험과 장해를 준 실외이동로봇 운용자 ◀2023년 신설▶ • 경찰공무원의 조치를 위반한 행렬등의 보행자나 지휘자 • 도로에서의 금지행위를 한 사람

06 범칙행위 및 범칙금액

㉠ **운전자** : 6만 원 ~ 13만 원

차량 종류별 범칙금액	범칙행위
승합자동차등 (13만 원) 승용자동차등 (12만 원)	• 속도위반(60km/h 초과) • 어린이통학버스 운전자의 의무 위반(좌석안전띠를 매도록 하지 않은 경우는 제외한다)
승합자동차등 (13만 원) 승용자동차등 (12만 원)	• 인적 사항 제공의무 위반(주·정차된 차만 손괴한 것이 분명한 경우에 한정한다)
승합자동차등 (10만 원) 승용자동차등 (9만 원)	• 속도위반(40km/h 초과 60km/h 이하) • 승객의 차 안 소란행위 방지 운전 • 어린이통학버스 특별보호 위반
승합자동차등 (9만 원) 승용자동차등 (8만 원)	• 제10조의3제2항에 따라 안전표지가 설치된 곳에서의 정차·주차 금지 위반 • 승차정원을 초과하여 동승자를 태우고 개인형 이동장치를 운전
승합자동차등 (7만 원) 승용자동차등 (6만 원)	• 신호·지시 위반 • 중앙선 침범, 통행구분 위반 • 자전거횡단도 앞 일시정지의무 위반 • 속도위반(20km/h 초과 40km/h 이하) • 횡단·유턴·후진 위반 • 앞지르기 방법 위반 • 앞지르기 금지 시기·장소 위반 • 철길건널목 통과방법 위반 • 회전교차로 통행방법 위반 • 횡단보도 보행자 횡단 방해(신호 또는 지시에 따라 도로를 횡단하는 보행자의 통행 방해와 어린이 보호구역에서의 일시정지 위반을 포함한다) • 보행자전용도로 통행 위반(보행자전용도로 통행방법 위반을 포함한다) • 긴급자동차에 대한 양보·일시정지 위반 • 긴급한 용도나 그 밖에 허용된 사항 외에 경광등이나 사이렌 사용 • 승차 인원 초과, 승객 또는 승하차자 추락 방지조치 위반 • 어린이·앞을 보지 못하는 사람 등의 보호 위반 • 운전 중 휴대용 전화 사용 • 운전 중 운전자가 볼 수 있는 위치에 영상 표시 • 운전 중 영상표시장치 조작 • 운행기록계 미설치 자동차 운전 금지 등의 위반 • 고속도로·자동차전용도로 갓길 통행 • 고속도로버스전용차로·다인승전용차로 통행 위반

190 PART 02. 핵심요약정리

ⓛ 운전자 : 3만 원 ~ 5만 원

차량 종류별 범칙금액	범칙행위
승합자동차등 (5만 원) 승용자동차등 (4만 원)	• 통행금지 · 제한 위반 • 일반도로 전용차 및 노면전차 전용로 통행 위반 • 고속도로 · 자동차전용도로 안전거리 미확보 • 앞지르기의 방해 금지 위반 • 교차로 통행방법 위반 • 회전교차로 진입 · 진행방법 위반 • 교차로에서의 양보운전 위반 • 보행자의 통행 방해 또는 보호 불이행 • 정차 · 주차 금지 위반(안전표지가 설치된 곳에서의 정차 · 주차 금지 위반은 제외) • 주차금지 및 정차 · 주차방법 위반 • 경사진 곳에서의 정차 · 주차방법 위반 • 정차 · 주차 위반에 대한 조치 불응 • 적재 제한 위반, 적재물 추락 방지 위반 또는 영유아나 동물을 안고 운전하는 행위 • 안전운전의무 위반 • 도로에서의 시비 · 다툼 등으로 인한 차마의 통행 방해 행위 • 급발진, 급가속, 엔진 공회전 또는 반복적 · 연속적인 경음기 울림으로 인한 소음 발생 행위 • 화물 적재함에의 승객 탑승 운행 행위 • 개인형 이동장치 인명보호 장구 미착용 • 자율주행자동차 운전자의 준수사항 위반 • 고속도로 지정차로 통행 위반 • 고속도로 · 자동차전용도로 횡단 · 유턴 · 후진 위반 • 고속도로 · 자동차전용도로 정차 · 주차 금지 위반 • 고속도로 진입 위반 • 고속도로 · 자동차전용도로에서의 고장 등의 경우 조치 불이행
승합자동차등 (3만 원) 승용자동차등 (3만 원)	• 혼잡 완화조치 위반 • 차로통행 준수의무 위반, 지정차로 통행 위반, 차로 너비보다 넓은 차 통행금지 위반(진로 변경 금지 장소에서의 진로 변경을 포함) • 속도위반(20㎞/h 이하) • 진로 변경방법 위반 • 급제동 금지 및 끼어들기 금지 위반 • 서행의무 및 일시정지 위반 • 방향전환 · 진로변경 및 회전교차로 진입 · 진출 시 신호 불이행 • 운전석 이탈 시 안전 확보 불이행 • 동승자 등의 안전을 위한 조치 위반 • 시 · 도경찰청 지정 · 공고 사항 위반 • 좌석안전띠 미착용 • 이륜자동차 · 원동기장치자전거(개인형 이동장치는 제외한다) 인명보호 장구 미착용 • 등화점등 불이행 · 발광장치 미착용(자전거 운전자는 제외한다) • 어린이통학버스와 비슷한 도색 · 표지 금지 위반

ⓒ 운전자 : 기타

차량 종류별 범칙금액	범칙행위
승합자동차등 (2만 원) 승용자동차등 (2만 원)	• 최저속도 위반 • 일반도로 안전거리 미확보 • 등화 점등·조작 불이행(안개가 끼거나 비 또는 눈이 올 때는 제외한다) • 불법부착장치 차 운전(교통단속용 장비의 기능을 방해하는 장치를 한 차의 운전은 제외) • 사업용 승합자동차 또는 노면전차의 승차 거부 • 택시의 합승(장기 주차·정차하여 승객을 유치하는 경우로 한정한다)·승차거부·부당요 　금징수행위 • 운전이 금지된 위험한 자전거등의 운전
모든 차마 (5만 원)	• 돌, 유리병, 쇳조각, 그 밖에 도로에 있는 사람이나 차마를 손상시킬 우려가 있는 물건을 　던지거나 발사하는 행위 • 도로를 통행하고 있는 차마에서 밖으로 물건을 던지는 행위
차종 구분 없음 (15만 원) (10만 원)	• 특별교통안전교육의 미 이수 　－과거 5년 이내에 음주운전을 1회 이상 위반하였던 사람으로서 다시 음주운전을 위반하 　　여 운전면허효력 정지처분을 받게 되거나 받은 사람이 그 처분기간이 끝나기 전에 특 　　별교통안전교육을 받지 않은 경우 　－위(•) 외의 경우
차종 구분 없음 (3만 원)	• 경찰관의 실효된 면허증 회수에 대한 거부 또는 방해

07 과태료의 부과기준

㉠ 다음의 어느 하나에 해당하는 차의 고용주등

과태료 금액	위반행위 및 행위자
승합자동차등(8만 원) 승용자동차등(7만 원)	• 신호 또는 지시를 따르지 않은 차 또는 노면전차의 고용주등
승합자동차등(6만 원) 승용자동차등(5만 원)	• 통행을 금지하거나 제한한 도로를 통행한 차 또는 노면전차의 고용주등
승합자동차등(8만 원) 승용자동차등(7만 원)	• 보도를 침범한 차의 고용주등
승합자동차등(8만 원) 승용자동차등(7만 원)	• 안전지대 등 안전표지에 의하여 진입이 금지된 장소에 들어간 차의 고용주등
승합자동차등(6만 원) 승용자동차등(5만 원)	• 일반도로에서 전용차로로 통행한 차의 고용주등
승합자동차등(8만 원) 승용자동차등(7만 원)	• 도로의 오른쪽 가장자리에 일시정지하지 않거나 진로를 양보하지 않은 차 또는 노면전차의 고용주등
승합자동차등(5만 원(6만원)) 승용자동차등(4만 원(5만원))	• 주 · 정차금지구역 및 장소에서의 정차 또는 주차를 한 차의 고용주등
• 승합자동차등(3만 원) • 승용자동차등(3만 원)	• 등화점등 · 조작을 불이행(안개가 끼거나 비 또는 눈이 올 때는 제외한다)한 차 또는 노면전차의 고용주등
• 3만원	• 운전자 또는 동승자가 인명보호 장구를 착용하지 않은 이륜자동차 · 원동기장치자전거(개인형 이동장치는 제외한다)의 고용주등
승합자동차등(6만 원) 승용자동차등(5만 원)	• 고속도로등에서 자동차의 고장 등 부득이한 사정이 없음에도 행정안전부령으로 정하는 차로에 따라 통행하지 않은 차의 고용주등
승합자동차등(8만 원) 승용자동차등(7만 원)	• 고속도로에서 앞지르기 통행방법을 준수하지 않은 차의 고용주등
6만 원	• 도로를 통행하고 있는 차에서 밖으로 물건을 던지는 행위를 한 차의 고용주등

ⓛ 다음의 어느 하나에 해당하는 차의 고용주등

과태료 금액	위반행위 및 행위자
승합자동차등(10만 원) 승용자동차등(9만 원)	• 중앙선을 침범한 차 • 회전교차로에서 반시계방향으로 통행하지 않은 차 • 고속도로에서 갓길로 통행한 차 • 고속도로에서 전용차로로 통행한 차

ⓒ 다음의 어느 하나에 해당하는 차의 고용주등

과태료 금액	위반행위 및 행위자
승합자동차등(4만 원) 승용자동차등(4만 원)	• 차로를 따라 통행하지 않은 차 • 시 · 도경찰청장이 지정한 통행방법에 따라 통행하지 않은 차 • 안전표지가 설치되어 특별히 진로 변경이 금지된 곳에서 진로를 변경한 차 • 진로를 변경하려는 방향으로 오고 있는 다른 차의 정상적 통행에 장애를 줄 우려가 있음에도 진로를 변경한 차 • 방향전환 · 진로변경 및 회전교차로 진입 · 진출하는 경우에 신호하지 않은 차
승합자동차등(4만 원) 승용자동차등(4만 원)	• 끼어들기를 한 차의 고용주등

ⓔ 다음의 제한속도를 준수하지 않은 차 또는 노면전차의 고용주등

과태료 금액	위반행위 및 행위자
승합자동차등(14만 원) 승용자동차등(13만 원)	• 60km/h 초과
승합자동차등(11만 원) 승용자동차등(10만 원)	• 40km/h 초과 60km/h 이하
승합자동차등(8만 원) 승용자동차등(7만 원)	• 20km/h 초과 40km/h 이하
승합자동차등(4만 원) 승용자동차등(4만 원)	• 20km/h 이하

ⓜ 다음의 어느 하나에 해당하는 차의 고용주등

과태료 금액	위반행위 및 행위자
승합자동차등(8만 원) 승용자동차등(7만 원)	• 횡단 · 유턴 · 후진을 한 차 • 앞지르기를 한 차 • 앞지르기가 금지된 시기 및 장소인 경우에 앞지르기를 한 차
승합자동차등(6만 원) 승용자동차등(5만 원)	• 고속도로등에서 횡단 · 유턴 · 후진을 한 차

ⓗ 다음의 어느 하나에 해당하는 차 또는 노면전차의 고용주등

과태료 금액	위반행위 및 행위자
승합자동차등(6만 원) 승용자동차등(5만 원)	• 교차로 통행방법을 위반하여 우회전을 한 차 • 교차로 통행방법을 위반하여 좌회전을 한 차 • 다른 차 또는 노면전차의 통행에 방해가 될 우려가 있음에도 교차로(정지선이 설치되어 있는 경우에는 그 정지선을 넘은 부분을 말한다)에 들어간 차 또는 노면전차 • 서행 또는 정지규정을 위반하여 회전교차로에 진입한 차

ⓢ 다음의 어느 하나에 해당하는 차 또는 노면전차의 고용주등

과태료 금액	위반행위 및 행위자
승합자동차등(8만 원) 승용자동차등(7만 원)	• 보행자의 횡단을 방해하거나 위험을 줄 우려가 있음에도 일시정지하지 않은 차 또는 노면전차 • 어린이 보호구역 내의 횡단보도 앞에서 일시정지하지 않은 차 또는 노면전차

ⓞ 소방시설로부터 5미터 이내인 곳에서 정차 또는 주차를 한 차의 고용주등

과태료 금액	위반행위 및 행위자
승합자동차등(9만 원(10만 원) 승용자동차등(8만 원(9만 원)	• 안전표지가 설치된 곳에 정차 또는 주차를 한 경우
승합자동차등(5만 원(6만 원) 승용자동차등(4만 원(5만 원)	• 안전표지가 설치된 곳 외의 곳에 정차 또는 주차를 한 경우

ⓩ 다음의 어느 하나에 해당하는 차 또는 노면전차의 고용주등

과태료 금액	위반행위 및 행위자
승합자동차등(8만 원) 승용자동차등(7만 원)	• 승차 인원에 관한 운행상의 안전기준을 넘어선 상태로 운전한 차
승합자동차등(6만 원) 승용자동차등(5만 원)	• 적재중량 및 적재용량에 관한 운행상의 안전기준을 넘어선 상태로 운전한 차 • 운전 중 실은 화물이 떨어지지 않도록 덮개를 씌우거나 묶는 등 확실하게 고정될 수 있도록 필요한 조치를 하지 않은 차 • 안전운전의무를 지키지 않은 차 또는 노면전차

ⓧ 다음의 어느 하나에 해당하는 차 또는 노면전차의 고용주등

과태료 금액	위반행위 및 행위자
승합자동차등 : 8만원 승용자동차등 : 7만원	• 운전 중 휴대용 전화를 사용한 차 또는 노면전차 • 운전 중 운전자가 볼 수 있는 위치에 영상을 표시한 차 또는 노면전차 • 운전 중 영상표시장치를 조작한 차 또는 노면전차

㉣ 어린이보호자 · 운전자 · 운영자

과태료 금액	위반행위 및 행위자
어린이보호자(10만 원)	• 어린이가 개인형 이동장치를 운전하게 한 어린이의 보호자
승합자동차등(2만 원) 승용자동차등(2만 원)	• 고인 물 등을 튀게 하여 다른 사람에게 피해를 준 차 또는 노면전차의 운전자
2만 원	• 창유리의 가시광선 투과율 기준을 위반한 차의 운전자
2만 원	• 동승자에게 인명보호 장구를 착용하도록 하지 않은 운전자(자전거 운전자는 제외)
30만 원	• 어린이통학버스를 신고하지 않고 운행한 운영자
3만 원	• 어린이통학버스 안에 신고증명서를 갖추어 두지 않은 어린이통학버스의 운영자
30만 원	• 도색 · 표지, 보험가입, 소유 관계 등의 요건을 갖추지 아니하고 어린이통학버스를 운행한 운영자
6만 원	• 어린이통학버스에 탑승한 어린이나 유아의 좌석안전띠를 매도록 하지 않은 운전자
8만 원	• 안전운행기록을 제출하지 아니한 어린이통학버스 운영자
8만 원	• 어린이통학버스 안전교육을 받지 않은 운영자
8만 원	• 어린이통학버스 안전교육을 받지 않은 사람에게 어린이통학버스를 운전하게 하거나 어린이통학버스에 동승하게 한 어린이통학버스의 운영자
승합자동차등(2만 원) 승용자동차등(2만 원)	• 고속도로등에서의 준수사항을 위반한 운전자

㉤ 동승자에게 좌석안전띠를 매도록 하지 않은 운전자

과태료 금액	위반행위 및 행위자
6만 원 3만 원	• 동승자가 13세 미만인 경우 • 동승자가 13세 이상인 경우

ⓟ 기타

과태료 금액	위반행위 및 행위자
8만 원	• 긴급자동차의 안전운전 등에 관한 교육을 받지 않은 사람
100만 원	• 교통안전교육기관 운영의 정지 또는 폐지 신고를 하지 않은 사람
2만 원	• 운전면허증 갱신기간에 운전면허를 갱신하지 않은 사람
3만 원	• 정기 적성검사 또는 수시 적성검사를 받지 않은 사람
100만 원	• 강사의 인적 사항과 교육 과목을 게시하지 않은 사람
100만 원	• 수강료 등을 게시하지 않거나 같은 조 제3항을 위반하여 게시된 수강료등을 초과한 금액을 받은 사람
100만 원	• 수강료 등의 반환 등 교육생 보호를 위하여 필요한 조치를 하지 않은 사람
100만 원	• 학원이나 전문학원의 휴원 또는 폐원 신고를 하지 않은 사람
100만 원	• 간판이나 그 밖의 표지물의 제거, 시설물의 설치 또는 게시문의 부착을 거부·방해 또는 기피하거나 게시문이나 설치한 시설물을 임의로 제거하거나 못 쓰게 만든 사람

03

부록 – 도로교통법령

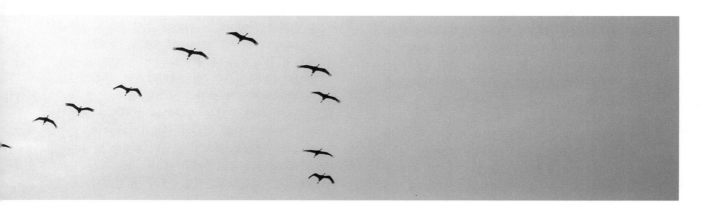

[시행 2024. 9. 20.] [법률 제20375호, 2024. 3. 19., 일부개정]

제1장 총칙

제1조(목적) 이 법은 도로에서 일어나는 교통상의 모든 위험과 장해를 방지하고 제거하여 안전하고 원활한 교통을 확보함을 목적으로 한다.

제2조(정의) 이 법에서 사용하는 용어의 뜻은 다음과 같다.

1. "도로"란 다음 각 목에 해당하는 곳을 말한다.
   가. 「도로법」에 따른 도로
   나. 「유료도로법」에 따른 유료도로
   다. 「농어촌도로 정비법」에 따른 농어촌도로
   라. 그 밖에 현실적으로 불특정 다수의 사람 또는 차마(車馬)가 통행할 수 있도록 공개된 장소로서 안전하고 원활한 교통을 확보할 필요가 있는 장소

2. "자동차전용도로"란 자동차만 다닐 수 있도록 설치된 도로를 말한다.

3. "고속도로"란 자동차의 고속 운행에만 사용하기 위하여 지정된 도로를 말한다.

4. "차도"(車道)란 연석선(차도와 보도를 구분하는 돌 등으로 이어진 선을 말한다. 이하 같다), 안전표지 또는 그와 비슷한 인공구조물을 이용하여 경계(境界)를 표시하여 모든 차가 통행할 수 있도록 설치된 도로의 부분을 말한다.

5. "중앙선"이란 차마의 통행 방향을 명확하게 구분하기 위하여 도로에 황색 실선(實線)이나 황색 점선 등의 안전표지로 표시한 선 또는 중앙분리대나 울타리 등으로 설치한 시설물을 말한다. 다만, 제14조제1항 후단에 따라 가변차로(可變車路)가 설치된 경우에는 신호기가 지시하는 진행방향의 가장 왼쪽에 있는 황색 점선을 말한다.

6. "차로"란 차마가 한 줄로 도로의 정하여진 부분을 통행하도록 차선(車線)으로 구분한 차도의 부분을 말한다.

7. "차선"이란 차로와 차로를 구분하기 위하여 그 경계지점을 안전표지로 표시한 선을 말한다.

7의2. "노면전차 전용로"란 도로에서 궤도를 설치하고, 안전표지 또는 인공구조물로 경계를 표시하여 설치한 「도시철도법」 제18조의2제1항 각 호에 따른 도로 또는 차로를 말한다.

8. "자전거도로"란 안전표지, 위험방지용 울타리나 그와 비슷한 인공구조물로 경계를 표시하여 자전거 및 개인형 이동장치가 통행할 수 있도록 설치된 「자전거 이용 활성화에 관한 법률」 제3조 각 호의 도로를 말한다.

9. "자전거횡단도"란 자전거 및 개인형 이동장치가 일반도로를 횡단할 수 있도록 안전표지로 표시한 도로의 부분을 말한다.

10. "보도"(步道)란 연석선, 안전표지나 그와 비슷한 인공구조물로 경계를 표시하여 보행자(유모차, 보행보조용 의자차, 노약자용 보행기 등 행정안전부령으로 정하는 기구·장치를 이용하여 통행하는 사람 및 제21호의3에 따른 실외이동로봇을 포함한다. 이하 같다)가 통행할 수 있도록 한 도로의 부분을 말한다.

11. "길가장자리구역"이란 보도와 차도가 구분되지 아니한 도로에서 보행자의 안전을 확보하기 위하여 안전표지 등으로 경계를 표시한 도로의 가장자리 부분을 말한다.

12. "횡단보도"란 보행자가 도로를 횡단할 수 있도록 안전표지로 표시한 도로의 부분을 말한다.

13. "교차로"란 '십'자로, 'T'자로나 그 밖에 둘 이상의 도로(보도와 차도가 구분되어 있는 도로에서는 차도를 말한다)가 교차하는 부분을 말한다.

13의2. "회전교차로"란 교차로 중 차마가 원형의 교통섬(차마의 안전하고 원활한 교통처리나 보행자 도로횡단의 안전을 확보하기 위하여 교차로 또는 차도의 분기점 등에 설치하는 섬 모양의 시설을 말한다)을 중심으로 반시계방향으로 통행하도록 한 원형의 도로를 말한다.

14. "안전지대"란 도로를 횡단하는 보행자나 통행하는 차마의 안전을 위하여 안전표지나 이와 비슷한 인공구조물로 표시한 도로의 부분을 말한다.

15. "신호기"란 도로교통에서 문자·기호 또는 등화(燈火)를 사용하여 진행·정지·방향전환·주의

등의 신호를 표시하기 위하여 사람이나 전기의 힘으로 조작하는 장치를 말한다.

16. "안전표지"란 교통안전에 필요한 주의·규제·지시 등을 표시하는 표지판이나 도로의 바닥에 표시하는 기호·문자 또는 선 등을 말한다.

17. "차마"란 다음 각 목의 차와 우마를 말한다.

　가. "차"란 다음의 어느 하나에 해당하는 것을 말한다.

　　1) 자동차

　　2) 건설기계

　　3) 원동기장치자전거

　　4) 자전거

　　5) 사람 또는 가축의 힘이나 그 밖의 동력(動力)으로 도로에서 운전되는 것. 다만, 철길이나 가설(架設)된 선을 이용하여 운전되는 것, 유모차, 보행보조용 의자차, 노약자용 보행기, 제21호의3에 따른 실외이동로봇 등 행정안전부령으로 정하는 기구·장치는 제외한다.

　나. "우마"란 교통이나 운수(運輸)에 사용되는 가축을 말한다.

17의2. "노면전차"란 「도시철도법」 제2조제2호에 따른 노면전차로서 도로에서 궤도를 이용하여 운행되는 차를 말한다.

18. "자동차"란 철길이나 가설된 선을 이용하지 아니하고 원동기를 사용하여 운전되는 차(견인되는 자동차도 자동차의 일부로 본다)로서 다음 각 목의 차를 말한다.

　가. 「자동차관리법」 제3조에 따른 다음의 자동차. 다만, 원동기장치자전거는 제외한다.

　　1) 승용자동차

　　2) 승합자동차

　　3) 화물자동차

　　4) 특수자동차

　　5) 이륜자동차

　나. 「건설기계관리법」 제26조제1항 단서에 따른 건설기계

18의2. "자율주행시스템"이란 「자율주행자동차 상용화 촉진 및 지원에 관한 법률」 제2조제1항제2호에 따른 자율주행시스템을 말한다. 이 경우 그 종류는 완전 자율주행시스템, 부분 자율주행시스템 등 행정안전부령으로 정하는 바에 따라 세분할 수 있다.

18의3. "자율주행자동차"란 「자동차관리법」 제2조제1호의3에 따른 자율주행자동차로서 자율주행시스템을 갖추고 있는 자동차를 말한다.

19. "원동기장치자전거"란 다음 각 목의 어느 하나에 해당하는 차를 말한다.

　가. 「자동차관리법」 제3조에 따른 이륜자동차 가운데 배기량 125시시 이하(전기를 동력으로 하는 경우에는 최고정격출력 11킬로와트 이하)의 이륜자동차

　나. 그 밖에 배기량 125시시 이하(전기를 동력으로 하는 경우에는 최고정격출력 11킬로와트 이하)의 원동기를 단 차(「자전거 이용 활성화에 관한 법률」 제2조제1호의2에 따른 전기자전거 및 제21호의3에 따른 실외이동로봇은 제외한다)

19의2. "개인형 이동장치"란 제19호나목의 원동기장치자전거 중 시속 25킬로미터 이상으로 운행할 경우 전동기가 작동하지 아니하고 차체 중량이 30킬로그램 미만인 것으로서 행정안전부령으로 정하는 것을 말한다.

20. "자전거"란 「자전거 이용 활성화에 관한 법률」 제2조제1호 및 제1호의2에 따른 자전거 및 전기자전거를 말한다.

21. "자동차등"이란 자동차와 원동기장치자전거를 말한다.

21의2. "자전거등"이란 자전거와 개인형 이동장치를 말한다.

21의3. "실외이동로봇"이란 「지능형 로봇 개발 및 보급 촉진법」 제2조제1호에 따른 지능형 로봇 중 행정안전부령으로 정하는 것을 말한다.

22. "긴급자동차"란 다음 각 목의 자동차로서 그 본래의 긴급한 용도로 사용되고 있는 자동차를 말한다.

　가. 소방차

　나. 구급차

　다. 혈액 공급차량

　라. 그 밖에 대통령령으로 정하는 자동차

23. "어린이통학버스"란 다음 각 목의 시설 가운데 어린이(13세 미만인 사람을 말한다. 이하 같다)를 교육 대상으로 하는 시설에서 어린이의 통학 등(현장체험학습 등 비상시적으로 이루어지는 교

육활동을 위한 이동을 제외한다)에 이용되는 자동차와 「여객자동차 운수사업법」 제4조제3항에 따른 여객자동차운송사업의 한정면허를 받아 어린이를 여객대상으로 하여 운행되는 운송사업용 자동차를 말한다.

　가. 「유아교육법」에 따른 유치원 및 유아교육진흥원, 「초·중등교육법」에 따른 초등학교, 특수학교, 대안학교 및 외국인학교

　나. 「영유아보육법」에 따른 어린이집

　다. 「학원의 설립·운영 및 과외교습에 관한 법률」에 따라 설립된 학원 및 교습소

　라. 「체육시설의 설치·이용에 관한 법률」에 따라 설립된 체육시설

　마. 「아동복지법」에 따른 아동복지시설(아동보호전문기관은 제외한다)

　바. 「청소년활동 진흥법」에 따른 청소년수련시설

　사. 「장애인복지법」에 따른 장애인복지시설(장애인 직업재활시설은 제외한다)

　아. 「도서관법」에 따른 공공도서관

　자. 「평생교육법」에 따른 시·도평생교육진흥원 및 시·군·구평생학습관

　차. 「사회복지사업법」에 따른 사회복지시설 및 사회복지관

24. "주차"란 운전자가 승객을 기다리거나 화물을 싣거나 차가 고장 나거나 그 밖의 사유로 차를 계속 정지 상태에 두는 것 또는 운전자가 차에서 떠나서 즉시 그 차를 운전할 수 없는 상태에 두는 것을 말한다.

25. "정차"란 운전자가 5분을 초과하지 아니하고 차를 정지시키는 것으로서 주차 외의 정지 상태를 말한다.

26. "운전"이란 도로(제27조제6항제3호·제44조·제45조·제54조제1항·제148조·제148조의2 및 제156조제10호의 경우에는 도로 외의 곳을 포함한다)에서 차마 또는 노면전차를 그 본래의 사용방법에 따라 사용하는 것(조종 또는 자율주행시스템을 사용하는 것을 포함한다)을 말한다.

27. "초보운전자"란 처음 운전면허를 받은 날(처음 운전면허를 받은 날부터 2년이 지나기 전에 운전면허의 취소처분을 받은 경우에는 그 후 다시 운전면허를 받은 날을 말한다)부터 2년이 지나지 아니한 사람을 말한다. 이 경우 원동기장치자전

거면허만 받은 사람이 원동기장치자전거면허 외의 운전면허를 받은 경우에는 처음 운전면허를 받은 것으로 본다.

28. "서행"(徐行)이란 운전자가 차 또는 노면전차를 즉시 정지시킬 수 있는 정도의 느린 속도로 진행하는 것을 말한다.

29. "앞지르기"란 차의 운전자가 앞서가는 다른 차의 옆을 지나서 그 차의 앞으로 나가는 것을 말한다.

30. "일시정지"란 차 또는 노면전차의 운전자가 그 차 또는 노면전차의 바퀴를 일시적으로 완전히 정지시키는 것을 말한다.

31. "보행자전용도로"란 보행자만 다닐 수 있도록 안전표지나 그와 비슷한 인공구조물로 표시한 도로를 말한다.

31의2. "보행자우선도로"란 「보행안전 및 편의증진에 관한 법률」 제2조제3호에 따른 보행자우선도로를 말한다.

32. "자동차운전학원"이란 자동차등의 운전에 관한 지식·기능을 교육하는 시설로서 다음 각 목의 시설 외의 시설을 말한다.

　가. 교육 관계 법령에 따른 학교에서 소속 학생 및 교직원의 연수를 위하여 설치한 시설

　나. 사업장 등의 시설로서 소속 직원의 연수를 위한 시설

　다. 전산장치에 의한 모의운전 연습시설

　라. 지방자치단체 등이 신체장애인의 운전교육을 위하여 설치하는 시설 가운데 시·도경찰청장이 인정하는 시설

　마. 대가(代價)를 받지 아니하고 운전교육을 하는 시설

　바. 운전면허를 받은 사람을 대상으로 다양한 운전경험을 체험할 수 있도록 하기 위하여 도로가 아닌 장소에서 운전교육을 하는 시설

33. "모범운전자"란 제146조에 따라 무사고운전자 또는 유공운전자의 표시장을 받거나 2년 이상 사업용 자동차 운전에 종사하면서 교통사고를 일으킨 전력이 없는 사람으로서 경찰청장이 정하는 바에 따라 선발되어 교통안전 봉사활동에 종사하는 사람을 말한다.

제2조(정의) 이 법에서 사용하는 용어의 뜻은 다음과 같다.

　1. "도로"란 다음 각 목에 해당하는 곳을 말한다.

가. 「도로법」에 따른 도로

나. 「유료도로법」에 따른 유료도로

다. 「농어촌도로 정비법」에 따른 농어촌도로

라. 그 밖에 현실적으로 불특정 다수의 사람 또는 차마(車馬)가 통행할 수 있도록 공개된 장소로서 안전하고 원활한 교통을 확보할 필요가 있는 장소

2. "자동차전용도로"란 자동차만 다닐 수 있도록 설치된 도로를 말한다.

3. "고속도로"란 자동차의 고속 운행에만 사용하기 위하여 지정된 도로를 말한다.

4. "차도"(車道)란 연석선(차도와 보도를 구분하는 돌 등으로 이어진 선을 말한다. 이하 같다), 안전표지 또는 그와 비슷한 인공구조물을 이용하여 경계(境界)를 표시하여 모든 차가 통행할 수 있도록 설치된 도로의 부분을 말한다.

5. "중앙선"이란 차마의 통행 방향을 명확하게 구분하기 위하여 도로에 황색 실선(實線)이나 황색 점선 등의 안전표지로 표시한 선 또는 중앙분리대나 울타리 등으로 설치한 시설물을 말한다. 다만, 제14조제1항 후단에 따라 가변차로(可變車路)가 설치된 경우에는 신호기가 지시하는 진행방향의 가장 왼쪽에 있는 황색 점선을 말한다.

6. "차로"란 차마가 한 줄로 도로의 정하여진 부분을 통행하도록 차선(車線)으로 구분한 차도의 부분을 말한다.

7. "차선"이란 차로와 차로를 구분하기 위하여 그 경계지점을 안전표지로 표시한 선을 말한다.

7의2. "노면전차 전용로"란 도로에서 궤도를 설치하고, 안전표지 또는 인공구조물로 경계를 표시하여 설치한 「도시철도법」 제18조의2제1항 각 호에 따른 도로 또는 차로를 말한다.

8. "자전거도로"란 안전표지, 위험방지용 울타리나 그와 비슷한 인공구조물로 경계를 표시하여 자전거 및 개인형 이동장치가 통행할 수 있도록 설치된 「자전거 이용 활성화에 관한 법률」 제3조 각 호의 도로를 말한다.

9. "자전거횡단도"란 자전거 및 개인형 이동장치가 일반도로를 횡단할 수 있도록 안전표지로 표시한 도로의 부분을 말한다.

10. "보도"(步道)란 연석선, 안전표지나 그와 비슷한 인공구조물로 경계를 표시하여 보행자(유모차,

보행보조용 의자차, 노약자용 보행기 등 행정안전부령으로 정하는 기구·장치를 이용하여 통행하는 사람 및 제21호의3에 따른 실외이동로봇을 포함한다. 이하 같다)가 통행할 수 있도록 한 도로의 부분을 말한다.

11. "길가장자리구역"이란 보도와 차도가 구분되지 아니한 도로에서 보행자의 안전을 확보하기 위하여 안전표지 등으로 경계를 표시한 도로의 가장자리 부분을 말한다.

12. "횡단보도"란 보행자가 도로를 횡단할 수 있도록 안전표지로 표시한 도로의 부분을 말한다.

13. "교차로"란 '십'자로, 'T'자로나 그 밖에 둘 이상의 도로(보도와 차도가 구분되어 있는 도로에서는 차도를 말한다)가 교차하는 부분을 말한다.

13의2. "회전교차로"란 교차로 중 차마가 원형의 교통섬(차마의 안전하고 원활한 교통처리나 보행자 도로횡단의 안전을 확보하기 위하여 교차로 또는 차도의 분기점 등에 설치하는 섬 모양의 시설을 말한다)을 중심으로 반시계방향으로 통행하도록 한 원형의 도로를 말한다.

14. "안전지대"란 도로를 횡단하는 보행자나 통행하는 차마의 안전을 위하여 안전표지나 이와 비슷한 인공구조물로 표시한 도로의 부분을 말한다.

15. "신호기"란 도로교통에서 문자·기호 또는 등화(燈火)를 사용하여 진행·정지·방향전환·주의 등의 신호를 표시하기 위하여 사람이나 전기의 힘으로 조작하는 장치를 말한다.

16. "안전표지"란 교통안전에 필요한 주의·규제·지시 등을 표시하는 표지판이나 도로의 바닥에 표시하는 기호·문자 또는 선 등을 말한다.

17. "차마"란 다음 각 목의 차와 우마를 말한다.

가. "차"란 다음의 어느 하나에 해당하는 것을 말한다.

1) 자동차

2) 건설기계

3) 원동기장치자전거

4) 자전거

5) 사람 또는 가축의 힘이나 그 밖의 동력(動力)으로 도로에서 운전되는 것. 다만, 철길이나 가설(架設)된 선을 이용하여 운전되는 것, 유모차, 보행보조용 의자차, 노약자용 보행기, 제21호의3에 따른 실외이동로봇 등 행정안전부령으로 정하는 기구·장치는 제외한다.

나. "우마"란 교통이나 운수(運輸)에 사용되는 가축을 말한다.

17의2. "노면전차"란 「도시철도법」 제2조제2호에 따른 노면전차로서 도로에서 궤도를 이용하여 운행되는 차를 말한다.

18. "자동차"란 철길이나 가설된 선을 이용하지 아니하고 원동기를 사용하여 운전되는 차(견인되는 자동차도 자동차의 일부로 본다)로서 다음 각 목의 차를 말한다.

　　가. 「자동차관리법」 제3조에 따른 다음의 자동차. 다만, 원동기장치자전거는 제외한다.

　　　　1) 승용자동차

　　　　2) 승합자동차

　　　　3) 화물자동차

　　　　4) 특수자동차

　　　　5) 이륜자동차

　　나. 「건설기계관리법」 제26조제1항 단서에 따른 건설기계

18의2. "자율주행시스템"이란 「자율주행자동차 상용화 촉진 및 지원에 관한 법률」 제2조제1항제2호에 따른 자율주행시스템을 말한다. 이 경우 그 종류는 완전 자율주행시스템, 부분 자율주행시스템 등 행정안전부령으로 정하는 바에 따라 세분할 수 있다.

18의3. "자율주행자동차"란 「자동차관리법」 제2조제1호의3에 따른 자율주행자동차로서 자율주행시스템을 갖추고 있는 자동차를 말한다.

19. "원동기장치자전거"란 다음 각 목의 어느 하나에 해당하는 차를 말한다.

　　가. 「자동차관리법」 제3조에 따른 이륜자동차 가운데 배기량 125시시 이하(전기를 동력으로 하는 경우에는 최고정격출력 11킬로와트 이하)의 이륜자동차

　　나. 그 밖에 배기량 125시시 이하(전기를 동력으로 하는 경우에는 최고정격출력 11킬로와트 이하)의 원동기를 단 차(「자전거 이용 활성화에 관한 법률」 제2조제1호의2에 따른 전기자전거 및 제21호의3에 따른 실외이동로봇은 제외한다)

19의2. "개인형 이동장치"란 제19호나목의 원동기장치자전거 중 시속 25킬로미터 이상으로 운행할 경우 전동기가 작동하지 아니하고 차체 중량이 30킬로그램 미만인 것으로서 행정안전부령으로 정하는 것을 말한다.

20. "자전거"란 「자전거 이용 활성화에 관한 법률」 제2조제1호 및 제1호의2에 따른 자전거 및 전기자전거를 말한다.

21. "자동차등"이란 자동차와 원동기장치자전거를 말한다.

21의2. "자전거등"이란 자전거와 개인형 이동장치를 말한다.

21의3. "실외이동로봇"이란 「지능형 로봇 개발 및 보급 촉진법」 제2조제1호에 따른 지능형 로봇 중 행정안전부령으로 정하는 것을 말한다.

22. "긴급자동차"란 다음 각 목의 자동차로서 그 본래의 긴급한 용도로 사용되고 있는 자동차를 말한다.

　　가. 소방차

　　나. 구급차

　　다. 혈액 공급차량

　　라. 그 밖에 대통령령으로 정하는 자동차

23. "어린이통학버스"란 다음 각 목의 시설 가운데 어린이(13세 미만인 사람을 말한다. 이하 같다)를 교육 대상으로 하는 시설에서 어린이의 통학 등(현장체험학습 등 비상시적으로 이루어지는 교육활동을 위한 이동을 제외한다)에 이용되는 자동차와 「여객자동차 운수사업법」 제4조제3항에 따른 여객자동차운송사업의 한정면허를 받아 어린이를 여객대상으로 하여 운행되는 운송사업용 자동차를 말한다.

　　가. 「유아교육법」에 따른 유치원 및 유아교육진흥원, 「초·중등교육법」에 따른 초등학교, 특수학교, 대안학교 및 외국인학교

　　나. 「영유아보육법」에 따른 어린이집

　　다. 「학원의 설립·운영 및 과외교습에 관한 법률」에 따라 설립된 학원 및 교습소

　　라. 「체육시설의 설치·이용에 관한 법률」에 따라 설립된 체육시설

　　마. 「아동복지법」에 따른 아동복지시설(아동보호전문기관은 제외한다)

　　바. 「청소년활동 진흥법」에 따른 청소년수련시설

　　사. 「장애인복지법」에 따른 장애인복지시설(장애인 직업재활시설은 제외한다)

　　아. 「도서관법」에 따른 공공도서관

자. 「평생교육법」에 따른 시·도평생교육진흥원 및 시·군·구평생학습관

차. 「사회복지사업법」에 따른 사회복지시설 및 사회복지관

24. "주차"란 운전자가 승객을 기다리거나 화물을 싣거나 차가 고장 나거나 그 밖의 사유로 차를 계속 정지 상태에 두는 것 또는 운전자가 차에서 떠나서 즉시 그 차를 운전할 수 없는 상태에 두는 것을 말한다.

25. "정차"란 운전자가 5분을 초과하지 아니하고 차를 정지시키는 것으로서 주차 외의 정지 상태를 말한다.

26. "운전"이란 도로(제27조제6항제3호·제44조·제45조·제54조제1항·제148조·제148조의2 및 제156조제10호의 경우에는 도로 외의 곳을 포함한다)에서 차마 또는 노면전차를 그 본래의 사용방법에 따라 사용하는 것(조종 또는 자율주행시스템을 사용하는 것을 포함한다)을 말한다.

27. "초보운전자"란 처음 운전면허를 받은 날(처음 운전면허를 받은 날부터 2년이 지나기 전에 운전면허의 취소처분을 받은 경우에는 그 후 다시 운전면허를 받은 날을 말한다)부터 2년이 지나지 아니한 사람을 말한다. 이 경우 원동기장치자전거면허만 받은 사람이 원동기장치자전거면허 외의 운전면허를 받은 경우에는 처음 운전면허를 받은 것으로 본다.

28. "서행"(徐行)이란 운전자가 차 또는 노면전차를 즉시 정지시킬 수 있는 정도의 느린 속도로 진행하는 것을 말한다.

29. "앞지르기"란 차의 운전자가 앞서가는 다른 차의 옆을 지나서 그 차의 앞으로 나가는 것을 말한다.

30. "일시정지"란 차 또는 노면전차의 운전자가 그 차 또는 노면전차의 바퀴를 일시적으로 완전히 정지시키는 것을 말한다.

31. "보행자전용도로"란 보행자만 다닐 수 있도록 안전표지나 그와 비슷한 인공구조물로 표시한 도로를 말한다.

31의2. "보행자우선도로"란 「보행안전 및 편의증진에 관한 법률」 제2조제3호에 따른 보행자우선도로를 말한다.

32. "자동차운전학원"이란 자동차등의 운전에 관한 지식·기능을 교육하는 시설로서 다음 각 목의 시설 외의 시설을 말한다.

가. 교육 관계 법령에 따른 학교에서 소속 학생 및 교직원의 연수를 위하여 설치한 시설

나. 사업장 등의 시설로서 소속 직원의 연수를 위한 시설

다. 전산장치에 의한 모의운전 연습시설

라. 지방자치단체 등이 신체장애인의 운전교육을 위하여 설치하는 시설 가운데 시·도경찰청장이 인정하는 시설

마. 대가(代價)를 받지 아니하고 운전교육을 하는 시설

바. 운전면허를 받은 사람을 대상으로 다양한 운전경험을 체험할 수 있도록 하기 위하여 도로가 아닌 장소에서 운전교육을 하는 시설

33. "모범운전자"란 제146조에 따라 무사고운전자 또는 유공운전자의 표시장을 받거나 2년 이상 사업용 자동차 운전에 종사하면서 교통사고를 일으킨 전력이 없는 사람으로서 경찰청장이 정하는 바에 따라 선발되어 교통안전 봉사활동에 종사하는 사람을 말한다.

34. "음주운전 방지장치"란 술에 취한 상태에서 자동차등을 운전하려는 경우 시동이 걸리지 아니하도록 하는 것으로서 행정안전부령으로 정하는 것을 말한다.

제3조(신호기 등의 설치 및 관리)

① 특별시장·광역시장·제주특별자치도지사 또는 시장·군수(광역시의 군수는 제외한다. 이하 "시장등"이라 한다)는 도로에서의 위험을 방지하고 교통의 안전과 원활한 소통을 확보하기 위하여 필요하다고 인정하는 경우에는 신호기 및 안전표지(이하 "교통안전시설"이라 한다)를 설치·관리하여야 한다. 다만, 「유료도로법」 제6조에 따른 유료도로에서는 시장등의 지시에 따라 그 도로관리자가 교통안전시설을 설치·관리하여야 한다.

② 시장등 및 도로관리자는 제1항에 따라 교통안전시설을 설치·관리할 때에는 제4조에 따른 교통안전시설의 설치·관리기준에 적합하도록 하여야 한다.

③ 도(道)는 제1항에 따라 시장이나 군수가 교통안전시설을 설치·관리하는 데에 드는 비용의 전부 또는 일부를 시(市)나 군(郡)에 보조할 수 있다.

④ 시장등은 대통령령으로 정하는 사유로 도로에 설치된 교통안전시설을 철거하거나 원상회복이 필요한 경우에는 그 사유를 유발한 사람으로 하여금 해당 공사에 드는 비용의 전부 또는 일부를 부담하게 할 수 있다.

⑤ 제4항에 따른 부담금의 부과기준 및 환급에 관하여 필요한 사항은 대통령령으로 정한다.

⑥ 시장등은 제4항에 따라 부담금을 납부하여야 하는 사람이 지정된 기간에 이를 납부하지 아니하면 지방세 체납처분의 예에 따라 징수한다.

제4조(교통안전시설의 종류 및 설치·관리기준 등)

① 교통안전시설의 종류, 교통안전시설의 설치·관리기준, 그 밖에 교통안전시설에 관하여 필요한 사항은 행정안전부령으로 정한다.

② 제1항에 따른 교통안전시설의 설치·관리기준은 주·야간이나 기상상태 등에 관계없이 교통안전시설이 운전자 및 보행자의 눈에 잘 띄도록 정한다.

제4조의2(무인 교통단속용 장비의 설치 및 관리)

① 시·도경찰청장, 경찰서장 또는 시장등은 이 법을 위반한 사실을 기록·증명하기 위하여 무인(無人)교통단속용 장비를 설치·관리할 수 있다.

② 무인 교통단속용 장비의 설치·관리기준, 그 밖에 필요한 사항은 행정안전부령으로 정한다.

③ 무인 교통단속용 장비의 철거 또는 원상회복 등에 관하여는 제3조제4항부터 제6항까지의 규정을 준용한다. 이 경우 "교통안전시설"은 "무인 교통단속용 장비"로 본다.

제5조(신호 또는 지시에 따를 의무)

① 도로를 통행하는 보행자, 차마 또는 노면전차의 운전자는 교통안전시설이 표시하는 신호 또는 지시와 다음 각 호의 어느 하나에 해당하는 사람이 하는 신호 또는 지시를 따라야 한다.

  1. 교통정리를 하는 경찰공무원(의무경찰을 포함한다. 이하 같다) 및 제주특별자치도의 자치경찰공무원(이하 "자치경찰공무원"이라 한다)

  2. 경찰공무원(자치경찰공무원을 포함한다. 이하 같다)을 보조하는 사람으로서 대통령령으로 정하는 사람(이하 "경찰보조자"라 한다)

② 도로를 통행하는 보행자, 차마 또는 노면전차의 운전자는 제1항에 따른 교통안전시설이 표시하는 신호 또는 지시와 교통정리를 하는 경찰공무원 또는 경찰보조자(이하 "경찰공무원등"이라 한다)의 신호 또는

지시가 서로 다른 경우에는 경찰공무원등의 신호 또는 지시에 따라야 한다.

제5조의2(모범운전자연합회) 모범운전자들의 상호협력을 증진하고 교통안전 봉사활동을 효율적으로 운영하기 위하여 모범운전자연합회를 설립할 수 있다.

제5조의3(모범운전자에 대한 지원 등)

① 국가는 예산의 범위에서 모범운전자에게 대통령령으로 정하는 바에 따라 교통정리 등의 업무를 수행하는 데 필요한 복장 및 장비를 지원할 수 있다.

② 국가는 모범운전자가 교통정리 등의 업무를 수행하는 도중 부상을 입거나 사망한 경우에 이를 보상할 수 있도록 보험에 가입할 수 있다.

③ 지방자치단체는 예산의 범위에서 제5조의2에 따라 설립된 모범운전자연합회의 사업에 필요한 보조금을 지원할 수 있다.

제6조(통행의 금지 및 제한)

① 시·도경찰청장은 도로에서의 위험을 방지하고 교통의 안전과 원활한 소통을 확보하기 위하여 필요하다고 인정할 때에는 구간(區間)을 정하여 보행자, 차마 또는 노면전차의 통행을 금지하거나 제한할 수 있다. 이 경우 시·도경찰청장은 보행자, 차마 또는 노면전차의 통행을 금지하거나 제한한 도로의 관리청에 그 사실을 알려야 한다.

② 경찰서장은 도로에서의 위험을 방지하고 교통의 안전과 원활한 소통을 확보하기 위하여 필요하다고 인정할 때에는 우선 보행자, 차마 또는 노면전차의 통행을 금지하거나 제한한 후 그 도로관리자와 협의하여 금지 또는 제한의 대상과 구간 및 기간을 정하여 도로의 통행을 금지하거나 제한할 수 있다.

③ 시·도경찰청장이나 경찰서장은 제1항이나 제2항에 따른 금지 또는 제한을 하려는 경우에는 행정안전부령으로 정하는 바에 따라 그 사실을 공고하여야 한다.

④ 경찰공무원은 도로의 파손, 화재의 발생이나 그 밖의 사정으로 인한 도로에서의 위험을 방지하기 위하여 긴급히 조치할 필요가 있을 때에는 필요한 범위에서 보행자, 차마 또는 노면전차의 통행을 일시 금지하거나 제한할 수 있다.

제7조(교통 혼잡을 완화시키기 위한 조치) 경찰공무원은 보행자, 차마 또는 노면전차의 통행이 밀려서 교통혼잡이 뚜렷하게 우려될 때에는 혼잡을 덜기 위하여 필요한 조치를 할 수 있다.

제7조의2(고령운전자 표지)

① 국가 또는 지방자치단체는 고령운전자의 안전운전 및 교통사고 예방을 위하여 행정안전부령으로 정하는 바에 따라 고령운전자가 운전하는 차임을 나타내는 표지(이하 "고령운전자 표지"라 한다)를 제작하여 배부할 수 있다.

② 고령운전자는 다른 차의 운전자가 쉽게 식별할 수 있도록 차에 고령운전자 표지를 부착하고 운전할 수 있다.

제2장 보행자의 통행방법

제8조(보행자의 통행)

① 보행자는 보도와 차도가 구분된 도로에서는 언제나 보도로 통행하여야 한다. 다만, 차도를 횡단하는 경우, 도로공사 등으로 보도의 통행이 금지된 경우나 그 밖의 부득이한 경우에는 그러하지 아니하다.

② 보행자는 보도와 차도가 구분되지 아니한 도로 중 중앙선이 있는 도로(일방통행인 경우에는 차선으로 구분된 도로를 포함한다)에서는 길가장자리 또는 길가장자리구역으로 통행하여야 한다.

③ 보행자는 다음 각 호의 어느 하나에 해당하는 곳에서는 도로의 전 부분으로 통행할 수 있다. 이 경우 보행자는 고의로 차마의 진행을 방해하여서는 아니 된다.

　　1. 보도와 차도가 구분되지 아니한 도로 중 중앙선이 없는 도로(일방통행인 경우에는 차선으로 구분되지 아니한 도로에 한정한다. 이하 같다)

　　2. 보행자우선도로

④ 보행자는 보도에서는 우측통행을 원칙으로 한다.

제8조의2(실외이동로봇 운용자의 의무)

① 실외이동로봇을 운용하는 사람(실외이동로봇을 조작·관리하는 사람을 포함하며, 이하 "실외이동로봇 운용자"라 한다)은 실외이동로봇의 운용 장치와 그 밖의 장치를 정확하게 조작하여야 한다.

② 실외이동로봇 운용자는 실외이동로봇의 운용 장치를 도로의 교통상황과 실외이동로봇의 구조 및 성능에 따라 차, 노면전차 또는 다른 사람에게 위험과 장해를 주는 방법으로 운용하여서는 아니 된다.

제9조(행렬등의 통행)

① 학생의 대열과 그 밖에 보행자의 통행에 지장을 줄 우려가 있다고 인정하여 대통령령으로 정하는 사람이나 행렬(이하 "행렬등"이라 한다)은 제8조제1항 본문에도 불구하고 차도로 통행할 수 있다. 이 경우 행렬등은 차도의 우측으로 통행하여야 한다.

② 행렬등은 사회적으로 중요한 행사에 따라 시가를 행진하는 경우에는 도로의 중앙을 통행할 수 있다.

③ 경찰공무원은 도로에서의 위험을 방지하고 교통의 안전과 원활한 소통을 확보하기 위하여 필요하다고 인정할 때에는 행렬등에 대하여 구간을 정하고 그 구간에서 행렬등이 도로 또는 차도의 우측(자전거도로가 설치되어 있는 차도에서는 자전거도로를 제외한 부분의 우측을 말한다)으로 붙어서 통행할 것을 명하는 등 필요한 조치를 할 수 있다.

제10조(도로의 횡단)

① 시·도경찰청장은 도로를 횡단하는 보행자의 안전을 위하여 행정안전부령으로 정하는 기준에 따라 횡단보도를 설치할 수 있다.

② 보행자는 제1항에 따른 횡단보도, 지하도, 육교나 그 밖의 도로 횡단시설이 설치되어 있는 도로에서는 그 곳으로 횡단하여야 한다. 다만, 지하도나 육교 등의 도로 횡단시설을 이용할 수 없는 지체장애인의 경우에는 다른 교통에 방해가 되지 아니하는 방법으로 도로 횡단시설을 이용하지 아니하고 도로를 횡단할 수 있다.

③ 보행자는 제1항에 따른 횡단보도가 설치되어 있지 아니한 도로에서는 가장 짧은 거리로 횡단하여야 한다.

④ 보행자는 차와 노면전차의 바로 앞이나 뒤로 횡단하여서는 아니 된다. 다만, 횡단보도를 횡단하거나 신호기 또는 경찰공무원등의 신호나 지시에 따라 도로를 횡단하는 경우에는 그러하지 아니하다.

⑤ 보행자는 안전표지 등에 의하여 횡단이 금지되어 있는 도로의 부분에서는 그 도로를 횡단하여서는 아니 된다.

제11조(어린이 등에 대한 보호)

① 어린이의 보호자는 교통이 빈번한 도로에서 어린이를 놀게 하여서는 아니 되며, 영유아(6세 미만인 사람을 말한다. 이하 같다)의 보호자는 교통이 빈번한 도로에서 영유아가 혼자 보행하게 하여서는 아니 된다.

② 앞을 보지 못하는 사람(이에 준하는 사람을 포함한다. 이하 같다)의 보호자는 그 사람이 도로를 보행할 때에는 흰색 지팡이를 갖고 다니도록 하거나 앞을 보지 못하는 사람에게 길을 안내하는 개로서 행정안전부령으로 정하는 개(이하 "장애인보조견"이라 한다)를 동반하도록 하는 등 필요한 조치를 하여야 한다.

③ 어린이의 보호자는 도로에서 어린이가 자전거를 타거나 행정안전부령으로 정하는 위험성이 큰 움직이는 놀이기구를 타는 경우에는 어린이의 안전을 위하여 행정안전부령으로 정하는 인명보호 장구(裝具)를 착용하도록 하여야 한다.

④ 어린이의 보호자는 도로에서 어린이가 개인형 이동장치를 운전하게 하여서는 아니 된다.

⑤ 경찰공무원은 신체에 장애가 있는 사람이 도로를 통행하거나 횡단하기 위하여 도움을 요청하거나 도움이 필요하다고 인정하는 경우에는 그 사람이 안전하게 통행하거나 횡단할 수 있도록 필요한 조치를 하여야 한다.

⑥ 경찰공무원은 다음 각 호의 어느 하나에 해당하는 사람을 발견한 경우에는 그들의 안전을 위하여 적절한 조치를 하여야 한다.
1. 교통이 빈번한 도로에서 놀고 있는 어린이
2. 보호자 없이 도로를 보행하는 영유아
3. 앞을 보지 못하는 사람으로서 흰색 지팡이를 가지지 아니하거나 장애인보조견을 동반하지 아니하는 등 필요한 조치를 하지 아니하고 다니는 사람
4. 횡단보도나 교통이 빈번한 도로에서 보행에 어려움을 겪고 있는 노인(65세 이상인 사람을 말한다. 이하 같다)

제12조(어린이 보호구역의 지정·해제 및 관리)
① 시장등은 교통사고의 위험으로부터 어린이를 보호하기 위하여 필요하다고 인정하는 경우에는 다음 각 호의 어느 하나에 해당하는 시설이나 장소의 주변도로 가운데 일정 구간을 어린이 보호구역으로 지정하여 자동차등과 노면전차의 통행속도를 시속 30킬로미터 이내로 제한할 수 있다.
1. 「유아교육법」 제2조에 따른 유치원, 「초·중등교육법」 제38조 및 제55조에 따른 초등학교 또는 특수학교
2. 「영유아보육법」 제10조에 따른 어린이집 가운데 행정안전부령으로 정하는 어린이집
3. 「학원의 설립·운영 및 과외교습에 관한 법률」 제2조에 따른 학원 가운데 행정안전부령으로 정하는 학원
4. 「초·중등교육법」 제60조의2 또는 제60조의3에 따른 외국인학교 또는 대안학교, 「대안교육기관에 관한 법률」 제2조제2호에 따른 대안교육기관, 「제주특별자치도 설치 및 국제자유도시 조성을 위한 특별법」 제223조에 따른 국제학교 및 「경제자유구역 및 제주국제자유도시의 외국교육기관 설립·운영에 관한 특별법」 제2조제2호에 따른 외국교육기관 중 유치원·초등학교 교과과정이 있는 학교
5. 그 밖에 어린이가 자주 왕래하는 곳으로서 조례로 정하는 시설 또는 장소

② 제1항에 따른 어린이 보호구역의 지정·해제 절차 및 기준 등에 관하여 필요한 사항은 교육부, 행정안전부 및 국토교통부의 공동부령으로 정한다.

③ 차마 또는 노면전차의 운전자는 어린이 보호구역에서 제1항에 따른 조치를 준수하고 어린이의 안전에 유의하면서 운행하여야 한다. 〈개정 2018. 3. 27.〉

④ 시·도경찰청장, 경찰서장 또는 시장등은 제3항을 위반하는 행위 등의 단속을 위하여 어린이 보호구역의 도로 중에서 행정안전부령으로 정하는 곳에 우선적으로 제4조의2에 따른 무인 교통단속용 장비를 설치하여야 한다.

⑤ 시장등은 제1항에 따라 지정한 어린이 보호구역에 어린이의 안전을 위하여 다음 각 호에 따른 시설 또는 장비를 우선적으로 설치하거나 관할 도로관리청에 해당 시설 또는 장비의 설치를 요청하여야 한다.
1. 어린이 보호구역으로 지정한 시설의 주 출입문과 가장 가까운 거리에 있는 간선도로상 횡단보도의 신호기
2. 속도 제한, 횡단보도, 기점(起點) 및 종점(終點)에 관한 안전표지
3. 「도로법」 제2조제2호에 따른 도로의 부속물 중 과속방지시설 및 차마의 미끄럼을 방지하기 위한 시설
3의2. 방호울타리
4. 그 밖에 교육부, 행정안전부 및 국토교통부의 공동부령으로 정하는 시설 또는 장비

제12조의2(노인 및 장애인 보호구역의 지정·해제 및 관리)
① 시장등은 교통사고의 위험으로부터 노인 또는 장애인을 보호하기 위하여 필요하다고 인정하는 경우에는 제1호부터 제3호까지 및 제3호의2에 따른 시설 또는 장소의 주변도로 가운데 일정 구간을 노인 보호구역으로, 제4호에 따른 시설의 주변도로 가운데 일정 구간을 장애인 보호구역으로 각각 지정하여 차마와 노면전차의 통행을 제한하거나 금지하는 등 필요한 조치를 할 수 있다.
1. 「노인복지법」 제31조에 따른 노인복지시설
2. 「자연공원법」 제2조제1호에 따른 자연공원 또는 「도시공원 및 녹지 등에 관한 법률」 제2조제3호에 따른 도시공원

3. 「체육시설의 설치·이용에 관한 법률」 제6조에 따른 생활체육시설

3의2. 그 밖에 노인이 자주 왕래하는 곳으로서 조례로 정하는 시설 또는 장소

4. 「장애인복지법」 제58조에 따른 장애인복지시설

② 제1항에 따른 노인 보호구역 또는 장애인 보호구역의 지정·해제 절차 및 기준 등에 관하여 필요한 사항은 행정안전부, 보건복지부 및 국토교통부의 공동부령으로 정한다.

③ 차마 또는 노면전차의 운전자는 노인 보호구역 또는 장애인 보호구역에서 제1항에 따른 조치를 준수하고 노인 또는 장애인의 안전에 유의하면서 운행하여야 한다.

제12조의3(보호구역 통합관리시스템 구축·운영 등)

① 경찰청장은 제12조에 따른 어린이 보호구역과 제12조의2에 따른 노인 및 장애인 보호구역에 대한 정보를 수집·관리 및 공개하기 위하여 보호구역 통합관리시스템을 구축·운영하여야 한다.

② 경찰청장은 제1항에 따라 구축된 보호구역 통합관리시스템의 운영에 필요한 정보를 시장등에게 요청할 수 있으며, 요청을 받은 시장등은 정당한 사유가 없으면 그 요청에 따라야 한다.

③ 제1항 및 제2항에 따른 보호구역 통합관리시스템의 구축·운영, 정보 요청 등에 필요한 사항은 교육부, 행정안전부, 보건복지부 및 국토교통부의 공동부령으로 정한다.

제12조의4(보호구역에 대한 실태조사 등)

① 시장등은 제12조에 따른 어린이 보호구역과 제12조의2에 따른 노인 및 장애인 보호구역에서 발생한 교통사고 현황 등 교통환경에 대한 실태조사를 연 1회 이상 실시하고, 그 결과를 보호구역의 지정·해제 및 관리에 반영하여야 한다.

② 제1항에 따른 실태조사의 대상 및 방법 등에 필요한 사항은 교육부, 행정안전부, 보건복지부 및 국토교통부의 공동부령으로 정한다.

③ 시장등은 제1항에 따른 실태조사 업무의 일부를 대통령령으로 정하는 바에 따라 「한국도로교통공단법」에 따른 한국도로교통공단(이하 "한국도로교통공단"이라 한다) 또는 교통 관련 전문기관에 위탁할 수 있다.

제3장 차마 및 노면전차의 통행방법 등

제13조(차마의 통행)

① 차마의 운전자는 보도와 차도가 구분된 도로에서는 차도로 통행하여야 한다. 다만, 도로 외의 곳으로 출입할 때에는 보도를 횡단하여 통행할 수 있다.

② 제1항 단서의 경우 차마의 운전자는 보도를 횡단하기 직전에 일시정지하여 좌측과 우측 부분 등을 살핀 후 보행자의 통행을 방해하지 아니하도록 횡단하여야 한다.

③ 차마의 운전자는 도로(보도와 차도가 구분된 도로에서는 차도를 말한다)의 중앙(중앙선이 설치되어 있는 경우에는 그 중앙선을 말한다. 이하 같다) 우측 부분을 통행하여야 한다.

④ 차마의 운전자는 제3항에도 불구하고 다음 각 호의 어느 하나에 해당하는 경우에는 도로의 중앙이나 좌측 부분을 통행할 수 있다.

1. 도로가 일방통행인 경우
2. 도로의 파손, 도로공사나 그 밖의 장애 등으로 도로의 우측 부분을 통행할 수 없는 경우
3. 도로 우측 부분의 폭이 6미터가 되지 아니하는 도로에서 다른 차를 앞지르려는 경우. 다만, 다음 각 목의 어느 하나에 해당하는 경우에는 그러하지 아니하다.
   가. 도로의 좌측 부분을 확인할 수 없는 경우
   나. 반대 방향의 교통을 방해할 우려가 있는 경우
   다. 안전표지 등으로 앞지르기를 금지하거나 제한하고 있는 경우
4. 도로 우측 부분의 폭이 차마의 통행에 충분하지 아니한 경우
5. 가파른 비탈길의 구부러진 곳에서 교통의 위험을 방지하기 위하여 시·도경찰청장이 필요하다고 인정하여 구간 및 통행방법을 지정하고 있는 경우에 그 지정에 따라 통행하는 경우

⑤ 차마의 운전자는 안전지대 등 안전표지에 의하여 진입이 금지된 장소에 들어가서는 아니 된다.

⑥ 차마(자전거등은 제외한다)의 운전자는 안전표지로 통행이 허용된 장소를 제외하고는 자전거도로 또는 길가장자리구역으로 통행하여서는 아니 된다. 다만, 「자전거 이용 활성화에 관한 법률」 제3조제4호에 따른 자전거 우선도로의 경우에는 그러하지 아니하다.

제13조의2(자전거등의 통행방법의 특례)

① 자전거등의 운전자는 자전거도로(제15조제1항에 따라 자전거만 통행할 수 있도록 설치된 전용차로를 포함한다. 이하 이 조에서 같다)가 따로 있는 곳에서는 그 자전거도로로 통행하여야 한다.

② 자전거등의 운전자는 자전거도로가 설치되지 아니한 곳에서는 도로 우측 가장자리에 붙어서 통행하여야 한다.

③ 자전거등의 운전자는 길가장자리구역(안전표지로 자전거등의 통행을 금지한 구간은 제외한다)을 통행할 수 있다. 이 경우 자전거등의 운전자는 보행자의 통행에 방해가 될 때에는 서행하거나 일시정지하여야 한다.

④ 자전거등의 운전자는 제1항 및 제13조제1항에도 불구하고 다음 각 호의 어느 하나에 해당하는 경우에는 보도를 통행할 수 있다. 이 경우 자전거등의 운전자는 보도 중앙으로부터 차도 쪽 또는 안전표지로 지정된 곳으로 서행하여야 하며, 보행자의 통행에 방해가 될 때에는 일시정지하여야 한다.

  1. 어린이, 노인, 그 밖에 행정안전부령으로 정하는 신체장애인이 자전거를 운전하는 경우. 다만, 「자전거 이용 활성화에 관한 법률」 제2조제1호의2에 따른 전기자전거의 원동기를 끄지 아니하고 운전하는 경우는 제외한다.

  2. 안전표지로 자전거등의 통행이 허용된 경우

  3. 도로의 파손, 도로공사나 그 밖의 장애 등으로 도로를 통행할 수 없는 경우

⑤ 자전거등의 운전자는 안전표지로 통행이 허용된 경우를 제외하고는 2대 이상이 나란히 차도를 통행하여서는 아니 된다.

⑥ 자전거등의 운전자가 횡단보도를 이용하여 도로를 횡단할 때에는 자전거등에서 내려서 자전거등을 끌거나 들고 보행하여야 한다.

제14조(차로의 설치 등)

① 시·도경찰청장은 차마의 교통을 원활하게 하기 위하여 필요한 경우에는 도로에 행정안전부령으로 정하는 차로를 설치할 수 있다. 이 경우 시·도경찰청장은 시간대에 따라 양방향의 통행량이 뚜렷하게 다른 도로에는 교통량이 많은 쪽으로 차로의 수가 확대될 수 있도록 신호기에 의하여 차로의 진행방향을 지시하는 가변차로를 설치할 수 있다.

② 차마의 운전자는 차로가 설치되어 있는 도로에서는 이 법이나 이 법에 따른 명령에 특별한 규정이 있는 경우를 제외하고는 그 차로를 따라 통행하여야 한다. 다만, 시·도경찰청장이 통행방법을 따로 지정한 경우에는 그 방법으로 통행하여야 한다.

③ 차로가 설치된 도로를 통행하려는 경우로서 차의 너비가 행정안전부령으로 정하는 차로의 너비보다 넓어 교통의 안전이나 원활한 소통에 지장을 줄 우려가 있는 경우 그 차의 운전자는 도로를 통행하여서는 아니 된다. 다만, 행정안전부령으로 정하는 바에 따라 그 차의 출발지를 관할하는 경찰서장의 허가를 받은 경우에는 그러하지 아니하다.

④ 경찰서장은 제3항 단서에 따른 허가를 받으려는 차가 「도로법」 제77조제1항 단서에 따른 운행허가를 받아야 하는 차에 해당하는 경우에는 대통령령으로 정하는 바에 따라 그 차가 통행하려는 도로의 관리청과 미리 협의하여야 하며, 이러한 협의를 거쳐 경찰서장의 허가를 받은 차는 「도로법」 제77조제1항 단서에 따른 운행허가를 받은 것으로 본다.

⑤ 차마의 운전자는 안전표지가 설치되어 특별히 진로변경이 금지된 곳에서는 차마의 진로를 변경하여서는 아니 된다. 다만, 도로의 파손이나 도로공사 등으로 인하여 장애물이 있는 경우에는 그러하지 아니하다.

제15조(전용차로의 설치)

① 시장등은 원활한 교통을 확보하기 위하여 특히 필요한 경우에는 시·도경찰청장이나 경찰서장과 협의하여 도로에 전용차로(차의 종류나 승차 인원에 따라 지정된 차만 통행할 수 있는 차로를 말한다. 이하 같다)를 설치할 수 있다.

② 전용차로의 종류, 전용차로로 통행할 수 있는 차와 그 밖에 전용차로의 운영에 필요한 사항은 대통령령으로 정한다.

③ 제2항에 따라 전용차로로 통행할 수 있는 차가 아니면 전용차로로 통행하여서는 아니 된다. 다만, 긴급자동차가 그 본래의 긴급한 용도로 운행되고 있는 경우 등 대통령령으로 정하는 경우에는 그러하지 아니하다.

제15조의2(자전거횡단도의 설치 등)

① 시·도경찰청장은 도로를 횡단하는 자전거 운전자의 안전을 위하여 행정안전부령으로 정하는 기준에 따라 자전거횡단도를 설치할 수 있다.

② 자전거등의 운전자가 자전거등을 타고 자전거횡단도가 따로 있는 도로를 횡단할 때에는 자전거횡단도를 이용하여야 한다.

③ 차마의 운전자는 자전거등이 자전거횡단도를 통행하고 있을 때에는 자전거등의 횡단을 방해하거나 위험하게 하지 아니하도록 그 자전거횡단도 앞(정지선이 설치되어 있는 곳에서는 그 정지선을 말한다)에서 일시정지하여야 한다.

제16조(노면전차 전용로의 설치 등)

① 시장등은 교통을 원활하게 하기 위하여 노면전차 전용도로 또는 전용차로를 설치하려는 경우에는 「도시철도법」 제7조제1항에 따른 도시철도사업계획의 승인 전에 다음 각 호의 사항에 대하여 시·도경찰청장과 협의하여야 한다. 사업 계획을 변경하려는 경우에도 또한 같다.
  1. 노면전차의 설치 방법 및 구간
  2. 노면전차 전용로 내 교통안전시설의 설치
  3. 그 밖에 노면전차 전용로의 관리에 관한 사항
② 노면전차의 운전자는 제1항에 따른 노면전차 전용도로 또는 전용차로로 통행하여야 하며, 차마의 운전자는 노면전차 전용도로 또는 전용차로를 다음 각 호의 경우를 제외하고는 통행하여서는 아니 된다.
  1. 좌회전, 우회전, 횡단 또는 회전하기 위하여 궤도부지를 가로지르는 경우
  2. 도로, 교통안전시설, 도로의 부속물 등의 보수를 위하여 진입이 불가피한 경우
  3. 노면전차 전용차로에서 긴급자동차가 그 본래의 긴급한 용도로 운행되고 있는 경우

제17조(자동차등과 노면전차의 속도)

① 자동차등(개인형 이동장치는 제외한다. 이하 이 조에서 같다)과 노면전차의 도로 통행 속도는 행정안전부령으로 정한다.
② 경찰청장이나 시·도경찰청장은 도로에서 일어나는 위험을 방지하고 교통의 안전과 원활한 소통을 확보하기 위하여 필요하다고 인정하는 경우에는 다음 각 호의 구분에 따라 구역이나 구간을 지정하여 제1항에 따라 정한 속도를 제한할 수 있다.
  1. 경찰청장 : 고속도로
  2. 시·도경찰청장 : 고속도로를 제외한 도로
③ 자동차등과 노면전차의 운전자는 제1항과 제2항에 따른 최고속도보다 빠르게 운전하거나 최저속도보다 느리게 운전하여서는 아니 된다. 다만, 교통이 밀리거나 그 밖의 부득이한 사유로 최저속도보다 느리게 운전할 수밖에 없는 경우에는 그러하지 아니하다.

제18조(횡단 등의 금지)

① 차마의 운전자는 보행자나 다른 차마의 정상적인 통행을 방해할 우려가 있는 경우에는 차마를 운전하여 도로를 횡단하거나 유턴 또는 후진하여서는 아니 된다.
② 시·도경찰청장은 도로에서의 위험을 방지하고 교통의 안전과 원활한 소통을 확보하기 위하여 특히 필요하다고 인정하는 경우에는 도로의 구간을 지정하여 차마의 횡단이나 유턴 또는 후진을 금지할 수 있다.
③ 차마의 운전자는 길가의 건물이나 주차장 등에서 도로에 들어갈 때에는 일단 정지한 후에 안전한지 확인하면서 서행하여야 한다.

제19조(안전거리 확보 등)

① 모든 차의 운전자는 같은 방향으로 가고 있는 앞차의 뒤를 따르는 경우에는 앞차가 갑자기 정지하게 되는 경우 그 앞차와의 충돌을 피할 수 있는 필요한 거리를 확보하여야 한다.
② 자동차등의 운전자는 같은 방향으로 가고 있는 자전거등의 운전자에 주의하여야 하며, 그 옆을 지날 때에는 자전거등과의 충돌을 피할 수 있는 필요한 거리를 확보하여야 한다.
③ 모든 차의 운전자는 차의 진로를 변경하려는 경우에 그 변경하려는 방향으로 오고 있는 다른 차의 정상적인 통행에 장애를 줄 우려가 있을 때에는 진로를 변경하여서는 아니 된다.
④ 모든 차의 운전자는 위험방지를 위한 경우와 그 밖의 부득이한 경우가 아니면 운전하는 차를 갑자기 정지시키거나 속도를 줄이는 등의 급제동을 하여서는 아니 된다.

제20조(진로 양보의 의무)

① 모든 차(긴급자동차는 제외한다)의 운전자는 뒤에서 따라오는 차보다 느린 속도로 가려는 경우에는 도로의 우측 가장자리로 피하여 진로를 양보하여야 한다. 다만, 통행 구분이 설치된 도로의 경우에는 그러하지 아니하다.
② 좁은 도로에서 긴급자동차 외의 자동차가 서로 마주보고 진행할 때에는 다음 각 호의 구분에 따른 자동차가 도로의 우측 가장자리로 피하여 진로를 양보하여야 한다.
  1. 비탈진 좁은 도로에서 자동차가 서로 마주보고 진행하는 경우에는 올라가는 자동차
  2. 비탈진 좁은 도로 외의 좁은 도로에서 사람을 태웠거나 물건을 실은 자동차와 동승자(同乘者)가 없고 물건을 싣지 아니한 자동차가 서로 마주보고 진행하는 경우에는 동승자가 없고 물건을 싣지 아니한 자동차

제21조(앞지르기 방법 등)

① 모든 차의 운전자는 다른 차를 앞지르려면 앞차의 좌측으로 통행하여야 한다.

② 자전거등의 운전자는 서행하거나 정지한 다른 차를 앞지르려면 제1항에도 불구하고 앞차의 우측으로 통행할 수 있다. 이 경우 자전거등의 운전자는 정지한 차에서 승차하거나 하차하는 사람의 안전에 유의하여 서행하거나 필요한 경우 일시정지하여야 한다.

③ 제1항과 제2항의 경우 앞지르려고 하는 모든 차의 운전자는 반대방향의 교통과 앞차 앞쪽의 교통에도 주의를 충분히 기울여야 하며, 앞차의 속도·진로와 그 밖의 도로상황에 따라 방향지시기·등화 또는 경음기(警音機)를 사용하는 등 안전한 속도와 방법으로 앞지르기를 하여야 한다.

④ 모든 차의 운전자는 제1항부터 제3항까지 또는 제60조제2항에 따른 방법으로 앞지르기를 하는 차가 있을 때에는 속도를 높여 경쟁하거나 그 차의 앞을 가로막는 등의 방법으로 앞지르기를 방해하여서는 아니 된다.

제22조(앞지르기 금지의 시기 및 장소)

① 모든 차의 운전자는 다음 각 호의 어느 하나에 해당하는 경우에는 앞차를 앞지르지 못한다.
1. 앞차의 좌측에 다른 차가 앞차와 나란히 가고 있는 경우
2. 앞차가 다른 차를 앞지르고 있거나 앞지르려고 하는 경우

② 모든 차의 운전자는 다음 각 호의 어느 하나에 해당하는 다른 차를 앞지르지 못한다.
1. 이 법이나 이 법에 따른 명령에 따라 정지하거나 서행하고 있는 차
2. 경찰공무원의 지시에 따라 정지하거나 서행하고 있는 차
3. 위험을 방지하기 위하여 정지하거나 서행하고 있는 차

③ 모든 차의 운전자는 다음 각 호의 어느 하나에 해당하는 곳에서는 다른 차를 앞지르지 못한다.
1. 교차로
2. 터널 안
3. 다리 위
4. 도로의 구부러진 곳, 비탈길의 고갯마루 부근 또는 가파른 비탈길의 내리막 등 시·도경찰청장이 도로에서의 위험을 방지하고 교통의 안전과 원활한 소통을 확보하기 위하여 필요하다고 인정하는 곳으로서 안전표지로 지정한 곳

제23조(끼어들기의 금지)
모든 차의 운전자는 제22조제2항 각 호의 어느 하나에 해당하는 다른 차 앞으로 끼어들지 못한다.

제24조(철길 건널목의 통과)

① 모든 차 또는 노면전차의 운전자는 철길 건널목(이하 "건널목"이라 한다)을 통과하려는 경우에는 건널목 앞에서 일시정지하여 안전한지 확인한 후에 통과하여야 한다. 다만, 신호기 등이 표시하는 신호에 따르는 경우에는 정지하지 아니하고 통과할 수 있다.

② 모든 차 또는 노면전차의 운전자는 건널목의 차단기가 내려져 있거나 내려지려고 하는 경우 또는 건널목의 경보기가 울리고 있는 동안에는 그 건널목으로 들어가서는 아니 된다.

③ 모든 차 또는 노면전차의 운전자는 건널목을 통과하다가 고장 등의 사유로 건널목 안에서 차 또는 노면전차를 운행할 수 없게 된 경우에는 즉시 승객을 대피시키고 비상신호기 등을 사용하거나 그 밖의 방법으로 철도공무원이나 경찰공무원에게 그 사실을 알려야 한다.

제25조(교차로 통행방법)

① 모든 차의 운전자는 교차로에서 우회전을 하려는 경우에는 미리 도로의 우측 가장자리를 서행하면서 우회전하여야 한다. 이 경우 우회전하는 차의 운전자는 신호에 따라 정지하거나 진행하는 보행자 또는 자전거등에 주의하여야 한다.

② 모든 차의 운전자는 교차로에서 좌회전을 하려는 경우에는 미리 도로의 중앙선을 따라 서행하면서 교차로의 중심 안쪽을 이용하여 좌회전하여야 한다. 다만, 시·도경찰청장이 교차로의 상황에 따라 특히 필요하다고 인정하여 지정한 곳에서는 교차로의 중심 바깥쪽을 통과할 수 있다.

③ 제2항에도 불구하고 자전거등의 운전자는 교차로에서 좌회전하려는 경우에는 미리 도로의 우측 가장자리로 붙어 서행하면서 교차로의 가장자리 부분을 이용하여 좌회전하여야 한다.

④ 제1항부터 제3항까지의 규정에 따라 우회전이나 좌회전을 하기 위하여 손이나 방향지시기 또는 등화로써 신호를 하는 차가 있는 경우에 그 뒤차의 운전자는 신호를 한 앞차의 진행을 방해하여서는 아니 된다.

⑤ 모든 차 또는 노면전차의 운전자는 신호기로 교통정리를 하고 있는 교차로에 들어가려는 경우에는 진행하려는 진로의 앞쪽에 있는 차 또는 노면전차의 상황에 따라 교차로(정지선이 설치되어 있는 경우에는

그 정지선을 넘은 부분을 말한다)에 정지하게 되어 다른 차 또는 노면전차의 통행에 방해가 될 우려가 있는 경우에는 그 교차로에 들어가서는 아니 된다.

⑥ 모든 차의 운전자는 교통정리를 하고 있지 아니하고 일시정지나 양보를 표시하는 안전표지가 설치되어 있는 교차로에 들어가려고 할 때에는 다른 차의 진행을 방해하지 아니하도록 일시정지하거나 양보하여야 한다.

제25조의2(회전교차로 통행방법)

① 모든 차의 운전자는 회전교차로에서는 반시계방향으로 통행하여야 한다.

② 모든 차의 운전자는 회전교차로에 진입하려는 경우에는 서행하거나 일시정지하여야 하며, 이미 진행하고 있는 다른 차가 있는 때에는 그 차에 진로를 양보하여야 한다.

③ 제1항 및 제2항에 따라 회전교차로 통행을 위하여 손이나 방향지시기 또는 등화로써 신호를 하는 차가 있는 경우 그 뒤차의 운전자는 신호를 한 앞차의 진행을 방해하여서는 아니 된다.

제26조(교통정리가 없는 교차로에서의 양보운전)

① 교통정리를 하고 있지 아니하는 교차로에 들어가려고 하는 차의 운전자는 이미 교차로에 들어가 있는 다른 차가 있을 때에는 그 차에 진로를 양보하여야 한다.

② 교통정리를 하고 있지 아니하는 교차로에 들어가려고 하는 차의 운전자는 그 차가 통행하고 있는 도로의 폭보다 교차하는 도로의 폭이 넓은 경우에는 서행하여야 하며, 폭이 넓은 도로로부터 교차로에 들어가려고 하는 다른 차가 있을 때에는 그 차에 진로를 양보하여야 한다.

③ 교통정리를 하고 있지 아니하는 교차로에 동시에 들어가려고 하는 차의 운전자는 우측도로의 차에 진로를 양보하여야 한다.

④ 교통정리를 하고 있지 아니하는 교차로에서 좌회전하려고 하는 차의 운전자는 그 교차로에서 직진하거나 우회전하려는 다른 차가 있을 때에는 그 차에 진로를 양보하여야 한다.

제27조(보행자의 보호)

① 모든 차 또는 노면전차의 운전자는 보행자(제13조의2 제6항에 따라 자전거등에서 내려서 자전거등을 끌거나 들고 통행하는 자전거등의 운전자를 포함한다)가 횡단보도를 통행하고 있거나 통행하려고 하는 때에는 보행자의 횡단을 방해하거나 위험을 주지 아니하

도록 그 횡단보도 앞(정지선이 설치되어 있는 곳에서는 그 정지선을 말한다)에서 일시정지하여야 한다.

② 모든 차 또는 노면전차의 운전자는 교통정리를 하고 있는 교차로에서 좌회전이나 우회전을 하려는 경우에는 신호기 또는 경찰공무원등의 신호나 지시에 따라 도로를 횡단하는 보행자의 통행을 방해하여서는 아니 된다.

③ 모든 차의 운전자는 교통정리를 하고 있지 아니하는 교차로 또는 그 부근의 도로를 횡단하는 보행자의 통행을 방해하여서는 아니 된다.

④ 모든 차의 운전자는 도로에 설치된 안전지대에 보행자가 있는 경우와 차로가 설치되지 아니한 좁은 도로에서 보행자의 옆을 지나는 경우에는 안전한 거리를 두고 서행하여야 한다.

⑤ 모든 차 또는 노면전차의 운전자는 보행자가 제10조 제3항에 따라 횡단보도가 설치되어 있지 아니한 도로를 횡단하고 있을 때에는 안전거리를 두고 일시정지하여 보행자가 안전하게 횡단할 수 있도록 하여야 한다.

⑥ 모든 차의 운전자는 다음 각 호의 어느 하나에 해당하는 곳에서 보행자의 옆을 지나는 경우에는 안전한 거리를 두고 서행하여야 하며, 보행자의 통행에 방해가 될 때에는 서행하거나 일시정지하여 보행자가 안전하게 통행할 수 있도록 하여야 한다.
  1. 보도와 차도가 구분되지 아니한 도로 중 중앙선이 없는 도로
  2. 보행자우선도로
  3. 도로 외의 곳

⑦ 모든 차 또는 노면전차의 운전자는 제12조제1항에 따른 어린이 보호구역 내에 설치된 횡단보도 중 신호기가 설치되지 아니한 횡단보도 앞(정지선이 설치된 경우에는 그 정지선을 말한다)에서는 보행자의 횡단 여부와 관계없이 일시정지하여야 한다.

제28조(보행자전용도로의 설치)

① 시·도경찰청장이나 경찰서장은 보행자의 통행을 보호하기 위하여 특히 필요한 경우에는 도로에 보행자전용도로를 설치할 수 있다.

② 차마 또는 노면전차의 운전자는 제1항에 따른 보행자전용도로를 통행하여서는 아니 된다. 다만, 시·도경찰청장이나 경찰서장은 특히 필요하다고 인정하는 경우에는 보행자전용도로에 차마의 통행을 허용할 수 있다.

③ 제2항 단서에 따라 보행자전용도로의 통행이 허용된 차마의 운전자는 보행자를 위험하게 하거나 보행자의 통행을 방해하지 아니하도록 차마를 보행자의 걸음 속도로 운행하거나 일시정지하여야 한다.

제28조의2(보행자우선도로) 시·도경찰청장이나 경찰서장은 보행자우선도로에서 보행자를 보호하기 위하여 필요하다고 인정하는 경우에는 차마의 통행속도를 시속 20킬로미터 이내로 제한할 수 있다.

제29조(긴급자동차의 우선 통행)
① 긴급자동차는 제13조제3항에도 불구하고 긴급하고 부득이한 경우에는 도로의 중앙이나 좌측 부분을 통행할 수 있다.
② 긴급자동차는 이 법이나 이 법에 따른 명령에 따라 정지하여야 하는 경우에도 불구하고 긴급하고 부득이한 경우에는 정지하지 아니할 수 있다.
③ 긴급자동차의 운전자는 제1항이나 제2항의 경우에 교통안전에 특히 주의하면서 통행하여야 한다.
④ 교차로나 그 부근에서 긴급자동차가 접근하는 경우에는 차마와 노면전차의 운전자는 교차로를 피하여 일시정지하여야 한다.
⑤ 모든 차와 노면전차의 운전자는 제4항에 따른 곳 외의 곳에서 긴급자동차가 접근한 경우에는 긴급자동차가 우선통행할 수 있도록 진로를 양보하여야 한다.
⑥ 제2조제22호 각 목의 자동차 운전자는 해당 자동차를 그 본래의 긴급한 용도로 운행하지 아니하는 경우에는 「자동차관리법」에 따라 설치된 경광등을 켜거나 사이렌을 작동하여서는 아니 된다. 다만, 대통령령으로 정하는 바에 따라 범죄 및 화재 예방 등을 위한 순찰·훈련 등을 실시하는 경우에는 그러하지 아니하다.

제30조(긴급자동차에 대한 특례) 긴급자동차에 대하여는 다음 각 호의 사항을 적용하지 아니한다. 다만, 제4호부터 제12호까지의 사항은 긴급자동차 중 제2조제22호가목부터 다목까지의 자동차와 대통령령으로 정하는 경찰용 자동차에 대해서만 적용하지 아니한다.
 1. 제17조에 따른 자동차등의 속도 제한. 다만, 제17조에 따라 긴급자동차에 대하여 속도를 제한한 경우에는 같은 조의 규정을 적용한다.
 2. 제22조에 따른 앞지르기의 금지
 3. 제23조에 따른 끼어들기의 금지
 4. 제5조에 따른 신호위반
 5. 제13조제1항에 따른 보도침범
 6. 제13조제3항에 따른 중앙선 침범

 7. 제18조에 따른 횡단 등의 금지
 8. 제19조에 따른 안전거리 확보 등
 9. 제21조제1항에 따른 앞지르기 방법 등
 10. 제32조에 따른 정차 및 주차의 금지
 11. 제33조에 따른 주차금지
 12. 제66조에 따른 고장 등의 조치

제31조(서행 또는 일시정지할 장소)
① 모든 차 또는 노면전차의 운전자는 다음 각 호의 어느 하나에 해당하는 곳에서는 서행하여야 한다.
 1. 교통정리를 하고 있지 아니하는 교차로
 2. 도로가 구부러진 부근
 3. 비탈길의 고갯마루 부근
 4. 가파른 비탈길의 내리막
 5. 시·도경찰청장이 도로에서의 위험을 방지하고 교통의 안전과 원활한 소통을 확보하기 위하여 필요하다고 인정하여 안전표지로 지정한 곳
② 모든 차 또는 노면전차의 운전자는 다음 각 호의 어느 하나에 해당하는 곳에서는 일시정지하여야 한다.
 1. 교통정리를 하고 있지 아니하고 좌우를 확인할 수 없거나 교통이 빈번한 교차로
 2. 시·도경찰청장이 도로에서의 위험을 방지하고 교통의 안전과 원활한 소통을 확보하기 위하여 필요하다고 인정하여 안전표지로 지정한 곳

제32조(정차 및 주차의 금지) 모든 차의 운전자는 다음 각 호의 어느 하나에 해당하는 곳에서는 차를 정차하거나 주차하여서는 아니 된다. 다만, 이 법이나 이 법에 따른 명령 또는 경찰공무원의 지시를 따르는 경우와 위험방지를 위하여 일시정지하는 경우에는 그러하지 아니하다.
 1. 교차로·횡단보도·건널목이나 보도와 차도가 구분된 도로의 보도(「주차장법」에 따라 차도와 보도에 걸쳐서 설치된 노상주차장은 제외한다)
 2. 교차로의 가장자리나 도로의 모퉁이로부터 5미터 이내인 곳
 3. 안전지대가 설치된 도로에서는 그 안전지대의 사방으로부터 각각 10미터 이내인 곳
 4. 버스여객자동차의 정류지(停留地)임을 표시하는 기둥이나 표지판 또는 선이 설치된 곳으로부터 10미터 이내인 곳. 다만, 버스여객자동차의 운전자가 그 버스여객자동차의 운행시간 중에 운행노선에 따르는 정류장에서 승객을 태우거나 내리기 위하여 차를 정차하거나 주차하는 경우에는 그러하지 아니하다.

5. 건널목의 가장자리 또는 횡단보도로부터 10미터 이내인 곳
6. 다음 각 목의 곳으로부터 5미터 이내인 곳
   가. 「소방기본법」 제10조에 따른 소방용수시설 또는 비상소화장치가 설치된 곳
   나. 「소방시설 설치 및 관리에 관한 법률」 제2조제1항제1호에 따른 소방시설로서 대통령령으로 정하는 시설이 설치된 곳
7. 시·도경찰청장이 도로에서의 위험을 방지하고 교통의 안전과 원활한 소통을 확보하기 위하여 필요하다고 인정하여 지정한 곳
8. 시장등이 제12조제1항에 따라 지정한 어린이 보호구역

제33조(주차금지의 장소) 모든 차의 운전자는 다음 각 호의 어느 하나에 해당하는 곳에 차를 주차해서는 아니 된다.
1. 터널 안 및 다리 위
2. 다음 각 목의 곳으로부터 5미터 이내인 곳
   가. 도로공사를 하고 있는 경우에는 그 공사 구역의 양쪽 가장자리
   나. 「다중이용업소의 안전관리에 관한 특별법」에 따른 다중이용업소의 영업장이 속한 건축물로 소방본부장의 요청에 의하여 시·도경찰청장이 지정한 곳
3. 시·도경찰청장이 도로에서의 위험을 방지하고 교통의 안전과 원활한 소통을 확보하기 위하여 필요하다고 인정하여 지정한 곳

제34조(정차 또는 주차의 방법 및 시간의 제한) 도로 또는 노상주차장에 정차하거나 주차하려고 하는 차의 운전자는 차를 차도의 우측 가장자리에 정차하는 등 대통령령으로 정하는 정차 또는 주차의 방법·시간과 금지사항 등을 지켜야 한다.

제34조의2(정차 또는 주차를 금지하는 장소의 특례)
① 다음 각 호의 어느 하나에 해당하는 경우에는 제32조제1호·제4호·제5호·제7호·제8호 또는 제33조제3호에도 불구하고 정차하거나 주차할 수 있다.
1. 「자전거 이용 활성화에 관한 법률」 제2조제2호에 따른 자전거이용시설 중 전기자전거 충전소 및 자전거주차장치에 자전거를 정차 또는 주차하는 경우
2. 시장등의 요청에 따라 시·도경찰청장이 안전표지로 자전거등의 정차 또는 주차를 허용한 경우
② 시·도경찰청장이 안전표지로 구역·시간·방법 및 차의 종류를 정하여 정차나 주차를 허용한 곳에서는 제32조제7호·제8호 또는 제33조제3호에도 불구하고 정차하거나 주차할 수 있다.

제34조의3(경사진 곳에서의 정차 또는 주차의 방법) 경사진 곳에 정차하거나 주차(도로 외의 경사진 곳에서 정차하거나 주차하는 경우를 포함한다)하려는 자동차의 운전자는 대통령령으로 정하는 바에 따라 고임목을 설치하거나 조향장치(操向裝置)를 도로의 가장자리 방향으로 돌려놓는 등 미끄럼 사고의 발생을 방지하기 위한 조치를 취하여야 한다.

제35조(주차위반에 대한 조치)
① 다음 각 호의 어느 하나에 해당하는 사람은 제32조·제33조 또는 제34조를 위반하여 주차하고 있는 차가 교통에 위험을 일으키게 하거나 방해될 우려가 있을 때에는 차의 운전자 또는 관리 책임이 있는 사람에게 주차 방법을 변경하거나 그 곳으로부터 이동할 것을 명할 수 있다.
1. 경찰공무원
2. 시장등(도지사를 포함한다. 이하 이 조에서 같다)이 대통령령으로 정하는 바에 따라 임명하는 공무원(이하 "시·군공무원"이라 한다)
② 경찰서장이나 시장등은 제1항의 경우 차의 운전자나 관리 책임이 있는 사람이 현장에 없을 때에는 도로에서 일어나는 위험을 방지하고 교통의 안전과 원활한 소통을 확보하기 위하여 필요한 범위에서 그 차의 주차방법을 직접 변경하거나 변경에 필요한 조치를 할 수 있으며, 부득이한 경우에는 관할 경찰서나 경찰서장 또는 시장등이 지정하는 곳으로 이동하게 할 수 있다.
③ 경찰서장이나 시장등은 제2항에 따라 주차위반 차를 관할 경찰서나 경찰서장 또는 시장등이 지정하는 곳으로 이동시킨 경우에는 선량한 관리자로서의 주의의무를 다하여 보관하여야 하며, 그 사실을 차의 사용자(소유자 또는 소유자로부터 차의 관리에 관한 위탁을 받은 사람을 말한다. 이하 같다)나 운전자에게 신속히 알리는 등 반환에 필요한 조치를 하여야 한다.
④ 제3항의 경우 차의 사용자나 운전자의 성명·주소를 알 수 없을 때에는 대통령령으로 정하는 방법에 따라 공고하여야 한다.
⑤ 경찰서장이나 시장등은 제3항과 제4항에 따라 차의 반환에 필요한 조치 또는 공고를 하였음에도 불구하고 그 차의 사용자나 운전자가 조치 또는 공고를 한 날부터 1개월 이내에 그 반환을 요구하지 아니할 때에는 대통령령으로 정하는 바에 따라 그 차를 매각하거나 폐차할 수 있다.

⑥ 제2항부터 제5항까지의 규정에 따른 주차위반 차의 이동·보관·공고·매각 또는 폐차 등에 들어간 비용은 그 차의 사용자가 부담한다. 이 경우 그 비용의 징수에 관하여는 「행정대집행법」 제5조 및 제6조를 적용한다.

⑦ 제5항에 따라 차를 매각하거나 폐차한 경우 그 차의 이동·보관·공고·매각 또는 폐차 등에 들어간 비용을 충당하고 남은 금액이 있는 경우에는 그 금액을 그 차의 사용자에게 지급하여야 한다. 다만, 그 차의 사용자에게 지급할 수 없는 경우에는 「공탁법」에 따라 그 금액을 공탁하여야 한다.

제36조(차의 견인 및 보관업무 등의 대행)

① 경찰서장이나 시장등은 제35조에 따라 견인하도록 한 차의 견인·보관 및 반환 업무의 전부 또는 일부를 그에 필요한 인력·시설·장비 등 자격요건을 갖춘 법인·단체 또는 개인(이하 "법인등"이라 한다)으로 하여금 대행하게 할 수 있다.

② 제1항에 따라 차의 견인·보관 및 반환 업무를 대행하는 법인등이 갖추어야 하는 인력·시설 및 장비 등의 요건과 그 밖에 업무의 대행에 필요한 사항은 대통령령으로 정한다.

③ 경찰서장이나 시장등은 제1항에 따라 차의 견인·보관 및 반환 업무를 대행하게 하는 경우에는 그 업무의 수행에 필요한 조치와 교육을 명할 수 있다.

④ 제1항에 따라 차의 견인·보관 및 반환 업무를 대행하는 법인등의 담당 임원 및 직원은 「형법」 제129조부터 제132조까지의 규정을 적용할 때에는 공무원으로 본다.

제37조(차와 노면전차의 등화)

① 모든 차 또는 노면전차의 운전자는 다음 각 호의 어느 하나에 해당하는 경우에는 대통령령으로 정하는 바에 따라 전조등(前照燈), 차폭등(車幅燈), 미등(尾燈)과 그 밖의 등화를 켜야 한다.

1. 밤(해가 진 후부터 해가 뜨기 전까지를 말한다. 이하 같다)에 도로에서 차 또는 노면전차를 운행하거나 고장이나 그 밖의 부득이한 사유로 도로에서 차 또는 노면전차를 정차 또는 주차하는 경우

2. 안개가 끼거나 비 또는 눈이 올 때에 도로에서 차 또는 노면전차를 운행하거나 고장이나 그 밖의 부득이한 사유로 도로에서 차 또는 노면전차를 정차 또는 주차하는 경우

3. 터널 안을 운행하거나 고장 또는 그 밖의 부득이한 사유로 터널 안 도로에서 차 또는 노면전차를 정차 또는 주차하는 경우

② 모든 차 또는 노면전차의 운전자는 밤에 차 또는 노면전차가 서로 마주보고 진행하거나 앞차의 바로 뒤를 따라가는 경우에는 대통령령으로 정하는 바에 따라 등화의 밝기를 줄이거나 잠시 등화를 끄는 등의 필요한 조작을 하여야 한다.

제38조(차의 신호)

① 모든 차의 운전자는 좌회전·우회전·횡단·유턴·서행·정지 또는 후진을 하거나 같은 방향으로 진행하면서 진로를 바꾸려고 하는 경우와 회전교차로에 진입하거나 회전교차로에서 진출하는 경우에는 손이나 방향지시기 또는 등화로써 그 행위가 끝날 때까지 신호를 하여야 한다.

② 제1항의 신호를 하는 시기와 방법은 대통령령으로 정한다.

제39조(승차 또는 적재의 방법과 제한)

① 모든 차의 운전자는 승차 인원, 적재중량 및 적재용량에 관하여 대통령령으로 정하는 운행상의 안전기준을 넘어서 승차시키거나 적재한 상태로 운전하여서는 아니 된다. 다만, 출발지를 관할하는 경찰서장의 허가를 받은 경우에는 그러하지 아니하다.

② 제1항 단서에 따른 허가를 받으려는 차가 「도로법」 제77조제1항 단서에 따른 운행허가를 받아야 하는 차에 해당하는 경우에는 제14조제4항을 준용한다.

③ 모든 차 또는 노면전차의 운전자는 운전 중 타고 있는 사람 또는 타고 내리는 사람이 떨어지지 아니하도록 하기 위하여 문을 정확히 여닫는 등 필요한 조치를 하여야 한다.

④ 모든 차의 운전자는 운전 중 실은 화물이 떨어지지 아니하도록 덮개를 씌우거나 묶는 등 확실하게 고정될 수 있도록 필요한 조치를 하여야 한다.

⑤ 모든 차의 운전자는 영유아나 동물을 안고 운전 장치를 조작하거나 운전석 주위에 물건을 싣는 등 안전에 지장을 줄 우려가 있는 상태로 운전하여서는 아니 된다.

⑥ 시·도경찰청장은 도로에서의 위험을 방지하고 교통의 안전과 원활한 소통을 확보하기 위하여 필요하다고 인정하는 경우에는 차의 운전자에 대하여 승차 인원, 적재중량 또는 적재용량을 제한할 수 있다.

제40조(정비불량차의 운전 금지)
모든 차의 사용자, 정비책임자 또는 운전자는 「자동차관리법」, 「건설기계관리법」이나 그 법에 따른 명령에 의한 장치가 정비되어 있지 아니한 차(이하 "정비불량차"라 한다)를 운전하도록 시키거나 운전하여서는 아니 된다.

제41조(정비불량차의 점검)
① 경찰공무원은 정비불량차에 해당한다고 인정하는 차가 운행되고 있는 경우에는 우선 그 차를 정지시킨 후, 운전자에게 그 차의 자동차등록증 또는 자동차 운전면허증을 제시하도록 요구하고 그 차의 장치를 점검할 수 있다.
② 경찰공무원은 제1항에 따라 점검한 결과 정비불량 사항이 발견된 경우에는 그 정비불량 상태의 정도에 따라 그 차의 운전자로 하여금 응급조치를 하게 한 후에 운전을 하도록 하거나 도로 또는 교통 상황을 고려하여 통행구간, 통행로와 위험방지를 위한 필요한 조건을 정한 후 그에 따라 운전을 계속하게 할 수 있다.
③ 시·도경찰청장은 제2항에도 불구하고 정비 상태가 매우 불량하여 위험발생의 우려가 있는 경우에는 그 차의 자동차등록증을 보관하고 운전의 일시정지를 명할 수 있다. 이 경우 필요하면 10일의 범위에서 정비기간을 정하여 그 차의 사용을 정지시킬 수 있다.
④ 제1항부터 제3항까지의 규정에 따른 장치의 점검 및 사용의 정지에 필요한 사항은 대통령령으로 정한다.

제42조(유사 표지의 제한 및 운행금지)
① 누구든지 자동차등(개인형 이동장치는 제외한다)에 교통단속용자동차·범죄수사용자동차나 그 밖의 긴급자동차와 유사하거나 혐오감을 주는 도색(塗色)이나 표지 등을 하거나 그러한 도색이나 표지 등을 한 자동차등을 운전하여서는 아니 된다.
② 제1항에 따라 제한되는 도색이나 표지 등의 범위는 대통령령으로 정한다.

제4장 운전자 및 고용주 등의 의무

제43조(무면허운전 등의 금지) 누구든지 제80조에 따라 시·도경찰청장으로부터 운전면허를 받지 아니하거나 운전면허의 효력이 정지된 경우에는 자동차등을 운전하여서는 아니 된다.

제44조(술에 취한 상태에서의 운전 금지)
① 누구든지 술에 취한 상태에서 자동차등(「건설기계관리법」 제26조제1항 단서에 따른 건설기계 외의 건설기계를 포함한다. 이하 이 조, 제45조, 제47조, 제93조제1항제1호부터 제4호까지 및 제148조의2에서 같다), 노면전차 또는 자전거를 운전하여서는 아니 된다.
② 경찰공무원은 교통의 안전과 위험방지를 위하여 필요하다고 인정하거나 제1항을 위반하여 술에 취한 상태에서 자동차등, 노면전차 또는 자전거를 운전하였다고 인정할 만한 상당한 이유가 있는 경우에는 운전자가 술에 취하였는지를 호흡조사로 측정할 수 있다. 이 경우 운전자는 경찰공무원의 측정에 응하여야 한다.
③ 제2항에 따른 측정 결과에 불복하는 운전자에 대하여는 그 운전자의 동의를 받아 혈액 채취 등의 방법으로 다시 측정할 수 있다.
④ 제1항에 따라 운전이 금지되는 술에 취한 상태의 기준은 운전자의 혈중알코올농도가 0.03퍼센트 이상인 경우로 한다.
⑤ 제2항 및 제3항에 따른 측정의 방법, 절차 등 필요한 사항은 행정안전부령으로 정한다.

제44조(술에 취한 상태에서의 운전 금지)
① 누구든지 술에 취한 상태에서 자동차등(「건설기계관리법」 제26조제1항 단서에 따른 건설기계 외의 건설기계를 포함한다. 이하 이 조, 제45조, 제47조, 제50조의3, 제93조제1항제1호부터 제4호까지 및 제148조의2에서 같다), 노면전차 또는 자전거를 운전하여서는 아니 된다.
② 경찰공무원은 교통의 안전과 위험방지를 위하여 필요하다고 인정하거나 제1항을 위반하여 술에 취한 상태에서 자동차등, 노면전차 또는 자전거를 운전하였다고 인정할 만한 상당한 이유가 있는 경우에는 운전자가 술에 취하였는지를 호흡조사로 측정할 수 있다. 이 경우 운전자는 경찰공무원의 측정에 응하여야 한다.
③ 제2항에 따른 측정 결과에 불복하는 운전자에 대하여는 그 운전자의 동의를 받아 혈액 채취 등의 방법으로 다시 측정할 수 있다.
④ 제1항에 따라 운전이 금지되는 술에 취한 상태의 기준은 운전자의 혈중알코올농도가 0.03퍼센트 이상인 경우로 한다.
⑤ 제2항 및 제3항에 따른 측정의 방법, 절차 등 필요한 사항은 행정안전부령으로 정한다.

제45조(과로한 때 등의 운전 금지) 자동차등(개인형 이동장치는 제외한다) 또는 노면전차의 운전자는 제44조에 따른 술에 취한 상태 외에 과로, 질병 또는 약물(마약, 대마 및 향정신성의약품과 그 밖에 행정안전부령으로 정하는 것을 말한다. 이하 같다)의 영향과 그 밖의 사유로 정상적으로 운전하지 못할 우려가 있는 상태에서 자동차등 또는 노면전차를 운전하여서는 아니 된다.

제46조(공동 위험행위의 금지)

① 자동차등(개인형 이동장치는 제외한다. 이하 이 조에서 같다)의 운전자는 도로에서 2명 이상이 공동으로 2대 이상의 자동차등을 정당한 사유 없이 앞뒤로 또는 좌우로 줄지어 통행하면서 다른 사람에게 위해(危害)를 끼치거나 교통상의 위험을 발생하게 하여서는 아니 된다.

② 자동차등의 동승자는 제1항에 따른 공동 위험행위를 주도하여서는 아니 된다.

제46조의2(교통단속용 장비의 기능방해 금지) 누구든지

교통단속을 회피할 목적으로 교통단속용 장비의 기능을 방해하는 장치를 제작·수입·판매 또는 장착하여서는 아니 된다.

제46조의3(난폭운전 금지) 자동차등(개인형 이동장치는

제외한다)의 운전자는 다음 각 호 중 둘 이상의 행위를 연달아 하거나, 하나의 행위를 지속 또는 반복하여 다른 사람에게 위협 또는 위해를 가하거나 교통상의 위험을 발생하게 하여서는 아니 된다.

1. 제5조에 따른 신호 또는 지시 위반
2. 제13조제3항에 따른 중앙선 침범
3. 제17조제3항에 따른 속도의 위반
4. 제18조제1항에 따른 횡단·유턴·후진 금지 위반
5. 제19조에 따른 안전거리 미확보, 진로변경 금지 위반, 급제동 금지 위반
6. 제21조제1항·제3항 및 제4항에 따른 앞지르기 방법 또는 앞지르기의 방해금지 위반
7. 제49조제1항제8호에 따른 정당한 사유 없는 소음 발생
8. 제60조제2항에 따른 고속도로에서의 앞지르기 방법 위반
9. 제62조에 따른 고속도로등에서의 횡단·유턴·후진 금지 위반

제47조(위험방지를 위한 조치)

① 경찰공무원은 자동차등 또는 노면전차의 운전자가 제43조부터 제45조까지의 규정을 위반하여 자동차등 또는 노면전차를 운전하고 있다고 인정되는 경우에는 자동차등 또는 노면전차를 일시정지시키고 그 운전자에게 자동차 운전면허증(이하 "운전면허증"이라 한다)을 제시할 것을 요구할 수 있다.

② 경찰공무원은 제44조 및 제45조를 위반하여 자동차등 또는 노면전차를 운전하는 사람이나 제44조를 위반하여 자전거등을 운전하는 사람에 대하여는 정상적으로 운전할 수 있는 상태가 될 때까지 운전의 금지를 명하고 차를 이동시키는 등 필요한 조치를 할 수 있다.

③ 제2항에 따른 차의 이동조치에 대해서는 제35조제3항부터 제7항까지 및 제36조의 규정을 준용한다.

제48조(안전운전 및 친환경 경제운전의 의무)

① 모든 차 또는 노면전차의 운전자는 차 또는 노면전차의 조향장치와 제동장치, 그 밖의 장치를 정확하게 조작하여야 하며, 도로의 교통상황과 차 또는 노면전차의 구조 및 성능에 따라 다른 사람에게 위험과 장해를 주는 속도나 방법으로 운전하여서는 아니 된다.

② 모든 차의 운전자는 차를 친환경적이고 경제적인 방법으로 운전하여 연료소모와 탄소배출을 줄이도록 노력하여야 한다.

제49조(모든 운전자의 준수사항 등)

① 모든 차 또는 노면전차의 운전자는 다음 각 호의 사항을 지켜야 한다.

1. 물이 고인 곳을 운행할 때에는 고인 물을 튀게 하여 다른 사람에게 피해를 주는 일이 없도록 할 것
2. 다음 각 목의 어느 하나에 해당하는 경우에는 일시정지할 것
   가. 어린이가 보호자 없이 도로를 횡단할 때, 어린이가 도로에서 앉아 있거나 서 있을 때 또는 어린이가 도로에서 놀이를 할 때 등 어린이에 대한 교통사고의 위험이 있는 것을 발견한 경우
   나. 앞을 보지 못하는 사람이 흰색 지팡이를 가지거나 장애인보조견을 동반하는 등의 조치를 하고 도로를 횡단하고 있는 경우
   다. 지하도나 육교 등 도로 횡단시설을 이용할 수 없는 지체장애인이나 노인 등이 도로를 횡단하고 있는 경우
3. 자동차의 앞면 창유리와 운전석 좌우 옆면 창유리의 가시광선(可視光線)의 투과율이 대통령령으로 정하는 기준보다 낮아 교통안전 등에 지장을 줄 수 있는 차를 운전하지 아니할 것. 다만, 요인(要人) 경호용, 구급용 및 장의용(葬儀用) 자동차는 제외한다.
4. 교통단속용 장비의 기능을 방해하는 장치를 한 차나 그 밖에 안전운전에 지장을 줄 수 있는 것으로서 행정안전부령으로 정하는 기준에 적합하지 아니한 장치를 한 차를 운전하지 아니할 것. 다만, 자율주행자동차의 신기술 개발을 위한 장치를 장착하는 경우에는 그러하지 아니하다.

5. 도로에서 자동차등(개인형 이동장치는 제외한다. 이하 이 조에서 같다) 또는 노면전차를 세워둔 채 시비·다툼 등의 행위를 하여 다른 차마의 통행을 방해하지 아니할 것

6. 운전자가 차 또는 노면전차를 떠나는 경우에는 교통사고를 방지하고 다른 사람이 함부로 운전하지 못하도록 필요한 조치를 할 것

7. 운전자는 안전을 확인하지 아니하고 차 또는 노면전차의 문을 열거나 내려서는 아니 되며, 동승자가 교통의 위험을 일으키지 아니하도록 필요한 조치를 할 것

8. 운전자는 정당한 사유 없이 다음 각 목의 어느 하나에 해당하는 행위를 하여 다른 사람에게 피해를 주는 소음을 발생시키지 아니할 것
   가. 자동차등을 급히 출발시키거나 속도를 급격히 높이는 행위
   나. 자동차등의 원동기 동력을 차의 바퀴에 전달시키지 아니하고 원동기의 회전수를 증가시키는 행위
   다. 반복적이거나 연속적으로 경음기를 울리는 행위

9. 운전자는 승객이 차 안에서 안전운전에 현저히 장해가 될 정도로 춤을 추는 등 소란행위를 하도록 내버려두고 차를 운행하지 아니할 것

10. 운전자는 자동차등 또는 노면전차의 운전 중에는 휴대용 전화(자동차용 전화를 포함한다)를 사용하지 아니할 것. 다만, 다음 각 목의 어느 하나에 해당하는 경우에는 그러하지 아니하다.
    가. 자동차등 또는 노면전차가 정지하고 있는 경우
    나. 긴급자동차를 운전하는 경우
    다. 각종 범죄 및 재해 신고 등 긴급한 필요가 있는 경우
    라. 안전운전에 장애를 주지 아니하는 장치로서 대통령령으로 정하는 장치를 이용하는 경우

11. 자동차등 또는 노면전차의 운전 중에는 방송 등 영상물을 수신하거나 재생하는 장치(운전자가 휴대하는 것을 포함하며, 이하 "영상표시장치"라 한다)를 통하여 운전자가 운전 중 볼 수 있는 위치에 영상이 표시되지 아니하도록 할 것. 다만, 다음 각 목의 어느 하나에 해당하는 경우에는 그러하지 아니하다.
    가. 자동차등 또는 노면전차가 정지하고 있는 경우
    나. 자동차등 또는 노면전차에 장착하거나 거치하여 놓은 영상표시장치에 다음의 영상이 표시되는 경우
       1) 지리안내 영상 또는 교통정보안내 영상
       2) 국가비상사태·재난상황 등 긴급한 상황을 안내하는 영상
       3) 운전을 할 때 자동차등 또는 노면전차의 좌우 또는 전후방을 볼 수 있도록 도움을 주는 영상

11의2. 자동차등 또는 노면전차의 운전 중에는 영상표시장치를 조작하지 아니할 것. 다만, 다음 각 목의 어느 하나에 해당하는 경우에는 그러하지 아니하다.
    가. 자동차등과 노면전차가 정지하고 있는 경우
    나. 노면전차 운전자가 운전에 필요한 영상표시장치를 조작하는 경우

12. 운전자는 자동차의 화물 적재함에 사람을 태우고 운행하지 아니할 것

13. 그 밖에 시·도경찰청장이 교통안전과 교통질서 유지에 필요하다고 인정하여 지정·공고한 사항에 따를 것

② 경찰공무원은 제1항제3호 및 제4호를 위반한 자동차를 발견한 경우에는 그 현장에서 운전자에게 위반사항을 제거하게 하거나 필요한 조치를 명할 수 있다. 이 경우 운전자가 그 명령을 따르지 아니할 때에는 경찰공무원이 직접 위반사항을 제거하거나 필요한 조치를 할 수 있다.

제50조(특정 운전자의 준수사항)

① 자동차(이륜자동차는 제외한다)의 운전자는 자동차를 운전할 때에는 좌석안전띠를 매어야 하며, 모든 좌석의 동승자에게도 좌석안전띠(영유아인 경우에는 유아보호용 장구를 장착한 후의 좌석안전띠를 말한다. 이하 이 조 및 제160조제2항제2호에서 같다)를 매도록 하여야 한다. 다만, 질병 등으로 인하여 좌석안전띠를 매는 것이 곤란하거나 행정안전부령으로 정하는 사유가 있는 경우에는 그러하지 아니하다.

② 삭제

③ 이륜자동차와 원동기장치자전거(개인형 이동장치는 제외한다)의 운전자는 행정안전부령으로 정하는 인명보호 장구를 착용하고 운행하여야 하며, 동승자에게도 착용하도록 하여야 한다.

④ 자전거등의 운전자는 자전거도로 및 「도로법」에 따른 도로를 운전할 때에는 행정안전부령으로 정하는 인명보호 장구를 착용하여야 하며, 동승자에게도 이를 착용하도록 하여야 한다.

⑤ 운송사업용 자동차, 화물자동차 및 노면전차 등으로서 행정안전부령으로 정하는 자동차 또는 노면전차의 운전자는 다음 각 호의 어느 하나에 해당하는 행위를 하여서는 아니 된다. 다만, 제3호는 사업용 승합자동차와 노면전차의 운전자에 한정한다.

1. 운행기록계가 설치되어 있지 아니하거나 고장 등으로 사용할 수 없는 운행기록계가 설치된 자동차를 운전하는 행위
2. 운행기록계를 원래의 목적대로 사용하지 아니하고 자동차를 운전하는 행위
3. 승차를 거부하는 행위

⑥ 사업용 승용자동차의 운전자는 합승행위 또는 승차거부를 하거나 신고한 요금을 초과하는 요금을 받아서는 아니 된다.

⑦ 자전거등의 운전자는 행정안전부령으로 정하는 크기와 구조를 갖추지 아니하여 교통안전에 위험을 초래할 수 있는 자전거등을 운전하여서는 아니 된다.

⑧ 자전거등의 운전자는 약물의 영향과 그 밖의 사유로 정상적으로 운전하지 못할 우려가 있는 상태에서 자전거등을 운전하여서는 아니 된다.

⑨ 자전거등의 운전자는 밤에 도로를 통행하는 때에는 전조등과 미등을 켜거나 야광띠 등 발광장치를 착용하여야 한다.

⑩ 개인형 이동장치의 운전자는 행정안전부령으로 정하는 승차정원을 초과하여 동승자를 태우고 개인형 이동장치를 운전하여서는 아니 된다.

제50조의3(음주운전 방지장치 부착 조건부 운전면허를 받은 운전자등의 준수사항)

① 제80조의2에 따라 음주운전 방지장치 부착 조건부 운전면허를 받은 사람이 자동차등을 운전하려는 경우 음주운전 방지장치를 설치하고, 시·도경찰청장에게 등록하여야 한다. 등록한 사항 중 행정안전부령으로 정하는 중요한 사항을 변경할 때에도 또한 같다. 다만, 제2항에 따라 음주운전 방지장치가 설치·등록된 자동차등을 운전하려는 경우에는 그러하지 아니하다.

② 「여객자동차 운수사업법」에 따른 여객자동차 운수사업자의 사업용 자동차, 「화물자동차 운수사업법」에 따른 화물자동차 운수사업자의 사업용 자동차 및 그 밖에 대통령령으로 정하는 자동차등에 음주운전 방지장치를 설치한 자는 시·도경찰청장에게 등록하여야 한다. 등록한 사항 중 행정안전부령으로 정하는 중요한 사항을 변경할 때에도 또한 같다.

③ 제80조의2에 따라 음주운전 방지장치 부착 조건부 운전면허를 받은 사람은 음주운전 방지장치가 설치되지 아니하거나 설치기준에 적합하지 아니한 음주운전 방지장치가 설치된 자동차등을 운전하여서는 아니 된다.

④ 누구든지 다음 각 호의 어느 하나에 해당하는 경우를 제외하고는 자동차등에 설치된 음주운전 방지장치를 해체하거나 조작 또는 그 밖의 방법으로 효용을 해치는 행위를 하여서는 아니 된다.

1. 음주운전 방지장치의 점검 또는 정비를 위한 경우
2. 폐차하는 경우
3. 교육·연구의 목적으로 사용하는 등 대통령령으로 정하는 사유에 해당하는 경우
4. 제82조제2항제10호에 따른 음주운전 방지장치의 부착 기간이 경과한 경우

⑤ 누구든지 음주운전 방지장치 부착 조건부 운전면허를 받은 사람을 대신하여 음주운전 방지장치가 설치된 자동차등을 운전할 수 있도록 해당 장치에 호흡을 불어넣거나 다른 부정한 방법으로 음주운전 방지장치가 설치된 자동차등에 시동을 거는 행위를 하여서는 아니 된다.

⑥ 제1항 및 제2항에 따라 음주운전 방지장치의 설치 사항을 시·도경찰청장에게 등록한 자는 연 2회 이상 음주운전 방지장치 부착 자동차등의 운행기록을 시·도경찰청장에게 제출하여야 하며, 음주운전 방지장치의 정상 작동여부 등을 점검하는 검사를 받아야 한다.

⑦ 제1항 및 제2항에 따른 음주운전 방지장치 설치 기준·방법 및 등록 기준·등록 절차, 제6항에 따른 운행기록 제출 및 검사의 시기·방법, 그 밖에 필요한 사항은 행정안전부령으로 정한다.

제51조(어린이통학버스의 특별보호)

① 어린이통학버스가 도로에 정차하여 어린이나 영유아가 타고 내리는 중임을 표시하는 점멸등 등의 장치를 작동 중일 때에는 어린이통학버스가 정차한 차로와 그 차로의 바로 옆 차로로 통행하는 차의 운전자는 어린이통학버스에 이르기 전에 일시정지하여 안전을 확인한 후 서행하여야 한다.

② 제1항의 경우 중앙선이 설치되지 아니한 도로와 편도 1차로인 도로에서는 반대방향에서 진행하는 차의 운전자도 어린이통학버스에 이르기 전에 일시정지하여 안전을 확인한 후 서행하여야 한다.

③ 모든 차의 운전자는 어린이나 영유아를 태우고 있다는 표시를 한 상태로 도로를 통행하는 어린이통학버스를 앞지르지 못한다.

제52조(어린이통학버스의 신고 등)

① 어린이통학버스(「여객자동차 운수사업법」 제4조제3항에 따른 한정면허를 받아 어린이를 여객대상으로 하여 운행되는 운송사업용 자동차는 제외한다)를 운영하려는 자는 행정안전부령으로 정하는 바에 따라 미리 관할 경찰서장에게 신고하고 신고증명서를 발급받아야 한다.

② 어린이통학버스를 운영하는 자는 어린이통학버스 안에 제1항에 따라 발급받은 신고증명서를 항상 갖추어 두어야 한다.

③ 어린이통학버스로 사용할 수 있는 자동차는 행정안전부령으로 정하는 자동차로 한정한다. 이 경우 그 자동차는 도색·표지, 보험가입, 소유 관계 등 대통령령으로 정하는 요건을 갖추어야 한다.

④ 누구든지 제1항에 따른 신고를 하지 아니하거나 「여객자동차 운수사업법」 제4조제3항에 따라 어린이를 여객대상으로 하는 한정면허를 받지 아니하고 어린이통학버스와 비슷한 도색 및 표지를 하거나 이러한 도색 및 표지를 한 자동차를 운전하여서는 아니 된다.

제53조(어린이통학버스 운전자 및 운영자 등의 의무)

① 어린이통학버스를 운전하는 사람은 어린이나 영유아가 타고 내리는 경우에만 제51조제1항에 따른 점멸등 등의 장치를 작동하여야 하며, 어린이나 영유아를 태우고 운행 중인 경우에만 제51조제3항에 따른 표시를 하여야 한다.

② 어린이통학버스를 운전하는 사람은 어린이나 영유아가 어린이통학버스를 탈 때에는 승차한 모든 어린이나 영유아가 좌석안전띠(어린이나 영유아의 신체구조에 따라 적합하게 조절될 수 있는 안전띠를 말한다. 이하 이 조 및 제156조제1호, 제160조제2항제4호의2에서 같다)를 매도록 한 후에 출발하여야 하며, 내릴 때에는 보도나 길가장자리구역 등 자동차로부터 안전한 장소에 도착한 것을 확인한 후에 출발하여야 한다. 다만, 좌석안전띠 착용과 관련하여 질병 등으로 인하여 좌석안전띠를 매는 것이 곤란하거나 행정안전부령으로 정하는 사유가 있는 경우에는 그러하지 아니하다.

③ 어린이통학버스를 운영하는 자는 어린이통학버스에 어린이나 영유아를 태울 때에는 성년인 사람 중 어린이통학버스를 운영하는 자가 지명한 보호자를 함께 태우고 운행하여야 하며, 동승한 보호자는 어린이나 영유아가 승차 또는 하차하는 때에는 자동차에서 내려서 어린이나 영유아가 안전하게 승하차하는 것을 확인하고 운행 중에는 어린이나 영유아가 좌석에 앉아 좌석안전띠를 매고 있도록 하는 등 어린이 보호에 필요한 조치를 하여야 한다.

④ 어린이통학버스를 운전하는 사람은 어린이통학버스 운행을 마친 후 어린이나 영유아가 모두 하차하였는지를 확인하여야 한다.

⑤ 어린이통학버스를 운전하는 사람이 제4항에 따라 어린이나 영유아의 하차 여부를 확인할 때에는 행정안전부령으로 정하는 어린이나 영유아의 하차를 확인할 수 있는 장치(이하 "어린이 하차확인장치"라 한다)를 작동하여야 한다.

⑥ 어린이통학버스를 운영하는 자는 제3항에 따라 보호자를 함께 태우고 운행하는 경우에는 행정안전부령으로 정하는 보호자 동승을 표시하는 표지(이하 "보호자 동승표지"라 한다)를 부착할 수 있으며, 누구든지 보호자를 함께 태우지 아니하고 운행하는 경우에는 보호자 동승표지를 부착하여서는 아니 된다.

⑦ 어린이통학버스를 운영하는 자는 좌석안전띠 착용 및 보호자 동승 확인 기록(이하 "안전운행기록"이라 한다)을 작성·보관하고 매 분기 어린이통학버스를 운영하는 시설을 감독하는 주무기관의 장에게 안전운행기록을 제출하여야 한다.

제53조의3(어린이통학버스 운영자 등에 대한 안전교육)

① 어린이통학버스를 운영하는 사람과 운전하는 사람 및 제53조제3항에 따른 보호자는 어린이통학버스의 안전운행 등에 관한 교육(이하 "어린이통학버스 안전교육"이라 한다)을 받아야 한다.

② 어린이통학버스 안전교육은 다음 각 호의 구분에 따라 실시한다.

1. 신규 안전교육 : 어린이통학버스를 운영하려는 사람과 운전하려는 사람 및 제53조제3항에 따라 동승하려는 보호자를 대상으로 그 운영, 운전 또는 동승을 하기 전에 실시하는 교육

2. 정기 안전교육 : 어린이통학버스를 계속하여 운영하는 사람과 운전하는 사람 및 제53조제3항에 따라 동승한 보호자를 대상으로 2년마다 정기적으로 실시하는 교육

③ 어린이통학버스를 운영하는 사람은 어린이통학버스 안전교육을 받지 아니한 사람에게 어린이통학버스를 운전하게 하거나 어린이통학버스에 동승하게 하여서는 아니 된다.

④ 그 밖에 어린이통학버스 안전교육의 방법·절차 등에 관하여 필요한 사항은 대통령령으로 정한다.

제53조의4(어린이통학버스의 위반 정보 등 제공)

① 경찰서장은 어린이통학버스를 운영하는 사람이나 운전하는 사람이 제53조 또는 제53조의5를 위반하거나 제53조 또는 제53조의5를 위반하여 어린이를 사상(死傷)하는 사고를 유발한 때에는 어린이 교육시설을 감독하는 주무기관의 장에게 그 정보를 제공하여야 한다.

② 경찰서장 및 어린이 교육시설을 감독하는 주무기관의 장은 제1항에 따른 정보를 해당 기관에서 운영하는 홈페이지에 각각 게재하여야 한다.

③ 제1항에 따른 정보 제공의 구체적 기준·방법 및 절차 등 필요한 사항은 행정안전부령으로 정한다.

제53조의5(보호자가 동승하지 아니한 어린이통학버스 운전자의 의무)

제2조제23호가목의 유아교육진흥원·대안학교·외국인학교, 같은 호 다목의 교습소 및 같은 호 마목부터 차목까지의 시설에서 어린이의 승차 또는 하차를 도와주는 보호자를 태우지 아니한 어린이통학버스를 운전하는 사람은 어린이가 승차 또는 하차하는 때에 자동차에서 내려서 어린이나 영유아가 안전하게 승하차하는 것을 확인하여야 한다.

제54조(사고발생 시의 조치)

① 차 또는 노면전차의 운전 등 교통으로 인하여 사람을 사상하거나 물건을 손괴(이하 "교통사고"라 한다)한 경우에는 그 차 또는 노면전차의 운전자나 그 밖의 승무원(이하 "운전자등"이라 한다)은 즉시 정차하여 다음 각 호의 조치를 하여야 한다.

1. 사상자를 구호하는 등 필요한 조치
2. 피해자에게 인적 사항(성명·전화번호·주소 등을 말한다. 이하 제148조 및 제156조제10호에서 같다) 제공

② 제1항의 경우 그 차 또는 노면전차의 운전자등은 경찰공무원이 현장에 있을 때에는 그 경찰공무원에게, 경찰공무원이 현장에 없을 때에는 가장 가까운 국가경찰관서(지구대, 파출소 및 출장소를 포함한다. 이하 같다)에 다음 각 호의 사항을 지체 없이 신고하여야 한다. 다만, 차 또는 노면전차만 손괴된 것이 분명하고 도로에서의 위험방지와 원활한 소통을 위하여 필요한 조치를 한 경우에는 그러하지 아니하다.

1. 사고가 일어난 곳
2. 사상자 수 및 부상 정도
3. 손괴한 물건 및 손괴 정도
4. 그 밖의 조치사항 등

③ 제2항에 따라 신고를 받은 국가경찰관서의 경찰공무원은 부상자의 구호와 그 밖의 교통위험 방지를 위하여 필요하다고 인정하면 경찰공무원(자치경찰공무원은 제외한다)이 현장에 도착할 때까지 신고한 운전자등에게 현장에서 대기할 것을 명할 수 있다.

④ 경찰공무원은 교통사고를 낸 차 또는 노면전차의 운전자등에 대하여 그 현장에서 부상자의 구호와 교통안전을 위하여 필요한 지시를 명할 수 있다.

⑤ 긴급자동차, 부상자를 운반 중인 차, 우편물자동차 및 노면전차 등의 운전자는 긴급한 경우에는 동승자 등으로 하여금 제1항에 따른 조치나 제2항에 따른 신고를 하게 하고 운전을 계속할 수 있다.

⑥ 경찰공무원(자치경찰공무원은 제외한다)은 교통사고가 발생한 경우에는 대통령령으로 정하는 바에 따라 필요한 조사를 하여야 한다.

제55조(사고발생 시 조치에 대한 방해의 금지)

교통사고가 일어난 경우에는 누구든지 제54조제1항 및 제2항에 따른 운전자등의 조치 또는 신고행위를 방해하여서는 아니 된다.

제56조(고용주등의 의무)

① 차 또는 노면전차의 운전자를 고용하고 있는 사람이나 직접 운전자나 차 또는 노면전차를 관리하는 지위에 있는 사람 또는 차 또는 노면전차의 사용자(「여객자동차 운수사업법」에 따라 사업용 자동차를 임차한 사람 및 「여신전문금융업법」에 따라 자동차를 대여한 사람을 포함하며, 이하 "고용주등"이라 한다)는 운전자에게 이 법이나 이 법에 따른 명령을 지키도록 항상 주의시키고 감독하여야 한다.

② 고용주등은 제43조부터 제45조까지의 규정에 따라 운전을 하여서는 아니 되는 운전자가 자동차등 또는 노면전차를 운전하는 것을 알고도 말리지 아니하거나 그러한 운전자에게 자동차등 또는 노면전차를 운전하도록 시켜서는 아니 된다.

제4장의2 자율주행자동차 운전자의 의무 등

제56조의2(자율주행자동차 운전자의 준수사항 등)

① 행정안전부령으로 정하는 완전 자율주행시스템에 해당하지 아니하는 자율주행시스템을 갖춘 자동차의 운전자는 자율주행시스템의 직접 운전 요구에 지체 없이 대응하여 조향장치, 제동장치 및 그 밖의 장치를 직접 조작하여 운전하여야 한다.

② 운전자가 자율주행시스템을 사용하여 운전하는 경우에는 제49조제1항제10호, 제11호 및 제11호의2를 적용하지 아니한다.

제56조의3(자율주행자동차 시험운전자의 준수사항 등)
① 「자동차관리법」 제27조제1항에 따른 임시운행허가를 받은 자동차를 운전하려는 사람은 자율주행자동차의 안전운행 등에 관한 교육(이하 "자율주행자동차 안전교육"이라 한다)을 받아야 한다.
② 제1항에 따른 교육과정, 교육방법 등에 관하여 필요한 사항은 대통령령으로 정한다.

제5장 고속도로 및 자동차전용도로에서의 특례

제57조(통칙)
고속도로 또는 자동차전용도로(이하 "고속도로등"이라 한다)에서의 자동차 또는 보행자의 통행방법 등은 이 장에서 정하는 바에 따르고, 이 장에서 규정한 것 외의 사항에 관하여는 제1장부터 제4장까지의 규정에서 정하는 바에 따른다.

제58조(위험방지 등의 조치)
경찰공무원(자치경찰공무원은 제외한다)은 도로의 손괴, 교통사고의 발생이나 그 밖의 사정으로 고속도로등에서 교통이 위험 또는 혼잡하거나 그러할 우려가 있을 때에는 교통의 위험 또는 혼잡을 방지하고 교통의 안전 및 원활한 소통을 확보하기 위하여 필요한 범위에서 진행 중인 자동차의 통행을 일시 금지 또는 제한하거나 그 자동차의 운전자에게 필요한 조치를 명할 수 있다.

제59조(교통안전시설의 설치 및 관리)
① 고속도로의 관리자는 고속도로에서 일어나는 위험을 방지하고 교통의 안전과 원활한 소통을 확보하기 위하여 교통안전시설을 설치·관리하여야 한다. 이 경우 고속도로의 관리자가 교통안전시설을 설치하려면 경찰청장과 협의하여야 한다.
② 경찰청장은 고속도로의 관리자에게 교통안전시설의 관리에 필요한 사항을 지시할 수 있다.

제60조(갓길 통행금지 등)
① 자동차의 운전자는 고속도로등에서 자동차의 고장 등 부득이한 사정이 있는 경우를 제외하고는 행정안전부령으로 정하는 차로에 따라 통행하여야 하며, 갓길(「도로법」에 따른 길어깨를 말한다)로 통행하여서는 아니 된다. 다만, 다음 각 호의 어느 하나에 해당하는 경우에는 그러하지 아니하다.

1. 긴급자동차와 고속도로등의 보수·유지 등의 작업을 하는 자동차를 운전하는 경우
2. 차량정체 시 신호기 또는 경찰공무원등의 신호나 지시에 따라 갓길에서 자동차를 운전하는 경우
② 자동차의 운전자는 고속도로에서 다른 차를 앞지르려면 방향지시기, 등화 또는 경음기를 사용하여 행정안전부령으로 정하는 차로로 안전하게 통행하여야 한다.

제61조(고속도로 전용차로의 설치)
① 경찰청장은 고속도로의 원활한 소통을 위하여 특히 필요한 경우에는 고속도로에 전용차로를 설치할 수 있다.
② 제1항에 따른 고속도로 전용차로의 종류 등에 관하여는 제15조제2항 및 제3항을 준용한다.

제62조(횡단 등의 금지)
자동차의 운전자는 그 차를 운전하여 고속도로등을 횡단하거나 유턴 또는 후진하여서는 아니 된다. 다만, 긴급자동차 또는 도로의 보수·유지 등의 작업을 하는 자동차 가운데 고속도로등에서의 위험을 방지·제거하거나 교통사고에 대한 응급조치작업을 위한 자동차로서 그 목적을 위하여 반드시 필요한 경우에는 그러하지 아니하다.

제63조(통행 등의 금지)
자동차(이륜자동차는 긴급자동차만 해당한다) 외의 차마의 운전자 또는 보행자는 고속도로등을 통행하거나 횡단하여서는 아니 된다.

제64조(고속도로등에서의 정차 및 주차의 금지)
자동차의 운전자는 고속도로등에서 차를 정차하거나 주차시켜서는 아니 된다. 다만, 다음 각 호의 어느 하나에 해당하는 경우에는 그러하지 아니하다.

1. 법령의 규정 또는 경찰공무원(자치경찰공무원은 제외한다)의 지시에 따르거나 위험을 방지하기 위하여 일시 정차 또는 주차시키는 경우
2. 정차 또는 주차할 수 있도록 안전표지를 설치한 곳이나 정류장에서 정차 또는 주차시키는 경우
3. 고장이나 그 밖의 부득이한 사유로 길가장자리구역(갓길을 포함한다)에 정차 또는 주차시키는 경우
4. 통행료를 내기 위하여 통행료를 받는 곳에서 정차하는 경우
5. 도로의 관리자가 고속도로등을 보수·유지 또는 순회하기 위하여 정차 또는 주차시키는 경우
6. 경찰용 긴급자동차가 고속도로등에서 범죄수사, 교통단속이나 그 밖의 경찰임무를 수행하기 위하여 정차 또는 주차시키는 경우

6의2. 소방차가 고속도로등에서 화재진압 및 인명구조·구급 등 소방활동, 소방지원활동 및 생활안전활동을 수행하기 위하여 정차 또는 주차시키는 경우

6의3. 경찰용 긴급자동차 및 소방차를 제외한 긴급자동차가 사용 목적을 달성하기 위하여 정차 또는 주차시키는 경우

7. 교통이 밀리거나 그 밖의 부득이한 사유로 움직일 수 없을 때에 고속도로등의 차로에 일시 정차 또는 주차시키는 경우

제65조(고속도로 진입 시의 우선순위)
① 자동차(긴급자동차는 제외한다)의 운전자는 고속도로에 들어가려고 하는 경우에는 그 고속도로를 통행하고 있는 다른 자동차의 통행을 방해하여서는 아니 된다.

② 긴급자동차 외의 자동차의 운전자는 긴급자동차가 고속도로에 들어가는 경우에는 그 진입을 방해하여서는 아니 된다.

제66조(고장 등의 조치)
자동차의 운전자는 고장이나 그 밖의 사유로 고속도로등에서 자동차를 운행할 수 없게 되었을 때에는 행정안전부령으로 정하는 표지(이하 "고장자동차의 표지"라 한다)를 설치하여야 하며, 그 자동차를 고속도로등이 아닌 다른 곳으로 옮겨 놓는 등의 필요한 조치를 하여야 한다.

제67조(운전자의 고속도로등에서의 준수사항)
① 삭제

② 고속도로등을 운행하는 자동차의 운전자는 교통의 안전과 원활한 소통을 확보하기 위하여 제66조에 따른 고장자동차의 표지를 항상 비치하며, 고장이나 그 밖의 부득이한 사유로 자동차를 운행할 수 없게 되었을 때에는 자동차를 도로의 우측 가장자리에 정지시키고 행정안전부령으로 정하는 바에 따라 그 표지를 설치하여야 한다.

제6장 도로의 사용

제68조(도로에서의 금지행위 등)
① 누구든지 함부로 신호기를 조작하거나 교통안전시설을 철거·이전하거나 손괴하여서는 아니 되며, 교통안전시설이나 그와 비슷한 인공구조물을 도로에 설치하여서는 아니 된다.

② 누구든지 교통에 방해가 될 만한 물건을 도로에 함부로 내버려두어서는 아니 된다.

③ 누구든지 다음 각 호의 어느 하나에 해당하는 행위를 하여서는 아니 된다.
1. 술에 취하여 도로에서 갈팡질팡하는 행위
2. 도로에서 교통에 방해되는 방법으로 눕거나 앉거나 서있는 행위
3. 교통이 빈번한 도로에서 공놀이 또는 썰매타기 등의 놀이를 하는 행위
4. 돌·유리병·쇳조각이나 그 밖에 도로에 있는 사람이나 차마를 손상시킬 우려가 있는 물건을 던지거나 발사하는 행위
5. 도로를 통행하고 있는 차마에서 밖으로 물건을 던지는 행위
6. 도로를 통행하고 있는 차마에 뛰어오르거나 매달리거나 차마에서 뛰어내리는 행위
7. 그 밖에 시·도경찰청장이 교통상의 위험을 방지하기 위하여 필요하다고 인정하여 지정·공고한 행위

제69조(도로공사의 신고 및 안전조치 등)
① 도로관리청 또는 공사시행청의 명령에 따라 도로를 파거나 뚫는 등 공사를 하려는 사람(이하 이 조에서 "공사시행자"라 한다)은 공사시행 3일 전에 그 일시, 공사구간, 공사기간 및 시행방법, 그 밖에 필요한 사항을 관할 경찰서장에게 신고하여야 한다. 다만, 산사태나 수도관 파열 등으로 긴급히 시공할 필요가 있는 경우에는 그에 알맞은 안전조치를 하고 공사를 시작한 후에 지체 없이 신고하여야 한다.

② 관할 경찰서장은 공사장 주변의 교통정체가 예상하지 못한 수준까지 현저히 증가하고, 교통의 안전과 원활한 소통에 미치는 영향이 중대하다고 판단하면 해당 도로관리청과 사전 협의하여 제1항에 따른 공사시행자에 대하여 공사시간의 제한 등 필요한 조치를 할 수 있다.

③ 공사시행자는 공사기간 중 차마의 통행을 유도하거나 지시 등을 할 필요가 있을 때에는 관할 경찰서장의 지시에 따라 교통안전시설을 설치하여야 한다.

④ 공사시행자는 공사기간 중 공사의 규모, 주변 교통환경 등을 고려하여 필요한 경우 관할 경찰서장의 지시에 따라 안전요원 또는 안전유도 장비를 배치하여야 한다.

⑤ 제3항에 따른 교통안전시설 설치 및 제4항에 따른 안전요원 또는 안전유도 장비 배치에 필요한 사항은 행정안전부령으로 정한다.

⑥ 공사시행자는 공사로 인하여 교통안전시설을 훼손한 경우에는 행정안전부령으로 정하는 바에 따라 원상회복하고 그 결과를 관할 경찰서장에게 신고하여야 한다.

제70조(도로의 점용허가 등에 관한 통보 등)
① 도로관리청이 도로에서 다음 각 호의 어느 하나에 해당하는 행위를 하였을 때에는 고속도로의 경우에는 경찰청장에게 그 내용을 즉시 통보하고, 고속도로 외의 도로의 경우에는 관할 경찰서장에게 그 내용을 즉시 통보하여야 한다.
1. 「도로법」 제61조에 따른 도로의 점용허가
2. 「도로법」 제76조에 따른 통행의 금지나 제한 또는 같은 법 제77조에 따른 차량의 운행제한
② 삭제
③ 제1항에 따라 통보를 받은 경찰청장이나 관할 경찰서장은 교통의 안전과 원활한 소통을 확보하기 위하여 필요하다고 인정하면 도로관리청에 필요한 조치를 요구할 수 있다. 이 경우 도로관리청은 정당한 사유가 없으면 그 조치를 하여야 한다.

제71조(도로의 위법 인공구조물에 대한 조치)
① 경찰서장은 다음 각 호의 어느 하나에 해당하는 사람에 대하여 위반행위를 시정하도록 하거나 그 위반행위로 인하여 생긴 교통장해를 제거할 것을 명할 수 있다.
1. 제68조제1항을 위반하여 교통안전시설이나 그 밖에 이와 비슷한 인공구조물을 함부로 설치한 사람
2. 제68조제2항을 위반하여 물건을 도로에 내버려둔 사람
3. 「도로법」 제61조를 위반하여 교통에 방해가 될 만한 인공구조물 등을 설치하거나 그 공사 등을 한 사람
② 경찰서장은 제1항 각 호의 어느 하나에 해당하는 사람의 성명·주소를 알지 못하여 제1항에 따른 조치를 명할 수 없을 때에는 스스로 그 인공구조물 등을 제거하는 등 조치를 한 후 보관하여야 한다. 이 경우 닳아 없어지거나 파괴될 우려가 있거나 보관하는 것이 매우 곤란한 인공구조물 등은 매각하여 그 대금을 보관할 수 있다.
③ 제2항에 따른 인공구조물 등의 보관 및 매각 등에 필요한 사항은 대통령령으로 정한다.

제72조(도로의 지상 인공구조물 등에 대한 위험방지 조치)
① 경찰서장은 도로의 지상(地上) 인공구조물이나 그 밖의 시설 또는 물건이 교통에 위험을 일으키게 하거나 교통에 뚜렷이 방해될 우려가 있으면 그 인공구조물 등의 소유자·점유자 또는 관리자에게 그것을 제거하도록 하거나 그 밖에 교통안전에 필요한 조치를 명할 수 있다.
② 경찰서장은 인공구조물 등의 소유자·점유자 또는 관리자의 성명·주소를 알지 못하여 제1항에 따른 조치를 명할 수 없을 때에는 스스로 그 인공구조물 등을 제거하는 등 조치를 한 후 보관하여야 한다. 이 경우 닳아 없어지거나 파괴될 우려가 있거나 보관하는 것이 매우 곤란한 인공구조물 등은 매각하여 그 대금을 보관할 수 있다.
③ 제2항에 따른 인공구조물 등의 보관 및 매각 등에 필요한 사항은 대통령령으로 정한다.

제7장 교통안전교육

제73조(교통안전교육)
① 운전면허를 받으려는 사람은 대통령령으로 정하는 바에 따라 제83조제1항제2호와 제3호에 따른 시험에 응시하기 전에 다음 각 호의 사항에 관한 교통안전교육을 받아야 한다. 다만, 제2항제1호에 따라 특별교통안전 의무교육을 받은 사람 또는 제104조제1항에 따른 자동차운전 전문학원에서 학과교육을 수료한 사람은 그러하지 아니하다.
1. 운전자가 갖추어야 하는 기본예절
2. 도로교통에 관한 법령과 지식
3. 안전운전 능력
3의2. 교통사고의 예방과 처리에 관한 사항
4. 어린이·장애인 및 노인의 교통사고 예방에 관한 사항
5. 친환경 경제운전에 필요한 지식과 기능
6. 긴급자동차에 길 터주기 요령
7. 그 밖에 교통안전의 확보를 위하여 필요한 사항
② 다음 각 호의 어느 하나에 해당하는 사람은 대통령령으로 정하는 바에 따라 특별교통안전 의무교육을 받아야 한다. 이 경우 제2호부터 제5호까지에 해당하는 사람으로서 부득이한 사유가 있으면 대통령령으로 정하는 바에 따라 의무교육의 연기(延期)를 받을 수 있다.
1. 운전면허 취소처분을 받은 사람(제93조제1항제9호 또는 제20호에 해당하여 운전면허 취소처분을 받은 사람은 제외한다)으로서 운전면허를 다시 받으려는 사람

2. 제93조제1항제1호 · 제5호 · 제5호의2 · 제10호 및 제10호의2에 해당하여 운전면허효력 정지처분을 받게 되거나 받은 사람으로서 그 정지기간이 끝나지 아니한 사람

3. 운전면허 취소처분 또는 운전면허효력 정지처분(제93조제1항제1호 · 제5호 · 제5호의2 · 제10호 및 제10호의2에 해당하여 운전면허효력 정지처분 대상인 경우로 한정한다)이 면제된 사람으로서 면제된 날부터 1개월이 지나지 아니한 사람

4. 운전면허효력 정지처분을 받게 되거나 받은 초보운전자로서 그 정지기간이 끝나지 아니한 사람

5. 제12조제1항에 따른 어린이 보호구역에서 운전 중 어린이를 사상하는 사고를 유발하여 제93조제2항에 따른 벌점을 받은 날부터 1년 이내의 사람

③ 다음 각 호의 어느 하나에 해당하는 사람이 시 · 도 경찰청장에게 신청하는 경우에는 대통령령으로 정하는 바에 따라 특별교통안전 권장교육을 받을 수 있다. 이 경우 권장교육을 받기 전 1년 이내에 해당 교육을 받지 아니한 사람에 한정한다.

1. 교통법규 위반 등 제2항제2호 및 제4호에 따른 사유 외의 사유로 인하여 운전면허효력 정지처분을 받게 되거나 받은 사람

2. 교통법규 위반 등으로 인하여 운전면허효력 정지처분을 받을 가능성이 있는 사람

3. 제2항제2호부터 제4호까지에 해당하여 제2항에 따른 특별교통안전 의무교육을 받은 사람

4. 운전면허를 받은 사람 중 교육을 받으려는 날에 65세 이상인 사람

④ 긴급자동차의 운전업무에 종사하는 사람으로서 대통령령으로 정하는 사람은 대통령령으로 정하는 바에 따라 정기적으로 긴급자동차의 안전운전 등에 관한 교육을 받아야 한다.

⑤ 75세 이상인 사람으로서 운전면허를 받으려는 사람은 제83조제1항제2호와 제3호에 따른 시험에 응시하기 전에, 운전면허증 갱신일에 75세 이상인 사람은 운전면허증 갱신기간 이내에 각각 다음 각 호의 사항에 관한 교통안전교육을 받아야 한다.

1. 노화와 안전운전에 관한 사항

2. 약물과 운전에 관한 사항

3. 기억력과 판단능력 등 인지능력별 대처에 관한 사항

4. 교통관련 법령 이해에 관한 사항

제73조(교통안전교육)

① 운전면허를 받으려는 사람은 대통령령으로 정하는 바에 따라 제83조제1항제2호와 제3호에 따른 시험에 응시하기 전에 다음 각 호의 사항에 관한 교통안전교육을 받아야 한다. 다만, 제2항제1호에 따라 특별교통안전 의무교육을 받은 사람 또는 제104조제1항에 따른 자동차운전 전문학원에서 학과교육을 수료한 사람은 그러하지 아니하다.

1. 운전자가 갖추어야 하는 기본예절

2. 도로교통에 관한 법령과 지식

3. 안전운전 능력

3의2. 교통사고의 예방과 처리에 관한 사항

4. 어린이 · 장애인 및 노인의 교통사고 예방에 관한 사항

5. 친환경 경제운전에 필요한 지식과 기능

6. 긴급자동차에 길 터주기 요령

7. 그 밖에 교통안전의 확보를 위하여 필요한 사항

② 다음 각 호의 어느 하나에 해당하는 사람은 대통령령으로 정하는 바에 따라 특별교통안전 의무교육을 받아야 한다. 이 경우 제2호부터 제5호까지에 해당하는 사람으로서 부득이한 사유가 있으면 대통령령으로 정하는 바에 따라 의무교육의 연기(延期)를 받을 수 있다.

1. 운전면허 취소처분을 받은 사람(제93조제1항제9호 또는 제20호에 해당하여 운전면허 취소처분을 받은 사람은 제외한다)으로서 운전면허를 다시 받으려는 사람

2. 제93조제1항제1호 · 제5호 · 제5호의2 · 제10호 및 제10호의2에 해당하여 운전면허효력 정지처분을 받게 되거나 받은 사람으로서 그 정지기간이 끝나지 아니한 사람

3. 운전면허 취소처분 또는 운전면허효력 정지처분(제93조제1항제1호 · 제5호 · 제5호의2 · 제10호 및 제10호의2에 해당하여 운전면허효력 정지처분 대상인 경우로 한정한다)이 면제된 사람으로서 면제된 날부터 1개월이 지나지 아니한 사람

4. 운전면허효력 정지처분을 받게 되거나 받은 초보운전자로서 그 정지기간이 끝나지 아니한 사람

5. 제12조제1항에 따른 어린이 보호구역에서 운전 중 어린이를 사상하는 사고를 유발하여 제93조제2항에 따른 벌점을 받은 날부터 1년 이내의 사람

③ 다음 각 호의 어느 하나에 해당하는 사람이 시·도경찰청장에게 신청하는 경우에는 대통령령으로 정하는 바에 따라 특별교통안전 권장교육을 받을 수 있다. 이 경우 권장교육을 받기 전 1년 이내에 해당교육을 받지 아니한 사람에 한정한다.
  1. 교통법규 위반 등 제2항제2호 및 제4호에 따른 사유 외의 사유로 인하여 운전면허효력 정지처분을 받게 되거나 받은 사람
  2. 교통법규 위반 등으로 인하여 운전면허효력 정지처분을 받을 가능성이 있는 사람
  3. 제2항제2호부터 제4호까지에 해당하여 제2항에 따른 특별교통안전 의무교육을 받은 사람
  4. 운전면허를 받은 사람 중 교육을 받으려는 날에 65세 이상인 사람
④ 긴급자동차의 운전업무에 종사하는 사람으로서 대통령령으로 정하는 사람은 대통령령으로 정하는 바에 따라 정기적으로 긴급자동차의 안전운전 등에 관한 교육을 받아야 한다.
⑤ 75세 이상인 사람으로서 운전면허를 받으려는 사람은 제83조제1항제2호와 제3호에 따른 시험에 응시하기 전에, 운전면허증 갱신일에 75세 이상인 사람은 운전면허증 갱신기간 이내에 각각 다음 각 호의 사항에 관한 교통안전교육을 받아야 한다.
  1. 노화와 안전운전에 관한 사항
  2. 약물과 운전에 관한 사항
  3. 기억력과 판단능력 등 인지능력별 대처에 관한 사항
  4. 교통관련 법령 이해에 관한 사항
⑥ 제80조의2에 따른 음주운전 방지장치 부착 조건부 운전면허를 받으려는 사람은 대통령령으로 정하는 바에 따라 제83조제1항제2호 및 제3호의 사항에 대한 운전면허시험에 응시하기 전에 음주운전 방지장치의 작동방법 및 음주운전 예방에 관한 교통안전교육을 받아야 한다.

제74조(교통안전교육기관의 지정 등)
① 제73조제1항에 따라 운전면허를 받으려는 사람이 받아야 하는 교통안전교육(이하 "교통안전교육"이라 한다)은 제104조제1항에 따른 자동차운전 전문학원과 제2항에 따라 시·도경찰청장이 지정한 기관이나 시설에서 한다.
② 시·도경찰청장은 교통안전교육을 하기 위하여 다음 각 호의 어느 하나에 해당하는 기관이나 시설이 대통령령으로 정하는 시설·설비 및 강사 등의 요건을 갖추어 신청하는 경우에는 해당 기관이나 시설을 교통안전교육을 하는 기관(이하 "교통안전교육기관"이라 한다)으로 지정할 수 있다.
  1. 제99조에 따른 자동차운전학원
  2. 한국도로교통공단과 그 지부(支部)·지소 및 교육기관
  3. 「평생교육법」 제30조제2항에 따른 평생교육과정이 개설된 대학 부설 평생교육시설
  4. 제주특별자치도 또는 시·군·자치구에서 운영하는 교육시설
③ 시·도경찰청장은 제2항에 따라 교통안전교육기관을 지정한 경우에는 행정안전부령으로 정하는 지정증을 발급하여야 한다.
④ 시·도경찰청장은 다음 각 호의 어느 하나에 해당하는 기관이나 시설을 교통안전교육기관으로 지정하여서는 아니 된다.
  1. 제79조에 따라 지정이 취소된 교통안전교육기관을 설립·운영한 자가 그 지정이 취소된 날부터 3년 이내에 설립·운영하는 기관 또는 시설
  2. 제79조에 따라 지정이 취소된 날부터 3년 이내에 같은 장소에서 설립·운영되는 기관 또는 시설

제75조(교통안전교육기관의 운영책임자)
① 교통안전교육기관의 장은 교육업무를 효율적으로 관리하기 위하여 필요하다고 인정하면 해당 기관의 소속 직원(제76조제1항에 따른 교통안전교육강사는 제외한다) 중에서 교통안전교육기관의 운영책임자를 임명할 수 있다.
② 교통안전교육기관의 장(교통안전교육기관의 장이 제1항에 따라 교통안전교육기관의 운영책임자를 임명한 경우에는 그 운영책임자를 말한다. 이하 같다)은 교통안전교육을 담당하는 강사(이하 "교통안전교육강사"라 한다)를 지도·감독하고 교통안전교육 업무가 공정하게 이루어지도록 관리하여야 한다.

제76조(교통안전교육강사의 자격기준 등)
① 교통안전교육기관에는 교통안전교육강사를 두어야 한다.
② 제1항에 따른 교통안전교육강사는 다음 각 호의 어느 하나에 해당하는 사람이어야 한다.
  1. 제106조제2항에 따라 경찰청장이 발급한 학과교육 강사자격증을 소지한 사람
  2. 도로교통 관련 행정 또는 교육 업무에 2년 이상 종사한 경력이 있는 사람으로서 대통령령으로 정하는 교통안전교육강사 자격교육을 받은 사람

③ 다음 각 호의 어느 하나에 해당하는 사람은 교통안전교육강사가 될 수 없다.
  1. 삭제
  2. 다음 각 목의 어느 하나에 해당하는 죄를 저질러 금고 이상의 형을 선고받고 그 집행이 끝나거나 집행이 면제된 날부터 2년이 지나지 아니한 사람 또는 그 집행유예기간 중에 있는 사람
    가. 「교통사고처리 특례법」 제3조제1항에 따른 죄
    나. 「특정범죄 가중처벌 등에 관한 법률」 제5조의3, 제5조의11제1항 및 제5조의13에 따른 죄
    다. 「성폭력범죄의 처벌 등에 관한 특례법」 제2조에 따른 성폭력범죄
    라. 「아동·청소년의 성보호에 관한 법률」 제2조제2호에 따른 아동·청소년대상 성범죄
  3. 삭제
  4. 자동차를 운전할 수 있는 운전면허를 받지 아니한 사람 또는 초보운전자
④ 교통안전교육기관의 장은 교통안전교육강사가 아닌 사람으로 하여금 교통안전교육을 하게 하여서는 아니 된다.
⑤ 시·도경찰청장은 도로교통 관련 법령이 개정되거나 효과적인 교통안전교육을 위하여 필요하다고 인정하면 교통안전교육강사를 대상으로 대통령령으로 정하는 바에 따라 연수교육을 할 수 있다.
⑥ 교통안전교육기관의 장은 제5항에 따라 교통안전교육강사가 연수교육을 받아야 하는 경우에는 부득이한 사유가 없으면 연수교육을 받을 수 있도록 조치하여야 한다.

제77조(교통안전교육의 수강 확인 등)
① 교통안전교육강사는 운전면허를 받으려는 사람이 제73조제1항에 따른 교통안전교육을 마치면 개인별 수강 결과를 교통안전교육기관의 장에게 보고하여야 한다.
② 교통안전교육기관의 장은 제1항에 따른 보고를 받은 경우 대통령령으로 정하는 기준에 해당하는 교육을 받은 사람에게 교육확인증을 발급하고 지체 없이 관할 시·도경찰청장에게 그 사실을 보고하여야 한다.

제78조(교통안전교육기관 운영의 정지 또는 폐지의 신고)
교통안전교육기관의 장은 해당 교통안전교육기관의 운영을 1개월 이상 정지하거나 폐지하려면 정지 또는 폐지하려는 날의 7일 전까지 행정안전부령으로 정하는 바에 따라 시·도경찰청장에게 신고하여야 한다.

제79조(교통안전교육기관의 지정취소 등)
① 시·도경찰청장은 교통안전교육기관이 다음 각 호의 어느 하나에 해당할 때에는 행정안전부령으로 정하는 기준에 따라 지정을 취소하거나 1년 이내의 기간을 정하여 운영의 정지를 명할 수 있다. 다만, 제3호에 해당할 때에는 그 지정을 취소하여야 한다.
  1. 교통안전교육기관이 제74조제2항에 따른 지정기준에 적합하지 아니하여 시정명령을 받고 30일 이내에 시정하지 아니한 경우
  2. 교통안전교육기관의 장이 제76조제6항을 위반하여 교통안전교육강사가 연수교육을 받을 수 있도록 조치하지 아니한 경우
  3. 교통안전교육기관의 장이 제77조제2항을 위반하여 교통안전교육과정을 이수하지 아니한 사람에게 교육확인증을 발급한 경우
  4. 교통안전교육기관의 장이 제141조제2항을 위반하여 자료제출 또는 보고를 하지 아니하거나 거짓으로 자료제출 또는 보고를 한 경우
  5. 교통안전교육기관의 장이 제141조제2항을 위반하여 관계 공무원의 출입·검사를 거부·방해 또는 기피한 경우
② 시·도경찰청장은 교통안전교육기관이 제1항에 따른 운영정지 명령을 위반하여 계속 운영행위를 할 때에는 행정안전부령으로 정하는 기준에 따라 지정을 취소할 수 있다.

제8장 운전면허

제80조(운전면허)
① 자동차등을 운전하려는 사람은 시·도경찰청장으로부터 운전면허를 받아야 한다. 다만, 제2조제19호나목의 원동기를 단 차 중 「교통약자의 이동편의 증진법」 제2조제1호에 따른 교통약자가 최고속도 시속 20킬로미터 이하로만 운행될 수 있는 차를 운전하는 경우에는 그러하지 아니하다.
② 시·도경찰청장은 운전을 할 수 있는 차의 종류를 기준으로 다음 각 호와 같이 운전면허의 범위를 구분하고 관리하여야 한다. 이 경우 운전면허의 범위에 따라 운전할 수 있는 차의 종류는 행정안전부령으로 정한다.
  1. 제1종 운전면허
    가. 대형면허

나. 보통면허

다. 소형면허

라. 특수면허

    1) 대형견인차면허

    2) 소형견인차면허

    3) 구난차면허

2. 제2종 운전면허

가. 보통면허

나. 소형면허

다. 원동기장치자전거면허

3. 연습운전면허

가. 제1종 보통연습면허

나. 제2종 보통연습면허

③ 시·도경찰청장은 운전면허를 받을 사람의 신체 상태 또는 운전 능력에 따라 행정안전부령으로 정하는 바에 따라 운전할 수 있는 자동차등의 구조를 한정하는 등 운전면허에 필요한 조건을 붙일 수 있다.

④ 시·도경찰청장은 제87조 및 제88조에 따라 적성검사를 받은 사람의 신체 상태 또는 운전 능력에 따라 제3항에 따른 조건을 새로 붙이거나 바꿀 수 있다.

제80조의2(음주운전 방지장치 부착 조건부 운전면허)

① 제44조제1항 또는 제2항을 위반(자동차등 또는 노면전차를 운전한 경우로 한정한다. 다만, 개인형 이동장치를 운전한 경우는 제외한다. 이하 같다)한 날부터 5년 이내에 다시 같은 조 제1항 또는 제2항을 위반하여 운전면허 취소처분을 받은 사람이 자동차등을 운전하려는 경우에는 시·도경찰청장으로부터 음주운전 방지장치 부착 조건부 운전면허(이하 "조건부 운전면허"라 한다. 이하 같다)를 받아야 한다.

② 음주운전 방지장치는 제82조제2항제1호부터 제9호까지에 따라 조건부 운전면허 발급 대상에게 적용되는 운전면허 결격기간과 같은 기간 동안 부착하며, 운전면허 결격기간이 종료된 다음 날부터 부착기간을 산정한다.

③ 제1항에 따른 조건부 운전면허의 범위·발급·종류 등에 필요한 사항은 행정안전부령으로 정한다.

제81조(연습운전면허의 효력) 연습운전면허는 그 면허를 받은 날부터 1년 동안 효력을 가진다. 다만, 연습운전면허를 받은 날부터 1년 이전이라도 연습운전면허를 받은 사람이 제1종 보통면허 또는 제2종 보통면허를 받은 경우 연습운전면허는 그 효력을 잃는다.

제82조(운전면허의 결격사유)

① 다음 각 호의 어느 하나에 해당하는 사람은 운전면허를 받을 수 없다.

1. 18세 미만(원동기장치자전거의 경우에는 16세 미만)인 사람

2. 교통상의 위험과 장해를 일으킬 수 있는 정신질환자 또는 뇌전증 환자로서 대통령령으로 정하는 사람

3. 듣지 못하는 사람(제1종 운전면허 중 대형면허·특수면허만 해당한다), 앞을 보지 못하는 사람(한쪽 눈만 보지 못하는 사람의 경우에는 제1종 운전면허 중 대형면허·특수면허만 해당한다)이나 그 밖에 대통령령으로 정하는 신체장애인

4. 양쪽 팔의 팔꿈치관절 이상을 잃은 사람이나 양쪽 팔을 전혀 쓸 수 없는 사람. 다만, 본인의 신체장애 정도에 적합하게 제작된 자동차를 이용하여 정상적인 운전을 할 수 있는 경우에는 그러하지 아니하다.

5. 교통상의 위험과 장해를 일으킬 수 있는 마약·대마·향정신성의약품 또는 알코올 중독자로서 대통령령으로 정하는 사람

6. 제1종 대형면허 또는 제1종 특수면허를 받으려는 경우로서 19세 미만이거나 자동차(이륜자동차는 제외한다)의 운전경험이 1년 미만인 사람

7. 대한민국의 국적을 가지지 아니한 사람 중 「출입국관리법」 제31조에 따라 외국인등록을 하지 아니한 사람(외국인등록이 면제된 사람은 제외한다)이나 「재외동포의 출입국과 법적 지위에 관한 법률」 제6조제1항에 따라 국내거소신고를 하지 아니한 사람

② 다음 각 호의 어느 하나의 경우에 해당하는 사람은 해당 각 호에 규정된 기간이 지나지 아니하면 운전면허를 받을 수 없다. 다만, 다음 각 호의 사유로 인하여 벌금 미만의 형이 확정되거나 선고유예의 판결이 확정된 경우 또는 기소유예나 「소년법」 제32조에 따른 보호처분의 결정이 있는 경우에는 각 호에 규정된 기간 내라도 운전면허를 받을 수 있다.

1. 제43조 또는 제96조제3항을 위반하여 자동차등을 운전한 경우에는 그 위반한 날(운전면허효력 정지기간에 운전하여 취소된 경우에는 그 취소된 날을 말하며, 이하 이 조에서 같다)부터 1년(원동기장치자전거면허를 받으려는 경우에는 6개월로 하되, 제46조를 위반한 경우에는 그 위반한 날부터 1년). 다만, 사람을 사상한 후 제54조제1항에 따른 필요한 조치 및 제2항에 따른 신고를 하지 아니한 경우에는 그 위반한 날부터 5년으로 한다.

2. 제43조 또는 제96조제3항을 3회 이상 위반하여 자동차등을 운전한 경우에는 그 위반한 날부터 2년
3. 다음 각 목의 경우에는 운전면허가 취소된 날(제43조 또는 제96조제3항을 함께 위반한 경우에는 그 위반한 날을 말한다)부터 5년
   가. 제44조, 제45조 또는 제46조를 위반(제43조 또는 제96조제3항을 함께 위반한 경우도 포함한다)하여 운전을 하다가 사람을 사상한 후 제54조제1항 및 제2항에 따른 필요한 조치 및 신고를 하지 아니한 경우
   나. 제44조를 위반(제43조 또는 제96조제3항을 함께 위반한 경우도 포함한다)하여 운전을 하다가 사람을 사망에 이르게 한 경우
4. 제43조부터 제46조까지의 규정에 따른 사유가 아닌 다른 사유로 사람을 사상한 후 제54조제1항 및 제2항에 따른 필요한 조치 및 신고를 하지 아니한 경우에는 운전면허가 취소된 날부터 4년
5. 제44조제1항 또는 제2항을 위반(제43조 또는 제96조제3항을 함께 위반한 경우도 포함한다)하여 운전을 하다가 2회 이상 교통사고를 일으킨 경우에는 운전면허가 취소된 날(제43조 또는 제96조제3항을 함께 위반한 경우에는 그 위반한 날을 말한다)부터 3년, 자동차등을 이용하여 범죄행위를 하거나 다른 사람의 자동차등을 훔치거나 빼앗은 사람이 제43조를 위반하여 그 자동차등을 운전한 경우에는 그 위반한 날부터 3년
6. 다음 각 목의 경우에는 운전면허가 취소된 날(제43조 또는 제96조제3항을 함께 위반한 경우에는 그 위반한 날을 말한다)부터 2년
   가. 제44조제1항 또는 제2항을 2회 이상 위반(제43조 또는 제96조제3항을 함께 위반한 경우도 포함한다)한 경우
   나. 제44조제1항 또는 제2항을 위반(제43조 또는 제96조제3항을 함께 위반한 경우도 포함한다)하여 운전을 하다가 교통사고를 일으킨 경우
   다. 제46조를 2회 이상 위반(제43조 또는 제96조제3항을 함께 위반한 경우도 포함한다)한 경우
   라. 제93조제1항제8호·제12호 또는 제13호의 사유로 운전면허가 취소된 경우
7. 제1호부터 제6호까지의 규정에 따른 경우가 아닌 다른 사유로 운전면허가 취소된 경우에는 운전면허가 취소된 날부터 1년(원동기장치자전거면허를

받으려는 경우에는 6개월로 하되, 제46조를 위반하여 운전면허가 취소된 경우에는 1년). 다만, 제93조제1항제9호의 사유로 운전면허가 취소된 경우에는 그러하지 아니하다.
8. 운전면허효력 정지처분을 받고 있는 경우에는 그 정지기간
9. 제96조에 따른 국제운전면허증 또는 상호인정외국면허증으로 운전하는 운전자가 운전금지 처분을 받은 경우에는 그 금지기간
③ 제93조에 따라 운전면허 취소처분을 받은 사람은 제2항에 따른 운전면허 결격기간이 끝났다 하여도 그 취소처분을 받은 이후에 제73조제2항에 따른 특별교통안전 의무교육을 받지 아니하면 운전면허를 받을 수 없다.

제82조(운전면허의 결격사유)

① 다음 각 호의 어느 하나에 해당하는 사람은 운전면허를 받을 수 없다.
1. 18세 미만(원동기장치자전거의 경우에는 16세 미만)인 사람
2. 교통상의 위험과 장해를 일으킬 수 있는 정신질환자 또는 뇌전증 환자로서 대통령령으로 정하는 사람
3. 듣지 못하는 사람(제1종 운전면허 중 대형면허·특수면허만 해당한다), 앞을 보지 못하는 사람(한쪽 눈만 보지 못하는 사람의 경우에는 제1종 운전면허 중 대형면허·특수면허만 해당한다)이나 그 밖에 대통령령으로 정하는 신체장애인
4. 양쪽 팔의 팔꿈치관절 이상을 잃은 사람이나 양쪽 팔을 전혀 쓸 수 없는 사람. 다만, 본인의 신체장애 정도에 적합하게 제작된 자동차를 이용하여 정상적인 운전을 할 수 있는 경우에는 그러하지 아니하다.
5. 교통상의 위험과 장해를 일으킬 수 있는 마약·대마·향정신성의약품 또는 알코올 중독자로서 대통령령으로 정하는 사람
6. 제1종 대형면허 또는 제1종 특수면허를 받으려는 경우로서 19세 미만이거나 자동차(이륜자동차는 제외한다)의 운전경험이 1년 미만인 사람
7. 대한민국의 국적을 가지지 아니한 사람 중 「출입국관리법」 제31조에 따라 외국인등록을 하지 아니한 사람(외국인등록이 면제된 사람은 제외한다)이나 「재외동포의 출입국과 법적 지위에 관한 법률」 제6조제1항에 따라 국내거소신고를 하지 아니한 사람

② 다음 각 호의 어느 하나의 경우에 해당하는 사람은 해당 각 호에 규정된 기간이 지나지 아니하면 운전면허를 받을 수 없다. 다만, 다음 각 호의 사유로 인하여 벌금 미만의 형이 확정되거나 선고유예의 판결이 확정된 경우 또는 기소유예나 「소년법」 제32조에 따른 보호처분의 결정이 있는 경우에는 각 호에 규정된 기간 내라도 운전면허를 받을 수 있다.

1. 제43조 또는 제96조제3항을 위반하여 자동차등을 운전한 경우에는 그 위반한 날(운전면허효력 정지기간에 운전하여 취소된 경우에는 그 취소된 날을 말하며, 이하 이 조에서 같다)부터 1년(원동기장치자전거면허를 받으려는 경우에는 6개월로 하되, 제46조를 위반한 경우에는 그 위반한 날부터 1년). 다만, 사람을 사상한 후 제54조제1항에 따른 필요한 조치 및 제2항에 따른 신고를 하지 아니한 경우에는 그 위반한 날부터 5년으로 한다.

2. 제43조 또는 제96조제3항을 3회 이상 위반하여 자동차등을 운전한 경우에는 그 위반한 날부터 2년

3. 다음 각 목의 경우에는 운전면허가 취소된 날(제43조 또는 제96조제3항을 함께 위반한 경우에는 그 위반한 날을 말한다)부터 5년
   가. 제44조, 제45조 또는 제46조를 위반(제43조 또는 제96조제3항을 함께 위반한 경우도 포함한다)하여 운전을 하다가 사람을 사상한 후 제54조제1항 및 제2항에 따른 필요한 조치 및 신고를 하지 아니한 경우
   나. 제44조를 위반(제43조 또는 제96조제3항을 함께 위반한 경우도 포함한다)하여 운전을 하다가 사람을 사망에 이르게 한 경우

4. 제43조부터 제46조까지의 규정에 따른 사유가 아닌 다른 사유로 사람을 사상한 후 제54조제1항 및 제2항에 따른 필요한 조치 및 신고를 하지 아니한 경우에는 운전면허가 취소된 날부터 4년

5. 제44조제1항 또는 제2항을 위반(제43조 또는 제96조제3항을 함께 위반한 경우도 포함한다)하여 운전을 하다가 2회 이상 교통사고를 일으킨 경우에는 운전면허가 취소된 날(제43조 또는 제96조제3항을 함께 위반한 경우에는 그 위반한 날을 말한다)부터 3년, 자동차등을 이용하여 범죄행위를 하거나 다른 사람의 자동차등을 훔치거나 빼앗은 사람이 제43조를 위반하여 그 자동차등을 운전한 경우에는 그 위반한 날부터 3년

6. 다음 각 목의 경우에는 운전면허가 취소된 날(제43조 또는 제96조제3항을 함께 위반한 경우에는 그 위반한 날을 말한다)부터 2년
   가. 제44조제1항 또는 제2항을 2회 이상 위반(제43조 또는 제96조제3항을 함께 위반한 경우도 포함한다)한 경우
   나. 제44조제1항 또는 제2항을 위반(제43조 또는 제96조제3항을 함께 위반한 경우도 포함한다)하여 운전을 하다가 교통사고를 일으킨 경우
   다. 제46조를 2회 이상 위반(제43조 또는 제96조제3항을 함께 위반한 경우도 포함한다)한 경우
   라. 제93조제1항제8호·제12호 또는 제13호의 사유로 운전면허가 취소된 경우

7. 제1호부터 제6호까지의 규정에 따른 경우가 아닌 다른 사유로 운전면허가 취소된 경우에는 운전면허가 취소된 날부터 1년(원동기장치자전거면허를 받으려는 경우에는 6개월로 하되, 제46조를 위반하여 운전면허가 취소된 경우에는 1년). 다만, 제93조제1항제9호의 사유로 운전면허가 취소된 경우에는 그러하지 아니하다.

8. 운전면허효력 정지처분을 받고 있는 경우에는 그 정지기간

9. 제96조에 따른 국제운전면허증 또는 상호인정외국면허증으로 운전하는 운전자가 운전금지 처분을 받은 경우에는 그 금지기간

10. 제80조의2제2항에 따라 음주운전 방지장치를 부착하는 기간(조건부 운전면허의 경우는 제외한다)

③ 제93조에 따라 운전면허 취소처분을 받은 사람은 제2항에 따른 운전면허 결격기간이 끝났다 하여도 그 취소처분을 받은 이후에 제73조제2항에 따른 특별교통안전 의무교육을 받지 아니하면 운전면허를 받을 수 없다.

제83조(운전면허시험 등)

① 운전면허시험(제1종 보통면허시험 및 제2종 보통면허시험은 제외한다)은 한국도로교통공단이 다음 각 호의 사항에 대하여 제80조제2항에 따른 운전면허의 구분에 따라 실시한다. 다만, 대통령령으로 정하는 운전면허시험은 대통령령으로 정하는 바에 따라 시·도경찰청장이나 한국도로교통공단이 실시한다.

1. 자동차등의 운전에 필요한 적성
2. 자동차등 및 도로교통에 관한 법령에 대한 지식

3. 자동차등의 관리방법과 안전운전에 필요한 점검의 요령
4. 자동차등의 운전에 필요한 기능
5. 친환경 경제운전에 필요한 지식과 기능

② 제1종 보통면허시험과 제2종 보통면허시험은 한국도로교통공단이 응시자가 도로에서 자동차를 운전할 능력이 있는지에 대하여 실시한다. 이 경우 제1종 보통면허시험은 제1종 보통연습면허를 받은 사람을 대상으로 하고, 제2종 보통면허시험은 제2종 보통연습면허를 받은 사람을 대상으로 한다.

③ 제82조에 따라 운전면허를 받을 수 없는 사람은 운전면허시험에 응시할 수 없다.

④ 제1항제2호 및 제3호에 따른 운전면허시험에 응시하려는 사람은 그 운전면허시험에 응시하기 전에 제73조제1항에 따른 교통안전교육 또는 제104조제1항에 따른 자동차운전 전문학원에서 학과교육을 받아야 한다.

⑤ 제1항과 제2항에 따른 운전면허시험의 방법, 절차와 그 밖에 필요한 사항은 대통령령으로 정한다.

제84조(운전면허시험의 면제)

① 다음 각 호의 어느 하나에 해당하는 사람에 대하여는 대통령령으로 정하는 바에 따라 운전면허시험의 일부를 면제한다.

1. 대학 · 전문대학 또는 공업계 고등학교의 기계과나 자동차와 관련된 학과를 졸업한 사람으로서 재학 중 자동차에 관한 과목을 이수한 사람
2. 「국가기술자격법」 제10조에 따라 자동차의 정비 또는 검사에 관한 기술자격시험에 합격한 사람
3. 외국의 권한 있는 기관에서 발급한 운전면허증(이하 "외국면허증"이라 한다)을 가진 사람 가운데 다음 각 목의 어느 하나에 해당되는 사람
   가. 「주민등록법」 제6조에 따라 주민등록이 된 사람
   나. 「출입국관리법」 제31조에 따라 외국인등록을 한 사람(이하 "등록외국인"이라 한다) 또는 외국인등록이 면제된 사람
   다. 「난민법」에 따른 난민인정자
   라. 「재외동포의 출입국과 법적 지위에 관한 법률」 제6조에 따라 국내거소신고를 한 사람(이하 "외국국적동포"라 한다)
4. 군(軍) 복무 중 자동차등에 상응하는 군 소속 차를 6개월 이상 운전한 경험이 있는 사람

5. 제87조제2항 또는 제88조에 따른 적성검사를 받지 아니하여 운전면허가 취소된 후 다시 면허를 받으려는 사람
6. 운전면허를 받은 후 제80조제2항의 구분에 따라 운전할 수 있는 자동차의 종류를 추가하려는 사람
7. 제93조제1항제15호부터 제18호까지의 규정에 따라 운전면허가 취소된 후 다시 운전면허를 받으려는 사람
8. 제108조제5항에 따른 자동차운전 전문학원의 수료증 또는 졸업증을 소지한 사람
9. 군사분계선 이북지역에서 운전면허를 받은 사실이 인정되는 사람

② 제1항제3호에 따른 외국면허증(그 운전면허증을 발급한 국가에서 90일을 초과하여 체류하면서 그 체류기간 동안 취득한 것으로서 임시면허증 또는 연습면허증이 아닌 것을 말한다)을 가진 사람에 대하여는 해당 국가가 대한민국 운전면허증을 가진 사람에게 적성시험을 제외한 모든 운전면허시험 과정을 면제하는 국가(이하 이 조에서 "국내면허 인정국가"라 한다)인지 여부에 따라 대통령령으로 정하는 바에 따라 면제하는 운전면허시험을 다르게 정할 수 있다. 다만, 외교, 공무(公務) 또는 연구 등 대통령령으로 정하는 목적으로 국내에 체류하고 있는 사람이 가지고 있는 외국면허증은 국내면허 인정국가의 권한 있는 기관에서 발급한 운전면허증으로 보며, 국내면허 인정국가 가운데 우리나라와 운전면허의 상호인정에 관한 약정을 체결한 국가에 대하여는 그 약정한 내용에 따라 운전면허시험의 일부를 면제할 수 있다.

③ 한국도로교통공단은 제1항제3호 및 제2항에 따라 외국면허증을 가진 사람에게 운전면허시험의 일부를 면제하고 국내운전면허증을 발급하는 경우에는 해당 외국면허증을 발급한 국가의 요청이 있는 경우 등 대통령령으로 정하는 사유가 있는 경우에만 그 사람의 외국면허증을 회수할 수 있다. 이 경우 그 외국면허증을 발급한 국가의 관계 기관의 요청이 있는 경우에는 그 외국면허증을 해당 국가에 송부할 수 있다.

제84조의2(부정행위자에 대한 조치)

① 경찰청장은 제106조에 따른 전문학원의 강사자격시험 및 제107조에 따른 기능검정원 자격시험에서, 시 · 도경찰청장 또는 한국도로교통공단은 제83조에 따른 운전면허시험에서 부정행위를 한 사람에 대하여는 해당 시험을 각각 무효로 처리한다.

② 제1항에 따라 시험이 무효로 처리된 사람은 그 처분이 있은 날부터 2년간 해당 시험에 응시하지 못한다.

제85조(운전면허증의 발급 등)
① 운전면허를 받으려는 사람은 운전면허시험에 합격하여야 한다.
② 시·도경찰청장은 운전면허시험에 합격한 사람에 대하여 행정안전부령으로 정하는 운전면허증을 발급하여야 한다.
③ 시·도경찰청장은 운전면허를 받은 사람이 다른 범위의 운전면허를 추가로 취득하는 경우에는 운전면허의 범위를 확대(기존에 받은 운전면허의 범위를 추가하는 것을 말한다)하여 운전면허증을 발급하여야 한다.
④ 시·도경찰청장은 운전면허를 받은 사람이 운전면허의 범위를 축소(기존에 받은 운전면허의 범위에서 일부 범위를 삭제하는 것을 말한다)하기를 원하는 경우에는 운전면허의 범위를 축소하여 운전면허증을 발급할 수 있다.
⑤ 운전면허의 효력은 본인 또는 대리인이 제2항부터 제4항까지에 따른 운전면허증을 발급받은 때부터 발생한다. 이 경우 제3항 또는 제4항에 따라 운전면허의 범위를 확대하거나 축소하는 경우에도 제93조에 따라 받게 되거나 받은 운전면허 취소·정지처분의 효력과 벌점은 그대로 승계된다.
⑥ 제2항부터 제4항까지에 따라 발급받은 운전면허증은 부정하게 사용할 목적으로 다른 사람에게 빌려주거나 빌려서는 아니 되며, 이를 알선하여서도 아니 된다.

제85조의2(모바일운전면허증 발급 및 운전면허증의 확인 등)
① 시·도경찰청장은 제85조, 제86조, 제87조에 따라 운전면허증을 발급받으려는 사람이 모바일운전면허증(「이동통신단말장치 유통구조 개선에 관한 법률」 제2조제4호에 따른 이동통신단말장치에 암호화된 형태로 설치된 운전면허증을 말한다. 이하 같다)을 신청하는 경우 이를 추가로 발급할 수 있다.
② 국가기관, 지방자치단체, 공공단체, 사회단체, 기업체 등에서 다음 각 호의 경우에 운전면허소지자의 성명·사진·주소·주민등록번호·운전면허번호 등을 확인할 필요가 있으면 증빙서류를 붙이지 아니하고 운전면허증(제1항에 따른 모바일운전면허증을 포함한다. 이하 제87조의2·제92조·제93조·제95조제1항·제139조 및 제152조에서 같다)으로 확인하여야 한다. 다만, 다른 법률에서 신분의 확인 방법 등을 정한 경우에는 그러하지 아니하다.

1. 제80조제2항에 따른 운전면허의 범위 및 운전할 수 있는 차의 종류를 확인하는 경우
2. 민원서류나 그 밖의 서류를 접수하는 경우
3. 특정인에게 자격을 인정하는 증서를 발급하는 경우
4. 그 밖에 신분을 확인하기 위하여 필요한 경우

③ 시·도경찰청장은 경찰청에 연계된 운전면허정보를 이용하여 운전면허확인서비스(이동통신단말장치를 이용하여 제2항 각 호 외의 부분 본문에 따른 성명·사진·주소·주민등록번호·운전면허번호 및 발급 관련사항을 확인할 수 있는 서비스를 말한다. 이하 같다)를 제공할 수 있다.
④ 운전면허확인서비스를 이용하여 성명·사진·주소·주민등록번호·운전면허번호 및 발급 관련사항을 확인하는 경우 제2항에 따라 운전면허증으로 성명·사진·주민등록번호·운전면허번호 및 발급 관련사항을 확인한 것으로 본다.
⑤ 모바일운전면허증 및 운전면허확인서비스의 발급 및 신청 등에 필요한 사항은 행정안전부령으로 정한다.

제85조의2(모바일운전면허증 발급 및 운전면허증의 확인 등)
① 시·도경찰청장은 제85조, 제85조의3, 제86조, 제87조에 따라 운전면허증을 발급받으려는 사람이 모바일운전면허증(「이동통신단말장치 유통구조 개선에 관한 법률」 제2조제4호에 따른 이동통신단말장치에 암호화된 형태로 설치된 운전면허증을 말한다. 이하 같다)을 신청하는 경우 이를 추가로 발급할 수 있다.
② 국가기관, 지방자치단체, 공공단체, 사회단체, 기업체 등에서 다음 각 호의 경우에 운전면허소지자의 성명·사진·주소·주민등록번호·운전면허번호 등을 확인할 필요가 있으면 증빙서류를 붙이지 아니하고 운전면허증(제1항에 따른 모바일운전면허증을 포함한다. 이하 제87조의2·제92조·제93조·제95조제1항·제139조 및 제152조에서 같다)으로 확인하여야 한다. 다만, 다른 법률에서 신분의 확인 방법 등을 정한 경우에는 그러하지 아니하다.

1. 제80조제2항에 따른 운전면허의 범위 및 운전할 수 있는 차의 종류를 확인하는 경우
2. 민원서류나 그 밖의 서류를 접수하는 경우
3. 특정인에게 자격을 인정하는 증서를 발급하는 경우
4. 그 밖에 신분을 확인하기 위하여 필요한 경우

③ 시·도경찰청장은 경찰청에 연계된 운전면허정보를 이용하여 운전면허확인서비스(이동통신단말장치를 이용하여 제2항 각 호 외의 부분 본문에 따른 성명·사진·주소·주민등록번호·운전면허번호 및 발급 관련사항을 확인할 수 있는 서비스를 말한다. 이하 같다)를 제공할 수 있다.

④ 운전면허확인서비스를 이용하여 성명·사진·주소·주민등록번호·운전면허번호 및 발급 관련사항을 확인하는 경우 제2항에 따라 운전면허증으로 성명·사진·주민등록번호·운전면허번호 및 발급 관련사항을 확인한 것으로 본다.

⑤ 모바일운전면허증 및 운전면허확인서비스의 발급 및 신청 등에 필요한 사항은 행정안전부령으로 정한다.

제85조의3(조건부 운전면허증의 발급 등)

① 조건부 운전면허를 받으려는 사람은 제83조에 따른 운전면허시험에 합격하여야 한다.

② 시·도경찰청장은 제1항에 따라 운전면허시험에 합격한 사람에 대하여 행정안전부령으로 정하는 조건부 운전면허증을 발급하여야 한다.

③ 조건부 운전면허증을 잃어버렸거나 헐어 못 쓰게 되었을 때에는 행정안전부령으로 정하는 바에 따라 시·도경찰청장에게 신청하여 다시 발급받을 수 있다.

④ 제2항에 따라 발급한 조건부 운전면허증의 조건 기간이 경과하면 해당 조건은 소멸한 것으로 본다.

⑤ 조건부 운전면허증 발급 대상자 본인 확인에 대해서는 제87조의2를 준용한다. 이 경우 "운전면허증"은 "조건부 운전면허증"으로 본다.

제86조(운전면허증의 재발급)
운전면허증을 잃어버렸거나 헐어 못 쓰게 되었을 때에는 행정안전부령으로 정하는 바에 따라 시·도경찰청장에게 신청하여 다시 발급받을 수 있다.

제87조(운전면허증의 갱신과 정기 적성검사)

① 운전면허를 받은 사람은 다음 각 호의 구분에 따른 기간 이내에 대통령령으로 정하는 바에 따라 시·도경찰청장으로부터 운전면허증을 갱신하여 발급받아야 한다.

1. 최초의 운전면허증 갱신기간은 제83조제1항 또는 제2항에 따른 운전면허시험에 합격한 날부터 기산하여 10년(운전면허시험 합격일에 65세 이상 75세 미만인 사람은 5년, 75세 이상인 사람은 3년, 한쪽 눈만 보지 못하는 사람으로서 제1종 운전면허 중 보통면허를 취득한 사람은 3년)이 되는 날이 속하는 해의 1월 1일부터 12월 31일까지

2. 제1호 외의 운전면허증 갱신기간은 직전의 운전면허증 갱신일부터 기산하여 매 10년(직전의 운전면허증 갱신일에 65세 이상 75세 미만인 사람은 5년, 75세 이상인 사람은 3년, 한쪽 눈만 보지 못하는 사람으로서 제1종 운전면허 중 보통면허를 취득한 사람은 3년)이 되는 날이 속하는 해의 1월 1일부터 12월 31일까지

② 다음 각 호의 어느 하나에 해당하는 사람은 제1항에 따른 운전면허증 갱신기간에 대통령령으로 정하는 바에 따라 한국도로교통공단이 실시하는 정기(定期) 적성검사(適性檢査)를 받아야 한다.

1. 제1종 운전면허를 받은 사람
2. 제2종 운전면허를 받은 사람 중 운전면허증 갱신기간에 70세 이상인 사람

③ 다음 각 호에 해당하는 사람은 운전면허증을 갱신하여 받을 수 없다.

1. 제73조제5항에 따른 교통안전교육을 받지 아니한 사람
2. 제2항에 따른 정기 적성검사를 받지 아니하거나 이에 합격하지 못한 사람

④ 제1항 또는 제2항에 따라 운전면허증을 갱신하여 발급받거나 정기 적성검사를 받아야 하는 사람이 해외여행 또는 군 복무 등 대통령령으로 정하는 사유로 그 기간 이내에 운전면허증을 갱신하여 발급받거나 정기 적성검사를 받을 수 없는 때에는 대통령령으로 정하는 바에 따라 이를 미리 받거나 그 연기를 받을 수 있다.

제87조의2(운전면허증 발급 대상자 본인 확인)

① 시·도경찰청장은 제85조제2항부터 제4항까지, 제86조 또는 제87조제1항에 따라 운전면허증을 발급(이하 이 조 및 제137조의2제2항에서 "운전면허증 발급"이라 한다)하려는 경우에는 운전면허증 발급을 받으려는 사람의 주민등록증이나 여권, 그 밖에 행정안전부령으로 정하는 신분증명서의 사진 등을 통하여 본인인지를 확인할 수 있다.

② 시·도경찰청장은 제1항에 따른 방법으로 본인인지를 확인하기 어려운 경우에는 운전면허증 발급을 받으려는 사람의 동의를 받아 전자적 방법으로 지문정보를 대조하여 확인할 수 있다.

③ 시·도경찰청장은 운전면허증 발급을 받으려는 사람이 제2항에 따른 본인 확인 절차를 따르지 아니하는 경우에는 운전면허증 발급을 거부할 수 있다.

제87조의2(운전면허증 발급 대상자 본인 확인)

① 시·도경찰청장은 제85조제2항부터 제4항까지, 제86조 또는 제87조제1항에 따라 운전면허증을 발급(이하 이 조 및 제137조의2제2항에서 "운전면허증 발급"이라 한다)하려는 경우에는 운전면허증 발급을 받으려는 사람의 주민등록증(모바일 주민등록증을 포함한다)이나 여권, 그 밖에 행정안전부령으로 정하는 신분증명서의 사진 등을 통하여 본인인지를 확인할 수 있다.

② 시·도경찰청장은 제1항에 따른 방법으로 본인인지를 확인하기 어려운 경우에는 운전면허증 발급을 받으려는 사람의 동의를 받아 전자적 방법으로 지문정보를 대조하여 확인할 수 있다.

③ 시·도경찰청장은 운전면허증 발급을 받으려는 사람이 제2항에 따른 본인 확인 절차를 따르지 아니하는 경우에는 운전면허증 발급을 거부할 수 있다.

제88조(수시 적성검사)

① 제1종 운전면허 또는 제2종 운전면허를 받은 사람 (제96조제1항에 따른 국제운전면허증 또는 상호인정 외국면허증을 받은 사람을 포함한다)이 안전운전에 장애가 되는 후천적 신체장애 등 대통령령으로 정하는 사유에 해당되는 경우에는 한국도로교통공단이 실시하는 수시(隨時) 적성검사를 받아야 한다.

② 제1항에 따른 수시 적성검사의 기간·통지와 그 밖에 수시 적성검사의 실시에 필요한 사항은 대통령령으로 정한다.

제89조(수시 적성검사 관련 개인정보의 통보)

① 제88조제1항에 따라 수시 적성검사를 받아야 하는 사람의 후천적 신체장애 등에 관한 개인정보를 가지고 있는 기관 가운데 대통령령으로 정하는 기관의 장은 수시 적성검사와 관련이 있는 개인정보를 경찰청장에게 통보하여야 한다.

② 제1항에 따라 경찰청장에게 통보하여야 하는 개인정보의 내용 및 통보방법과 그 밖에 개인정보의 통보에 필요한 사항은 대통령령으로 정한다.

제90조(정신 질환 등이 의심되는 사람에 대한 조치) 한국

도로교통공단은 다음 각 호의 어느 하나에 해당하는 사람이 제82조제1항제2호 또는 제5호에 해당한다고 인정할 만한 상당한 사유가 있는 경우에는 해당 분야 전문의(專門醫)의 정밀진단을 받게 할 수 있다.

1. 제83조에 따른 운전면허시험 중인 사람
2. 제87조제2항 또는 제88조제1항에 따른 적성검사를 받는 사람

제91조(임시운전증명서)

① 시·도경찰청장은 다음 각 호의 어느 하나의 경우에 해당하는 사람이 임시운전증명서 발급을 신청하면 행정안전부령으로 정하는 바에 따라 임시운전증명서를 발급할 수 있다. 다만, 제2호의 경우에는 소지하고 있는 운전면허증에 행정안전부령으로 정하는 사항을 기재하여 발급함으로써 임시운전증명서 발급을 갈음할 수 있다.

1. 운전면허증을 받은 사람이 제86조에 따른 재발급 신청을 한 경우
2. 제87조에 따른 정기 적성검사 또는 운전면허증 갱신 발급 신청을 하거나 제88조에 따른 수시 적성검사를 신청한 경우
3. 제93조에 따른 운전면허의 취소처분 또는 정지처분 대상자가 운전면허증을 제출한 경우

② 제1항의 임시운전증명서는 그 유효기간 중에는 운전면허증과 같은 효력이 있다.

제92조(운전면허증 휴대 및 제시 등의 의무)

① 자동차등을 운전할 때에는 다음 각 호의 어느 하나에 해당하는 운전면허증 등을 지니고 있어야 한다.

1. 운전면허증, 제96조제1항에 따른 국제운전면허증 또는 상호인정외국면허증이나 「건설기계관리법」에 따른 건설기계조종사면허증(이하 "운전면허증 등"이라 한다)
2. 운전면허증등을 갈음하는 다음 각 목의 증명서
   가. 제91조에 따른 임시운전증명서
   나. 제138조에 따른 범칙금 납부통고서 또는 출석지시서
   다. 제143조제1항에 따른 출석고지서

② 운전자는 운전 중에 교통안전이나 교통질서 유지를 위하여 경찰공무원이 제1항에 따른 운전면허증등 또는 이를 갈음하는 증명서를 제시할 것을 요구하거나 운전자의 신원 및 운전면허 확인을 위한 질문을 할 때에는 이에 응하여야 한다.

③ 누구든지 다른 사람 명의의 모바일운전면허증을 부정하게 사용하여서는 아니 된다.

제93조(운전면허의 취소·정지)

① 시·도경찰청장은 운전면허(연습운전면허는 제외한다. 이하 이 조에서 같다)를 받은 사람이 다음 각 호의 어느 하나에 해당하면 행정안전부령으로 정하는 기준에 따라 운전면허(운전자가 받은 모든 범위의 운전면허를 포함한다. 이하 이 조에서 같다)를 취소하거나 1년 이내의 범위에서 운전면허의 효력을 정지시킬 수 있다. 다만, 제2호, 제3호, 제7호, 제8호, 제8호의2, 제9호(정기 적성검사 기간이 지난 경우는 제외한다), 제14호, 제16호, 제17호, 제20호의 규정에 해당하는 경우에는 운전면허를 취소하여야 하고(제8호의2에 해당하는 경우 취소하여야 하는 운전면허의 범위는 운전자가 거짓이나 그 밖의 부정한 수단으로 받은 그 운전면허로 한정한다), 제18호의 규정에 해당하는 경우에는 정당한 사유가 없으면 관계 행정기관의 장의 요청에 따라 운전면허를 취소하거나 1년 이내의 범위에서 정지하여야 한다.

1. 제44조제1항을 위반하여 술에 취한 상태에서 자동차등을 운전한 경우
2. 제44조제1항 또는 제2항 후단을 위반(자동차등을 운전한 경우로 한정한다. 이하 이 호 및 제3호에서 같다)한 사람이 다시 같은 조 제1항을 위반하여 운전면허 정지 사유에 해당된 경우
3. 제44조제2항 후단을 위반하여 술에 취한 상태에 있다고 인정할 만한 상당한 이유가 있음에도 불구하고 경찰공무원의 측정에 응하지 아니한 경우
4. 제45조를 위반하여 약물의 영향으로 인하여 정상적으로 운전하지 못할 우려가 있는 상태에서 자동차등을 운전한 경우
5. 제46조제1항을 위반하여 공동 위험행위를 한 경우
5의2. 제46조의3을 위반하여 난폭운전을 한 경우
5의3. 제17조제3항을 위반하여 제17조제1항 및 제2항에 따른 최고속도보다 시속 100킬로미터를 초과한 속도로 3회 이상 자동차등을 운전한 경우
6. 교통사고로 사람을 사상한 후 제54조제1항 또는 제2항에 따른 필요한 조치 또는 신고를 하지 아니한 경우
7. 제82조제1항제2호부터 제5호까지의 규정에 따른 운전면허를 받을 수 없는 사람에 해당된 경우
8. 제82조에 따라 운전면허를 받을 수 없는 사람이 운전면허를 받거나 운전면허효력의 정지기간 중 운전면허증 또는 운전면허증을 갈음하는 증명서를 발급받은 사실이 드러난 경우
8의2. 거짓이나 그 밖의 부정한 수단으로 운전면허를 받은 경우
9. 제87조제2항 또는 제88조제1항에 따른 적성검사를 받지 아니하거나 그 적성검사에 불합격한 경우
10. 운전 중 고의 또는 과실로 교통사고를 일으킨 경우
10의2. 운전면허를 받은 사람이 자동차등을 이용하여 「형법」 제258조의2(특수상해)·제261조(특수폭행)·제284조(특수협박) 또는 제369조(특수손괴)를 위반하는 행위를 한 경우
11. 운전면허를 받은 사람이 자동차등을 범죄의 도구나 장소로 이용하여 다음 각 목의 어느 하나의 죄를 범한 경우
   가. 「국가보안법」 중 제4조부터 제9조까지의 죄 및 같은 법 제12조 중 증거를 날조·인멸·은닉한 죄
   나. 「형법」 중 다음 어느 하나의 범죄
      1) 살인·사체유기 또는 방화
      2) 강도·강간 또는 강제추행
      3) 약취·유인 또는 감금
      4) 상습절도(절취한 물건을 운반한 경우에 한정한다)
      5) 교통방해(단체 또는 다중의 위력으로써 위반한 경우에 한정한다)
   다. 「보험사기방지 특별법」 중 제8조부터 제10조까지의 죄
12. 다른 사람의 자동차등을 훔치거나 빼앗은 경우
13. 다른 사람이 부정하게 운전면허를 받도록 하기 위하여 제83조에 따른 운전면허시험에 대신 응시한 경우
14. 이 법에 따른 교통단속 임무를 수행하는 경찰공무원등 및 시·군공무원을 폭행한 경우
15. 운전면허증을 부정하게 사용할 목적으로 다른 사람에게 빌려주거나 다른 사람의 운전면허증을 빌려서 사용한 경우
16. 「자동차관리법」에 따라 등록되지 아니하거나 임시운행허가를 받지 아니한 자동차(이륜자동차는 제외한다)를 운전한 경우
17. 제1종 보통면허 및 제2종 보통면허를 받기 전에 연습운전면허의 취소 사유가 있었던 경우
18. 다른 법률에 따라 관계 행정기관의 장이 운전면허의 취소처분 또는 정지처분을 요청한 경우
18의2. 제39조제1항 또는 제4항을 위반하여 화물자동차를 운전한 경우
19. 이 법이나 이 법에 따른 명령 또는 처분을 위반한 경우
20. 운전면허를 받은 사람이 자신의 운전면허를 실효(失效)시킬 목적으로 시·도경찰청장에게 자진하여 운전면허를 반납하는 경우. 다만, 실효시키려는 운전면허가 취소처분 또는 정지처분의 대상이거나 효력정지 기간 중인 경우는 제외한다.
② 시·도경찰청장은 제1항에 따라 운전면허를 취소하거나 운전면허의 효력을 정지하려고 할 때 그 기준으로 활용하기 위하여 교통법규를 위반하거나 교통사고를 일으킨 사람에 대하여는 행정안전부령으로 정하는 바에 따라 위반 및 피해의 정도 등에 따라 벌점을 부과할 수 있으며, 그 벌점이 행정안전부령으로 정하는 기간 동안 일정한 점수를 초과하는 경우에는 행정안전부령으로 정하는 바에 따라 운전면허를 취소 또는 정지할 수 있다.

③ 시·도경찰청장은 연습운전면허를 발급받은 사람이 운전 중 고의 또는 과실로 교통사고를 일으키거나 이 법이나 이 법에 따른 명령 또는 처분을 위반한 경우에는 연습운전면허를 취소하여야 한다. 다만, 본인에게 귀책사유(歸責事由)가 없는 경우 등 대통령령으로 정하는 경우에는 그러하지 아니하다.

④ 시·도경찰청장은 제1항 또는 제2항에 따라 운전면허의 취소처분 또는 정지처분을 하려고 하거나 제3항에 따라 연습운전면허 취소처분을 하려면 그 처분을 하기 전에 미리 행정안전부령으로 정하는 바에 따라 처분의 당사자에게 처분 내용과 의견제출 기한 등을 통지하여야 하며, 그 처분을 하는 때에는 행정안전부령으로 정하는 바에 따라 처분의 이유와 행정심판을 제기할 수 있는 기간 등을 통지하여야 한다. 다만, 제87조제2항 또는 제88조제1항에 따른 적성검사를 받지 아니하였다는 이유로 운전면허를 취소하려면 행정안전부령으로 정하는 바에 따라 처분의 당사자에게 적성검사를 할 수 있는 날의 만료일 전까지 적성검사를 받지 아니하면 운전면허가 취소된다는 사실의 조건부 통지를 함으로써 처분의 사전 및 사후 통지를 갈음할 수 있다.

제93조(운전면허의 취소·정지)

① 시·도경찰청장은 운전면허(조건부 운전면허는 포함하고, 연습운전면허는 제외한다. 이하 이 조에서 같다)를 받은 사람이 다음 각 호의 어느 하나에 해당하면 행정안전부령으로 정하는 기준에 따라 운전면허(운전자가 받은 모든 범위의 운전면허를 포함한다. 이하 이 조에서 같다)를 취소하거나 1년 이내의 범위에서 운전면허의 효력을 정지시킬 수 있다. 다만, 제2호, 제3호, 제7호, 제8호, 제8호의2, 제9호(정기 적성검사 기간이 지난 경우는 제외한다), 제14호, 제16호, 제17호, 제20호부터 제23호까지의 규정에 해당하는 경우에는 운전면허를 취소하여야 하고(제8호의2에 해당하는 경우 취소하여야 하는 운전면허의 범위는 운전자가 거짓이나 그 밖의 부정한 수단으로 받은 그 운전면허로 한정한다), 제18호의 규정에 해당하는 경우에는 정당한 사유가 없으면 관계 행정기관의 장의 요청에 따라 운전면허를 취소하거나 1년 이내의 범위에서 정지하여야 한다.

1. 제44조제1항을 위반하여 술에 취한 상태에서 자동차등을 운전한 경우
2. 제44조제1항 또는 제2항 후단을 위반(자동차등을 운전한 경우로 한정한다. 이하 이 호 및 제3호에

서 같다)한 사람이 다시 같은 조 제1항을 위반하여 운전면허 정지 사유에 해당된 경우
3. 제44조제2항 후단을 위반하여 술에 취한 상태에 있다고 인정할 만한 상당한 이유가 있음에도 불구하고 경찰공무원의 측정에 응하지 아니한 경우
4. 제45조를 위반하여 약물의 영향으로 인하여 정상적으로 운전하지 못할 우려가 있는 상태에서 자동차등을 운전한 경우
5. 제46조제1항을 위반하여 공동 위험행위를 한 경우
5의2. 제46조의3을 위반하여 난폭운전을 한 경우
5의3. 제17조제3항을 위반하여 제17조제1항 및 제2항에 따른 최고속도보다 시속 100킬로미터를 초과한 속도로 3회 이상 자동차등을 운전한 경우
6. 교통사고로 사람을 사상한 후 제54조제1항 또는 제2항에 따른 필요한 조치 또는 신고를 하지 아니한 경우
7. 제82조제1항제2호부터 제5호까지의 규정에 따른 운전면허를 받을 수 없는 사람에 해당된 경우
8. 제82조에 따라 운전면허를 받을 수 없는 사람이 운전면허를 받거나 운전면허효력의 정지기간 중 운전면허증 또는 운전면허증을 갈음하는 증명서를 발급받은 사실이 드러난 경우
8의2. 거짓이나 그 밖의 부정한 수단으로 운전면허를 받은 경우
9. 제87조제2항 또는 제88조제1항에 따른 적성검사를 받지 아니하거나 그 적성검사에 불합격한 경우
10. 운전 중 고의 또는 과실로 교통사고를 일으킨 경우
10의2. 운전면허를 받은 사람이 자동차등을 이용하여 「형법」 제258조의2(특수상해)·제261조(특수폭행)·제284조(특수협박) 또는 제369조(특수손괴)를 위반하는 행위를 한 경우
11. 운전면허를 받은 사람이 자동차등을 범죄의 도구나 장소로 이용하여 다음 각 목의 어느 하나의 죄를 범한 경우
    가. 「국가보안법」 중 제4조부터 제9조까지의 죄 및 같은 법 제12조 중 증거를 날조·인멸·은닉한 죄
    나. 「형법」 중 다음 어느 하나의 범죄
        1) 살인·사체유기 또는 방화
        2) 강도·강간 또는 강제추행
        3) 약취·유인 또는 감금

4) 상습절도(절취한 물건을 운반한 경우에 한정한다)
5) 교통방해(단체 또는 다중의 위력으로써 위반한 경우에 한정한다)
다. 「보험사기방지 특별법」 중 제8조부터 제10조까지의 죄

12. 다른 사람의 자동차등을 훔치거나 빼앗은 경우
13. 다른 사람이 부정하게 운전면허를 받도록 하기 위하여 제83조에 따른 운전면허시험에 대신 응시한 경우
14. 이 법에 따른 교통단속 임무를 수행하는 경찰공무원등 및 시·군공무원을 폭행한 경우
15. 운전면허증을 부정하게 사용할 목적으로 다른 사람에게 빌려주거나 다른 사람의 운전면허증을 빌려서 사용한 경우
16. 「자동차관리법」에 따라 등록되지 아니하거나 임시운행허가를 받지 아니한 자동차(이륜자동차는 제외한다)를 운전한 경우
17. 제1종 보통면허 및 제2종 보통면허를 받기 전에 연습운전면허의 취소 사유가 있었던 경우
18. 다른 법률에 따라 관계 행정기관의 장이 운전면허의 취소처분 또는 정지처분을 요청한 경우
18의2. 제39조제1항 또는 제4항을 위반하여 화물자동차를 운전한 경우
19. 이 법이나 이 법에 따른 명령 또는 처분을 위반한 경우
20. 운전면허를 받은 사람이 자신의 운전면허를 실효(失效)시킬 목적으로 시·도경찰청장에게 자진하여 운전면허를 반납하는 경우. 다만, 실효시키려는 운전면허가 취소처분 또는 정지처분의 대상이거나 효력정지 기간 중인 경우는 제외한다.
21. 제50조의3제1항을 위반하여 음주운전 방지장치가 설치된 자동차등을 시·도경찰청에 등록하지 아니하고 운전한 경우
22. 제50조의3제3항을 위반하여 음주운전 방지장치가 설치되지 아니하거나 설치기준에 부합하지 아니한 음주운전 방지장치가 설치된 자동차등을 운전한 경우
23. 제50조의3제4항을 위반하여 음주운전 방지장치가 해체·조작 또는 그 밖의 방법으로 효용이 떨어진 것을 알면서 해당 장치가 설치된 자동차등을 운전한 경우

② 시·도경찰청장은 제1항에 따라 운전면허를 취소하거나 운전면허의 효력을 정지하려고 할 때 그 기준으로 활용하기 위하여 교통법규를 위반하거나 교통사고를 일으킨 사람에 대하여는 행정안전부령으로 정하는 바에 따라 위반 및 피해의 정도 등에 따라 벌점을 부과할 수 있으며, 그 벌점이 행정안전부령으로 정하는 기간 동안 일정한 점수를 초과하는 경우에는 행정안전부령으로 정하는 바에 따라 운전면허를 취소 또는 정지할 수 있다.
③ 시·도경찰청장은 연습운전면허를 발급받은 사람이 운전 중 고의 또는 과실로 교통사고를 일으키거나 이 법이나 이 법에 따른 명령 또는 처분을 위반한 경우에는 연습운전면허를 취소하여야 한다. 다만, 본인에게 귀책사유(歸責事由)가 없는 경우 등 대통령령으로 정하는 경우에는 그러하지 아니하다.
④ 시·도경찰청장은 제1항 또는 제2항에 따라 운전면허의 취소처분 또는 정지처분을 하려고 하거나 제3항에 따라 연습운전면허 취소처분을 하려면 그 처분을 하기 전에 미리 행정안전부령으로 정하는 바에 따라 처분의 당사자에게 처분 내용과 의견제출 기한 등을 통지하여야 하며, 그 처분을 하는 때에는 행정안전부령으로 정하는 바에 따라 처분의 이유와 행정심판을 제기할 수 있는 기간 등을 통지하여야 한다. 다만, 제87조제2항 또는 제88조제1항에 따른 적성검사를 받지 아니하였다는 이유로 운전면허를 취소하려면 행정안전부령으로 정하는 바에 따라 처분의 당사자에게 적성검사를 할 수 있는 날의 만료일 전까지 적성검사를 받지 아니하면 운전면허가 취소된다는 사실의 조건부 통지를 함으로써 처분의 사전 및 사후 통지를 갈음할 수 있다.

제94조(운전면허 처분에 대한 이의신청)
① 제93조제1항 또는 제2항에 따른 운전면허의 취소처분 또는 정지처분이나 같은 조 제3항에 따른 연습운전면허 취소처분에 대하여 이의(異議)가 있는 사람은 그 처분을 받은 날부터 60일 이내에 행정안전부령으로 정하는 바에 따라 시·도경찰청장에게 이의를 신청할 수 있다.
② 시·도경찰청장은 제1항에 따른 이의를 심의하기 위하여 행정안전부령으로 정하는 바에 따라 운전면허 행정처분 이의심의위원회(이하 "이의심의위원회"라 한다)를 두어야 한다.
③ 제1항에 따라 이의를 신청한 사람은 그 이의신청과 관계없이 「행정심판법」에 따른 행정심판을 청구할 수 있다. 이 경우 이의를 신청하여 그 결과를 통보

받은 사람(결과를 통보받기 전에 「행정심판법」에 따른 행정심판을 청구한 사람은 제외한다)은 통보받은 날부터 90일 이내에 「행정심판법」에 따른 행정심판을 청구할 수 있다.

④ 이의심의위원회의 위원 중 공무원이 아닌 사람은 「형법」 제129조부터 제132조까지의 규정을 적용할 때에는 공무원으로 본다.

제94조의2(범죄경력조회 및 수사경력조회) 시·도경찰청장은 제82조제2항 각 호의 어느 하나의 경우에 해당하는 사람이 운전면허 결격사유가 된 법률 위반과 관련하여 같은 항 단서에 해당하는 확정판결 또는 처분을 받았는지 여부와 제93조제1항 또는 제2항에 따라 운전면허가 취소·정지된 사람이 그 처분의 원인이 된 법률 위반과 관련하여 무죄의 확정판결 또는 불기소처분을 받았는지 여부를 확인하기 위하여 「형의 실효 등에 관한 법률」 제6조에 따른 범죄경력조회 및 수사경력조회를 할 수 있다.

제95조(운전면허증의 반납)

① 운전면허증을 받은 사람이 다음 각 호의 어느 하나에 해당하면 그 사유가 발생한 날부터 7일 이내(제4호 및 제5호의 경우 새로운 운전면허증을 받기 위하여 운전면허증을 제출한 때)에 주소지를 관할하는 시·도경찰청장에게 운전면허증을 반납(모바일운전면허증의 경우 전자적 반납을 포함한다. 이하 이 조에서 같다)하여야 한다.

1. 운전면허 취소처분을 받은 경우
2. 운전면허효력 정지처분을 받은 경우
3. 운전면허증을 잃어버리고 다시 발급받은 후 그 잃어버린 운전면허증을 찾은 경우
4. 연습운전면허증을 받은 사람이 제1종 보통면허증 또는 제2종 보통면허증을 받은 경우
5. 운전면허증 갱신을 받은 경우

② 경찰공무원은 제1항을 위반하여 운전면허증을 반납하지 아니한 사람이 소지한 운전면허증을 직접 회수(모바일운전면허증의 경우 전자적 회수를 포함한다. 이하 이 조에서 같다)할 수 있다.

③ 시·도경찰청장이 제1항제2호에 따라 운전면허증을 반납받았거나 제2항에 따라 제1항제2호에 해당하는 사람으로부터 운전면허증을 회수하였을 때에는 이를 보관하였다가 정지기간이 끝난 즉시 돌려주어야 한다.

제9장 국제운전면허증

제96조(국제운전면허증 또는 상호인정외국면허증에 의한 자동차등의 운전)

① 외국의 권한 있는 기관에서 제1호부터 제3호까지의 어느 하나에 해당하는 협약·협정 또는 약정에 따른 운전면허증(이하 "국제운전면허증"이라 한다) 또는 제4호에 따라 인정되는 외국면허증(이하 "상호인정 외국면허증"이라 한다)을 발급받은 사람은 제80조제1항에도 불구하고 국내에 입국한 날부터 1년 동안 그 국제운전면허증 또는 상호인정외국면허증으로 자동차등을 운전할 수 있다. 이 경우 운전할 수 있는 자동차의 종류는 그 국제운전면허증 또는 상호인정 외국면허증에 기재된 것으로 한정한다.

1. 1949년 제네바에서 체결된 「도로교통에 관한 협약」
2. 1968년 비엔나에서 체결된 「도로교통에 관한 협약」
3. 우리나라와 외국 간에 국제운전면허증을 상호 인정하는 협약, 협정 또는 약정
4. 우리나라와 외국 간에 상대방 국가에서 발급한 운전면허증을 상호 인정하는 협약·협정 또는 약정

② 국제운전면허증을 외국에서 발급받은 사람 또는 상호인정외국면허증으로 운전하는 사람은 「여객자동차 운수사업법」 또는 「화물자동차 운수사업법」에 따른 사업용 자동차를 운전할 수 없다. 다만, 「여객자동차 운수사업법」에 따른 대여사업용 자동차를 임차(賃借)하여 운전하는 경우에는 그러하지 아니하다.

③ 제82조제2항에 따른 운전면허 결격사유에 해당하는 사람으로서 같은 항 각 호의 구분에 따른 기간이 지나지 아니한 사람은 제1항에도 불구하고 자동차등을 운전하여서는 아니 된다.

제97조(자동차등의 운전 금지)

① 제96조에 따라 국제운전면허증 또는 상호인정외국면허증을 가지고 국내에서 자동차등을 운전하는 사람이 다음 각 호의 어느 하나에 해당하는 경우에는 그 사람의 주소지를 관할하는 시·도경찰청장은 행정안전부령으로 정한 기준에 따라 1년을 넘지 아니하는 범위에서 국제운전면허증 또는 상호인정외국면허증에 의한 자동차등의 운전을 금지할 수 있다.

1. 제88조제1항에 따른 적성검사를 받지 아니하였거나 적성검사에 불합격한 경우
2. 운전 중 고의 또는 과실로 교통사고를 일으킨 경우
3. 대한민국 국적을 가진 사람이 제93조제1항 또는 제2항에 따라 운전면허가 취소되거나 효력이 정지된 후 제82조제2항 각 호에 규정된 기간이 지나지 아니한 경우

4. 자동차등의 운전에 관하여 이 법이나 이 법에 따른 명령 또는 처분을 위반한 경우

② 제1항에 따라 자동차등의 운전이 금지된 사람은 지체 없이 국제운전면허증 또는 상호인정외국면허증에 의한 운전을 금지한 시·도경찰청장에게 그 국제운전면허증 또는 상호인정외국면허증을 제출하여야 한다.

③ 시·도경찰청장은 제1항에 따른 금지기간이 끝난 경우 또는 금지처분을 받은 사람이 그 금지기간 중에 출국하는 경우에는 그 사람의 반환청구가 있으면 지체 없이 보관 중인 국제운전면허증 또는 상호인정외국면허증을 돌려주어야 한다.

제98조(국제운전면허증의 발급 등)

① 제80조에 따라 운전면허를 받은 사람이 국외에서 운전을 하기 위하여 제96조제1항제1호의 「도로교통에 관한 협약」에 따른 국제운전면허증을 발급받으려면 시·도경찰청장에게 신청하여야 한다.

② 제1항에 따른 국제운전면허증의 유효기간은 발급받은 날부터 1년으로 한다.

③ 제1항에 따른 국제운전면허증은 이를 발급받은 사람의 국내운전면허의 효력이 없어지거나 취소된 때에는 그 효력을 잃는다.

④ 제1항에 따른 국제운전면허증을 발급받은 사람의 국내운전면허의 효력이 정지된 때에는 그 정지기간 동안 그 효력이 정지된다.

⑤ 제1항에 따른 국제운전면허증의 발급에 필요한 사항은 행정안전부령으로 정한다.

제98조의2(국제운전면허증 발급의 제한)

시·도경찰청장은 제98조에 따라 국제운전면허증을 발급받으려는 사람이 납부하지 아니한 범칙금 또는 과태료(이 법을 위반하여 부과된 범칙금 또는 과태료를 말한다. 이하 이 조에서 같다)가 있는 경우 국제운전면허증의 발급을 거부할 수 있다. 다만, 제164조제1항·제2항에 따른 범칙금 납부기간 또는 제160조에 따른 과태료로서 대통령령으로 정하는 납부기간 중에 있는 경우에는 그러하지 아니하다.

제10장 자동차운전학원

제99조(자동차운전학원의 등록)

자동차운전학원(이하 "학원"이라 한다)을 설립·운영하려는 자는 제101조에 따른 시설 및 설비 등과 제103조에 따른 강사의 정원(定員) 및 배치기준 등 필요한 조건을 갖추어 대통령령으로 정하는 바에 따라 시·도경찰청장에게 등록하여야 한다. 대통령령으로 정하는 등록사항을 변경하려는 경우에도 또한 같다.

제100조(학원의 조건부 등록)

① 시·도경찰청장은 제99조에 따라 학원 등록을 할 경우 대통령령으로 정하는 기간에 제101조에 따른 시설 및 설비 등을 갖출 것을 조건으로 하여 학원의 등록을 받을 수 있다.

② 시·도경찰청장은 제1항에 따라 등록을 한 자가 정당한 사유 없이 같은 항에 따른 기간에 시설 및 설비 등을 갖추지 아니하면 그 등록을 취소하여야 한다.

제101조(학원의 시설기준 등)

학원에는 대통령령으로 정하는 기준에 따라 강의실·기능교육장·부대시설 등 교육에 필요한 시설(장애인을 위한 교육 및 부대시설을 포함한다) 및 설비 등을 갖추어야 한다.

제102조(학원 등록 등의 결격사유)

① 다음 각 호의 어느 하나에 해당하는 사람은 제99조에 따른 학원의 등록을 할 수 없다.

1. 피성년후견인
2. 파산선고를 받고 복권되지 아니한 사람
3. 금고 이상의 형을 선고받고 그 집행이 끝나거나 집행을 받지 아니하기로 확정된 후 3년이 지나지 아니한 사람 또는 금고 이상의 형을 선고받고 그 집행유예기간 중에 있는 사람
4. 법원의 판결에 의하여 자격이 정지 또는 상실된 사람
5. 제113조제1항제1호, 제5호부터 제12호까지, 같은 조 제2항 및 제4항에 따라 그 등록이 취소된 날부터 1년이 지나지 아니한 학원의 설립·운영자 또는 학원의 등록이 취소된 날부터 1년 이내에 같은 장소에서 학원을 설립·운영하려는 사람
6. 임원 중에 제1호부터 제5호까지 중 어느 하나에 해당하는 사람이 있는 법인

② 학원을 설립·운영하는 자가 제1항 각 호의 어느 하나에 해당하게 된 경우에는 그 등록은 효력을 잃는다. 다만, 제1항제6호에 해당하는 경우로서 법인의

임원 중에 그 사유에 해당하는 사람이 있더라도 그 사유가 발생한 날부터 3개월 이내에 그 임원을 해임하거나 다른 사람으로 바꾸어 임명한 경우에는 그러하지 아니하다.

제103조(학원의 강사 및 교육과정 등)

① 학원에서 교육을 담당하는 강사(자동차등의 운전에 필요한 도로교통에 관한 법령·지식 및 기능교육을 하는 사람을 말한다. 이하 같다)의 자격요건·정원 및 배치기준 등에 관하여 필요한 사항은 대통령령으로 정한다.

② 학원의 교육과정, 교육방법 및 운영기준 등에 관하여 필요한 사항은 대통령령으로 정한다.

제104조(자동차운전 전문학원의 지정 등)

① 시·도경찰청장은 자동차운전에 관한 교육 수준을 높이고 운전자의 자질을 향상시키기 위하여 제99조에 따라 등록된 학원으로서 다음 각 호의 기준에 적합한 학원을 대통령령으로 정하는 바에 따라 자동차운전 전문학원(이하 "전문학원"이라 한다)으로 지정할 수 있다. 〈개정 2020. 12. 22.〉

1. 제105조에 따른 자격요건을 갖춘 학감[(學監) : 전문학원의 학과 및 기능에 관한 교육과 학사운영을 담당하는 사람을 말한다. 이하 같다]을 둘 것. 다만, 학원을 설립·운영하는 자가 자격요건을 갖춘 경우에는 학감을 겸임할 수 있으며 이 경우에는 학감을 보좌하는 부학감을 두어야 한다.

2. 대통령령으로 정하는 기준에 따라 제106조에 따른 강사 및 제107조에 따른 기능검정원[(技能檢定員) : 제108조에 따른 기능검정을 하는 사람을 말한다. 이하 같다]을 둘 것

3. 대통령령으로 정하는 기준에 적합한 시설·설비 및 제74조제2항에 따른 교통안전교육기관의 지정에 필요한 시설·설비 등을 갖출 것

4. 교육방법 및 졸업자의 운전 능력 등 해당 전문학원의 운영이 대통령령으로 정하는 기준에 적합할 것

② 시·도경찰청장은 다음 각 호의 어느 하나에 해당하는 학원은 전문학원으로 지정할 수 없다.

1. 제113조(제1항제2호부터 제4호까지는 제외한다)에 따라 등록이 취소된 학원 또는 전문학원(이하 "학원등"이라 한다)을 설립·운영하는 자(이하 "학원등 설립·운영자"라 한다) 또는 학감이나 부학감이었던 사람이 등록이 취소된 날부터 3년 이내에 설립·운영하는 학원

2. 제113조(제1항제2호부터 제4호까지는 제외한다)에 따라 등록이 취소된 경우 취소된 날부터 3년 이내에 같은 장소에서 설립·운영되는 학원

③ 제1항에 따라 지정받은 전문학원이 대통령령으로 정하는 중요사항을 변경하려면 소재지를 관할하는 시·도경찰청장의 승인을 받아야 한다.

제105조(전문학원의 학감 등)

학감이나 부학감은 다음 각 호의 요건을 모두 갖추고 있는 사람으로 한다.

1. 삭제

2. 도로교통에 관한 업무에 3년 이상 근무한 경력(관리직 경력만 해당한다)이 있는 사람 또는 학원등의 운영·관리에 관한 업무에 3년 이상 근무한 경력이 있거나 학원등의 교육·검정 등 대통령령으로 정하는 업무에 5년 이상 근무한 경력이 있는 사람으로서 다음 각 목의 어느 하나에 해당되지 아니하는 사람

   가. 미성년자 또는 피성년후견인

   나. 파산선고를 받고 복권되지 아니한 사람

   다. 이 법 또는 다른 법의 규정을 위반하여 금고 이상의 실형을 선고받고 그 형의 집행이 끝나거나(끝난 것으로 보는 경우를 포함한다) 집행을 받지 아니하기로 확정된 날부터 2년(제150조 각 호의 어느 하나를 위반한 경우에는 3년)이 지나지 아니한 사람

   라. 제150조 각 호의 어느 하나를 위반하여 벌금형을 선고받고 3년이 지나지 아니한 사람

   마. 금고 이상의 형을 선고받고 그 집행유예기간 중에 있는 사람

   바. 금고 이상의 형의 선고유예를 받고 그 유예기간 중에 있는 사람

   사. 법률 또는 판결에 의하여 자격이 상실되거나 정지된 사람

   아. 「국가공무원법」 또는 「경찰공무원법」 등 관련 법률에 따라 징계면직처분을 받은 날부터 2년이 지나지 아니한 사람

3. 제113조제1항제1호, 제5호부터 제12호까지, 같은 조 제2항 및 제4항에 따라 등록이 취소된 학원등을 설립·운영한 자, 학감 또는 부학감이었던 경우에는 등록이 취소된 날부터 3년이 지난 사람

제106조(전문학원의 강사)

① 전문학원의 강사가 되려는 사람은 행정안전부령으로 정하는 강사자격시험에 합격하고 경찰청장이 지정하는 전문기관에서 자동차운전교육에 관한 연수교육을 수료하여야 한다.

② 경찰청장은 제1항에 따른 자격을 갖춘 사람에게 행정안전부령으로 정하는 바에 따라 강사자격증을 발급하여야 한다.

③ 제2항에 따라 발급받은 강사자격증은 부정하게 사용할 목적으로 다른 사람에게 빌려주거나 빌려서는 아니 되며, 이를 알선하여서도 아니 된다.

④ 다음 각 호의 어느 하나에 해당하는 사람은 전문학원의 강사가 될 수 없다.

1. 제76조제3항제2호의 규정에 해당하는 사람
2. 제5항에 따라 강사자격증이 취소된 날부터 3년이 지나지 아니한 사람
3. 제83조제1항제4호 및 같은 조 제2항에 따른 자동차등의 운전에 필요한 기능과 도로에서의 운전능력을 익히기 위한 교육(이하 "기능교육"이라 한다)에 사용되는 자동차등을 운전할 수 있는 운전면허를 받지 아니한 사람
4. 기능교육에 사용되는 자동차를 운전할 수 있는 운전면허를 받은 날부터 2년이 지나지 아니한 사람

⑤ 시·도경찰청장은 제2항에 따라 강사자격증을 발급받은 사람이 다음 각 호의 어느 하나에 해당하면 행정안전부령으로 정하는 기준에 따라 그 강사의 자격을 취소하거나 1년 이내의 범위에서 기간을 정하여 그 자격의 효력을 정지시킬 수 있다. 다만, 제1호부터 제5호까지의 어느 하나에 해당하는 경우에는 그 자격을 취소하여야 하며, 제5호 및 제6호는 제83조제1항제2호 및 제3호에 따른 자동차등의 운전에 필요한 지식 등을 얻기 위한 교육을 담당하는 강사에게는 적용하지 아니한다.

1. 거짓이나 그 밖의 부정한 방법으로 강사자격증을 발급받은 경우
2. 다음 각 목의 어느 하나에 해당하는 죄를 저질러 금고 이상의 형(집행유예를 포함한다)을 선고받은 경우
   가. 「교통사고처리 특례법」 제3조제1항에 따른 죄
   나. 「특정범죄 가중처벌 등에 관한 법률」 제5조의3, 제5조의11제1항 및 제5조의13에 따른 죄
   다. 「성폭력범죄의 처벌 등에 관한 특례법」 제2조에 따른 성폭력범죄
   라. 「아동·청소년의 성보호에 관한 법률」 제2조제2호에 따른 아동·청소년대상 성범죄
3. 강사의 자격정지 기간 중에 교육을 한 경우
4. 강사의 자격증을 다른 사람에게 빌려 준 경우
5. 기능교육에 사용되는 자동차를 운전할 수 있는

운전면허가 취소된 경우

6. 기능교육에 사용되는 자동차를 운전할 수 있는 운전면허의 효력이 정지된 경우
7. 강사의 업무에 관하여 부정한 행위를 한 경우
8. 제116조를 위반하여 대가를 받고 자동차운전교육을 한 경우
9. 그 밖에 이 법이나 이 법에 따른 명령 또는 처분을 위반한 경우

⑥ 전문학원의 학감은 강사가 아닌 사람으로 하여금 자동차운전에 관한 학과교육 또는 기능교육을 하게 하여서는 아니 된다.

제107조(기능검정원)

① 기능검정원이 되려는 사람은 행정안전부령으로 정하는 기능검정원 자격시험에 합격하고 경찰청장이 지정하는 전문기관에서 자동차운전 기능검정에 관한 연수교육을 수료하여야 한다.

② 경찰청장은 제1항에 따른 연수교육을 수료한 사람에게 행정안전부령으로 정하는 바에 따라 기능검정원 자격증을 발급하여야 한다.

③ 제2항에 따라 발급받은 기능검정원 자격증은 부정하게 사용할 목적으로 다른 사람에게 빌려주거나 빌려서는 아니 되며, 이를 알선하여서도 아니 된다.

④ 다음 각 호의 어느 하나에 해당하는 사람은 기능검정원이 될 수 없다.

1. 삭제
2. 제76조제3항제2호에 해당하는 사람
3. 제5항에 따라 기능검정원의 자격이 취소된 경우에는 그 자격이 취소된 날부터 3년이 지나지 아니한 사람
4. 기능검정에 사용되는 자동차를 운전할 수 있는 운전면허를 받지 아니하거나 운전면허를 받은 날부터 3년이 지나지 아니한 사람

⑤ 시·도경찰청장은 기능검정원이 다음 각 호의 어느 하나에 해당하면 행정안전부령으로 정하는 기준에 따라 그 기능검정원의 자격을 취소하거나 1년 이내의 범위에서 기간을 정하여 그 자격의 효력을 정지시킬 수 있다. 다만, 제1호부터 제6호까지의 어느 하나에 해당하는 경우에는 그 자격을 취소하여야 한다.

1. 거짓으로 제108조제4항에 따른 기능검정의 합격 사실을 증명한 경우
2. 거짓이나 그 밖의 부정한 방법으로 기능검정원자격증을 발급받은 경우

3. 다음 각 목의 어느 하나에 해당하는 죄를 저질러 금고 이상의 형(집행유예를 포함한다)을 선고받은 경우
　가. 「교통사고처리 특례법」 제3조제1항에 따른 죄
　나. 「특정범죄 가중처벌 등에 관한 법률」 제5조의3, 제5조의11제1항 및 제5조의13에 따른 죄
　다. 「성폭력범죄의 처벌 등에 관한 특례법」 제2조에 따른 성폭력범죄
　라. 「아동·청소년의 성보호에 관한 법률」 제2조제2호에 따른 아동·청소년대상 성범죄
4. 기능검정원의 자격정지 기간 중에 기능검정을 한 경우
5. 기능검정원의 자격증을 다른 사람에게 빌려 준 경우
6. 기능검정에 사용되는 자동차를 운전할 수 있는 운전면허가 취소된 경우
7. 기능검정에 사용되는 자동차를 운전할 수 있는 운전면허의 효력이 정지된 경우
8. 기능검정원의 업무에 관하여 부정한 행위를 한 경우
9. 그 밖에 이 법이나 이 법에 따른 명령 또는 처분을 위반한 경우

제108조(기능검정)

① 시·도경찰청장은 전문학원의 학감으로 하여금 대통령령으로 정하는 바에 따라 해당 전문학원의 교육생을 대상으로 제83조제1항제4호 및 같은 조 제2항에 따른 운전기능 또는 도로에서 운전하는 능력이 있는지에 관한 검정(이하 "기능검정"이라 한다)을 하게 할 수 있다.

② 전문학원의 학감은 기능검정원으로 하여금 다음 각 호의 어느 하나에 해당하는 사람을 대상으로 행정안전부령으로 정하는 바에 따라 기능검정을 하게 하여야 한다.
1. 학과교육과 제83조제1항제4호에 따른 자동차등의 운전에 관하여 필요한 기능을 익히기 위한 기능교육(이하 "장내기능교육"이라 한다)을 수료한 사람
2. 제83조제2항에 따른 도로에서 운전하는 능력을 익히기 위한 기능교육(이하 "도로주행교육"이라 한다)을 수료한 사람

③ 전문학원의 학감은 기능검정원이 아닌 사람으로 하여금 기능검정을 하게 하여서는 아니 된다.

④ 기능검정원은 자기가 실시한 기능검정에 합격한 사람에게 그 합격 사실을 행정안전부령으로 정하는 바에 따라 서면(書面)으로 증명하여야 한다.

⑤ 전문학원의 학감은 제4항에 따라 기능검정원이 합격 사실을 서면으로 증명한 사람에게는 기능검정의 종류별로 행정안전부령으로 정하는 바에 따라 수료증 또는 졸업증을 발급하여야 한다.

제109조(강사 등에 대한 연수교육 등)

① 시·도경찰청장은 다음 각 호의 사람을 대상으로 그 자질을 향상시키기 위하여 필요한 경우에는 대통령령으로 정하는 바에 따라 연수교육을 할 수 있다. 이 경우 연수교육의 통보를 받은 학원등 설립·운영자는 특별한 사유가 없으면 그 교육을 받아야 하며, 또한 제2호 및 제3호의 사람이 연수교육을 받을 수 있도록 조치하여야 한다.
1. 학원등 설립·운영자
2. 학원등의 강사
3. 기능검정원

② 학원등 설립·운영자는 학원등에 강사의 성명·연령·경력 등 인적 사항과 교육 과목을 행정안전부령으로 정하는 바에 따라 게시하여야 한다.

제110조(수강료 등)

① 학원등 설립·운영자는 교육생으로부터 수강료나 제108조에 따른 기능검정에 드는 경비 또는 이용료 등(이하 "수강료등"이라 한다)을 받을 수 있다.

② 학원등 설립·운영자는 교육 내용 및 교육 시간 등을 고려하여 수강료등을 정하고 행정안전부령으로 정하는 바에 따라 학원등에 그 내용을 게시하여야 한다.

③ 학원등 설립·운영자는 제2항에 따라 게시한 수강료등을 초과한 금액을 받아서는 아니 된다.

④ 시·도경찰청장은 수강료등의 과도한 인하 등으로 인하여 학원교육의 부실화가 우려된다고 인정하는 경우에는 대통령령으로 정하는 바에 따라 이를 조정할 것을 명할 수 있다.

제111조(수강료등의 반환 등)

① 학원등 설립·운영자는 교육생이 수강을 계속할 수 없는 경우와 학원등의 등록취소·이전·운영정지 또는 지정취소 등으로 교육을 계속할 수 없는 경우에는 교육생으로부터 받은 수강료등을 반환하거나 교육생이 다른 학원등에 편입할 수 있도록 하는 등 교육생의 보호를 위하여 필요한 조치를 하여야 한다.

② 제1항에 따른 수강료등의 반환 사유 및 반환 금액과 교육생 편입조치 등에 필요한 사항은 대통령령으로 정한다.

③ 제1항에 따라 교육생이 다른 학원등에 편입한 경우에 종전의 학원등에서 이수한 교육 시간은 편입한 학원등에서 이수한 것으로 본다.

제112조(휴원·폐원의 신고) 학원등 설립·운영자가 해당 학원을 폐원(閉院)하거나 1개월 이상 휴원(休院)하는 경우에는 행정안전부령으로 정하는 바에 따라 휴원 또는 폐원한 날부터 7일 이내에 시·도경찰청장에게 그 사실을 신고하여야 한다.

제113조(학원등에 대한 행정처분)

① 시·도경찰청장은 학원등이 다음 각 호의 어느 하나에 해당하면 행정안전부령으로 정하는 기준에 따라 등록을 취소하거나 1년 이내의 기간을 정하여 운영의 정지를 명할 수 있다. 다만, 제1호에 해당하는 경우에는 등록을 취소하여야 한다.

1. 거짓이나 그 밖의 부정한 방법으로 제99조에 따른 등록을 하거나 제104조제1항에 따른 지정을 받은 경우
2. 제101조에 따른 시설기준에 미달하게 된 경우
3. 정당한 사유 없이 개원(開院) 예정일부터 2개월이 지날 때까지 개원하지 아니한 경우
4. 정당한 사유 없이 계속하여 2개월 이상 휴원한 경우
5. 등록한 사항에 관하여 변경등록을 하지 아니하고 이를 변경하는 등 부정한 방법으로 학원을 운영한 경우
6. 제103조제1항에 따른 강사의 배치기준 또는 제104조제1항제2호에 따른 기능검정원 및 강사의 배치기준을 위반한 경우
7. 제103조제2항 또는 제104조제1항제4호에 따른 교육과정, 교육방법 및 운영기준 등을 위반하여 교육을 하거나 교육 사실을 거짓으로 증명한 경우
8. 제109조제1항 후단을 위반하여 학원등 설립·운영자가 연수교육을 받지 아니하거나 학원등의 강사 및 기능검정원이 연수교육을 받을 수 있도록 조치하지 아니한 경우
9. 제141조제2항에 따른 자료제출 또는 보고를 하지 아니하거나 거짓으로 자료제출 또는 보고한 경우
10. 제141조제2항에 따른 관계 공무원의 출입·검사를 거부·방해 또는 기피한 경우
11. 제141조제2항에 따른 시설·설비의 개선이나 그 밖에 필요한 사항에 대한 명령을 따르지 아니한 경우

12. 이 법이나 이 법에 따른 명령 또는 처분을 위반한 경우

② 시·도경찰청장은 전문학원이 다음 각 호의 어느 하나에 해당하면 행정안전부령으로 정하는 기준에 따라 학원의 등록을 취소하거나 1년 이내의 기간을 정하여 운영의 정지를 명할 수 있다.

1. 제74조제1항에 따른 교통안전교육을 하지 아니하는 경우
2. 제79조의 교통안전교육기관 지정취소 또는 운영의 정지처분 사유에 해당하는 경우
3. 전문학원의 운영이 제104조제1항제4호에 따른 기준에 적합하지 아니한 경우
4. 제104조제3항을 위반하여 중요사항의 변경에 대한 승인을 받지 아니한 경우
5. 제106조제6항을 위반하여 학감이 강사가 아닌 사람으로 하여금 학과교육 또는 기능교육을 하게 한 경우
6. 제108조제2항을 위반하여 자동차운전에 관한 학과 및 기능교육을 수료하지 아니한 사람 또는 도로주행교육을 수료하지 아니한 사람에게 기능검정을 받게 한 경우
7. 제108조제3항을 위반하여 학감이 기능검정원이 아닌 사람으로 하여금 기능검정을 하도록 한 경우
8. 제108조제4항을 위반하여 기능검정원이 거짓으로 기능검정시험의 합격사실을 증명한 경우
9. 제108조제5항을 위반하여 학감이 기능검정에 합격하지 아니한 사람에게 수료증 또는 졸업증을 발급한 경우

③ 시·도경찰청장은 전문학원이 다음 각 호의 어느 하나에 해당하는 경우에는 행정안전부령으로 정하는 기준에 따라 지정을 취소할 수 있다.

1. 제104조제1항제1호부터 제3호까지의 지정기준에 적합하지 아니하게 된 경우
2. 제1항과 제2항에 따라 전문학원의 운영이 정지된 경우

④ 시·도경찰청장은 학원등이 제1항이나 제2항에 따른 운영정지 명령을 위반하여 계속 운영 행위를 하는 경우에는 행정안전부령으로 정하는 기준에 따라 등록을 취소하거나 1년 이내의 기간을 정하여 추가로 운영의 정지를 명할 수 있다.

제114조(청문) 시·도경찰청장은 제113조에 따라 학원등의 등록 또는 지정을 취소하려면 청문을 하여야 한다.

제115조(학원등에 대한 조치)

① 시·도경찰청장은 제99조에 따른 등록을 하지 아니하거나 제104조제1항에 따른 지정을 받지 아니하고 학원등을 설립·운영하는 경우 또는 제113조에 따라 등록이 취소되거나 운영 정지처분을 받은 학원등이 계속하여 자동차운전교육을 하는 경우에는 해당 학원등을 폐쇄하거나 운영을 중지시키기 위하여 다음 각 호의 조치를 할 수 있다.

1. 해당 학원등의 간판이나 그 밖의 표지물을 제거하거나 교육생의 출입을 제한하기 위한 시설물의 설치

2. 해당 학원등이 등록 또는 지정을 받지 아니한 시설이거나 제113조에 따른 행정처분을 받은 시설임을 알리는 게시문 부착

② 제1항에 따른 조치는 그 목적을 달성하기 위하여 필요한 최소한의 범위에서 하여야 한다.

③ 제1항에 따라 조치를 하는 관계 공무원은 그 권한을 나타내는 증표를 지니고 이를 관계인에게 보여주어야 한다.

제116조(무등록 유상 운전교육의 금지) 제99조에 따른 학원의 등록을 하지 아니한 사람은 대가를 받고 다음 각 호의 어느 하나에 해당하는 행위를 하여서는 아니 된다.

1. 학원등의 밖에서 하거나 학원등의 명의를 빌려서 학원등의 안에서 하는 자동차등의 운전교육

2. 자동차등의 운전연습을 할 수 있는 시설을 갖추고 그 시설을 이용하게 하는 행위

제117조(유사명칭 등의 사용금지)

① 제99조에 따른 학원의 등록을 하지 아니한 자는 학원등과 유사한 명칭을 사용하여 상호를 게시하거나 광고를 하여서는 아니 된다.

② 제99조에 따른 학원의 등록을 하지 아니한 자는 그가 소유하거나 임차한 자동차에 학원등의 도로주행 교육용 자동차와 비슷한 표시를 하지 못한다.

③ 이 법에 따른 전문학원이 아닌 학원은 그 명칭 중에 전문학원 또는 이와 비슷한 용어를 사용하지 못한다.

제118조(전문학원 학감 등의 공무원 의제) 전문학원의 학감·부학감은 기능검정 및 수강사실 확인업무에 관하여, 기능검정원은 기능검정업무에 관하여, 강사는 수강사실 확인업무에 관하여 「형법」이나 그 밖의 법률에 따른 벌칙을 적용할 때에는 각각 공무원으로 본다.

제119조(자동차운전 전문학원연합회)

① 전문학원의 설립자는 전문학원의 건전한 육성발전과 전문학원 간의 상호협조 및 공동이익의 증진을 위하여 자동차운전 전문학원연합회(이하 "연합회"라 한다)를 설립할 수 있다.

② 연합회는 법인으로 한다.

③ 연합회의 정관에는 다음 각 호의 사항이 포함되어야 한다.

1. 목적
2. 명칭
3. 주된 사무소의 소재지
4. 이사회 및 회원에 관한 사항
5. 임원 및 직원에 관한 사항
6. 사업에 관한 사항
7. 재산 및 회계에 관한 사항
8. 정관의 변경에 관한 사항

④ 제3항에 따른 정관은 경찰청장의 인가를 받아야 한다. 정관을 변경하는 경우에도 또한 같다.

⑤ 연합회는 다음 각 호의 사업을 한다.

1. 전문학원 제도의 발전을 위한 연구
2. 전문학원의 교육시설 및 교재의 개발
3. 전문학원에서 하는 교육 및 기능검정 방법의 연구개발
4. 전문학원의 학감·부학감, 기능검정원 및 강사의 교육훈련과 복지증진 사업
5. 경찰청장으로부터 위탁받은 사항
6. 그 밖에 연합회의 목적달성에 필요한 사업

⑥ 경찰청장은 대통령령으로 정하는 바에 따라 연합회를 감독하며, 연합회의 건전한 운영을 위하여 필요한 명령을 할 수 있다.

⑦ 연합회에 관하여 이 법에서 규정한 사항을 제외하고는 「민법」 중 사단법인에 관한 규정을 준용한다.

제12장 보칙

제137조(운전자에 관한 정보의 관리 및 제공 등)

① 경찰청장은 운전자의 운전면허·교통사고 및 교통법규 위반에 관한 정보를 통합적으로 유지·관리할 수 있도록 전산시스템을 구축·운영하여야 한다.

② 시·도경찰청장 및 경찰서장은 운전자의 운전면허·교통사고 및 교통법규 위반에 관한 정보를, 한국도로교통공단은 운전면허에 관한 정보를 각각 제1항에 따른 전산시스템에 등록·관리하여야 한다.

③ 운전자 본인 또는 그 대리인은 행정안전부령으로 정하는 바에 따라 시·도경찰청장, 경찰서장 또는 한국도로교통공단에 제1항에 따른 정보를 확인하는 증명을 신청할 수 있다.

④ 시·도경찰청장, 경찰서장 또는 한국도로교통공단은 제3항에 따른 신청을 받으면 행정안전부령으로 정하는 바에 따라 운전자에 관한 정보를 확인하는 서류로써 증명하여 주어야 한다.

⑤ 경찰청장 또는 한국도로교통공단은 운전면허증의 진위 여부에 대한 확인요청이 있는 경우 제1항에 따른 전산시스템을 이용하여 그 진위를 확인하여 줄 수 있다.

제137조의2(자료의 요청 등)

① 시·도경찰청장은 운전면허를 소지한 등록외국인이나 외국국적동포의 체류지 또는 거소를 확인하기 위하여 필요한 경우에는 경찰청장을 거쳐 법무부장관에게 해당 체류지 또는 거소 정보의 제공을 요청할 수 있다.

② 시·도경찰청장은 운전면허증 발급을 받으려는 등록외국인이나 외국국적동포가 본인인지를 확인하기 위하여 필요한 경우에는 경찰청장을 거쳐 법무부장관에게 해당 등록외국인이나 외국국적동포의 지문정보의 제공을 요청할 수 있다.

③ 제1항 및 제2항에 따른 정보의 사용료나 수수료는 면제한다.

제138조(운전면허증등의 보관)

① 경찰공무원은 자동차등의 운전자가 다음 각 호의 어느 하나에 해당하는 경우에는 현장에서 제164조에 따른 범칙금 납부통고서 또는 출석지시서를 발급하고, 운전면허증등의 제출을 요구하여 이를 보관할 수 있다. 이 경우 그 범칙금 납부통고서 또는 출석지시서에 운전면허증등의 보관 사실을 기록하여야 한다.
  1. 교통사고를 일으킨 경우
  2. 제93조에 따른 운전면허의 취소처분 또는 정지처분의 대상이 된다고 인정되는 경우
  3. 제96조에 따라 외국에서 발급한 국제운전면허증 또는 상호인정외국면허증을 가진 사람으로서 제162조제1항에 따른 범칙행위를 한 경우

② 제1항의 범칙금 납부통고서 또는 출석지시서는 범칙금의 납부기일이나 출석기일까지 운전면허증등(연습운전면허증은 제외한다)과 같은 효력이 있다.

③ 자치경찰공무원이 제1항에 따라 운전면허증등을 보관한 경우에는 지체 없이 관할 경찰서장에게 운전면허증등을 첨부하여 그 사실을 통보하여야 한다.

제138조의2(비용의 지원)

① 국가는 예산의 범위에서 지방자치단체에 대하여 제12조에 따른 어린이 보호구역 및 제12조의2에 따른 노인 및 장애인 보호구역의 설치 및 관리에 필요한 비용의 전부 또는 일부를 보조할 수 있다. 다만, 어린이·노인 또는 장애인의 교통사고 발생률이 높은 보호구역에는 우선적으로 보조하여야 한다.

② 국가 또는 지방자치단체는 제53조제5항에 따른 어린이 하차확인장치의 설치·운영에 필요한 비용의 전부 또는 일부를 지원할 수 있다.

제139조(수수료)

① 다음 각 호의 어느 하나에 해당하는 사람은 행정안전부령으로 정하는 바에 따라 수수료를 내야 한다. 다만, 경찰청장 또는 시·도경찰청장이 제147조에 따라 업무를 대행하게 한 경우에는 그 업무를 대행하는 한국도로교통공단이 경찰청장의 승인을 받아 결정·공고하는 수수료를 한국도로교통공단에 내야 한다.
  1. 제2조제22호에 따른 긴급자동차의 지정을 신청하는 사람
  2. 제14조제3항에 따라 차로의 너비를 초과하는 차의 통행허가를 신청하는 사람
  3. 제39조에 따라 안전기준을 초과한 승차 허가 또는 적재 허가를 신청하는 사람
  4. 제74조에 따라 교통안전교육기관의 지정을 신청하는 사람
  5. 제85조부터 제87조까지의 규정에 따라 운전면허증을 발급 또는 재발급받으려고 신청하는 사람
  6. 삭제
  7. 제98조에 따른 국제운전면허증 발급을 신청하는 사람
  8. 제104조에 따라 전문학원의 지정을 신청하는 사람
  9. 제106조 및 제107조에 따른 강사 또는 기능검정원의 자격시험에 응시하거나 그 자격증의 발급(재발급을 포함한다)을 신청하는 사람
  10. 삭제
  11. 삭제

② 다음 각 호의 어느 하나에 해당하는 사람은 한국도로교통공단이 경찰청장의 승인을 받아 결정·공고하는 수수료를 내야 한다.
  1. 제83조에 따른 운전면허시험의 응시를 신청하는 사람
  2. 제87조와 제88조에 따른 정기 적성검사 또는 수시 적성검사를 신청하거나 적성검사 연기를 신청하는 사람

제140조(교통안전교육기관의 수강료 등) 제56조의3제1항 또는 제73조에 따른 교육을 하는 자는 교육생으로부터 수강료를 받을 수 있다.

제141조(지도 및 감독 등)
① 시·도경찰청장은 교통안전교육기관 또는 학원등의 건전한 육성·발전을 위하여 적절한 지도·감독을 하여야 한다.
② 시·도경찰청장은 필요하다고 인정하면 다음 각 호의 자에 대하여 시설·설비 및 교육에 관한 사항이나 각종 통계자료를 제출 또는 보고하게 하거나 관계 공무원으로 하여금 해당 시설에 출입하여 시설·설비, 장부와 그 밖의 관계 서류를 검사하게 할 수 있다. 이 경우 시·도경찰청장은 시설·설비의 개선과 그 밖에 필요하다고 판단하는 사항에 대하여 명령을 할 수 있다.
  1. 교통안전교육기관의 장
  2. 학원등 설립·운영자
  3. 제104조제1항제1호에 따른 전문학원의 학감
③ 제2항에 따라 교통안전교육기관 또는 학원등에 출입·검사하는 관계 공무원은 그 권한을 나타내는 증표를 지니고 이를 관계인에게 보여주어야 한다.
④ 삭제

제142조(행정소송과의 관계) 이 법에 따른 처분으로서 해당 처분에 대한 행정소송은 행정심판의 재결(裁決)을 거치지 아니하면 제기할 수 없다.

제143조(전용차로 운행 등에 대한 시·군공무원의 단속)
① 시·군공무원은 제15조제3항에 따른 전용차로 통행 금지 의무, 제29조제4항·제5항에 따른 긴급자동차에 대한 진로양보 의무 또는 제32조부터 제34조까지의 규정에 따른 정차 및 주차 금지 의무를 위반한 운전자가 있으면 행정안전부령으로 정하는 바에 따라 현장에서 위반행위의 요지와 경찰서장(제주특별자치도의 경우 제주특별자치도지사로 한다. 이하 이 조에서 같다)에게 출석할 기일 및 장소 등을 구체적으로 밝힌 고지서를 발급하고, 운전면허증의 제출을 요구하여 이를 보관할 수 있다. 이 경우 그 고지서는 출석기일까지 운전면허증과 같은 효력이 있다.
② 시·군공무원은 제1항에 따라 고지서를 발급한 때에는 지체 없이 관할 경찰서장에게 운전면허증을 첨부하여 통보하여야 한다.
③ 경찰서장은 제2항에 따른 통보를 받으면 위반행위를 확인하여야 한다.

④ 시·군공무원은 제1항에 따라 고지서를 발급하거나 조치를 할 때에는 본래의 목적에서 벗어나 직무상 권한을 남용하여서는 아니 된다.

제144조(교통안전수칙과 교통안전에 관한 교육지침의 제정 등)
① 경찰청장은 다음 각 호의 사항이 포함된 교통안전수칙을 제정하여 보급하여야 한다.
  1. 도로교통의 안전에 관한 법령의 규정
  2. 자동차등의 취급방법, 안전운전 및 친환경 경제운전에 필요한 지식
  3. 긴급자동차에 길 터주기 요령
  4. 그 밖에 도로에서 일어나는 교통상의 위험과 장해를 방지·제거하여 교통의 안전과 원활한 소통을 확보하기 위하여 필요한 사항
② 경찰청장은 도로를 통행하는 사람을 대상으로 교통안전에 관한 교육을 하는 자가 효과적이고 체계적으로 교육을 할 수 있도록 하기 위하여 다음 각 호의 사항이 포함된 교통안전교육에 관한 지침을 제정하여 공표하여야 한다.
  1. 자동차등의 안전운전 및 친환경 경제운전에 관한 사항
  2. 교통사고의 예방과 처리에 관한 사항
  3. 보행자의 안전한 통행에 관한 사항
  4. 어린이·장애인 및 노인의 교통사고 예방에 관한 사항
  5. 긴급자동차에 길 터주기 요령에 관한 사항
  6. 그 밖에 교통안전에 관한 교육을 효과적으로 하기 위하여 필요한 사항

제145조(교통정보의 제공)
① 경찰청장은 교통의 안전과 원활한 소통을 확보하기 위하여 필요한 정보를 수집하여 분석하고 그 결과를 신속하게 일반에게 제공하여야 한다.
② 경찰청장은 제1항의 교통정보 수집·분석·제공을 위하여 교통정보센터를 구축·운영할 수 있으며, 교통정보센터의 효율적인 운영을 위하여 전담기관을 지정할 수 있다.
③ 경찰청장은 제2항에 따라 지정받은 자가 다음 각 호의 어느 하나에 해당하는 경우에는 전담기관의 지정을 취소하거나 6개월의 범위에서 기간을 정하여 업무의 전부 또는 일부를 정지할 수 있다. 다만, 제1호에 해당하는 경우에는 지정을 취소하여야 한다.
  1. 거짓이나 그 밖의 부정한 방법으로 지정을 받은 경우

2. 제4항에 따른 지정기준에 적합하지 아니하게 된 경우

④ 제2항에 따른 교통정보센터 구축·운영, 전담기관의 지정·운영 및 제3항에 따른 지정취소·업무정지 등에 필요한 사항은 대통령령으로 정한다.

제145조의2(광역 교통정보 사업) 경찰청장은 각 시·도경찰청장으로 하여금 광역 교통정보를 수집하고, 이를 다른 지역의 교통정보와 연계하여 분석한 결과를 일반에게 제공하는 사업을 시장등과 협의하여 추진하게 할 수 있다.

제146조(무사고 또는 유공운전자의 표시장)

① 경찰청장은 운전면허를 받은 사람으로서 운전에 종사하면서 일정 기간 교통사고를 일으키지 아니한 사람과 정부의 표창에 관한 법령에 따라 경찰 기관의 장의 표창을 받은 사람에게 무사고운전자 또는 유공운전자의 표시장을 수여할 수 있다.

② 제1항에 따른 표시장의 종류, 표시장 수여의 대상, 그 밖에 표시장 수여에 필요한 사항은 행정안전부령으로 정한다.

제147조(위임 및 위탁 등)

① 시장등은 이 법에 따른 권한 또는 사무의 일부를 대통령령으로 정하는 바에 따라 시·도경찰청장이나 경찰서장에게 위임 또는 위탁할 수 있다.

② 특별시장 및 광역시장은 이 법에 따른 권한의 일부를 대통령령으로 정하는 바에 따라 관할구역의 구청장(자치구의 구청장을 말한다)과 군수에게 위임할 수 있다.

③ 시·도경찰청장은 이 법에 따른 권한 또는 사무의 일부를 대통령령으로 정하는 바에 따라 관할 경찰서장에게 위임하거나 교통 관련 전문교육기관 또는 전문연구기관 등에 위탁할 수 있다.

④ 시·도경찰청장 또는 경찰서장은 제1항에 따라 시장등으로부터 위임받거나 위탁받은 사무의 일부를 대통령령으로 정하는 바에 따라 교통 관련 전문교육기관 또는 전문연구기관에 위탁할 수 있다.

⑤ 시·도경찰청장은 이 법에 따른 운전면허와 관련된 업무의 일부를 대통령령으로 정하는 바에 따라 한국도로교통공단으로 하여금 대행하게 할 수 있다.

⑥ 경찰청장은 제106조와 제107조에 따른 강사 및 기능검정원에 대한 자격시험과 자격증 발급 업무를 한국도로교통공단으로 하여금 대행하게 할 수 있다.

제147조(위임 및 위탁 등)

① 시장등은 이 법에 따른 권한 또는 사무의 일부를 대통령령으로 정하는 바에 따라 시·도경찰청장이나 경찰서장에게 위임 또는 위탁할 수 있다.

② 특별시장 및 광역시장은 이 법에 따른 권한의 일부를 대통령령으로 정하는 바에 따라 관할구역의 구청장(자치구의 구청장을 말한다)과 군수에게 위임할 수 있다.

③ 시·도경찰청장은 이 법에 따른 권한 또는 사무의 일부를 대통령령으로 정하는 바에 따라 관할 경찰서장에게 위임하거나 교통 관련 전문교육기관 또는 전문연구기관 등에 위탁할 수 있다.

④ 시·도경찰청장 또는 경찰서장은 제1항에 따라 시장등으로부터 위임받거나 위탁받은 사무의 일부를 대통령령으로 정하는 바에 따라 교통 관련 전문교육기관 또는 전문연구기관에 위탁할 수 있다.

⑤ 시·도경찰청장은 이 법에 따른 운전면허와 관련된 업무의 일부를 대통령령으로 정하는 바에 따라 한국도로교통공단으로 하여금 대행 또는 위탁하게 할 수 있다.

⑥ 경찰청장은 제106조와 제107조에 따른 강사 및 기능검정원에 대한 자격시험과 자격증 발급 업무를 한국도로교통공단으로 하여금 대행하게 할 수 있다.

제147조의2(규제의 재검토) 경찰청장은 다음 각 호의 사항에 대하여 다음 각 호의 기준일을 기준으로 3년마다(매 3년이 되는 해의 기준일과 같은 날 전까지를 말한다) 폐지, 완화 또는 유지 등의 타당성을 검토하여야 한다.

1. 제12조에 따른 어린이 보호구역의 지정 및 관리 : 2014년 1월 1일

2. 제12조의2에 따른 노인 및 장애인 보호구역의 지정 및 관리 : 2014년 1월 1일

제147조의3(국제협력 전담기관의 지정)

① 경찰청장은 도로교통 관련 국제협력을 위하여 기술의 국제교류, 국제표준화 및 국제공동연구개발 등의 업무를 전담하는 기관을 지정할 수 있다.

② 경찰청장은 제1항에 따라 지정받은 자가 다음 각 호의 어느 하나에 해당하는 경우에는 전담기관의 지정을 취소하거나 6개월의 범위에서 기간을 정하여 업무의 전부 또는 일부를 정지할 수 있다. 다만, 제1호에 해당하는 경우에는 지정을 취소하여야 한다.

1. 거짓이나 그 밖의 부정한 방법으로 지정을 받은 경우

2. 제3항에 따른 지정기준에 적합하지 아니하게 된 경우

③ 제1항에 따른 전담기관의 지정·운영 및 제2항에 따른 지정취소·업무정지 등에 필요한 사항은 대통령령으로 정한다.

제13장 벌칙

제148조(벌칙) 제54조제1항에 따른 교통사고 발생 시의 조치를 하지 아니한 사람(주·정차된 차만 손괴한 것이 분명한 경우에 제54조제1항제2호에 따라 피해자에게 인적 사항을 제공하지 아니한 사람은 제외한다)은 5년 이하의 징역이나 1천500만원 이하의 벌금에 처한다.

제148조의2(벌칙)

① 제44조제1항 또는 제2항을 위반(자동차등 또는 노면전차를 운전한 경우로 한정한다. 다만, 개인형 이동장치를 운전한 경우는 제외한다. 이하 이 조에서 같다)하여 벌금 이상의 형을 선고받고 그 형이 확정된 날부터 10년 내에 다시 같은 조 제1항 또는 제2항을 위반한 사람(형이 실효된 사람도 포함한다)은 다음 각 호의 구분에 따라 처벌한다.

1. 제44조제2항을 위반한 사람은 1년 이상 6년 이하의 징역이나 500만원 이상 3천만원 이하의 벌금에 처한다.
2. 제44조제1항을 위반한 사람 중 혈중알코올농도가 0.2퍼센트 이상인 사람은 2년 이상 6년 이하의 징역이나 1천만원 이상 3천만원 이하의 벌금에 처한다.
3. 제44조제1항을 위반한 사람 중 혈중알코올농도가 0.03퍼센트 이상 0.2퍼센트 미만인 사람은 1년 이상 5년 이하의 징역이나 500만원 이상 2천만원 이하의 벌금에 처한다.

② 술에 취한 상태에 있다고 인정할 만한 상당한 이유가 있는 사람으로서 제44조제2항에 따른 경찰공무원의 측정에 응하지 아니하는 사람(자동차등 또는 노면전차를 운전한 경우로 한정한다)은 1년 이상 5년 이하의 징역이나 500만원 이상 2천만원 이하의 벌금에 처한다.

③ 제44조제1항을 위반하여 술에 취한 상태에서 자동차등 또는 노면전차를 운전한 사람은 다음 각 호의 구분에 따라 처벌한다.

1. 혈중알코올농도가 0.2퍼센트 이상인 사람은 2년 이상 5년 이하의 징역이나 1천만원 이상 2천만원 이하의 벌금
2. 혈중알코올농도가 0.08퍼센트 이상 0.2퍼센트 미만인 사람은 1년 이상 2년 이하의 징역이나 500만원 이상 1천만원 이하의 벌금
3. 혈중알코올농도가 0.03퍼센트 이상 0.08퍼센트 미만인 사람은 1년 이하의 징역이나 500만원 이하의 벌금

④ 제45조를 위반하여 약물로 인하여 정상적으로 운전하지 못할 우려가 있는 상태에서 자동차등 또는 노면전차를 운전한 사람은 3년 이하의 징역이나 1천만원 이하의 벌금에 처한다.

제148조의3(벌칙)

① 제50조의3제4항을 위반하여 음주운전 방지장치를 해체·조작하거나 그 밖의 방법으로 효용을 해친 자는 3년 이하의 징역 또는 3천만원 이하의 벌금에 처한다.

② 제50조의3제4항을 위반하여 장치가 해체·조작되었거나 효용이 떨어진 것을 알면서 해당 장치가 설치된 자동차등을 운전한 자는 1년 이하의 징역 또는 300만원 이하의 벌금에 처한다.

③ 제50조의3제5항을 위반하여 조건부 운전면허를 받은 사람을 대신하여 음주운전 방지장치가 설치된 자동차등을 운전할 수 있도록 해당 장치에 호흡을 불어넣거나 다른 부정한 방법으로 음주운전 방지장치가 설치된 자동차등에 시동을 걸어 운전할 수 있도록 한 사람은 1년 이하의 징역 또는 300만원 이하의 벌금에 처한다.

제149조(벌칙)

① 제68조제1항을 위반하여 함부로 신호기를 조작하거나 교통안전시설을 철거·이전하거나 손괴한 사람은 3년 이하의 징역이나 700만원 이하의 벌금에 처한다.

② 제1항에 따른 행위로 인하여 도로에서 교통위험을 일으키게 한 사람은 5년 이하의 징역이나 1천500만원 이하의 벌금에 처한다.

제150조(벌칙) 다음 각 호의 어느 하나에 해당하는 사람은 2년 이하의 징역이나 500만원 이하의 벌금에 처한다.

1. 제46조제1항 또는 제2항을 위반하여 공동 위험행위를 하거나 주도한 사람
2. 제77조제1항에 따른 수강 결과를 거짓으로 보고한 교통안전교육강사

3. 제77조제2항을 위반하여 교통안전교육을 받지 아니하거나 기준에 미치지 못하는 사람에게 교육확인증을 발급한 교통안전교육기관의 장

3의2. 제85조제6항, 제106조제3항 또는 제107조제3항을 위반하여 운전면허증, 강사자격증 또는 기능검정원 자격증을 빌려주거나 빌린 사람 또는 이를 알선한 사람

3의3. 제92조제3항을 위반하여 다른 사람의 명의의 모바일운전면허증을 부정하게 사용한 사람

4. 거짓이나 그 밖의 부정한 방법으로 제99조에 따른 학원의 등록을 하거나 제104조제1항에 따른 전문학원의 지정을 받은 사람

5. 제104조제1항에 따른 전문학원의 지정을 받지 아니하고 제108조제5항에 따른 수료증 또는 졸업증을 발급한 사람

6. 제116조를 위반하여 대가를 받고 자동차등의 운전교육을 한 사람

7. 삭제

제151조(벌칙) 차 또는 노면전차의 운전자가 업무상 필요한 주의를 게을리하거나 중대한 과실로 다른 사람의 건조물이나 그 밖의 재물을 손괴한 경우에는 2년 이하의 금고나 500만원 이하의 벌금에 처한다.

제151조의2(벌칙) 다음 각 호의 어느 하나에 해당하는 사람은 1년 이하의 징역이나 500만원 이하의 벌금에 처한다.

1. 제46조의3을 위반하여 자동차등을 난폭운전한 사람

2. 제17조제3항을 위반하여 제17조제1항 및 제2항에 따른 최고속도보다 시속 100킬로미터를 초과한 속도로 3회 이상 자동차등을 운전한 사람

제152조(벌칙) 다음 각 호의 어느 하나에 해당하는 사람은 1년 이하의 징역이나 300만원 이하의 벌금에 처한다.

1. 제43조를 위반하여 제80조에 따른 운전면허(원동기장치자전거면허는 제외한다. 이하 이 조에서 같다)를 받지 아니하거나(운전면허의 효력이 정지된 경우를 포함한다) 또는 제96조에 따른 국제운전면허증 또는 상호인정외국면허증을 받지 아니하고(운전이 금지된 경우와 유효기간이 지난 경우를 포함한다) 자동차를 운전한 사람

2. 제56조제2항을 위반하여 운전면허를 받지 아니한 사람(운전면허의 효력이 정지된 사람을 포함한다)에게 자동차를 운전하도록 시킨 고용주등

3. 거짓이나 그 밖의 부정한 수단으로 운전면허를 받거나 운전면허증 또는 운전면허증을 갈음하는 증명서를 발급받은 사람

4. 제68조제2항을 위반하여 교통에 방해가 될 만한 물건을 함부로 도로에 내버려둔 사람

5. 제76조제4항을 위반하여 교통안전교육강사가 아닌 사람으로 하여금 교통안전교육을 하게 한 교통안전교육기관의 장

6. 제117조를 위반하여 유사명칭 등을 사용한 사람

제152조(벌칙) 다음 각 호의 어느 하나에 해당하는 사람은 1년 이하의 징역이나 300만원 이하의 벌금에 처한다.

1. 제43조를 위반하여 제80조에 따른 운전면허(원동기장치자전거면허는 제외한다. 이하 이 조에서 같다)를 받지 아니하거나(운전면허의 효력이 정지된 경우를 포함한다) 또는 제96조에 따른 국제운전면허증 또는 상호인정외국면허증을 받지 아니하고(운전이 금지된 경우와 유효기간이 지난 경우를 포함한다) 자동차를 운전한 사람

1의2. 제50조의3제3항을 위반하여 조건부 운전면허를 발급받고 음주운전 방지장치가 설치되지 아니하거나 설치기준에 적합하지 아니하게 설치된 자동차등을 운전한 사람

2. 제56조제2항을 위반하여 운전면허를 받지 아니한 사람(운전면허의 효력이 정지된 사람을 포함한다)에게 자동차를 운전하도록 시킨 고용주등

3. 거짓이나 그 밖의 부정한 수단으로 운전면허를 받거나 운전면허증 또는 운전면허증을 갈음하는 증명서를 발급받은 사람

4. 제68조제2항을 위반하여 교통에 방해가 될 만한 물건을 함부로 도로에 내버려둔 사람

5. 제76조제4항을 위반하여 교통안전교육강사가 아닌 사람으로 하여금 교통안전교육을 하게 한 교통안전교육기관의 장

6. 제117조를 위반하여 유사명칭 등을 사용한 사람

제153조(벌칙)

① 다음 각 호의 어느 하나에 해당하는 사람은 6개월 이하의 징역이나 200만원 이하의 벌금 또는 구류에 처한다.

1. 제40조를 위반하여 정비불량차를 운전하도록 시키거나 운전한 사람

2. 제41조, 제47조 또는 제58조에 따른 경찰공무원의 요구·조치 또는 명령에 따르지 아니하거나 이를 거부 또는 방해한 사람

3. 제46조의2를 위반하여 교통단속을 회피할 목적으로 교통단속용 장비의 기능을 방해하는 장치를 제작·수입·판매 또는 장착한 사람

4. 제49조제1항제4호를 위반하여 교통단속용 장비의 기능을 방해하는 장치를 한 차를 운전한 사람

5. 제55조를 위반하여 교통사고 발생 시의 조치 또는 신고 행위를 방해한 사람

6. 제68조제1항을 위반하여 함부로 교통안전시설이나 그 밖에 그와 비슷한 인공구조물을 설치한 사람

7. 제80조제3항 또는 제4항에 따른 조건을 위반하여 운전한 사람

② 다음 각 호의 어느 하나에 해당하는 사람은 100만원 이하의 벌금 또는 구류에 처한다.

1. 고속도로, 자동차전용도로, 중앙분리대가 있는 도로에서 제13조제3항을 고의로 위반하여 운전한 사람

2. 제17조제3항을 위반하여 제17조제1항 및 제2항에 따른 최고속도보다 시속 100킬로미터를 초과한 속도로 자동차등을 운전한 사람

제154조(벌칙) 다음 각 호의 어느 하나에 해당하는 사람은 30만원 이하의 벌금이나 구류에 처한다.

1. 제42조를 위반하여 자동차등에 도색·표지 등을 하거나 그러한 자동차등을 운전한 사람

2. 제43조를 위반하여 제80조에 따른 원동기장치자전거를 운전할 수 있는 운전면허를 받지 아니하거나(원동기장치자전거를 운전할 수 있는 운전면허의 효력이 정지된 경우를 포함한다) 국제운전면허증 또는 상호인정외국면허증 중 원동기장치자전거를 운전할 수 있는 것으로 기재된 국제운전면허증 또는 상호인정외국면허증을 발급받지 아니하고(운전이 금지된 경우와 유효기간이 지난 경우를 포함한다) 원동기장치자전거를 운전한 사람(다만, 개인형 이동장치를 운전하는 경우는 제외한다)

3. 제45조를 위반하여 과로·질병으로 인하여 정상적으로 운전하지 못할 우려가 있는 상태에서 자동차등 또는 노면전차를 운전한 사람(다만, 개인형 이동장치를 운전하는 경우는 제외한다)

3의2. 제53조제3항을 위반하여 보호자를 태우지 아니하고 어린이통학버스를 운행한 운영자

3의3. 제53조제4항을 위반하여 어린이나 영유아가 하차하였는지를 확인하지 아니한 운전자

3의4. 제53조제5항을 위반하여 어린이 하차확인장치를 작동하지 아니한 운전자. 다만, 점검 또는 수리를 위하여 일시적으로 장치를 제거하여 작동하지 못하는 경우는 제외한다.

3의5. 제53조제6항을 위반하여 보호자를 태우지 아니하고 운행하는 어린이통학버스에 보호자 동승표지를 부착한 자

4. 제54조제2항에 따른 사고발생 시 조치상황 등의 신고를 하지 아니한 사람

5. 제56조제2항을 위반하여 원동기장치자전거를 운전할 수 있는 운전면허를 받지 아니하거나(원동기장치자전거를 운전할 수 있는 운전면허의 효력이 정지된 경우를 포함한다) 국제운전면허증 또는 상호인정외국면허증 중 원동기장치자전거를 운전할 수 있는 것으로 기재된 국제운전면허증 또는 상호인정외국면허증을 발급받지 아니한 사람(운전이 금지된 경우와 유효기간이 지난 경우를 포함한다)에게 원동기장치자전거를 운전하도록 시킨 고용주등

6. 제63조를 위반하여 고속도로등을 통행하거나 횡단한 사람

7. 제69조제1항에 따른 도로공사의 신고를 하지 아니하거나 같은 조 제2항에 따른 조치를 위반한 사람 또는 같은 조 제3항을 위반하여 교통안전시설을 설치하지 아니하거나 같은 조 제4항을 위반하여 안전요원 또는 안전유도 장비를 배치하지 아니한 사람 또는 같은 조 제6항을 위반하여 교통안전시설을 원상회복하지 아니한 사람

8. 제71조제1항에 따른 경찰서장의 명령을 위반한 사람

9. 제17조제3항을 위반하여 제17조제1항 및 제2항에 따른 최고속도보다 시속 80킬로미터를 초과한 속도로 자동차등을 운전한 사람(제151조의2제2호 및 제153조제2항제2호에 해당하는 사람은 제외한다)

제155조(벌칙) 제92조제2항을 위반하여 경찰공무원의 운전면허증등의 제시 요구나 운전자 확인을 위한 진술 요구에 따르지 아니한 사람은 20만원 이하의 벌금 또는 구류에 처한다.

제156조(벌칙) 다음 각 호의 어느 하나에 해당하는 사람은 20만원 이하의 벌금이나 구류 또는 과료(科料)에 처한다.

1. 제5조, 제13조제1항부터 제3항(제13조제3항의 경우 고속도로, 자동차전용도로, 중앙분리대가 있는 도로에서 고의로 위반하여 운전한 사람은 제외한다)까지 및 제5항, 제14조제2항·제3항·제5항, 제15조제3항(제61조제2항에서 준용하는 경우를 포함한다), 제15조의2제3항, 제16조제2항, 제17조제3항(제151조의2제2호, 제153조제2항제2호 및 제154조제9호에 해당하는 사람은 제외한다), 제18조, 제19조제1항·제3항 및 제4항, 제21조제1항·제3항 및 제4항, 제24조, 제25조, 제25조의2, 제26조부터 제28조까지, 제32조, 제33조, 제34조의3, 제37조(제1항제2호는 제외한다), 제38조제1항, 제39조제1항·제3항·제4항·제5항, 제48조제1항, 제49조(같은 조 제1항제1호·제3호를 위반하여 차 또는 노면전차를 운전한 사람과 같은 항 제4호의 위반행위 중 교통단속용 장비의 기능을 방해하는 장치를 한 차를 운전한 사람은 제외한다), 제50조제5항부터 제10항(같은 조 제9항을 위반하여 자전거를 운전한 사람은 제외한다)까지, 제51조, 제53조제1항 및 제2항(좌석안전띠를 매도록 하지 아니한 운전자는 제외한다), 제62조 또는 제73조제2항(같은 항 제1호는 제외한다)을 위반한 차마 또는 노면전차의 운전자
2. 제6조제1항·제2항·제4항 또는 제7조에 따른 금지·제한 또는 조치를 위반한 차 또는 노면전차의 운전자
3. 제22조, 제23조, 제29조제4항부터 제6항까지, 제53조의5, 제60조, 제64조, 제65조 또는 제66조를 위반한 사람
4. 제31조, 제34조 또는 제52조제4항을 위반하거나 제35조제1항에 따른 명령을 위반한 사람
5. 제39조제6항에 따른 시·도경찰청장의 제한을 위반한 사람
6. 제50조제1항, 제3항 및 제4항을 위반하여 좌석안전띠를 매지 아니하거나 인명보호 장구를 착용하지 아니한 운전자(자전거 운전자는 제외한다)
6의2. 제56조의2제1항을 위반하여 자율주행시스템의 직접 운전 요구에 지체 없이 대응하지 아니한 자율주행자동차의 운전자
7. 제95조제2항에 따른 경찰공무원의 운전면허증 회수를 거부하거나 방해한 사람
8. 삭제
9. 삭제
9의2. 삭제
10. 주·정차된 차만 손괴한 것이 분명한 경우에 제54조제1항제2호에 따라 피해자에게 인적 사항을 제공하지 아니한 사람
11. 제44조제1항을 위반하여 술에 취한 상태에서 자전거등을 운전한 사람
12. 술에 취한 상태에 있다고 인정할 만한 상당한 이유가 있는 사람으로서 제44조제2항에 따른 경찰공무원의 측정에 응하지 아니한 사람(자전거등을 운전한 사람으로 한정한다)
13. 제43조를 위반하여 제80조에 따른 원동기장치자전거를 운전할 수 있는 운전면허를 받지 아니하거나(원동기장치자전거를 운전할 수 있는 운전면허의 효력이 정지된 경우를 포함한다) 국제운전면허증 또는 상호인정외국면허증 중 원동기장치자전거를 운전할 수 있는 것으로 기재된 국제운전면허증 또는 상호인정외국면허증을 발급받지 아니하고(운전이 금지된 경우와 유효기간이 지난 경우를 포함한다) 개인형 이동장치를 운전한 사람

제157조(벌칙) 다음 각 호의 어느 하나에 해당하는 사람은 20만원 이하의 벌금이나 구류 또는 과료에 처한다.
1. 제5조, 제8조제1항, 제10조제2항부터 제5항까지의 규정을 위반한 보행자(실외이동로봇이 위반한 경우에는 실외이동로봇 운용자를 포함한다)
2. 제6조제1항·제2항·제4항 또는 제7조에 따른 금지·제한 또는 조치를 위반한 보행자(실외이동로봇이 위반한 경우에는 실외이동로봇 운용자를 포함한다)
2의2. 제8조의2제2항을 위반한 실외이동로봇 운용자
3. 제9조제1항을 위반하거나 같은 조 제3항에 따른 경찰공무원의 조치를 위반한 행렬등의 보행자나 지휘자
4. 제68조제3항을 위반하여 도로에서의 금지행위를 한 사람

제158조(형의 병과) 이 장의 죄를 범한 사람에 대하여는 정상(情狀)에 따라 벌금 또는 과료와 구류의 형을 병과(竝科)할 수 있다.

제158조의2(형의 감면) 긴급자동차(제2조제22호가목부터 다목까지의 자동차와 대통령령으로 정하는 경찰용 자동차만 해당한다)의 운전자가 그 차를 본래의 긴급한 용도로 운행하는 중에 교통사고를 일으킨 경우에는 그 긴급활동의 시급성과 불가피성 등 정상을 참작하여 제151조, 「교통사고처리 특례법」 제3조제1항 또는 「특정범죄 가중처벌 등에 관한 법률」 제5조의13에 따른 형을 감경하거나 면제할 수 있다.

제159조(양벌규정) 법인의 대표자나 법인 또는 개인의 대리인, 사용인, 그 밖의 종업원이 법인 또는 개인의 업무에 관하여 제148조, 제148조의2, 제149조부터 제157조까지의 어느 하나에 해당하는 위반행위를 하면 그 행위자를 벌하는 외에 그 법인 또는 개인에게도 해당 조문의 벌금 또는 과료의 형을 과(科)한다. 다만, 법인 또는 개인이 그 위반행위를 방지하기 위하여 해당 업무에 관하여 상당한 주의와 감독을 게을리하지 아니한 경우에는 그러하지 아니하다.

제160조(과태료)

① 다음 각 호의 어느 하나에 해당하는 사람에게는 500만원 이하의 과태료를 부과한다.

1. 제78조를 위반하여 교통안전교육기관 운영의 정지 또는 폐지 신고를 하지 아니한 사람
2. 제109조제2항을 위반하여 강사의 인적 사항과 교육 과목을 게시하지 아니한 사람
3. 제110조제2항을 위반하여 수강료등을 게시하지 아니하거나 같은 조 제3항을 위반하여 게시된 수강료등을 초과한 금액을 받은 사람
4. 제111조를 위반하여 수강료등의 반환 등 교육생 보호를 위하여 필요한 조치를 하지 아니한 사람
5. 제112조를 위반하여 학원이나 전문학원의 휴원 또는 폐원 신고를 하지 아니한 사람
6. 제115조제1항에 따른 간판이나 그 밖의 표지물 제거, 시설물의 설치 또는 게시문의 부착을 거부·방해 또는 기피하거나 게시문이나 설치한 시설물을 임의로 제거하거나 못쓰게 만든 사람
7. 제52조제1항에 따라 어린이통학버스를 신고하지 아니하고 운행한 운영자
8. 제52조제3항에 따른 요건을 갖추지 아니하고 어린이통학버스를 운행한 운영자

② 다음 각 호의 어느 하나에 해당하는 사람에게는 20만원 이하의 과태료를 부과한다.

1. 제49조제1항(같은 항 제1호 및 제3호만 해당한다)을 위반한 차 또는 노면전차의 운전자
2. 제50조제1항을 위반하여 동승자에게 좌석안전띠를 매도록 하지 아니한 운전자
3. 제50조제3항 및 제4항을 위반하여 동승자에게 인명보호 장구를 착용하도록 하지 아니한 운전자(자전거 운전자는 제외한다)
4. 제52조제2항을 위반하여 어린이통학버스 안에 신고증명서를 갖추어 두지 아니한 어린이통학버스의 운영자

4의2. 제53조제2항을 위반하여 어린이통학버스에 탑승한 어린이나 영유아의 좌석안전띠를 매도록 하지 아니한 운전자

4의3. 제53조의3제1항을 위반하여 어린이통학버스 안전교육을 받지 아니한 사람

4의4. 제53조의3제3항을 위반하여 어린이통학버스 안전교육을 받지 아니한 사람에게 어린이통학버스를 운전하게 하거나 어린이통학버스에 동승하게 한 어린이통학버스의 운영자

4의5. 제53조제7항을 위반하여 안전운행기록을 제출하지 아니한 어린이통학버스의 운영자

5. 제67조제2항에 따른 고속도로등에서의 준수사항을 위반한 운전자
6. 제73조제4항을 위반하여 긴급자동차의 안전운전 등에 관한 교육을 받지 아니한 사람
7. 제87조제1항을 위반하여 운전면허증 갱신기간에 운전면허를 갱신하지 아니한 사람
8. 제87조제2항 또는 제88조제1항을 위반하여 정기 적성검사 또는 수시 적성검사를 받지 아니한 사람
9. 제11조제4항을 위반하여 어린이가 개인형 이동장치를 운전하게 한 어린이의 보호자
10. 제56조의3제1항을 위반하여 자율주행자동차 안전교육을 받지 아니한 사람

③ 차 또는 노면전차가 제5조, 제6조제1항·제2항(통행금지 또는 제한을 위반한 경우를 말한다), 제13조제1항·제3항·제5항, 제14조제2항·제5항, 제15조제3항(제61조제2항에서 준용하는 경우를 포함한다), 제17조제3항, 제18조, 제19조제3항, 제21조제1항·제3항, 제22조, 제23조, 제25조제1항·제2항·제5항, 제25조의2제1항·제2항, 제27조제1항·제7항, 제29조제4항·제5항, 제32조부터 제34조까지, 제37조(제1항제2호는 제외한다), 제38조제1항, 제39조제1항·제4항, 제48조제1항, 제49조제1항제10호·제11호·제11호의2, 제50조제3항, 제60조제1항·제2항, 제62조 또는 제68조제3항제5호를 위반한 사실이 사진, 비디오테이프나 그 밖의 영상기록매체에 의하여 입증되고 다음 각 호의 어느 하나에 해당하는 경우에는 제56조제1항에 따른 고용주등에게 20만원 이하의 과태료를 부과한다.

1. 위반행위를 한 운전자를 확인할 수 없어 제143조제1항에 따른 고지서를 발급할 수 없는 경우(제15조제3항, 제29조제4항·제5항, 제32조, 제33조 또는 제34조를 위반한 경우만 해당한다)

2. 제163조에 따라 범칙금 통고처분을 할 수 없는 경우
④ 제3항에도 불구하고 다음 각 호의 어느 하나에 해당하는 경우에는 과태료처분을 할 수 없다.
　1. 차 또는 노면전차를 도난당하였거나 그 밖의 부득이한 사유가 있는 경우
　2. 운전자가 해당 위반행위로 제156조에 따라 처벌된 경우(제163조에 따라 범칙금 통고처분을 받은 경우를 포함한다)
　3. 「질서위반행위규제법」 제16조제2항에 따른 의견제출 또는 같은 법 제20조제1항에 따른 이의제기의 결과 위반행위를 한 운전자가 밝혀진 경우
　4. 자동차가 「여객자동차 운수사업법」에 따른 자동차대여사업자 또는 「여신전문금융업법」에 따른 시설대여업자가 대여한 자동차로서 그 자동차만 임대한 것이 명백한 경우

제160조(과태료)
① 다음 각 호의 어느 하나에 해당하는 사람에게는 500만원 이하의 과태료를 부과한다.
　1. 제78조를 위반하여 교통안전교육기관 운영의 정지 또는 폐지 신고를 하지 아니한 사람
　2. 제109조제2항을 위반하여 강사의 인적 사항과 교육 과목을 게시하지 아니한 사람
　3. 제110조제2항을 위반하여 수강료등을 게시하지 아니하거나 같은 조 제3항을 위반하여 게시된 수강료등을 초과한 금액을 받은 사람
　4. 제111조를 위반하여 수강료등의 반환 등 교육생 보호를 위하여 필요한 조치를 하지 아니한 사람
　5. 제112조를 위반하여 학원이나 전문학원의 휴원 또는 폐원 신고를 하지 아니한 사람
　6. 제115조제1항에 따른 간판이나 그 밖의 표지물 제거, 시설물의 설치 또는 게시문의 부착을 거부ㆍ방해 또는 기피하거나 게시문이나 설치한 시설물을 임의로 제거하거나 못쓰게 만든 사람
　7. 제52조제1항에 따라 어린이통학버스를 신고하지 아니하고 운행한 운영자
　8. 제52조제3항에 따른 요건을 갖추지 아니하고 어린이통학버스를 운행한 운영자
　9. 제50조의3제6항을 위반하여 음주운전 방지장치가 설치된 자동차등을 등록한 후 행정안전부령에 따른 음주운전 방지장치 부착 자동차등의 운행기록을 제출하지 아니하거나 정상 작동 여부를 검사받지 아니한 사람

② 다음 각 호의 어느 하나에 해당하는 사람에게는 20만원 이하의 과태료를 부과한다.
　1. 제49조제1항(같은 항 제1호 및 제3호만 해당한다)을 위반한 차 또는 노면전차의 운전자
　2. 제50조제1항을 위반하여 동승자에게 좌석안전띠를 매도록 하지 아니한 운전자
　3. 제50조제3항 및 제4항을 위반하여 동승자에게 인명보호 장구를 착용하도록 하지 아니한 운전자(자전거 운전자는 제외한다)
　4. 제52조제2항을 위반하여 어린이통학버스 안에 신고증명서를 갖추어 두지 아니한 어린이통학버스의 운영자
　4의2. 제53조제2항을 위반하여 어린이통학버스에 탑승한 어린이나 영유아의 좌석안전띠를 매도록 하지 아니한 운전자
　4의3. 제53조의3제1항을 위반하여 어린이통학버스 안전교육을 받지 아니한 사람
　4의4. 제53조의3제3항을 위반하여 어린이통학버스 안전교육을 받지 아니한 사람에게 어린이통학버스를 운전하게 하거나 어린이통학버스에 동승하게 한 어린이통학버스의 운영자
　4의5. 제53조제7항을 위반하여 안전운행기록을 제출하지 아니한 어린이통학버스의 운영자
　5. 제67조제2항에 따른 고속도로등에서의 준수사항을 위반한 운전자
　6. 제73조제4항을 위반하여 긴급자동차의 안전운전 등에 관한 교육을 받지 아니한 사람
　7. 제87조제1항을 위반하여 운전면허증 갱신기간에 운전면허를 갱신하지 아니한 사람
　8. 제87조제2항 또는 제88조제1항을 위반하여 정기 적성검사 또는 수시 적성검사를 받지 아니한 사람
　9. 제11조제4항을 위반하여 어린이가 개인형 이동장치를 운전하게 한 어린이의 보호자
　10. 제56조의3제1항을 위반하여 자율주행자동차 안전교육을 받지 아니한 사람

③ 차 또는 노면전차가 제5조, 제6조제1항ㆍ제2항(통행 금지 또는 제한을 위반한 경우를 말한다), 제13조제1항ㆍ제3항ㆍ제5항, 제14조제2항ㆍ제5항, 제15조제3항(제61조제2항에서 준용하는 경우를 포함한다), 제17조제3항, 제18조, 제19조제3항, 제21조제1항ㆍ제3항, 제22조, 제23조, 제25조제1항ㆍ제2항ㆍ제5항, 제25조의2제1항ㆍ제2항, 제27조제1항ㆍ제7항, 제29조제4항ㆍ제5항, 제32조부터 제34조까지, 제37조

(제1항제2호는 제외한다), 제38조제1항, 제39조제1항·제4항, 제48조제1항, 제49조제1항제10호·제11호·제11호의2, 제50조제3항, 제60조제1항·제2항, 제62조 또는 제68조제3항제5호를 위반한 사실이 사진, 비디오테이프나 그 밖의 영상기록매체에 의하여 입증되고 다음 각 호의 어느 하나에 해당하는 경우에는 제56조제1항에 따른 고용주등에게 20만원 이하의 과태료를 부과한다.

1. 위반행위를 한 운전자를 확인할 수 없어 제143조제1항에 따른 고지서를 발급할 수 없는 경우(제15조제3항, 제29조제4항·제5항, 제32조, 제33조 또는 제34조를 위반한 경우만 해당한다)
2. 제163조에 따라 범칙금 통고처분을 할 수 없는 경우

④ 제3항에도 불구하고 다음 각 호의 어느 하나에 해당하는 경우에는 과태료처분을 할 수 없다.
1. 차 또는 노면전차를 도난당하였거나 그 밖의 부득이한 사유가 있는 경우
2. 운전자가 해당 위반행위로 제156조에 따라 처벌된 경우(제163조에 따라 범칙금 통고처분을 받은 경우를 포함한다)
3. 「질서위반행위규제법」 제16조제2항에 따른 의견제출 또는 같은 법 제20조제1항에 따른 이의제기의 결과 위반행위를 한 운전자가 밝혀진 경우
4. 자동차가 「여객자동차 운수사업법」에 따른 자동차대여사업자 또는 「여신전문금융업법」에 따른 시설대여업자가 대여한 자동차로서 그 자동차만 임대한 것이 명백한 경우

제161조(과태료의 부과·징수 등)
① 제160조제1항부터 제3항까지의 규정에 따른 과태료는 대통령령으로 정하는 바에 따라 다음 각 호의 자가 부과·징수한다.
1. 제160조제1항부터 제3항까지(제15조제3항에 따른 전용차로 통행, 제32조부터 제34조까지의 규정에 따른 정차 또는 주차, 제53조제7항에 따른 안전운행기록 제출, 제53조의3제1항에 따른 어린이통학버스 안전교육, 제53조의3제3항에 따른 어린이통학버스 운영자 의무 규정을 위반한 경우는 제외한다)의 과태료 : 시·도경찰청장
2. 제160조제1항(제52조제1항·제3항을 위반한 경우만 해당한다), 제2항(제49조제1항제1호·제3호, 제50조제1항·제3항, 제52조제2항, 제53조제2항, 제53조의3제1항·제3항 및 제56조의3제1항을 위반한 경우만 해당한다) 및 제3항(제5조, 제

13조제3항, 제15조제3항, 제17조제3항, 제29조제4항·제5항, 제32조부터 제34조까지의 규정을 위반한 경우만 해당한다)의 과태료 : 제주특별자치도지사
3. 제160조제2항제4호의3·제4호의4·제4호의5·제10호 및 같은 조 제3항(제15조제3항, 제29조제4항·제5항, 제32조부터 제34조까지의 규정을 위반한 경우만 해당한다)의 과태료 : 시장등
4. 제160조제2항제4호의3·제4호의4·제4호의5의 과태료 : 교육감

② 시·도경찰청장은 이 법에 따른 과태료 징수와 관련된 업무의 일부를 대통령령으로 정하는 바에 따라 「한국자산관리공사 설립 등에 관한 법률」에 따라 설립된 한국자산관리공사에 위탁할 수 있다.

제161조의2(과태료 납부방법 등)
① 과태료 납부금액이 대통령령으로 정하는 금액 이하인 경우에는 대통령령으로 정하는 과태료 납부대행기관을 통하여 신용카드, 직불카드 등(이하 "신용카드등"이라 한다)으로 낼 수 있다. 이 경우 "과태료 납부대행기관"이란 정보통신망을 이용하여 신용카드 등에 의한 결제를 수행하는 기관으로서 대통령령으로 정하는 바에 따라 과태료 납부대행기관으로 지정받은 자를 말한다.
② 제1항에 따라 신용카드등으로 내는 경우에는 과태료 납부대행기관의 승인일을 납부일로 본다.
③ 과태료 납부 대행기관은 납부자로부터 신용카드등에 의한 과태료 납부대행 용역의 대가로 대통령령으로 정하는 바에 따라 납부대행 수수료를 받을 수 있다.
④ 과태료 납부대행기관의 지정 및 운영, 납부대행 수수료 등에 관하여 필요한 사항은 대통령령으로 정한다.

제161조의3(과태료·범칙금수납정보시스템 운영계획의 수립·시행)
경찰청장은 누구든지 과태료 및 범칙금의 내용을 편리하게 조회하고 전자납부(인터넷이나 전화통신장치 또는 자동입출금기의 연계방식을 통한 납부를 말한다)할 수 있도록 하기 위하여 다음 각 호의 사항을 포함하는 과태료·범칙금수납정보시스템 운영계획을 수립·시행할 수 있다.
1. 과태료·범칙금 납부대행기관 정보통신망과 수납통합처리시스템의 연계
2. 과태료 및 범칙금 납부의 실시간 처리 및 안전한 관리와 수납통합처리시스템의 운영
3. 그 밖에 대통령령으로 정하는 운영계획의 수립·시행에 필요한 사항

제14장 범칙행위의 처리에 관한 특례

제162조(통칙)
① 이 장에서 "범칙행위"란 제156조 각 호 또는 제157조 각 호의 죄에 해당하는 위반행위를 말하며, 그 구체적인 범위는 대통령령으로 정한다.
② 이 장에서 "범칙자"란 범칙행위를 한 사람으로서 다음 각 호의 어느 하나에 해당하지 아니하는 사람을 말한다.
   1. 범칙행위 당시 제92조제1항에 따른 운전면허증등 또는 이를 갈음하는 증명서를 제시하지 못하거나 경찰공무원의 운전자 신원 및 운전면허 확인을 위한 질문에 응하지 아니한 운전자
   2. 범칙행위로 교통사고를 일으킨 사람. 다만, 「교통사고처리 특례법」 제3조제2항 및 제4조에 따라 업무상과실치상죄·중과실치상죄 또는 이 법 제151조의 죄에 대한 벌을 받지 아니하게 된 사람은 제외한다.
③ 이 장에서 "범칙금"이란 범칙자가 제163조에 따른 통고처분에 따라 국고(國庫) 또는 제주특별자치도의 금고에 내야 할 금전을 말하며, 범칙금의 액수는 범칙행위의 종류 및 차종(車種) 등에 따라 대통령령으로 정한다.

제163조(통고처분)
① 경찰서장이나 제주특별자치도지사(제주특별자치도지사의 경우에는 제6조제1항·제2항, 제61조제2항에 따라 준용되는 제15조제3항, 제39조제6항, 제60조, 제62조, 제64조부터 제66조까지, 제73조제2항제2호부터 제5호까지 및 제95조제1항의 위반행위는 제외한다)는 범칙자로 인정하는 사람에 대하여는 이유를 분명하게 밝힌 범칙금 납부통고서로 범칙금을 낼 것을 통고할 수 있다. 다만, 다음 각 호의 어느 하나에 해당하는 사람에 대하여는 그러하지 아니하다.
   1. 성명이나 주소가 확실하지 아니한 사람
   2. 달아날 우려가 있는 사람
   3. 범칙금 납부통고서 받기를 거부한 사람
② 제주특별자치도지사가 제1항에 따라 통고처분을 한 경우에는 관할 경찰서장에게 그 사실을 통보하여야 한다.

제164조(범칙금의 납부)
① 제163조에 따라 범칙금 납부통고서를 받은 사람은 10일 이내에 경찰청장이 지정하는 국고은행, 지점, 대리점, 우체국 또는 제주특별자치도지사가 지정하는 금융회사 등이나 그 지점에 범칙금을 내야 한다. 다만, 천재지변이나 그 밖의 부득이한 사유로 말미암아 그 기간에 범칙금을 낼 수 없는 경우에는 부득이한 사유가 없어지게 된 날부터 5일 이내에 내야 한다.
② 제1항에 따른 납부기간에 범칙금을 내지 아니한 사람은 납부기간이 끝나는 날의 다음 날부터 20일 이내에 통고받은 범칙금에 100분의 20을 더한 금액을 내야 한다.
③ 제1항이나 제2항에 따라 범칙금을 낸 사람은 범칙행위에 대하여 다시 벌 받지 아니한다.

제164조의2(범칙금 납부방법 등)
범칙금 납부방법에 대해서는 제161조의2의 규정을 준용한다. 이 경우 "과태료"는 "범칙금"으로 본다.

제165조(통고처분 불이행자 등의 처리)
① 경찰서장 또는 제주특별자치도지사는 다음 각 호의 어느 하나에 해당하는 사람에 대해서는 지체 없이 즉결심판을 청구하여야 한다. 다만, 제2호에 해당하는 사람으로서 즉결심판이 청구되기 전까지 통고받은 범칙금액에 100분의 50을 더한 금액을 납부한 사람에 대해서는 그러하지 아니하다.
   1. 제163조제1항 각 호의 어느 하나에 해당하는 사람
   2. 제164조제2항에 따른 납부기간에 범칙금을 납부하지 아니한 사람
② 제1항제2호에 따라 즉결심판이 청구된 피고인이 즉결심판의 선고 전까지 통고받은 범칙금액에 100분의 50을 더한 금액을 내고 납부를 증명하는 서류를 제출하면 경찰서장 또는 제주특별자치도지사는 피고인에 대한 즉결심판 청구를 취소하여야 한다.
③ 제1항 각 호 외의 부분 단서 또는 제2항에 따라 범칙금을 납부한 사람은 그 범칙행위에 대하여 다시 벌 받지 아니한다.

제166조(직권 남용의 금지)
이 장의 규정에 따른 통고처분을 할 때에 교통을 단속하는 경찰공무원은 본래의 목적에서 벗어나 직무상의 권한을 함부로 남용하여서는 아니 된다.

02 도로교통법 시행령

[시행 2024. 9. 20.] [대통령령 제34890호, 2024. 9. 19., 일부개정]

제1장 총칙

제1조(목적) 이 영은 「도로교통법」에서 위임된 사항과 그 시행에 필요한 사항을 규정함을 목적으로 한다.

제2조(긴급자동차의 종류)

① 「도로교통법」(이하 "법"이라 한다) 제2조제22호라목에서 "대통령령으로 정하는 자동차"란 긴급한 용도로 사용되는 다음 각 호의 어느 하나에 해당하는 자동차를 말한다. 다만, 제6호부터 제11호까지의 자동차는 이를 사용하는 사람 또는 기관 등의 신청에 의하여 시·도경찰청장이 지정하는 경우로 한정한다.

1. 경찰용 자동차 중 범죄수사, 교통단속, 그 밖의 긴급한 경찰업무 수행에 사용되는 자동차
2. 국군 및 주한 국제연합군용 자동차 중 군 내부의 질서 유지나 부대의 질서 있는 이동을 유도(誘導)하는 데 사용되는 자동차
3. 수사기관의 자동차 중 범죄수사를 위하여 사용되는 자동차
4. 다음 각 목의 어느 하나에 해당하는 시설 또는 기관의 자동차 중 도주자의 체포 또는 수용자, 보호관찰 대상자의 호송·경비를 위하여 사용되는 자동차
   가. 교도소·소년교도소 또는 구치소
   나. 소년원 또는 소년분류심사원
   다. 보호관찰소
5. 국내외 요인(要人)에 대한 경호업무 수행에 공무(公務)로 사용되는 자동차
6. 전기사업, 가스사업, 그 밖의 공익사업을 하는 기관에서 위험 방지를 위한 응급작업에 사용되는 자동차
7. 민방위업무를 수행하는 기관에서 긴급예방 또는 복구를 위한 출동에 사용되는 자동차
8. 도로관리를 위하여 사용되는 자동차 중 도로상의 위험을 방지하기 위한 응급작업에 사용되거나 운행이 제한되는 자동차를 단속하기 위하여 사용되는 자동차
9. 전신·전화의 수리공사 등 응급작업에 사용되는 자동차
10. 긴급한 우편물의 운송에 사용되는 자동차
11. 전파감시업무에 사용되는 자동차

② 제1항 각 호에 따른 자동차 외에 다음 각 호의 어느 하나에 해당하는 자동차는 긴급자동차로 본다.

1. 제1항제1호에 따른 경찰용 긴급자동차에 의하여 유도되고 있는 자동차
2. 제1항제2호에 따른 국군 및 주한 국제연합군용의 긴급자동차에 의하여 유도되고 있는 국군 및 주한 국제연합군의 자동차
3. 생명이 위급한 환자 또는 부상자나 수혈을 위한 혈액을 운송 중인 자동차

제3조(긴급자동차의 준수 사항)

① 긴급자동차(제2조제2항에 따라 긴급자동차로 보는 자동차는 제외한다)는 다음 각 호의 사항을 준수해야 한다. 다만, 법 제17조제3항의 속도에 관한 규정을 위반하는 자동차등(개인형 이동장치는 제외한다) 및 노면전차를 단속하는 긴급자동차와 제2조제1항제5호에 따른 긴급자동차는 그렇지 않다.

1. 「자동차관리법」 제29조에 따른 자동차의 안전 운행에 필요한 기준(이하 "자동차안전기준"이라 한다)에서 정한 긴급자동차의 구조를 갖출 것
2. 사이렌을 울리거나 경광등을 켤 것(법 제29조에 따른 우선 통행, 법 제30조에 따른 특례 및 그 밖에 법에 규정된 특례를 적용받으려는 경우에만 해당한다)

② 제2조제1항제5호의 긴급자동차와 같은 조 제2항에 따라 긴급자동차로 보는 자동차는 전조등 또는 비상표시등을 켜거나 그 밖의 적당한 방법으로 긴급한 목적으로 운행되고 있음을 표시하여야 한다.

제4조(교통안전시설 관련 비용 부담의 사유) 법 제3조제4항(법 제4조의2제3항에서 준용되는 경우를 포함한다)에서 "대통령령으로 정하는 사유"란 다음 각 호의 어느 하나에 해당하는 것을 말한다.

1. 차 또는 노면전차의 운전 등 교통으로 인하여 사람을 사상(死傷)하거나 물건을 손괴하는 사고(이하 "교통사고"라 한다)가 발생한 경우

2. 분할할 수 없는 화물의 수송 등을 위하여 신호기 및 안전표지(이하 "교통안전시설"이라 한다)를 이전하거나 철거하는 경우
3. 법 제68조제1항을 위반하여 교통안전시설을 철거·이전하거나 손괴한 경우
4. 도로관리청 등에서 도로공사 등을 위하여 무인(無人) 교통단속용 장비를 이전하거나 철거하는 경우
5. 그 밖에 고의 또는 과실로 무인 교통단속용 장비를 철거·이전하거나 손괴한 경우

제5조(부담금의 부과기준 및 환급)

① 특별시장·광역시장·제주특별자치도지사 또는 시장·군수(광역시의 군수는 제외한다. 이하 "시장등"이라 한다)는 법 제3조제4항에 따른 교통안전시설의 철거나 원상회복을 위한 공사 비용 부담금(이하 "부담금"이라 한다)의 금액을 교통안전시설의 파손 정도 및 내구연한 경과 정도 등을 고려하여 산출하고, 그 사유를 유발한 사람이 여러 명인 경우에는 그 유발 정도에 따라 부담금을 분담하게 할 수 있다. 다만, 파손된 정도가 경미하거나 일상 보수작업만으로 수리할 수 있는 경우 또는 부담금 총액이 20만원 미만인 경우에는 부담금 부과를 면제할 수 있고, 2024년 9월 1일부터 2026년 8월 31일까지 발생한 사유로 인한 부담금 총액이 20만원 이상인 경우에는 부담금을 분할하여 납부하게 할 수 있다.
② 시장등은 제1항에 따라 부과한 부담금이 교통안전시설의 철거나 원상회복을 위한 공사에 드는 비용을 초과한 경우에는 그 차액을 환급하여야 한다. 이 경우 환급에 필요한 사항은 시장등이 정한다.
③ 법 제4조의2제3항에 따른 무인 교통단속용 장비의 철거나 원상회복을 위한 부담금의 부과 기준 및 환급에 대해서는 제1항과 제2항을 준용한다. 이 경우 "교통안전시설"은 "무인 교통단속용 장비"로, "시장등"은 "시·도경찰청장, 경찰서장 또는 시장등"으로 본다.

제6조(경찰공무원을 보조하는 사람의 범위)

법 제5조제1항 제2호에서 "대통령령으로 정하는 사람"이란 다음 각 호의 어느 하나에 해당하는 사람을 말한다.
1. 모범운전자
2. 군사훈련 및 작전에 동원되는 부대의 이동을 유도하는 군사경찰
3. 본래의 긴급한 용도로 운행하는 소방차·구급차를 유도하는 소방공무원

제6조의2(모범운전자에 대한 복장 및 장비의 지원)

① 경찰청장은 법 제5조의3제1항에 따라 모범운전자에게 다음 각 호의 복장 및 장비를 지원할 수 있다.
1. 복장 : 모자, 근무복, 점퍼 등
2. 장비 : 경적, 신호봉, 야광조끼 등
② 제1항에 따른 복장 및 장비의 지급 기준 및 시기 등에 관하여 필요한 사항은 경찰청장이 정하여 고시한다.

제2장 보행자의 통행방법

제7조(차도를 통행할 수 있는 사람 또는 행렬)

법 제9조제1항 전단에서 "대통령령으로 정하는 사람이나 행렬"이란 다음 각 호의 어느 하나에 해당하는 사람이나 행렬을 말한다.
1. 말·소 등의 큰 동물을 몰고 가는 사람
2. 사다리, 목재, 그 밖에 보행자의 통행에 지장을 줄 우려가 있는 물건을 운반 중인 사람
3. 도로에서 청소나 보수 등의 작업을 하고 있는 사람
4. 군부대나 그 밖에 이에 준하는 단체의 행렬
5. 기(旗) 또는 현수막 등을 휴대한 행렬
6. 장의(葬儀) 행렬

제8조(앞을 보지 못하는 사람에 준하는 사람의 범위)

법 제11조제2항에 따른 앞을 보지 못하는 사람에 준하는 사람은 다음 각 호의 어느 하나에 해당하는 사람을 말한다.
1. 듣지 못하는 사람
2. 신체의 평형기능에 장애가 있는 사람
3. 의족 등을 사용하지 아니하고는 보행을 할 수 없는 사람

제8조의2(보호구역에 대한 실태조사 업무의 위탁)

① 시장등은 법 제12조의4제3항에 따라 다음 각 호의 어느 하나에 해당하는 기관에 법 제12조에 따른 어린이 보호구역(이하 "어린이보호구역"이라 한다) 및 법 제12조의2에 따른 노인 및 장애인 보호구역(이하 "노인·장애인보호구역"이라 한다)에 대한 실태조사 업무의 일부를 위탁할 수 있다.
1. 「한국도로교통공단법」에 따른 한국도로교통공단(이하 "한국도로교통공단"이라 한다)
2. 「공공기관의 운영에 관한 법률」 제4조에 따른 공공기관 중 교통 관련 기관

3. 「지방공기업법」 제3조제1항에 따른 지방공기업 중 교통 관련 기관
4. 「지방자치단체출연 연구원의 설립 및 운영에 관한 법률」 제2조에 따른 지방자치단체출연 연구원 중 교통 관련 기관
5. 정관이나 규약 등에 교통안전에 관한 업무를 사업 내용으로 정한 비영리법인이나 단체

② 시장등은 제1항에 따라 업무의 일부를 위탁한 경우에는 수탁기관 및 위탁업무의 내용을 해당 지방자치단체의 공보에 고시해야 한다.

제3장 차마 및 노면전차의 통행방법 등

제8조의3(도로관리청과의 협의 등)

① 경찰서장은 법 제14조제4항에 따라 도로관리청과 「도로법」 제77조제1항 단서에 따른 운행허가에 관한 사항을 협의하려는 경우에는 운행허가에 필요한 자료를 즉시 도로관리청에 송부하여야 한다.

② 제1항에 따라 협의를 요청받은 도로관리청은 협의요청을 받은 날부터 7일 이내에 경찰서장에게 그 의견을 제출하여야 한다.

③ 경찰서장은 법 제14조제4항에 따른 협의절차를 효율적으로 수행하기 위하여 「도로법」 제77조제6항에 따른 차량운행허가시스템을 사용할 수 있다.

제9조(전용차로의 종류 등)

① 법 제15조제2항(법 제61조제2항에서 준용되는 경우를 포함한다)에 따른 전용차로의 종류와 전용차로로 통행할 수 있는 차(이하 "전용차로통행차"라 한다)는 별표 1과 같다.

② 별표 1에 따라 고속도로 외의 도로에 설치된 버스전용차로로 통행할 수 있는 자동차의 지정 및 취소 등에 필요한 사항은 행정안전부령으로 정한다.

③ 시장등과 경찰청장은 전용차로를 설치하거나 폐지한 경우에는 그 구간과 기간 및 통행시간 등을 정하여(폐지하는 경우에는 통행시간은 제외한다) 고시하고, 신문·방송 등을 통하여 널리 알려야 한다.

제10조(전용차로통행차 외에 전용차로로 통행할 수 있는 경우)

법 제15조제3항 단서(법 제61조제2항에서 준용되는 경우를 포함한다)에서 "대통령령으로 정하는 경우"란 다음 각 호의 어느 하나에 해당하는 경우를 말한다.

1. 긴급자동차가 그 본래의 긴급한 용도로 운행되고 있는 경우
2. 전용차로통행차의 통행에 장해를 주지 아니하는 범위에서 택시가 승객을 태우거나 내려주기 위하여 일시 통행하는 경우. 이 경우 택시 운전자는 승객이 타거나 내린 즉시 전용차로를 벗어나야 한다.
3. 도로의 파손, 공사, 그 밖의 부득이한 장애로 인하여 전용차로가 아니면 통행할 수 없는 경우

제10조의2(긴급한 용도 외에 경광등 등을 사용할 수 있는 경우)

법 제2조제22호 각 목의 자동차 운전자는 법 제29조제6항 단서에 따라 해당 자동차를 그 본래의 긴급한 용도로 운행하지 아니하는 경우에도 다음 각 호의 어느 하나에 해당하는 경우에는 「자동차관리법」에 따라 해당 자동차에 설치된 경광등을 켜거나 사이렌을 작동할 수 있다.

1. 소방차가 화재 예방 및 구조·구급 활동을 위하여 순찰을 하는 경우
2. 법 제2조제22호 각 목에 해당하는 자동차가 그 본래의 긴급한 용도와 관련된 훈련에 참여하는 경우
3. 제2조제1항제1호에 따른 자동차가 범죄 예방 및 단속을 위하여 순찰을 하는 경우

제10조의3(소방 관련 시설 주변에서의 정차 및 주차의 금지 등)

① 법 제32조제6호나목에서 "대통령령으로 정하는 시설"이란 다음 각 호의 시설을 말한다.

1. 「소방시설 설치 및 관리에 관한 법률 시행령」 별표 1 제1호다목부터 마목까지의 규정에 따른 옥내소화전설비(호스릴옥내소화전설비를 포함한다)·스프링클러설비등·물분무등소화설비의 송수구
2. 「소방시설 설치 및 관리에 관한 법률 시행령」 별표 1 제4호에 따른 소화용수설비
3. 「소방시설 설치 및 관리에 관한 법률 시행령」 별표 1 제5호나목·다목·바목에 따른 연결송수관설비·연결살수설비·연소방지설비의 송수구 및 같은 호 마목에 따른 무선통신보조설비의 무선기기접속단자

② 시장등은 법 제32조제6호에 해당하는 곳 중에서 신속한 소방활동을 위해 특히 필요하다고 인정하는 곳에는 안전표지를 설치해야 한다.

제11조(정차 또는 주차의 방법 등)

① 차의 운전자가 법 제34조에 따라 지켜야 하는 정차 또는 주차의 방법 및 시간은 다음 각 호와 같다.

1. 모든 차의 운전자는 도로에서 정차할 때에는 차도의 오른쪽 가장자리에 정차할 것. 다만, 차도와 보도의 구별이 없는 도로의 경우에는 도로의 오른쪽 가장자리로부터 중앙으로 50센티미터 이상의 거리를 두어야 한다.

2. 여객자동차의 운전자는 승객을 태우거나 내려주기 위하여 정류소 또는 이에 준하는 장소에서 정차하였을 때에는 승객이 타거나 내린 즉시 출발하여야 하며 뒤따르는 다른 차의 정차를 방해하지 아니할 것

3. 모든 차의 운전자는 도로에서 주차할 때에는 시·도경찰청장이 정하는 주차의 장소·시간 및 방법에 따를 것

② 모든 차의 운전자는 제1항에 따라 정차하거나 주차할 때에는 다른 교통에 방해가 되지 아니하도록 하여야 한다. 다만, 다음 각 호의 어느 하나에 해당하는 경우에는 그러하지 아니하다.

1. 안전표지 또는 다음 각 목의 어느 하나에 해당하는 사람의 지시에 따르는 경우

    가. 경찰공무원(의무경찰을 포함한다)

    나. 제주특별자치도의 자치경찰공무원(이하 "자치경찰공무원"이라 한다)

    다. 경찰공무원(자치경찰공무원을 포함한다. 이하 같다)을 보조하는 제6조 각 호의 어느 하나에 해당하는 사람

2. 고장으로 인하여 부득이하게 주차하는 경우

③ 자동차의 운전자는 법 제34조의3에 따라 경사진 곳에 정차하거나 주차(도로 외의 경사진 곳에서 정차하거나 주차하는 경우를 포함한다)하려는 경우 자동차의 주차제동장치를 작동한 후에 다음 각 호의 어느 하나에 해당하는 조치를 취하여야 한다. 다만, 운전자가 운전석을 떠나지 아니하고 직접 제동장치를 작동하고 있는 경우는 제외한다.

1. 경사의 내리막 방향으로 바퀴에 고임목, 고임돌, 그 밖에 고무, 플라스틱 등 자동차의 미끄럼 사고를 방지할 수 있는 것을 설치할 것

2. 조향장치(操向裝置)를 도로의 가장자리(자동차에서 가까운 쪽을 말한다) 방향으로 돌려놓을 것

3. 그 밖에 제1호 또는 제2호에 준하는 방법으로 미끄럼 사고의 발생 방지를 위한 조치를 취할 것

제12조(주차 및 정차 단속 담당공무원)

① 도지사와 시장등은 주차나 정차 단속을 위하여 필요하다고 인정되는 경우에는 교통행정 관련 분야에서 근무하는 공무원 등 해당 지방자치단체에 근무하는 공무원을 법 제35조제1항제2호에 따라 주차 및 정차를 단속하는 담당공무원(이하 "단속담당공무원"이라 한다)으로 임명할 수 있다.

② 단속담당공무원은 주차 및 정차 단속 업무를 수행하는 동안 제복을 착용하여야 한다.

③ 제2항에 따른 제복의 종류, 제복을 만드는 방식 및 제복의 지급 등에 필요한 사항은 해당 지방자치단체의 조례로 정하되, 제복을 만드는 방식에 대해서는 시·도경찰청장과 미리 협의하여야 한다.

④ 도지사와 시장등은 단속담당공무원에게 행정안전부령으로 정하는 교육을 실시한다.

⑤ 도지사와 시장등은 필요하다고 인정할 때에는 제4항에 따른 교육을 「경찰공무원 교육훈련규정」 제2조제3호에 따른 경찰교육기관에 위탁할 수 있다.

제13조(주차위반 차의 견인·보관 및 반환 등을 위한 조치)

① 경찰서장, 도지사 또는 시장등은 법 제35조제2항에 따라 차를 견인하려는 경우에는 행정안전부령으로 정하는 바에 따라 과태료 또는 범칙금 부과 및 견인 대상 차임을 알리는 표지(이하 "과태료부과대상차표지"라 한다)를 그 차의 보기 쉬운 곳에 부착하여 견인 대상 차임을 알 수 있도록 하여야 한다.

② 경찰서장, 도지사 또는 시장등은 법 제35조제2항에 따라 차를 견인한 경우에는 행정안전부령으로 정하는 바에 따라 그 차의 사용자(소유자나 소유자로부터 차의 관리를 위탁받은 사람을 말한다. 이하 같다) 또는 운전자가 그 차의 소재를 쉽게 알 수 있도록 조치하여야 한다.

③ 경찰서장, 도지사 또는 시장등은 차를 견인하였을 때부터 24시간이 경과되어도 이를 인수하지 아니하는 때에는 해당 차의 보관장소 등 행정안전부령이 정하는 사항을 해당 차의 사용자 또는 운전자에게 등기우편으로 통지하여야 한다.

④ 경찰서장, 도지사 또는 시장등은 견인하여 보관하고 있는 차의 사용자나 운전자를 알 수 없는 경우에는 법 제35조제4항에 따라 차를 견인한 날부터 14일간 해당 기관의 게시판에 다음 각 호의 사항을 공고하고, 행정안전부령으로 정하는 바에 따라 열람부를 작성·비치하여 관계자가 열람할 수 있도록 하여야 한다.

1. 보관하고 있는 차의 종류 및 형상
2. 보관하고 있는 차가 있던 장소 및 그 차를 견인한 일시
3. 차를 보관하고 있는 장소
4. 그 밖에 차를 보관하기 위하여 필요하다고 인정되는 사항

⑤ 경찰서장, 도지사 또는 시장등은 제4항에 따른 공고기간이 지나도 차의 사용자나 운전자를 알 수 없는 경우에는 제4항 각 호의 내용을 일간신문, 관보, 공보 중 하나 이상에 공고하고, 인터넷 홈페이지에도 공고해야 한다. 다만, 일간신문 등에 공고할 만한 재산적 가치가 없다고 인정되는 경우에는 그렇지 않다.

제14조(보관한 차의 매각 또는 폐차 등)

① 경찰서장, 도지사 또는 시장등은 법 제35조제5항에 따라 차를 매각하거나 폐차하려는 경우에는 미리 그 뜻을 자동차등록원부에 적힌 사용자와 그 밖의 이해관계인에게 통지하여야 한다.

② 경찰서장, 도지사 또는 시장등은 법 제35조제5항에 따라 차를 매각하는 경우에는 다음 각 호의 어느 하나에 해당하는 경우를 제외하고는 「국가를 당사자로 하는 계약에 관한 법률」에서 정하는 바에 따라 경쟁입찰로 하여야 한다.
1. 비밀로 매각하지 아니하면 가치가 현저하게 감소될 우려가 있는 경우
2. 경쟁입찰에 부쳐도 입찰자가 없을 것으로 인정되는 경우
3. 그 밖에 경쟁입찰에 부치는 것이 부적당하다고 인정되는 경우

③ 경찰서장, 도지사 또는 시장등은 차의 재산적 가치가 적어 제2항에 따른 경쟁입찰 등의 방법으로 차가 매각되지 아니한 경우에는 그 차를 폐차할 수 있다.

④ 경찰서장, 도지사 또는 시장등은 차를 매각한 경우에는 다음 각 호의 사항이 포함된 매각결정서를 매수인에게 발급하여야 하며, 차를 폐차한 경우에는 관할 관청에 그 말소등록을 촉탁(囑託)하여야 한다.
1. 매각된 자동차의 등록번호
2. 매각일시
3. 매각방법
4. 매수인의 성명(법인의 경우에는 그 명칭과 대표자의 성명을 말한다. 이하 같다) 및 주소

제15조(소요비용의 징수 등)

① 경찰서장, 도지사 또는 시장등은 견인하여 보관한 차를 반환할 때에는 법 제35조제6항에 따라 그 차의 사용자 또는 운전자로부터 그 차의 견인·보관 또는 공고 등에 든 비용(이하 "소요비용"이라 한다)을 징수하고, 범칙금 납부통고서 또는 과태료 납부고지서를 발급한 후 행정안전부령으로 정하는 인수증을 받고 차를 반환하여야 한다.

② 경찰서장, 도지사 또는 시장등은 제1항에 따라 소요비용을 징수하려는 경우에는 납부금액, 납부기한 및 납부장소를 적은 문서로 그 차의 사용자 또는 운전자에게 고지하여야 한다.

③ 소요비용의 산정기준은 해당 지방자치단체의 조례로 정한다.

제16조(견인 등 대행법인등의 요건)

법 제36조제1항 및 제2항에 따라 차의 견인·보관 및 반환 업무를 대행하는 법인·단체 또는 개인(이하 "대행법인등"이라 한다)이 갖추어야 하는 요건은 다음 각 호와 같다.
1. 다음 각 목의 구분에 따른 주차대수 이상을 주차할 수 있는 주차시설 및 부대시설
   가. 특별시 또는 광역시 지역 : 30대
   나. 시 또는 군(광역시의 군을 포함한다) 지역 : 15대
2. 1대 이상의 견인차
3. 사무소, 차의 보관장소와 견인차 간에 서로 연락할 수 있는 통신장비
4. 대행업무의 수행에 필요하다고 인정되는 인력
5. 그 밖에 행정안전부령으로 정하는 차의 보관 및 관리에 필요한 장비

제17조(견인 등 대행법인등의 지정절차 등)

① 경찰서장 또는 시장등은 제16조에 따른 요건을 갖춘 자 중에서 행정안전부령으로 정하는 바에 따라 신청을 받아 대행법인등을 지정한다.

② 경찰서장 또는 시장등은 제1항에 따라 대행법인등을 지정하였을 때에는 행정안전부령으로 정하는 바에 따라 그 내용을 공고하여야 한다.

③ 대행법인등은 차의 견인·보관 중에 발생하는 손해의 배상을 위하여 1억원의 범위에서 행정안전부령으로 정하는 보험에 가입하거나 보험 가입에 상응하는 필요한 조치를 하여야 한다.

④ 경찰서장 또는 시장등은 대행법인등이 법 제36조제3항에 따른 조치명령을 위반하였을 때에는 행정안전부령으로 정하는 바에 따라 그 지정을 취소하거나 6개월의 범위에서 대행업무를 정지시킬 수 있다.

제18조(소요비용의 대행법인등에의 귀속) 대행법인등이 차의 견인·보관 및 반환 업무를 대행한 경우 제15조제1항에 따라 징수한 소요비용은 그 대행법인등의 수입으로 한다.

제19조(밤에 도로에서 차를 운행하는 경우 등의 등화)
① 차 또는 노면전차의 운전자가 법 제37조제1항 각 호에 따라 도로에서 차 또는 노면전차를 운행할 때 켜야 하는 등화(燈火)의 종류는 다음 각 호의 구분에 따른다.
　　1. 자동차 : 자동차안전기준에서 정하는 전조등(前照燈), 차폭등(車幅燈), 미등(尾燈), 번호등과 실내조명등(실내조명등은 승합자동차와 「여객자동차운수사업법」에 따른 여객자동차운송사업용 승용자동차만 해당한다)
　　2. 원동기장치자전거 : 전조등 및 미등
　　3. 견인되는 차 : 미등·차폭등 및 번호등
　　4. 노면전차 : 전조등, 차폭등, 미등 및 실내조명등
　　5. 제1호부터 제4호까지의 규정 외의 차 : 시·도경찰청장이 정하여 고시하는 등화
② 차 또는 노면전차의 운전자가 법 제37조제1항 각 호에 따라 도로에서 정차하거나 주차할 때 켜야 하는 등화의 종류는 다음 각 호의 구분에 따른다.
　　1. 자동차(이륜자동차는 제외한다) : 자동차안전기준에서 정하는 미등 및 차폭등
　　2. 이륜자동차 및 원동기장치자전거 : 미등(후부 반사기를 포함한다)
　　3. 노면전차 : 차폭등 및 미등
　　4. 제1호부터 제3호까지의 규정 외의 차 : 시·도경찰청장이 정하여 고시하는 등화

제20조(마주보고 진행하는 경우 등의 등화 조작)
① 법 제37조제2항에 따라 모든 차 또는 노면전차의 운전자는 밤에 운행할 때에는 다음 각 호의 방법으로 등화를 조작하여야 한다.
　　1. 서로 마주보고 진행할 때에는 전조등의 밝기를 줄이거나 불빛의 방향을 아래로 향하게 하거나 잠시 전조등을 끌 것. 다만, 도로의 상황으로 보아 마주보고 진행하는 차 또는 노면전차의 교통을 방해할 우려가 없는 경우에는 그러하지 아니하다.
　　2. 앞의 차 또는 노면전차의 바로 뒤를 따라갈 때에는 전조등 불빛의 방향을 아래로 향하게 하고, 전조등 불빛의 밝기를 함부로 조작하여 앞의 차 또는 노면전차의 운전을 방해하지 아니할 것

② 모든 차 또는 노면전차의 운전자는 교통이 빈번한 곳에서 운행할 때에는 전조등 불빛의 방향을 계속 아래로 유지하여야 한다. 다만, 시·도경찰청장이 교통의 안전과 원활한 소통을 확보하기 위하여 필요하다고 인정하여 지정한 지역에서는 그러하지 아니하다.

제21조(신호의 시기 및 방법) 법 제38조제1항에 따른 신호의 시기 및 방법은 별표 2와 같다.

제22조(운행상의 안전기준) 법 제39조제1항 본문에서 "대통령령으로 정하는 운행상의 안전기준"이란 다음 각 호를 말한다.
　　1. 자동차의 승차인원은 승차정원 이내일 것
　　2. 삭제 〉
　　3. 화물자동차의 적재중량은 구조 및 성능에 따르는 적재중량의 110퍼센트 이내일 것
　　4. 자동차(화물자동차, 이륜자동차 및 소형 3륜자동차만 해당한다)의 적재용량은 다음 각 목의 구분에 따른 기준을 넘지 아니할 것
　　　가. 길이 : 자동차 길이에 그 길이의 10분의 1을 더한 길이. 다만, 이륜자동차는 그 승차장치의 길이 또는 적재장치의 길이에 30센티미터를 더한 길이를 말한다.
　　　나. 너비 : 자동차의 후사경(後寫鏡)으로 뒤쪽을 확인할 수 있는 범위(후사경의 높이보다 화물을 낮게 적재한 경우에는 그 화물을, 후사경의 높이보다 화물을 높게 적재한 경우에는 뒤쪽을 확인할 수 있는 범위를 말한다)의 너비
　　　다. 높이 : 화물자동차는 지상으로부터 4미터(도로구조의 보전과 통행의 안전에 지장이 없다고 인정하여 고시한 도로노선의 경우에는 4미터 20센티미터), 소형 3륜자동차는 지상으로부터 2미터 50센티미터, 이륜자동차는 지상으로부터 2미터의 높이

제23조(안전기준을 넘는 승차 및 적재의 허가)
① 경찰서장은 다음 각 호의 어느 하나에 해당하는 경우에만 법 제39조제1항 단서에 따른 허가를 할 수 있다.
　　1. 전신·전화·전기공사, 수도공사, 제설작업, 그 밖에 공익을 위한 공사 또는 작업을 위하여 부득이 화물자동차의 승차정원을 넘어서 운행하려는 경우

2. 분할할 수 없어 제22조제3호 또는 제4호에 따른 기준을 적용할 수 없는 화물을 수송하는 경우
② 경찰서장은 제1항에 따른 허가를 할 때에는 안전운행상 필요한 조건을 붙일 수 있다.

제24조(정비불량 자동차등의 운전정지)

① 경찰공무원(자치경찰공무원은 제외한다)이 법 제41조제3항 전단에 따라 운전의 일시정지를 명하는 때에는 행정안전부령이 정하는 표지(이하 "정비불량표지"라 한다)를 자동차등의 앞면 창유리에 붙이고, 행정안전부령이 정하는 정비명령서를 교부하여야 한다.
② 경찰공무원(자치경찰공무원은 제외한다)이 제1항에 따른 조치를 한 때에는 행정안전부령이 정하는 바에 따라 시·도경찰청장에게 지체 없이 그 사실을 보고하여야 한다.
③ 누구든지 제1항에 따라 자동차등에 붙인 정비불량표지를 찢거나 훼손하여 못쓰게 하여서는 아니되며, 제25조에 따른 정비확인을 받지 아니하고는 이를 떼어내지 못한다.

제25조(정비불량 자동차등의 정비확인)

① 제24조제1항에 따른 처분을 받은 자동차등의 운전자 또는 관리자는 필요한 정비를 하여 관할 시·도경찰청장의 확인을 받아야 한다.
② 시·도경찰청장은 필요하다고 인정하는 때에는 관할 경찰서장으로 하여금 제1항에 따른 확인을 하게 할 수 있다.
③ 제1항에 따른 확인을 받고자 하는 때에는 정비명령서를 제출하여야 한다.
④ 시·도경찰청장은 정비명령서에 의한 필요한 정비가 되었음을 확인한 때에는 보관한 자동차등록증을 지체 없이 반환하여야 한다

제26조(사용정지의 통고)

① 시·도경찰청장은 제25조에 따른 정비확인을 위하여 점검한 결과 필요한 정비가 행하여지지 아니하였다고 인정하여 법 제41조제3항 후단에 따라 자동차등의 사용을 정지시키고자 하는 때에는 행정안전부령이 정하는 자동차사용정지통고서를 교부하여야 한다.
② 제1항에 따라 자동차사용정지통고서를 교부한 경우에 그 자동차등의 정비 및 확인과 자동차등록증의 반환에 관하여는 제25조의 규정을 준용한다. 이 경우 "정비명령서"는 "자동차사용정지통고서"로 본다.

제27조(유사 표지 및 도색 등의 범위) 법 제42조제2항에 따라 자동차등(개인형 이동장치는 제외한다)에 제한

되는 도색(塗色)이나 표지 등은 다음 각 호와 같다.
1. 긴급자동차로 오인할 수 있는 색칠 또는 표지
2. 욕설을 표시하거나 음란한 행위를 묘사하는 등 다른 사람에게 혐오감을 주는 그림·기호 또는 문자

제4장 운전자 및 고용주 등의 의무

제28조(자동차 창유리 가시광선 투과율의 기준) 법 제49조제1항제3호 본문에서 "대통령령으로 정하는 기준"이란 다음 각 호를 말한다.
1. 앞면 창유리 : 70퍼센트
2. 운전석 좌우 옆면 창유리 : 40퍼센트

제29조(안전운전에 장애를 주지 아니하는 장치) 법 제49조제1항제10호라목에서 "대통령령으로 정하는 장치"란 손으로 잡지 아니하고도 휴대용 전화(자동차용 전화를 포함한다)를 사용할 수 있도록 해 주는 장치를 말한다.

제30조(경찰공무원이 제거한 불법부착장치의 반환 및 처리)

① 경찰서장 또는 제주특별자치도지사는 법 제49조제2항 후단에 따라 경찰공무원이 직접 제거한 같은 조제1항제3호 및 제4호를 위반한 장치(이하 "불법부착장치"라 한다) 또는 그 매각대금을 반환하려는 경우에는 반환받을 자의 성명·주소 및 주민(법인)등록번호를 확인하여 그 자가 정당한 권리자임을 확인하여야 한다.
② 경찰서장 또는 제주특별자치도지사는 제1항에 따라 불법부착장치 또는 그 매각대금을 반환할 때에는 불법부착장치의 제거·운반·보관 또는 매각 등에 든 비용을 자동차의 소유자 또는 운전자로부터 징수할 수 있다.
③ 경찰서장 또는 제주특별자치도지사는 법 제49조제2항 후단에 따라 불법부착장치를 제거한 날부터 6개월이 지나도 불법부착장치의 소유자 또는 운전자가 반환을 요구하지 아니하는 경우에는 그 불법부착장치를 매각하여 그 대금을 보관할 수 있다.
④ 제3항에 따른 매각대금은 불법부착장치를 제거한 날부터 5년이 지나도 그 대금을 반환받을 사람을 알 수 없거나 불법부착장치의 소유자 또는 운전자가 반환을 요구하지 아니하는 경우에는 국고 또는 제주특별자치도의 금고에 귀속한다.

제31조(어린이통학버스의 요건 등) 법 제52조제3항에서 "대통령령으로 정하는 요건"이란 다음 각 호의 요건을 말한다.

1. 자동차안전기준에서 정한 어린이운송용 승합자동차의 구조를 갖출 것
2. 어린이통학버스 앞면 창유리 우측상단과 뒷면 창유리 중앙하단의 보기 쉬운 곳에 행정안전부령이 정하는 어린이 보호표지를 부착할 것
3. 교통사고로 인한 피해를 전액 배상할 수 있도록 「보험업법」 제4조에 따른 보험 또는 「여객자동차 운수사업법」 제61조에 따른 공제조합에 가입되어 있을 것
4. 「자동차등록령」 제8조에 따른 등록원부에 법 제2조제23호 각 목의 시설(이하 "어린이교육시설등"이라 한다)의 장의 명의로 등록되어 있는 자동차 또는 어린이교육시설등의 장이 「여객자동차 운수사업법 시행령」 제3조제2호가목 단서에 따라 전세버스운송사업자와 운송계약을 맺은 자동차일 것

제31조의2(어린이통학버스 운영자 등에 대한 안전교육)

① 법 제53조의3제1항에 따른 어린이통학버스의 안전운행 등에 관한 교육(이하 "어린이통학버스 안전교육"이라 한다)은 한국도로교통공단 또는 어린이교육시설등을 관리하는 주무기관의 장이 실시한다.
② 어린이통학버스를 운영하는 사람과 운전하는 사람 및 법 제53조제3항에 따라 어린이통학버스에 동승하는 보호자(이하 "동승보호자"라 한다)는 직전에 어린이통학버스 안전교육을 받은 날부터 기산(起算)하여 2년이 되는 날이 속하는 해의 1월 1일부터 12월 31일 사이에 법 제53조의3제2항제2호에 따른 정기 안전교육을 받아야 한다.
③ 어린이통학버스 안전교육은 다음 각 호의 사항에 대하여 강의 · 시청각교육 등의 방법으로 3시간 이상 실시한다.

1. 교통안전을 위한 어린이 행동특성
2. 어린이통학버스의 운영 등과 관련된 법령
3. 어린이통학버스의 주요 사고 사례 분석
4. 그 밖에 운전 및 승차 · 하차 중 어린이 보호를 위하여 필요한 사항

④ 어린이통학버스 안전교육을 실시한 기관의 장은 어린이통학버스 안전교육을 이수한 사람에게 행정안전부령으로 정하는 교육확인증을 발급하여야 한다.
⑤ 어린이통학버스의 운영자와 운전자 및 동승보호자는 제4항에 따라 발급받은 교육확인증을 다음 각 호의 구분에 따라 비치해야 한다.

1. 운영자 교육확인증 : 어린이교육시설등 내부의 잘 보이는 곳
2. 운전자 및 동승보호자 교육확인증 : 어린이통학버스의 내부

⑥ 제1항부터 제5항까지에서 규정한 사항 외에 어린이통학버스 안전교육의 실시에 필요한 교재, 공지 등에 관한 구체적인 사항은 행정안전부령으로 정한다.

제32조(교통사고의 조사) 경찰공무원(자치경찰공무원은 제외한다)은 교통사고가 발생하였을 때에는 법 제54조제6항에 따라 다음 각 호의 사항을 조사하여야 한다. 다만, 제1호부터 제4호까지의 사항에 대한 조사 결과 사람이 죽거나 다치지 아니한 교통사고로서 「교통사고처리 특례법」 제3조제2항 또는 제4조제1항에 따라 공소(公訴)를 제기할 수 없는 경우에는 제5호부터 제7호까지의 사항에 대한 조사를 생략할 수 있다.

1. 교통사고 발생 일시 및 장소
2. 교통사고 피해 상황
3. 교통사고 관련자, 차량등록 및 보험가입 여부
4. 운전면허의 유효 여부, 술에 취하거나 약물을 투여한 상태에서의 운전 여부 및 부상자에 대한 구호조치 등 필요한 조치의 이행 여부
5. 운전자의 과실 유무
6. 교통사고 현장 상황
7. 그 밖에 차, 노면전차 또는 교통안전시설의 결함 등 교통사고 유발 요인 및 「교통안전법」 제55조에 따라 설치된 운행기록장치 등 증거의 수집 등과 관련하여 필요한 사항

제5장 도로의 사용

제33조(도로의 점용허가 등에 관한 통보)

① 「도로법」 제61조에 따른 도로의 점용허가를 한 도로관리청은 법 제70조제1항에 따라 경찰청장이나 관할 경찰서장에게 그 내용을 통보할 때에는 문서로 하되, 허가증 사본과 허가신청서 사본을 첨부하여야 한다.

② 「도로법」 제76조에 따른 통행의 금지나 제한 또는 같은 법 제77조에 따른 차량의 운행제한을 한 도로관리청은 법 제70조제1항에 따라 경찰청장이나 관할 경찰서장에게 그 내용을 통보할 때에는 금지 또는 제한한 대상·구간·기간 및 그 이유를 명확하게 적은 문서로 하여야 한다.

제34조(인공구조물 등의 보관 등)
① 경찰서장은 법 제71조제2항 및 법 제72조제2항에 따라 스스로 제거한 인공구조물 등이나 그 매각대금을 보관하는 경우에는 이를 보관한 날부터 14일간 그 경찰서의 게시판에 다음 각 호의 사항을 공고하고, 행정안전부령으로 정하는 바에 따라 열람부를 작성·비치하여 관계자가 열람할 수 있도록 하여야 한다.
1. 해당 인공구조물 등의 명칭·종류·형상 및 수량
2. 해당 인공구조물 등이 설치되어 있던 장소 및 그 인공구조물 등을 제거한 일시
3. 해당 인공구조물 등 또는 그 매각대금을 보관한 장소
4. 그 밖에 해당 인공구조물 등 또는 그 매각대금을 보관하기 위하여 필요하다고 인정되는 사항
② 경찰서장은 제1항에 따른 공고기간이 지나도 인공구조물 등의 점유자·소유자 또는 관리자(이하 "점유자등"이라 한다)를 알 수 없을 때에는 제1항 각 호의 내용을 일간신문, 관보 중 하나 이상에 공고하고 인터넷 홈페이지에도 이를 공고해야 한다. 다만, 일간신문 등에 공고할 만한 재산적 가치가 없다고 인정되는 경우에는 그렇지 않다.
③ 경찰서장은 법 제71조제2항 후단 및 법 제72조제2항 후단에 따라 인공구조물 등을 매각할 때에는 다음 각 호의 어느 하나에 해당하는 경우를 제외하고는 「국가를 당사자로 하는 계약에 관한 법률」에서 정하는 바에 따라 경쟁입찰로 하여야 한다.
1. 비밀로 매각하지 아니하면 가치가 현저히 감소될 우려가 있는 경우
2. 경쟁입찰에 부쳐도 입찰자가 없을 것으로 인정되는 경우
3. 그 밖에 경쟁입찰에 부치는 것이 부적당하다고 인정되는 경우

제35조(인공구조물 등의 반환 등)
① 경찰서장은 법 제71조제2항 및 법 제72조제2항에 따라 보관한 인공구조물 등이나 그 매각대금을 점유자등에게 반환하려는 경우에는 반환받을 자의 성명·주소 및 주민(법인)등록번호를 확인하여 그 자가 정당한 권리자임을 확인하여야 한다.
② 경찰서장은 제1항에 따라 인공구조물 등이나 그 매각대금을 반환할 때에는 인공구조물 등을 제거·운반·보관 또는 매각하는 등에 든 비용을 점유자등으로부터 징수할 수 있다.

제36조(점유자등이 없는 경우의 조치)
① 경찰서장은 제34조제1항에 따라 공고를 한 날부터 6개월이 지나도 해당 인공구조물 등을 반환받을 점유자등을 알 수 없거나 점유자등이 반환을 요구하지 아니하는 경우에는 그 인공구조물 등을 매각하여 그 대금을 보관할 수 있다.
② 제1항에 따른 매각대금은 공고한 날부터 5년이 지나도 그 대금을 반환받을 자를 알 수 없거나 점유자등이 반환을 요구하지 아니하는 경우에는 국고에 귀속한다.

제6장 교통안전교육

제37조(교통안전교육)
① 법 제73조제1항에 따른 교통안전교육(이하 "교통안전교육"이라 한다)은 같은 항 각 호의 사항에 관하여 시청각교육 등의 방법으로 1시간 실시한다.
② 제1항에 따른 교육의 과목·내용·방법 및 시간 등에 관하여 필요한 사항은 행정안전부령으로 정한다.

제38조(특별교통안전교육)
① 삭제
② 법 제73조제2항에 따른 특별교통안전 의무교육(이하 "특별교통안전 의무교육"이라 한다) 및 같은 조 제3항에 따른 특별교통안전 권장교육(이하 "특별교통안전 권장교육"이라 한다)은 다음 각 호의 사항에 대하여 강의·시청각교육 또는 현장체험교육 등의 방법으로 3시간 이상 48시간 이하로 각각 실시한다.
1. 교통질서
2. 교통사고와 그 예방
3. 안전운전의 기초
4. 교통법규와 안전
5. 운전면허 및 자동차관리
6. 그 밖에 교통안전의 확보를 위하여 필요한 사항
③ 특별교통안전 의무교육 및 특별교통안전 권장교육(이하 "특별교통안전교육"이라 한다)은 한국도로교통공단에서 실시한다.

④ 특별교통안전교육의 과목·내용·방법 및 시간 등에 관하여 필요한 사항은 행정안전부령으로 정한다.

⑤ 법 제73조제2항제2호부터 제5호까지의 규정에 해당하는 사람이 다음 각 호의 어느 하나에 해당하는 사유로 특별교통안전 의무교육을 받을 수 없을 때에는 행정안전부령으로 정하는 특별교통안전 의무교육 연기신청서에 그 연기 사유를 증명할 수 있는 서류를 첨부하여 경찰서장에게 제출해야 한다. 이 경우 특별교통안전 의무교육을 연기받은 사람은 그 사유가 없어진 날부터 30일 이내에 특별교통안전 의무교육을 받아야 한다.

1. 질병이나 부상으로 인하여 거동이 불가능한 경우
2. 법령에 따라 신체의 자유를 구속당한 경우
3. 그 밖에 부득이하다고 인정할 만한 상당한 이유가 있는 경우

제38조의2(긴급자동차 운전자에 대한 교통안전교육)

① 법 제73조제4항에서 "대통령령으로 정하는 사람"이란 다음 각 호의 어느 하나에 해당하는 사람을 말한다.

1. 법 제2조제22호가목부터 다목까지의 규정에 해당하는 자동차의 운전자
2. 제2조제1항 각 호에 해당하는 자동차의 운전자

② 법 제73조제4항에 따른 긴급자동차의 안전운전 등에 관한 교육(이하 "긴급자동차 교통안전교육"이라 한다)은 다음 각 호의 구분에 따라 실시한다.

1. 신규 교통안전교육 : 최초로 긴급자동차를 운전하려는 사람을 대상으로 실시하는 교육
2. 정기 교통안전교육 : 긴급자동차를 운전하는 사람을 대상으로 3년마다 정기적으로 실시하는 교육. 이 경우 직전에 긴급자동차 교통안전교육을 받은 날부터 기산하여 3년이 되는 날이 속하는 해의 1월 1일부터 12월 31일 사이에 교육을 받아야 한다.

③ 긴급자동차 교통안전교육은 한국도로교통공단에서 실시한다. 다만, 긴급자동차 교통안전교육 대상자가 국가기관 및 지방자치단체에 소속된 사람인 경우에는 소속 기관에서 실시하는 교육훈련의 방법으로 실시할 수 있다.

④ 긴급자동차 교통안전교육은 다음 각 호의 사항에 대하여 강의·시청각교육 등의 방법으로 제2항제1호에 따른 신규 교통안전교육은 3시간 이상, 같은 항 제2호에 따른 정기 교통안전교육은 2시간 이상 실시한다.

1. 긴급자동차와 관련된 도로교통법령
2. 긴급자동차의 주요 특성
3. 긴급자동차 교통사고의 주요 사례

4. 교통사고 예방 및 방어운전
5. 긴급자동차 운전자의 마음가짐

⑤ 긴급자동차 교통안전교육의 과목·내용·방법·시간, 그 밖에 필요한 사항은 행정안전부령으로 정한다.

제39조(교통안전교육기관의 지정기준 등)

법 제74조제2항에 따라 교통안전교육을 하는 기관(이하 "교통안전교육기관"이라 한다)으로 지정받기 위한 시설·설비 및 강사 등의 지정기준은 다음 각 호와 같다.

1. 시설·설비기준
   가. 별표 5 제1호부터 제6호까지의 규정(양호실에 관한 기준은 제외한다)에 따른 자동차운전 전문학원(이하 "전문학원"이라 한다)의 시설·설비의 기준을 갖출 것
   나. 경찰청장이 정하여 고시하는 교통안전교육 관리용 전산시스템(본인 여부를 확인할 수 있는 장치를 포함한다) 및 강의용 교육기자재를 갖출 것

2. 강사기준 : 법 제76조에 따른 교통안전교육강사를 1명 이상 둘 것. 이 경우 전문학원에서는 제64조제1항제1호에 따른 학과교육강사가 교통안전교육강사를 겸임할 수 있다.

3. 운영기준 : 매주 1회 이상의 야간 교육과정과 매월 1회 이상의 토요일·일요일 또는 공휴일 교육과정을 포함하여 1시간의 교육과정을 매주 5회 이상 운영할 수 있을 것

제40조(교통안전교육강사에 대한 자격교육 등)

① 법 제76조제2항제2호에서 "대통령령으로 정하는 교통안전교육강사 자격교육"이란 제37조에 따른 교통안전교육의 내용과 실시방법 및 운전교육강사로서 필요한 자질에 관하여 한국도로교통공단이 실시하는 교육을 말한다.

② 법 제76조제5항에 따른 교통안전교육강사에 대한 연수교육에 관하여는 제70조에 따른다.

제41조(교통안전교육)

법 제77조제2항에서 "대통령령으로 정하는 기준에 해당하는 교육"이란 제37조에 따른 교육을 말한다.

제7장 운전면허

제42조(운전면허 결격사유에 해당하는 사람의 범위)

① 법 제82조제1항제2호에서 "대통령령으로 정하는 사람"이란 치매, 조현병, 조현정동장애, 양극성 정동장애(조울병), 재발성 우울장애 등의 정신질환 또는 정신 발육지연, 뇌전증 등으로 인하여 정상적인 운전을 할 수 없다고 해당 분야 전문의가 인정하는 사람을 말한다.

② 법 제82조제1항제3호에서 "대통령령으로 정하는 신체장애인"이란 다리, 머리, 척추, 그 밖의 신체의 장애로 인하여 앉아 있을 수 없는 사람을 말한다. 다만, 신체장애 정도에 적합하게 제작·승인된 자동차를 사용하여 정상적인 운전을 할 수 있는 경우는 제외한다.

③ 법 제82조제1항제5호에서 "대통령령으로 정하는 사람"이란 마약·대마·향정신성의약품 또는 알코올 관련 장애 등으로 인하여 정상적인 운전을 할 수 없다고 해당 분야 전문의가 인정하는 사람을 말한다.

제43조(운전면허시험의 실시)

① 법 제83조제1항 각 호 외의 부분 단서에서 "대통령령으로 정하는 운전면허시험"이란 원동기장치자전거 면허를 위한 운전면허시험을 말한다.

② 법 제83조제1항 또는 제2항에 따른 운전면허시험에 응시하려는 사람은 행정안전부령으로 정하는 신청서를 한국도로교통공단에 제출하여야 한다. 다만, 제1항에 따른 원동기장치자전거 면허시험의 경우에는 그 응시지역을 관할하는 시·도경찰청장이나 한국도로교통공단에 제출하여야 한다.

제44조(운전면허시험의 장소)
운전면허시험의 장소는 한국도로교통공단이 정한다. 다만, 법 제83조제1항 각 호 외의 부분 단서 및 이 영 제43조제1항에 따라 시·도경찰청장이나 한국도로교통공단이 실시하는 원동기장치자전거 면허시험의 경우에는 시·도경찰청장이나 한국도로교통공단이 정하여 공고한다.

제45조(자동차등의 운전에 필요한 적성의 기준)

① 법 제83조제1항제1호, 제87조제2항 및 제88조제1항에 따른 자동차등의 운전에 필요한 적성의 검사(이하 "적성검사"라 한다)는 다음 각 호의 기준을 갖추었는지에 대하여 실시한다. 다만, 제2호의 기준은 법 제87조제2항 및 제88조제1항에 따른 적성검사의 경우에는 적용하지 않고, 제3호의 기준은 제1종 운전면허 중 대형면허 또는 특수면허를 취득하려는 경우에만 적용한다.

1. 다음 각 목의 구분에 따른 시력(교정시력을 포함한다)을 갖출 것
   가. 제1종 운전면허 : 두 눈을 동시에 뜨고 잰 시력이 0.8 이상이고, 두 눈의 시력이 각각 0.5 이상일 것. 다만, 한쪽 눈을 보지 못하는 사람이 보통면허를 취득하려는 경우에는 다른 쪽 눈의 시력이 0.8 이상이고, 수평시야가 120도 이상이며, 수직시야가 20도 이상이고, 중심시야 20도 내 암점(暗點)과 반맹(半盲)이 없어야 한다.
   나. 제2종 운전면허 : 두 눈을 동시에 뜨고 잰 시력이 0.5 이상일 것. 다만, 한쪽 눈을 보지 못하는 사람은 다른 쪽 눈의 시력이 0.6 이상이어야 한다.
2. 붉은색·녹색 및 노란색을 구별할 수 있을 것
3. 55데시벨(보청기를 사용하는 사람은 40데시벨)의 소리를 들을 수 있을 것
4. 조향장치나 그 밖의 장치를 뜻대로 조작할 수 없는 등 정상적인 운전을 할 수 없다고 인정되는 신체상 또는 정신상의 장애가 없을 것. 다만, 보조수단이나 신체장애 정도에 적합하게 제작·승인된 자동차를 사용하여 정상적인 운전을 할 수 있다고 인정되는 경우에는 그러하지 아니하다.

② 한국도로교통공단은 제1항 각 호의 적성검사 기준을 갖추었는지를 다음 각 호의 서류로 판정할 수 있다. 다만, 제1항제1호가목 단서의 적성검사 기준을 갖추었는지는 제1호다목에 따른 서류로만 판정할 수 있다.

1. 운전면허시험 신청일부터 2년 이내에 발급된 다음 각 목의 어느 하나에 해당하는 서류
   가. 행정안전부령으로 정하는 바에 따라 「의료법」 제3조제2항제1호가목에 따른 의원, 같은 항 제3호가목 및 바목에 따른 병원 및 종합병원에서 발행한 신체검사서
   나. 「국민건강보험법」 제52조에 따른 건강검진 결과 통보서
   다. 「의료법」 제17조에 따라 의사가 발급한 진단서
   라. 「병역법」 제11조에 따른 병역판정 신체검사(현역병지원 신체검사를 포함한다) 결과 통보서
2. 행정안전부령으로 정하는 병력(病歷) 신고서(제1종 보통면허와 제2종 운전면허의 경우는 제외한다)

3. 행정안전부령으로 정하는 질병·신체에 관한 신고서(제1종 보통면허와 제2종 운전면허의 경우만 해당한다)

③ 제2항 각 호에 해당하는 서류로 제1항제4호 본문에 해당하는지 판정하기 곤란한 사람이 자동차운전학원에서 2시간 이상 제60조제3항에 따른 기능교육을 받은 사실이 있는 등 행정안전부령으로 정하는 경우에 해당할 때에는 제1항제4호 단서의 적성검사 기준에 적합한 것으로 본다.

④ 삭제

⑤ 제1항제4호 단서에 해당하는 사람이 운전면허를 취득하기 위하여 갖추어야 할 보조수단 또는 자동차의 구조 등에 관하여 필요한 사항은 행정안전부령으로 정한다.

제46조(자동차등 및 도로교통에 관한 법령에 대한 지식에 관한 시험) 법 제83조제1항제2호에 따른 자동차등 및 도로교통에 관한 법령에 대한 지식에 관한 시험은 다음 각 호의 사항에 대하여 실시한다.

1. 법 및 법에 따른 명령에 규정된 사항
2. 「교통사고처리 특례법」 및 같은 법에 따른 명령에 규정된 사항
3. 「자동차관리법」 및 같은 법에 따른 명령에 규정된 사항 중 자동차등의 등록과 검사에 관한 사항
4. 법 제144조에 따른 교통안전수칙과 교통안전교육에 관한 지침에 규정된 사항

제47조(자동차등의 관리방법과 안전운전에 필요한 점검 요령에 관한 시험)

① 법 제83조제1항제3호에 따른 자동차등의 관리방법과 안전운전에 필요한 점검 요령에 관한 시험은 다음 각 호의 사항에 대하여 실시한다.

1. 자동차등의 기본적인 점검 요령
2. 경미한 고장의 분별
3. 유류를 절약할 수 있는 운전방법 등을 포함한 운전장치의 관리방법
4. 법 제144조에 따른 교통안전수칙과 교통안전교육에 관한 지침에 규정된 사항

② 제1항에 따른 시험은 면허의 구분에 따르는 자동차등의 종류별로 실시한다.

제48조(자동차등의 운전에 필요한 기능에 관한 시험)

① 법 제83조제1항제4호에 따른 자동차등의 운전에 필요한 기능에 관한 시험(이하 "장내기능시험"이라 한다)은 다음 각 호의 사항에 대하여 실시한다.

1. 운전장치를 조작하는 능력
2. 교통법규에 따라 운전하는 능력
3. 운전 중의 지각 및 판단 능력

② 장내기능시험에 사용되는 자동차등의 종류는 행정안전부령으로 정한다.

③ 장내기능시험은 전자채점기로 채점한다. 다만, 행정안전부령으로 정하는 기능시험은 운전면허시험관이 직접 채점할 수 있다.

④ 제3항에 따른 전자채점기의 규격·설치 및 사용연한 등에 관하여 필요한 사항은 경찰청장이 정한다.

⑤ 장내기능시험에 불합격한 사람은 불합격한 날부터 3일이 지난 후에 다시 장내기능시험에 응시할 수 있다.

제49조(도로에서 자동차를 운전할 능력이 있는지에 대한 시험)

① 법 제83조제2항에 따른 도로에서 자동차를 운전할 능력이 있는지에 대한 시험(이하 "도로주행시험"이라 한다)은 다음 각 호의 사항에 대하여 실시한다.

1. 도로에서 운전장치를 조작하는 능력
2. 도로에서 교통법규에 따라 운전하는 능력

② 도로주행시험은 법 제80조제2항제3호에 따른 연습운전면허(이하 "연습운전면허"라 한다)를 받은 사람에 대하여 실시한다.

③ 도로주행시험을 실시하는 도로의 기준 및 도로주행시험에 사용되는 자동차의 종류는 행정안전부령으로 정한다.

④ 도로주행시험에 불합격한 사람은 불합격한 날부터 3일이 지난 후에 다시 도로주행시험에 응시할 수 있다.

제50조(운전면허시험의 방법과 합격기준 등)

① 제46조 및 제47조에 따른 시험은 필기시험으로 하고, 이 시험에 합격한 사람에 대해서만 장내기능시험을 실시한다. 다만, 제45조제1항제4호 단서에 해당하는 신체장애인이나 글을 알지 못하는 사람으로서 필기시험을 치르는 것이 곤란하다고 인정되는 사람은 구술시험으로 필기시험을 대신할 수 있다.

② 제46조 및 제47조에 따른 시험은 각각 100점을 만점으로 하되, 제1종 운전면허시험은 70점 이상, 제2종 운전면허시험은 60점 이상을 합격으로 한다. 제46조 및 제47조에 따른 시험을 함께 실시하는 경우에도 또한 같다.

③ 도로주행시험은 100점을 만점으로 하되, 70점 이상을 합격으로 한다.

④ 운전면허시험(제1종 보통면허시험 및 제2종 보통면허시험은 제외한다)의 합격자는 제45조에 따른 적성검사 기준에 적합한 사람 가운데 제46조부터 제48조까지의 규정에 따른 시험에 모두 합격한 사람으로 한다.

⑤ 제1종 보통면허시험 및 제2종 보통면허시험의 합격자는 각각 제1종 보통연습운전면허 및 제2종 보통연습운전면허를 받은 사람으로서 도로주행시험에 합격한 사람으로 한다.

⑥ 제46조 및 제47조에 따른 시험에 합격한 사람은 합격한 날부터 1년 이내에 실시하는 운전면허시험에 한정하여 그 합격한 시험을 면제한다.

⑦ 제1항부터 제6항까지에서 규정한 사항 외에 운전면허시험에 관하여 필요한 사항은 행정안전부령으로 정한다.

제51조(운전면허시험의 일부 면제 기준) 법 제84조제1항에 따른 운전면허시험의 일부 면제에 관한 사항은 별표 3과 같다.

제52조(외국면허증 소지자에 대한 운전면허시험의 일부 면제)
① 법 제84조제2항 본문에 따른 외국면허증(그 운전면허증을 발급한 국가에서 90일을 초과하여 체류하면서 그 체류기간 동안 취득한 것으로서 임시면허증 또는 연습면허증을 제외하며, 이하 "외국면허증"이라 한다)을 가진 사람에 대한 운전면허시험의 일부면제에 관한 사항은 별표 3과 같다

② 법 제84조제2항 단서에서 "외교, 공무 또는 연구 등 대통령령으로 정하는 목적으로 국내에 체류하고 있는 사람"이란 「출입국관리법 시행령」 별표 1 및 별표 1의2에 따른 국내에서의 체류자격이 외교·공무·협정·주재·기업투자·무역경영·교수·연구·기술지도·특정활동 또는 재외동포인 사람과 그 배우자 및 19세 미만의 자녀로서 배우자가 없는 사람을 말한다.

③ 외교부장관은 대한민국 운전면허증을 가진 사람에게 적성시험을 제외한 모든 운전면허시험 과정을 면제하는 국가(이하 "국내면허 인정국가"라 한다)를 연 1회 이상 조사하고, 그 결과를 경찰청장에게 통보하여야 한다.

④ 경찰청장은 제3항에 따라 외교부장관으로부터 국내면허 인정국가를 통보받은 경우에는 국내면허 인정국가의 범위를 확인하여 이를 고시하여야 한다.

⑤ 법 제84조제3항 전단에서 "외국면허증을 발급한 국가의 요청이 있는 경우 등 대통령령으로 정하는 사

유가 있는 경우"란 다음 각 호의 경우를 말한다.
1. 외국면허증을 발급한 국가가 그 외국면허증의 회수를 요청하는 경우
2. 외국면허증을 발급하는 국가가 대한민국 운전면허증을 가진 사람에게 운전면허시험의 일부 또는 전부를 면제하고 그 외국면허증을 발급할 때에 그 사람의 대한민국 운전면허증을 회수하는 경우

제53조(운전면허증의 갱신)
① 법 제87조제1항에 따라 운전면허증을 갱신하여 발급받아야 하는 사람은 같은 항 각 호에 따른 운전면허증 갱신기간 동안에 행정안전부령으로 정하는 신청서를 시·도경찰청장에게 제출하여야 한다.

② 제86조제5항제3호에 따라 운전면허증의 갱신발급 업무를 대행하는 한국도로교통공단은 행정안전부령으로 정하는 대장에 운전면허증을 갱신하여 발급한 내용을 기록하여야 한다.

제54조(정기 적성검사 등)
① 법 제87조제2항에 따라 정기(定期) 적성검사를 받아야 하는 사람은 같은 조 제1항 각 호에 따른 운전면허증 갱신기간 동안에 신청서를 한국도로교통공단에 제출하여야 한다.

② 시·도경찰청장은 정기 적성검사에 합격한 신청인에게 새로운 운전면허증을 발급하여야 한다.

③ 한국도로교통공단은 행정안전부령으로 정하는 대장에 정기 적성검사에 관한 내용을 기록하여야 한다.

제55조(운전면허증 갱신발급 및 정기 적성검사의 연기 등)
① 법 제87조제1항에 따라 운전면허증을 갱신하여 발급(법 제87조제2항에 따라 정기 적성검사를 받아야 하는 경우에는 정기 적성검사를 포함한다. 이하 이 조에서 같다)받아야 하는 사람이 다음 각 호의 어느 하나에 해당하는 사유로 운전면허증 갱신기간 동안에 운전면허증을 갱신하여 발급받을 수 없을 때에는 행정안전부령으로 정하는 바에 따라 운전면허증 갱신기간 이전에 미리 운전면허증을 갱신하여 발급받거나 행정안전부령으로 정하는 운전면허증 갱신발급 연기신청서에 연기 사유를 증명할 수 있는 서류를 첨부하여 시·도경찰청장(정기 적성검사를 받아야 하는 경우에는 한국도로교통공단을 포함한다. 이하 이 조에서 같다)에게 제출하여야 한다.
1. 해외에 체류 중인 경우
2. 재해 또는 재난을 당한 경우
3. 질병이나 부상으로 인하여 거동이 불가능한 경우

4. 법령에 따라 신체의 자유를 구속당한 경우
5. 군 복무 중(「병역법」에 따라 의무경찰 또는 의무소방원으로 전환복무 중인 경우를 포함하고, 병으로 한정한다)이거나 「대체역의 편입 및 복무 등에 관한 법률」에 따라 대체복무요원으로 복무 중인 경우
6. 그 밖에 사회통념상 부득이하다고 인정할 만한 상당한 이유가 있는 경우
② 시·도경찰청장은 제1항에 따른 신청 사유가 타당하다고 인정할 때에는 운전면허증 갱신기간 이전에 미리 운전면허증을 갱신하여 발급하거나 운전면허증 갱신기간을 연기하여야 한다.
③ 제2항에 따라 운전면허증 갱신기간의 연기를 받은 사람은 그 사유가 없어진 날부터 3개월 이내에 운전면허증을 갱신하여 발급받아야 한다.

제56조(수시 적성검사)

① 법 제88조제1항에서 "안전운전에 장애가 되는 후천적 신체장애 등 대통령령으로 정하는 사유"란 다음 각 호의 어느 하나에 해당하는 경우를 말한다.
　　1. 법 제82조제1항제2호부터 제5호까지의 어느 하나에 해당하거나 그 밖에 안전운전에 장애가 되는 신체장애 등이 있다고 인정할 만한 상당한 이유가 있는 경우
　　2. 법 제89조에 따라 후천적 신체장애 등에 관한 개인정보가 경찰청장에게 통보된 경우
② 한국도로교통공단은 제1항에 따른 사유에 해당하여 수시 적성검사를 받아야 하는 사람에게 행정안전부령으로 정하는 바에 따라 그 사실을 등기우편 등으로 통지하여야 한다.
③ 제2항에 따른 통지를 받은 사람(이하 "수시적성검사대상자"라 한다)은 한국도로교통공단이 정하는 날부터 3개월 이내에 수시 적성검사를 받아야 한다.
④ 수시적성검사대상자는 제3항에 따른 수시 적성검사 기간 동안에 행정안전부령으로 정하는 수시 적성검사 신청서를 한국도로교통공단에 제출하여야 한다.
⑤ 법 제82조제1항제2호 및 제5호에 해당하는 사람에 대한 수시 적성검사의 합격 판정은 정밀감정인(분야별 운전 적성을 정밀감정하기 위하여 한국도로교통공단이 위촉한 의사를 말한다. 이하 같다)의 의견을 들은 후 행정안전부령으로 정하는 바에 따라 결정한다.
⑥ 제5항에 따라 의견을 제출한 정밀감정인에게는 예산의 범위에서 수당을 지급할 수 있다.

제57조(수시 적성검사의 연기 등)

① 수시적성검사대상자는 다음 각 호의 어느 하나에 해당하는 사유로 수시 적성검사 기간 동안에 수시 적성검사를 받을 수 없을 때에는 행정안전부령으로 정하는 바에 따라 수시 적성검사 기간 이전에 미리 적성검사를 받거나 수시 적성검사 연기신청서에 연기사유를 증명할 수 있는 서류를 첨부하여 한국도로교통공단에 제출하여야 한다.
　　1. 해외에 체류 중인 경우
　　2. 재해 또는 재난을 당한 경우
　　3. 질병이나 부상으로 인하여 거동이 불가능한 경우
　　4. 법령에 따라 신체의 자유를 구속당한 경우
　　5. 군 복무 중(「병역법」에 따라 의무경찰 또는 의무소방원으로 전환복무 중인 경우를 포함하고, 사병으로 한정한다)인 경우
　　6. 그 밖에 사회통념상 부득이하다고 인정할 만한 상당한 이유가 있는 경우
② 한국도로교통공단은 제1항에 따른 신청 사유가 타당하다고 인정될 때에는 수시 적성검사를 그 기간 이전에 실시하거나 한 차례만 연기할 수 있다.
③ 제2항에 따라 수시 적성검사를 연기받은 사람은 그 사유가 없어진 날부터 3개월 이내에 수시 적성검사를 받아야 한다.

제58조(수시 적성검사 관련 개인정보의 통보)

① 법 제89조제1항에서 "대통령령으로 정하는 기관의 장"이란 다음 각 호의 어느 하나에 해당하는 자를 말한다.
　　1. 병무청장
　　2. 보건복지부장관
　　3. 특별시장·광역시장·도지사·특별자치도지사 또는 시장·군수·구청장(자치구의 구청장을 말한다. 이하 같다)
　　4. 육군참모총장, 해군참모총장, 공군참모총장 및 해병대사령관
　　5. 「산업재해보상보험법」에 따른 근로복지공단 이사장
　　6. 「보험업법」 제176조에 따른 보험요율 산출기관의 장
　　7. 「화물자동차 운수사업법」 제51조의2 또는 「여객자동차 운수사업법」 제61조에 따라 설립된 공제조합의 이사장
　　8. 「치료감호 등에 관한 법률」 제16조의2에 따른 치료감호시설의 장
　　9. 「국민연금법」에 따른 국민연금공단 이사장

10. 「국민건강보험법」에 따른 국민건강보험공단 이사장

② 제1항 각 호에 해당하는 자는 법 제89조제2항에 따라 별표 4의 개인정보를 행정안전부령으로 정하는 바에 따라 매 분기 1회 이상 경찰청장에게 통보하여야 한다.

제59조(연습운전면허 취소의 예외 사유) 법 제93조제3항 단서에서 "대통령령으로 정하는 경우"란 다음 각 호의 어느 하나에 해당하는 경우를 말한다.

1. 한국도로교통공단에서 도로주행시험을 담당하는 사람, 자동차운전학원의 강사, 전문학원의 강사 또는 기능검정원(技能檢正員)의 지시에 따라 운전하던 중 교통사고를 일으킨 경우
2. 도로가 아닌 곳에서 교통사고를 일으킨 경우
3. 교통사고를 일으켰으나 물적(物的) 피해만 발생한 경우

제8장 자동차운전학원

제60조(자동차운전학원의 등록)

① 법 제99조에 따라 자동차운전학원(이하 "학원"이라 한다)을 설립·운영하려는 자는 다음 각 호의 사항을 적은 등록신청서에 학원의 운영 등에 관한 원칙을 적은 서류 등 행정안전부령으로 정하는 서류를 첨부하여 시·도경찰청장에게 제출하여야 한다.
1. 설립·운영자(법인인 경우에는 그 법인의 임원을 말하며, 공동으로 설립·운영하는 경우에는 모든 설립·운영자를 말한다. 이하 같다)의 인적사항
2. 시설 및 설비
3. 강사의 명단·정원 및 배치 현황
4. 교육과정
5. 개원 예정 연월일

② 제1항에 따른 학원의 운영 등에 관한 원칙에는 다음 각 호의 사항이 포함되어야 한다.
1. 학원의 목적·명칭 및 위치
2. 교육생의 교육과정별 정원
3. 교육과정 및 교육시간
4. 교육생의 입원 및 퇴원에 관한 사항
5. 교육기간 및 휴강일
6. 교육과정 수료의 인정기준
7. 수강료 및 이용료

③ 학원은 자동차등의 운전에 필요한 도로교통에 관한 법령 및 지식 등에 대한 교육(이하 "학과교육"이라 한다), 자동차등의 운전에 필요한 기능을 익히기 위한 교육(이하 "기능교육"이라 한다) 및 도로에서의 운전 능력을 익히기 위한 교육(이하 "도로주행교육"이라 한다) 중 일부의 교육과정을 분리하여 등록할 수 없다.

④ 시·도경찰청장은 제1항에 따른 등록 신청이 법 제101조부터 제103조까지의 규정에 따른 기준에 적합하면 행정안전부령으로 정하는 바에 따라 신청인에게 등록증을 내주어야 한다.

제61조(변경등록)

① 법 제99조 후단에서 "대통령령으로 정하는 등록사항'이란 다음 각 호의 사항을 말한다.
1. 설립·운영자의 인적사항
2. 학원의 명칭 또는 위치
3. 별표 5 중 제1호·제6호·제7호 또는 제9호에 따른 강의실, 휴게실, 양호실, 기능교육을 위한 장소(이하 "기능교육장"이라 한다) 또는 교육용 자동차에 관한 사항
4. 학원의 운영 등에 관한 원칙

② 법 제99조 후단에 따라 학원의 변경등록을 하려는 자는 변경등록신청서에 행정안전부령으로 정하는 변경사항을 증명할 수 있는 서류를 첨부하여 시·도경찰청장에게 제출하여야 한다.

③ 시·도경찰청장은 제2항에 따른 신청이 법 제101조부터 제103조까지의 규정에 따른 기준에 적합하면 등록증에 변경사항을 적어 다시 내주어야 한다.

제62조(조건부 등록)

① 법 제100조에 따라 학원의 조건부 등록(이하 "조건부등록"이라 한다)을 신청하려는 자는 제60조제1항 각 호의 사항을 적은 조건부등록 신청서에 학원의 운영 등에 관한 원칙을 적은 서류 등 행정안전부령으로 정하는 서류를 첨부하여 시·도경찰청장에게 제출하여야 한다.

② 시·도경찰청장은 제1항에 따른 신청내용을 검토한 결과 1년 이내에 제63조제1항에 따른 시설 및 설비 등의 기준을 갖출 수 있을 것으로 인정되면 1년 이내에 그 기준을 갖출 것을 조건으로 하여 조건부등록을 받을 수 있다.

③ 조건부등록을 한 자가 제2항에 따른 기간 이내에 시설 및 설비 등을 갖출 수 없는 부득이한 사유로 조

건부등록 기간의 연장을 신청한 경우 시·도경찰청장은 한 차례만 6개월의 범위에서 그 기간을 연장할 수 있다.

④ 조건부등록을 한 자는 제2항 및 제3항에 따른 기간 만료 후 10일 이내에 시설·설비 완성신고서에 행정안전부령으로 정하는 서류를 첨부하여 시·도경찰청장에게 제출하여야 한다.

⑤ 시·도경찰청장은 제4항에 따른 신고를 받은 경우 그 내용이 등록기준에 적합한지 확인하고, 적합하면 행정안전부령으로 정하는 바에 따라 등록증을 내주어야 한다.

제63조(학원의 시설 및 설비 등의 기준)

① 법 제101조에 따른 학원의 시설 및 설비 등의 기준은 별표 5와 같다.

② 기능교육장에서 기능교육을 실시하기 위한 자동차등(이하 "기능교육용 자동차"라 한다) 및 도로주행교육을 실시하기 위한 자동차(이하 "도로주행교육용 자동차"라 한다)는 행정안전부령으로 정하는 기준에 적합한 구조를 갖추어야 한다.

③ 도로주행교육용 자동차에는 도로주행교육 표지를 붙이는 등 행정안전부령으로 정하는 바에 따라 표시 등을 하여야 한다.

④ 기능교육장 코스의 종류·형상·구조와 도로주행교육을 실시하는 도로의 기준은 행정안전부령으로 정한다.

제64조(학원 강사의 자격요건 등)

① 법 제103조제1항에 따른 학원 강사의 자격요건은 다음 각 호와 같다.
1. 학과교육강사 : 법 제106조제2항에 따라 학과교육 강사자격증을 발급받은 사람
2. 기능교육강사 : 법 제106조제2항에 따라 기능교육 강사자격증을 발급받은 사람

② 법 제103조제1항에 따른 학원 강사의 정원 및 배치기준은 다음 각 호와 같다. 이 경우 교육용 자동차등에는 고장 등에 대비하기 위한 예비용 자동차등(이하 "예비용자동차등"이라 한다)은 포함되지 아니한다.
1. 학과교육강사 : 강의실 1실당 1명 이상
2. 기능교육강사
   가. 제1종 대형면허, 제1종 보통연습면허 또는 제2종 보통연습면허 : 각각 교육용 자동차 10대당 3명 이상. 다만, 제1종 보통연습면허 또는 제2종 보통연습면허 교육용 자동차가 각각 10대 미만인 경우에는 각각 1명 이상을 두어야 한다.
   나. 제1종 특수면허 : 각각 교육용 자동차 2대당 1명 이상
   다. 제2종 소형면허 및 원동기장치자전거면허 : 교육용 자동차등 10대당 1명 이상
3. 도로주행 기능교육강사 : 교육용 자동차 1대당 1명 이상

③ 학원을 설립·운영하는 자는 제2항에 따른 강사의 정원을 확보하여야 하며, 강사의 결원이 생겼을 때에는 지체 없이 그 결원을 보충하여야 한다.

④ 학원(법 제104조에 따른 전문학원을 포함한다)의 강사는 다음 각 호의 사항을 준수하여야 한다.
1. 교육자로서의 품위를 유지하고 성실히 교육할 것
2. 거짓이나 그 밖의 부정한 방법으로 운전면허를 받도록 알선·교사(教唆)하거나 돕지 아니할 것
3. 운전교육과 관련하여 금품, 향응, 그 밖의 부정한 이익을 받지 아니할 것
4. 수강 사실을 거짓으로 기록하지 아니할 것
5. 제70조제1항에 따른 연수교육을 받을 것
6. 자동차운전교육과 관련하여 시·도경찰청장이 지시하는 사항에 따를 것

제65조(학원의 교육과정 등)

① 법 제103조제2항에 따른 학원의 교육과정, 교육방법 및 운영기준은 다음 각 호와 같다.
1. 교육과정 : 학원은 학과교육, 기능교육 및 도로주행교육으로 과정을 구분하여 교육을 실시할 것
2. 교육방법
   가. 운전면허의 범위별로 구분하여 행정안전부령으로 정하는 최소 시간 이상 교육할 것
   나. 교육생 1명에 대한 교육시간은 학과교육의 경우에는 1일 7시간, 기능교육 및 도로주행교육의 경우에는 1일 4시간을 각각 초과하지 아니할 것
   다. 도로주행교육은 제63조제4항에 따른 기준에 맞는 도로에서 실시할 것
3. 운영기준
   가. 행정안전부령으로 정하는 정원의 범위에서 교육을 실시할 것
   나. 자동차운전교육생을 모집하기 위한 사무실 등을 학원 밖에서 별도로 운영하지 아니할 것

다. 교육생이 학원의 위치, 연락처, 교육시간에 관하여 착오를 일으킬 만한 정보를 표시하거나 광고하지 아니할 것

라. 교육시간을 모두 수료하지 아니한 교육생에게 운전면허시험에 응시하도록 유도하지 아니할 것

② 제1항에서 규정한 사항 외에 교육과정별 교육의 과목 및 순서 등 교육방법과 운영기준에 관하여 필요한 사항은 행정안전부령으로 정한다.

제66조(전문학원의 지정)

① 법 제104조제1항에 따라 전문학원으로 지정받으려는 자는 제67조제2항 및 제3항에 따른 시설·설비 등을 갖추고, 행정안전부령으로 정하는 바에 따라 전문학원 지정 신청서에 학원의 운영 등에 관한 원칙을 적은 서류를 첨부하여 시·도경찰청장에게 신청하여야 한다.

② 시·도경찰청장은 제1항에 따른 지정 신청이 법 제104조제1항 및 제2항에 따른 요건에 적합하면 그 학원을 전문학원으로 지정하여야 한다.

제67조(전문학원의 지정기준)

① 법 제104조제1항제2호에 따른 전문학원의 강사 및 기능검정원의 배치기준은 다음 각 호와 같다. 이 경우 교육용 자동차등에는 예비용자동차등은 포함되지 아니한다.

1. 학과교육강사 : 1일 학과교육 8시간당 1명 이상
2. 기능교육강사
   가. 제1종 대형면허 : 교육용 자동차 10대당 3명 이상
   나. 제1종 보통연습면허 또는 제2종 보통연습면허 : 각각 교육용 자동차 10대당 5명 이상
   다. 제1종 특수면허 : 각각 교육용 자동차 2대당 1명 이상
   라. 제2종 소형면허 및 원동기장치자전거면허 : 교육용 자동차등 10대당 1명 이상
3. 도로주행 기능교육강사 : 교육용 자동차 1대당 1명 이상
4. 기능검정원 : 교육생 정원 200명당 1명 이상

② 법 제104조제1항제3호에 따른 전문학원의 시설·설비 등의 기준은 별표 5와 같다.

③ 전문학원의 교육용 자동차의 기준, 도로주행교육용 자동차의 표지, 기능교육장 코스의 종류·형상·구조 및 도로주행교육·도로주행기능검정 등을 실시하는 도로의 기준에 관하여는 제63조제2항부터 제4항까지의 규정을 준용한다.

④ 법 제104조제1항제4호에 따른 전문학원의 운영기준은 다음 각 호와 같다.

1. 제65조에 따른 교육과정, 교육방법 및 운영기준에 따라 교육을 실시할 것
2. 학과교육, 기능교육 및 도로주행교육별로 각각 3개월 이내에 교육이 수료될 수 있도록 할 것

⑤ 법 제104조제1항제4호에 따른 졸업자의 운전 능력은 전문학원의 지정 신청이 있는 날부터 6개월 동안 그 학원의 교육과정을 마친 교육생의 도로주행시험 합격률이 60퍼센트 이상이어야 한다.

제68조(전문학원 중요사항의 변경) 법 제104조제3항에서 "대통령령으로 정하는 중요사항"이란 다음 각 호의 사항을 말한다.

1. 학감(學監)
2. 전문학원의 명칭 또는 위치
3. 별표 5 중 제1호·제6호·제7호 또는 제9호에 따른 강의실·휴게실·양호실·기능교육장 또는 교육용 자동차에 관한 사항
4. 전문학원의 운영 등에 관한 원칙

제68조의2(전문학원의 학감 등의 요건) 법 제105조제2호 각 목 외의 부분에서 "학원등의 교육·검정 등 대통령령으로 정하는 업무"란 학원 또는 전문학원(이하 "학원등"이라 한다)에서 수행하는 다음 각 호의 어느 하나에 해당하는 업무를 말한다.

1. 기능교육
2. 도로주행교육
3. 법 제108조제1항에 따른 기능검정(이하 "기능검정"이라 한다)

제69조(기능검정의 방법 등)

① 기능검정 중 법 제83조제1항제4호에 따른 자동차등의 운전에 필요한 기능에 관한 검정(이하 "장내기능검정"이라 한다)은 전문학원의 기능교육장에서 기능교육용 자동차를 이용하여 기능검정원이 운전면허의 범위별로 제48조에 따른 시험의 기준에 따라 실시한다.

② 기능검정 중 법 제83조제2항에 따른 도로에서의 운전능력에 관한 검정(이하 "도로주행기능검정"이라 한다)은 제67조제3항의 기준에 따른 도로에서 도로주행교육용 자동차를 이용하여 기능검정원이 운전면허의 범위별로 제49조제1항에 따른 시험의 기준에 따라 실시한다.

③ 장내기능검정은 법 제82조에 따른 운전면허의 결격 사유에 해당하지 아니하는 사람으로서 장내기능검정 일 전 6개월 이내에 학과교육과 기능교육을 모두 수료한 사람에 대하여 실시하고, 도로주행기능검정은 도로주행교육을 수료한 사람 중에서 그 사람이 소지하고 있는 연습운전면허의 유효기간이 지나지 아니한 사람에 대하여 실시한다.

④ 장내기능검정 또는 도로주행기능검정에 합격하지 못한 교육생에 대해서는 장내기능검정 또는 도로주행검정에 불합격한 날부터 3일이 지난 후에 다시 기능검정을 실시할 수 있다.

제70조(강사 등에 대한 연수교육)

① 시·도경찰청장은 법 제109조제1항에 따라 도로교통 관련 법령이 개정되는 등 교육이 필요하다고 인정될 때에는 학원등의 설립·운영자, 강사 및 기능검정원에 대하여 연수교육을 실시할 수 있다.

② 학원등의 설립·운영자는 제1항에 따른 강사 및 기능검정원의 연수교육에 필요한 경비 및 비품 등을 지원하여야 한다.

③ 시·도경찰청장은 제1항 및 제2항에 따라 연수교육을 받은 사항에 대하여 시험을 실시하고, 그 결과를 강사 및 기능검정원이 소속된 학원등의 설립·운영자에게 통보할 수 있다.

④ 제1항부터 제3항까지에서 규정한 사항 외에 연수교육에 필요한 사항은 경찰청장이 정한다.

제70조의2(수강료등의 조정)

① 시·도경찰청장은 학원등의 설립·운영자가 정당한 이유 없이 운전교육 또는 기능검정 등에 드는 비용(이하 "수강료등"이라 한다)을 원가 미만으로 받는 등의 사유로 학원교육을 부실하게 할 우려가 있다고 인정할 때에는 법 제110조제4항에 따라 그 학원등의 설립·운영자에게 수강료등의 조정을 권고할 수 있다.

② 시·도경찰청장은 학원등의 설립·운영자가 제1항에 따른 수강료등의 조정 권고에 따르지 아니하는 경우에는 수강료조정위원회의 심의를 거쳐 수강료등의 조정을 명할 수 있다.

③ 시·도경찰청장은 제1항 및 제2항에 따른 조정 업무의 수행을 위하여 필요한 경우에는 법 제141조제2항에 따라 학원등의 설립·운영자에게 원가계산서 등 수강료등의 산정에 관한 자료의 제출을 요구할 수 있다.

④ 제2항에 따른 수강료조정위원회의 구성 및 운영에 필요한 사항은 행정안전부령으로 정한다.

제71조(학원등의 수강료등의 반환 등)

① 학원등의 설립·운영자는 법 제111조제1항에 따라 교육생을 다른 학원등으로 편입시키려는 경우에는 행정안전부령으로 정하는 교육이수증명서를 발급하여 교육생이 교육을 받은 사실을 증명하여야 한다.

② 제1항에 따라 다른 학원등으로부터 교육생의 편입 요청을 받은 학원등의 설립·운영자는 정원이 초과되지 아니하는 범위에서 편입조치를 하여야 한다.

③ 호의 구분에 따른다.

1. 교육이 시작되기 이전 : 납부한 수강료등의 전액

2. 교육이 시작된 이후

   가. 운영정지의 처분을 받는 등 학원등의 귀책사유에 따라 교육을 계속할 수 없는 경우에는 납부한 수강료등에 총교육시간에 대한 미교육시간의 비율을 곱하여 계산한 금액

   나. 교육생의 질병·부상으로 교육이 불가능하거나 법령에 따른 신체구속 등 부득이한 사유로 수강을 계속할 수 없는 경우(운전면허 취득사실이 없는 경우에 한정한다)에는 납부한 수강료등에 총교육시간에 대한 미교육시간의 비율을 곱하여 계산한 금액

   다. 교육생의 수강포기 등 교육생의 귀책사유에 따라 수강을 계속할 수 없는 경우에는 납부한 수강료등에 총 교육시간에 대한 미교육시간의 비율을 곱하여 계산한 금액의 2분의 1에 해당하는 금액

제72조(자동차운전 전문학원연합회에 대한 지도·감독 등)

① 경찰청장은 법 제119조제6항에 따라 자동차운전 전문학원연합회(이하 "연합회"라 한다)의 지도·감독을 위하여 필요하다고 인정되는 경우에는 연합회로 하여금 사업계획 및 사업실적을 보고하게 하거나 소속 공무원으로 하여금 연합회의 장부 및 서류 등을 검사하게 할 수 있다.

② 경찰청장은 교육생에게 전문학원의 운전교육에 관한 정보를 제공하기 위하여 연합회에서 수집·관리하고 있는 전문학원의 규모, 운영실태, 교육 여건·실적, 그 밖에 전문학원의 교육 성과를 확인할 수 있는 사항을 공개할 수 있다.

제9장 삭제

제73조 삭제

제74조 삭제

제75조 삭제

제76조 삭제

제77조 삭제

제78조 삭제

제79조 삭제

제79조의2 삭제

제80조 삭제

제81조 삭제

제82조 삭제

제10장 보칙

제83조(출석지시불이행자의 처리)

① 법 제138조제1항에 따라 출석지시서를 받은 사람은 출석지시서를 받은 날부터 10일 이내에 지정된 장소로 출석하여야 한다.

② 경찰서장은 출석지시서를 받고 제1항에 따른 기간 이내에 지정된 장소로 출석하지 아니한 사람 중 「즉결심판에 관한 절차법」 제2조에 따른 즉결심판의 대상이 되는 사람(이하 "출석지시불이행자"라 한다)에 대해서는 출석기간 만료일부터 30일 이내에 즉결심판을 위한 출석의 일시·장소 등을 알리는 즉결심판 출석통지서를 발송하여야 한다. 이 경우 즉결심판을 위한 출석일시는 출석기간 만료일부터 40일이 초과되어서는 아니 된다.

③ 경찰서장은 출석지시불이행자가 즉결심판기일에 출석하지 아니하여 즉결심판절차가 진행되지 못한 경우에는 그 출석지시불이행자에게 지체 없이 즉결심판을 위하여 다시 정한 출석의 일시·장소 등을 알리는 즉결심판 출석최고서를 발송하여야 한다. 이 경우 즉결심판을 위한 출석일시는 법원의 사정으로 즉결심판을 할 수 없는 경우 등 다른 부득이한 사정이 없으면 출석기간 만료일부터 60일이 초과되어서는 아니 된다.

④ 시·도경찰청장은 제3항에 따른 즉결심판의 출석 최고에도 불구하고 출석지시불이행자가 출석하지 아니하여 즉결심판절차가 진행되지 못한 경우에는 법 제93조에 따라 그 출석지시불이행자의 운전면허의 효력을 일시 정지시킬 수 있다.

⑤ 제1항부터 제4항까지에서 규정한 사항 외에 출석지시불이행자에 대한 즉결심판 청구에 필요한 사항은 행정안전부령으로 정한다.

제84조(수강료의 산정)
교통안전교육기관이 법 제140조에 따라 수강료를 정할 때에는 교육시간, 교육방법 등을 고려하여야 한다. 다만, 교통안전교육을 시청각교육만으로 실시하는 경우에는 수강료를 받지 아니한다.

제84조의2(교통정보센터의 구축·운영 및 전담기관의 지정 등)

① 법 제145조제1항에 따라 경찰청장이 수집·분석하여 일반에게 제공하는 교통정보는 다음 각 호의 정보와 같다.
  1. 자동차등의 통행량, 속도 등 소통에 관한 정보
  2. 교통안전시설, 차로, 도로의 부속물 등 도로 현황에 관한 정보
  3. 어린이보호구역, 노인·장애인보호구역 등 보행자 보호를 위하여 필요한 정보
  4. 교통사고, 도로공사, 도로의 파손 등 교통에 방해가 되는 상황에 관한 정보
  5. 제1호부터 제4호까지의 정보에 준하는 것으로서 경찰청장이 필요하다고 인정하는 정보

② 경찰청장은 법 제145조제2항에 따라 다음 각 호의 업무를 수행하는 교통정보센터(이하 "교통정보센터"라 한다)를 구축·운영한다.
  1. 교통정보의 수집·분석·제공 업무
  2. 교통정보센터의 유지·보수 등 운영에 관한 업무
  3. 교통정보의 수집·분석·제공을 위한 기술지원 업무
  4. 교통정보의 수집·분석·제공 관련 조사·연구·개발 업무
  5. 그 밖에 교통정보센터의 효율적 운영을 위하여 경찰청장이 필요하다고 인정하는 업무

③ 경찰청장은 관계 기관의 장에게 교통정보체계의 구축과 운영에 필요한 자료 또는 정보를 요청할 수 있다. 이 경우 관계 기관의 장은 정당한 사유가 없으면 그 요청에 따라야 한다.

④ 법 제145조제2항에 따른 전담기관(이하 "교통정보센터 운영 전담기관"이라 한다)의 지정기준은 다음 각 호와 같다.
  1. 도로교통안전 업무를 전문적으로 수행하는 기관 또는 단체일 것
  2. 제2항 각 호의 업무를 수행할 수 있는 전담조직 및 전문인력을 갖출 것
  3. 교통정보센터 운영 전담기관의 조직·인력·운영 등에 대한 내부 규정(정관 또는 이에 준하는 규정을 말한다. 이하 같다)을 갖출 것
⑤ 교통정보센터 운영 전담기관의 지정을 받으려는 자는 행정안전부령으로 정하는 지정신청서(전자문서로 된 신청서를 포함한다)에 다음 각 호의 서류(전자문서를 포함한다)를 첨부하여 경찰청장에게 제출해야 한다. 이 경우 경찰청장은 「전자정부법」 제36조제1항에 따른 행정정보의 공동이용을 통하여 법인등기사항 증명서(법인인 경우만 해당한다)를 확인해야 한다.
  1. 업무추진계획서
  2. 전담조직 및 전문인력의 보유 현황에 관한 서류
  3. 내부 규정
⑥ 경찰청장은 법 제145조제2항에 따라 교통정보센터 운영 전담기관을 지정하거나 같은 조 제3항에 따라 지정취소 또는 업무정지를 한 경우에는 그 사실을 경찰청 인터넷 홈페이지에 공고해야 한다.
⑦ 법 제145조제3항에 따른 교통정보센터 운영 전담기관의 지정취소 및 업무정지의 기준은 별표 5의2와 같다.
⑧ 교통정보센터 운영 전담기관은 다음 각 호의 사항을 매년 12월 31일까지 경찰청장에게 제출해야 한다.
  1. 해당 연도 업무추진결과
  2. 다음 연도 업무추진계획 및 필요 예산
⑨ 경찰청장은 교통정보센터 운영 전담기관이 그 업무를 수행하는 데에 필요한 경비를 예산의 범위에서 지원할 수 있다.

제85조(위법사항의 통보 등 업무 협조)
① 경찰서장은 자동차 운전자가 「여객자동차 운수사업법」·「화물자동차 운수사업법」 및 같은 법에 따른 명령을 위반하여 승차거부, 부당요금징수, 합승강요행위 또는 자가용자동차의 영업행위 등을 한 사실을 발견하였을 때에는 관할 관청에 이를 통보하여야 한다.
② 시·도경찰청장은 국토교통부장관이 관리하는 4차로 이상의 도로에 제86조제1항제1호에 따라 신호기(信號機)를 설치하려는 경우에는 그 설치장소가 적합한 지와 그 밖의 도로시설을 함께 개선하여야 하는지 등에 관하여 미리 관할 지방국토관리청장의 의견을 들어야 한다.

제86조(위임 및 위탁)
① 법 제147조제1항에 따라 특별시장·광역시장은 다음 각 호의 권한을 시·도경찰청장에게 위임하고, 시장·군수(광역시의 군수는 제외한다. 이하 이 항에서 같다)는 다음 각 호의 권한을 경찰서장에게 위탁한다. 다만, 광역교통신호체계의 구성을 위하여 필요하다고 인정되는 경우 관계 시장·군수는 상호 협의하여 제1호에 따른 권한을 시·도경찰청장에게 공동으로 위탁할 수 있다.
  1. 법 제3조제1항에 따른 교통안전시설의 설치·관리에 관한 권한
  2. 법 제3조제1항 단서에 따른 유료도로 관리자에 대한 지시 권한
② 법 제147조제2항에 따라 특별시장·광역시장은 다음 각 호의 권한을 관할구역의 구청장 및 군수에게 위임한다.
  1. 구 및 군 소속 단속담당공무원의 임면권(任免權)
  2. 법 제35조에 따른 주차위반 차에 대한 조치 권한
  3. 법 제36조제1항에 따른 차의 견인·보관 및 반환 업무를 대행하게 하는 권한 및 같은 조 제3항에 따른 대행 업무 수행에 필요한 조치와 교육을 명하는 권한
  4. 법 제161조제1항제3호에 따른 과태료의 부과 및 징수 권한(법 제29조제4항·제5항 및 제32조부터 제34조까지의 규정을 위반한 경우만 해당한다)
③ 시·도경찰청장은 법 제147조제3항에 따라 다음 각 호의 권한을 관할 경찰서장에게 위임한다.
  1. 법 제83조제1항 각 호 외의 부분 단서 및 이 영 제43조제1항에 따른 원동기장치자전거 운전면허 시험
  2. 법 제91조제1항제3호에 따른 임시운전증명서 발급
  3. 법 제93조에 따른 운전면허효력 정지처분
  4. 법 제93조제4항에 따른 운전면허 취소처분을 위한 사전 통지
  5. 법 제97조에 따른 자동차등의 운전 금지
  6. 법 제106조제5항제6호 및 제107조제5항제7호에 따른 자격정지처분
  7. 법 제161조에 따른 과태료(법 제160조제1항에 따른 과태료는 제외한다)의 부과 및 징수

④ 시 · 도경찰청장은 법 제147조제3항에 따라 법 제76조제5항 및 제109조제1항에 따른 연수교육을 한국도로교통공단에 위탁한다.

⑤ 시 · 도경찰청장 또는 경찰청장은 법 제147조제5항 및 제6항에 따라 다음 각 호의 업무를 한국도로교통공단으로 하여금 대행하게 할 수 있다.

1. 법 제85조제2항에 따른 운전면허증의 발급. 다만, 제3항제1호에 따라 관할 경찰서장이 실시하는 원동기장치자전거 운전면허시험에 따른 운전면허증 발급은 제외한다.

1의2. 법 제85조의2제1항에 따른 모바일운전면허증의 발급. 다만, 제3항제1호에 따라 관할 경찰서장이 실시하는 원동기장치자전거 운전면허시험에 따른 모바일운전면허증 발급은 제외한다.

1의3. 법 제85조의2제3항에 따른 운전면허확인서비스의 제공

2. 법 제86조에 따른 운전면허증의 재발급

3. 법 제87조제1항에 따른 운전면허증의 갱신발급

3의2. 법 제87조의2에 따른 운전면허증 발급 대상자 본인 확인. 다만, 제3항제1호에 따라 관할 경찰서장이 실시하는 원동기장치자전거 운전면허시험에 따른 운전면허증 발급 시의 대상자 본인 확인은 제외한다.

4. 법 제95조제1항제3호 또는 제4호에 따른 운전면허증의 반납 접수

5. 법 제98조에 따른 국제운전면허증의 신청 접수 및 발급

6. 법 제106조제2항에 따른 강사자격증 발급 및 법 제107조제2항에 따른 기능검정원자격증의 발급

제87조(권한의 위임에 따른 주차단속의 특례 등)

① 특별시장 · 광역시장은 제86조제2항제2호에도 불구하고 교통의 원활한 소통과 안전을 위하여 필요한 경우에는 주차위반 차에 대하여 직접 법 제35조에 따른 조치를 할 수 있다.

② 특별시장 · 광역시장은 제1항에 따라 주차위반 사실을 직접 적발 · 단속한 경우에는 다음 각 호의 자료를 갖추어 위반장소를 관할하는 구청장 또는 군수에게 통보하여야 한다.

1. 주차위반 차에 과태료부과대상차표지를 붙인 후 해당 차를 촬영하거나 무인 교통단속용 장비로 주차위반 차를 촬영한 사진, 비디오테이프, 그 밖의 영상기록매체(이하 "사진증거"라 한다) 등의 증거자료

2. 위반장소 · 위반내용 및 차량번호 등을 적은 서류

③ 특별시장 · 광역시장은 제1항에 따라 주차위반 사실을 직접 적발 · 단속한 경우에는 행정안전부령으로 정하는 단속대장에 그 사실을 기록하여야 한다. 이 경우 단속대장은 특별한 사유가 없으면 전자적 처리가 가능한 방법으로 작성 · 관리하여야 한다.

④ 특별시장 · 광역시장은 제2항에 따른 증거자료에 관련 번호를 매겨 보존하여야 한다.

제87조의2(도지사의 주차단속의 특례)

① 도지사는 법 제35조제1항에 따라 주차위반 사실을 적발 · 단속한 경우에는 제87조제2항 각 호의 자료를 갖추어 위반장소를 관할하는 시장 또는 군수에게 통보하여야 한다.

② 도지사가 주차위반 사실을 적발 · 단속한 경우 단속대장에의 등재와 증거자료 보전에 관하여는 제87조제3항 및 제4항을 준용한다. 이 경우 "특별시장 · 광역시장"은 각각 "도지사"로 본다.

제87조의3(국제협력 전담기관의 지정 등)

① 법 제147조의3제1항에 따른 전담기관(이하 "국제협력 전담기관"이라 한다)은 다음 각 호의 업무를 수행한다.

1. 도로교통 관련 국내외 기술 현황 조사 · 분석 및 국제교류 업무

2. 도로교통 관련 국내외 제도 및 정책의 조사 · 분석 · 표준화 관련 업무

3. 도로교통 관련 국제공동연구개발 등 국제협력 관련 업무

4. 그 밖에 도로교통 관련 기술의 국제교류, 국제표준화 및 국제공동연구개발 등을 위하여 경찰청장이 필요하다고 인정하는 업무

② 국제협력 전담기관의 지정기준은 다음 각 호와 같다.

1. 도로교통 업무를 전문적으로 수행하는 기관 또는 단체일 것

2. 제1항 각 호의 업무를 수행할 수 있는 전담조직 및 전문인력을 갖출 것

3. 국제협력 전담기관의 조직 · 인력 · 운영 등에 대한 내부 규정을 갖출 것

③ 국제협력 전담기관의 지정을 받으려는 자는 행정안전부령으로 정하는 지정신청서(전자문서로 된 신청서를 포함한다)에 다음 각 호의 서류(전자문서를 포함한다)를 첨부하여 경찰청장에게 제출해야 한다. 이 경우 경찰청장은 「전자정부법」 제36조제1항에 따른 행정정보의 공동이용을 통하여 법인등기사항증명서(법인인 경우만 해당한다)를 확인해야 한다.

1. 업무추진계획서
2. 전담조직 및 전문인력의 보유 현황에 관한 서류
3. 내부 규정

④ 경찰청장은 법 제147조의3제1항에 따라 국제협력 전담기관을 지정하거나 같은 조 제2항에 따라 지정취소 또는 업무정지를 한 경우에는 그 사실을 경찰청 인터넷 홈페이지에 공고해야 한다.

⑤ 법 제147조의3제2항에 따른 국제협력 전담기관의 지정취소 및 업무정지의 기준은 별표 5의3과 같다.

⑥ 국제협력 전담기관은 다음 각 호의 사항을 매년 12월 31일까지 경찰청장에게 제출해야 한다.
1. 해당 연도 업무추진결과
2. 다음 연도 업무추진계획

제87조의4(민감정보 및 고유식별정보의 처리)

① 경찰청장, 시·도경찰청장, 경찰서장, 도지사 및 시장등(제79조 및 제86조에 따라 권한의 위임·위탁 등을 받은 자를 포함한다)은 다음 각 호의 사무를 수행하기 위하여 불가피한 경우 「개인정보 보호법」 제23조에 따른 건강에 관한 정보(이하 "건강정보"라 한다), 같은 법 시행령 제18조제2호에 따른 범죄경력자료에 해당하는 정보(이하 "범죄경력정보"라 한다), 같은 영 제19조에 따른 주민등록번호, 여권번호, 운전면허의 면허번호 또는 외국인등록번호가 포함된 자료를 처리할 수 있다. 다만, 제5호 및 제10호의 사무의 경우에는 건강정보와 범죄경력정보는 제외하고, 제11호의 사무의 경우에는 건강정보는 제외한다.
1. 법 및 이 영에 따른 도로에서 일어나는 교통상의 위험과 장해의 방지 및 제거에 관한 사무
2. 법 및 이 영에 따른 운전면허 및 국제운전면허에 관한 사무
3. 법 제5조제1항제2호에 따른 경찰공무원을 보조하는 사람의 선발 및 운영에 관한 사무
4. 법 제36조에 따른 차의 견인 및 보관업무 등의 대행에 관한 사무
5. 법 제69조에 따른 도로공사의 신고 및 안전조치에 관한 사무
6. 법 제73조 및 제77조에 따른 교통안전교육 및 그 수강 확인 등에 관한 사무
7. 법 제74조·제78조 및 제79조에 따른 교통안전교육기관의 지정, 운영의 정지 또는 폐지의 신고 및 지정취소 등에 관한 사무

8. 법 제99조에 따른 자동차운전학원의 등록 및 법 제104조에 따른 자동차운전 전문학원의 지정 등에 관한 사무
9. 법 제106조 및 제107조에 따른 강사 및 기능검정원의 자격시험 및 자격증 발급에 관한 사무
10. 법 제111조에 따른 수강료등의 반환 등에 관한 사무
11. 법 제112조부터 제115조까지의 규정에 따른 학원등에 대한 행정처분 등에 관한 사무
12. 삭제
13. 법 제137조에 따른 전산시스템 구축·운영에 관한 사무
14. 법 제146조에 따른 무사고 또는 유공운전자의 표시장 수여에 관한 사무
15. 삭제

② 한국도로교통공단은 다음 각 호의 사무를 수행하기 위하여 불가피한 경우 건강정보, 범죄경력정보, 「개인정보 보호법 시행령」 제19조에 따른 주민등록번호, 여권번호, 운전면허의 면허번호 또는 외국인등록번호가 포함된 자료를 처리할 수 있다. 다만, 제1호의 사무의 경우에는 건강정보와 범죄경력정보는 제외한다.
1. 법 제53조의3에 따른 어린이통학버스등의 안전교육에 관한 사무
2. 법 제76조·제103조·제106조·제107조 및 제109조에 따른 교통안전교육강사, 학원등의 강사 및 기능검정원의 연수교육에 관한 사무
3. 법 제83조에 따른 운전면허시험에 관한 사무
4. 법 제87조 및 제88조에 따른 적성검사에 관한 사무
5. 삭제

제87조의5(규제의 재검토) 경찰청장은 다음 각 호의 사항에 대하여 다음 각 호의 기준일을 기준으로 3년마다(매 3년이 되는 해의 기준일과 같은 날 전까지를 말한다) 그 타당성을 검토하여 개선 등의 조치를 해야 한다.
1. 제11조제3항에 따른 경사진 곳에서의 정차 또는 주차 시의 조치의무 : 2022년 1월 1일
2. 제38조의2에 따른 긴급자동차 교통안전교육 : 2022년 1월 1일
3. 삭제
4. 제63조제1항 및 별표 5에 따른 학원의 시설 및 설비의 기준 : 2022년 1월 1일

제11장 과태료 및 범칙행위의 처리

제88조(과태료 부과 및 징수 절차 등)

① 시·도경찰청장, 시장등 또는 교육감은 법 제160조 및 법 제161조에 따라 과태료를 부과하려는 경우에는 행정안전부령으로 정하는 단속대장과 과태료 부과대상자 명부에 그 내용을 기록하여야 한다. 이 경우 단속대장은 특별한 사유가 없으면 전자적 처리가 가능한 방법으로 작성·관리하여야 한다.

② 시장등은 법 제160조제3항에 따라 법 제32조부터 제34조까지의 규정을 위반한 차의 운전자를 고용하고 있는 사람이나 직접 운전하거나 차를 관리하는 지위에 있는 사람 또는 차의 사용자(이하 "고용주등"이라 한다)에게 과태료를 부과하려는 경우에는 주차·정차위반 차에 과태료부과대상차표지를 붙인 후 해당 차를 촬영하거나 무인 교통단속용 장비로 주차·정차위반 차를 촬영한 사진증거 등의 증거자료를 갖추어 부과하여야 하고, 증거자료는 관련 번호를 부여하여 보존하여야 한다.

③ 시장등은 법 제160조제3항에도 불구하고 같은 조 제4항제3호에 따라 차의 고용주등에게 과태료처분을 할 수 없을 때에는 위반행위를 한 운전자를 증명하는 자료를 첨부하여 관할 경찰서장에게 그 사실을 통보하여야 한다.

④ 법 제160조에 따른 과태료의 부과기준은 별표 6과 같다. 다만, 어린이보호구역 및 노인·장애인보호구역에서 오전 8시부터 오후 8시까지 법 제5조, 제17조제3항 및 제32조부터 제34조까지의 규정 중 어느 하나를 위반한 경우 과태료의 부과기준은 별표 7과 같다.

⑤ 「질서위반행위규제법」 제18조에 따른 자진납부자에 대한 과태료 감경 비율은 같은 법 시행령 제5조의 감경 범위에서 다음 각 호의 기준에 따라 행정안전부령으로 정하는 비율로 한다.
  1. 과태료 체납률
  2. 위반행위의 종류, 내용 및 정도
  3. 범칙금과의 형평성

⑥ 법 제160조에 따른 과태료는 과태료 납부고지서를 받은 날부터 60일 이내에 내야 한다. 다만, 천재지변이나 그 밖의 부득이한 사유로 과태료를 낼 수 없을 때에는 그 사유가 없어진 날부터 5일 이내에 내야 한다.

⑦ 시장등은 과태료의 납부 고지를 받은 자가 납부기간 이내에 과태료를 내지 아니하면 「질서위반행위규제법」 제24조제3항에 따른 체납처분을 하기 전에 지방세 중 자동차세의 납부고지서와 함께 미납과태료(가산금을 포함한다)의 납부를 고지할 수 있다.

⑧ 시·도경찰청장 또는 시장등은 차의 등록원부가 있는 지역 또는 노면전차 운영자의 소재지(법인인 경우에는 주된 사무소의 소재지를 말한다)가 있는 지역(이하 "차적지"라 한다)이 다른 관할구역인 경우에는 행정안전부령으로 정하는 바에 따라 차적지를 관할하는 시·도경찰청장 또는 시장등에게 과태료 징수를 의뢰하여야 한다. 이 경우 과태료 징수를 의뢰한 시장등은 차적지를 관할하는 시장등에게 징수된 과태료의 100분의 30 범위에서 행정안전부령으로 정하는 징수 수수료를 지급하여야 한다.

⑨ 제1항부터 제8항까지에서 규정한 사항 외에 과태료의 부과 및 징수 등에 필요한 사항은 행정안전부령으로 정한다.

제88조의2(과태료 징수업무 위탁)
시·도경찰청장은 법 제161조제2항에 따라 「한국자산관리공사 설립 등에 관한 법률」에 따른 한국자산관리공사에 제1호에 해당하는 사람에 대한 제2호의 업무를 위탁한다.
  1. 다음 각 목의 어느 하나에 해당하는 사람
    가. 과태료를 5백만원 이상 체납한 사람
    나. 과태료를 7년 이상 체납한 사람
    다. 과태료를 체납한 사람(이하 "체납자"라 한다) 중 본인 명의의 소득 또는 재산이 없는 등의 사유로 시·도경찰청장이 징수가 어렵다고 판단한 사람
  2. 다음 각 목의 어느 하나에 해당하는 업무
    가. 체납자의 주소 또는 거소 확인
    나. 체납자의 재산 조사
    다. 체납과태료의 납부를 촉구하는 안내문 발송과 전화 또는 방문 상담

제89조(신용카드 등을 이용한 과태료의 납부방법 등)

① 법 제161조의2제1항 전단에서 "대통령령으로 정하는 금액"이란 200만원(부가되는 가산금 및 중가산금을 포함한다)을 말한다.

② 법 제161조의2제1항 전단에서 "대통령령으로 정하는 과태료 납부대행기관"이란 다음 각 호의 기관을 말한다.
  1. 「민법」 제32조에 따라 기획재정부장관의 허가를 받아 설립된 금융결제원

2. 시설, 업무수행능력, 자본금 규모 등을 고려하여 경찰청장이 과태료 납부대행기관으로 지정하여 고시한 기관

③ 법 제161조의2제3항에 따른 납부대행수수료는 경찰청장이 과태료 납부대행기관의 운영경비 등을 종합적으로 고려하여 승인하며, 해당 과태료금액(부가되는 가산금 및 중가산금을 포함한다)의 1천분의 15를 초과할 수 없다.

④ 경찰청장은 신용카드, 직불카드 등에 의한 과태료 납부에 필요한 사항을 정할 수 있다.

제90조(과태료·범칙금수납정보시스템 운영계획) 법 제161조의3제3호에서 "대통령령으로 정하는 운영계획의 수립·시행에 필요한 사항"이란 다음 각 호의 사항을 말한다.

1. 과태료·범칙금의 조회, 납부 및 수납처리 절차 관련 시스템의 성능개선과 안전성 제고에 관한 사항
2. 과태료·범칙금 납부의 편의성 제고를 위한 각종 서식의 개선에 관한 사항

제91조 삭제

제92조 삭제

제93조(범칙행위의 범위와 범칙금액)

① 법 제162조에 따른 범칙행위의 구체적인 범위와 범칙금액은 별표 8 및 별표 9와 같다.

② 별표 8에도 불구하고 어린이보호구역 및 노인·장애인보호구역에서 오전 8시부터 오후 8시까지 법 제5조, 제6조제1항·제2항·제4항, 제17조제3항, 제27조제1항부터 제5항까지 및 같은 조 제6항제1호·제2호, 제32조부터 제34조까지 및 제35조제1항의 어느 하나에 해당하는 범칙행위를 한 경우 범칙금액은 별표 10과 같다.

제94조(범칙금의 납부 통고 등)

① 경찰서장 또는 제주특별자치도지사는 법 제163조에 따라 범칙자로 인정되는 사람에게 범칙금의 납부를 통고할 때에는 다음 각 호의 사항을 적은 범칙금 납부통고서와 범칙금 영수증서 및 범칙금 납부고지서(이하 "범칙금납부통고서등"이라 한다)를 함께 발급하고, 범칙금 납부고지서 원부와 범칙자 적발보고서를 작성하여야 한다. 이 경우 범칙자로 인정되는 사람이 본인의 위반 사실을 인터넷 조회·납부 시스템에서 확인하고, 이 시스템을 통하여 범칙금납부통고

서등을 발급받거나 바로 범칙금을 낸 경우에는 범칙금납부통고서등을 발급한 것으로 본다.

1. 통고처분을 받은 사람의 인적사항 및 운전면허번호
2. 위반 내용 및 적용 법조문
3. 범칙금의 액수 및 납부기한
4. 통고처분 연월일
5. 법 제93조제2항에 따른 벌점

② 경찰서장은 해당 경찰서의 관할구역 밖에 거주하는 범칙자로 인정되는 사람에게 범칙금납부통고서등을 발급하였을 때에는 그 사람의 주소지를 관할하는 경찰서장에게 제1항에 따른 범칙자 적발보고서의 사본을 발송하여야 한다. 다만, 2개 이상의 경찰서가 있는 도시에 거주하는 운전자가 그 도시에서 범칙행위를 하여 범칙금납부통고서등을 발급한 경우에는 그러하지 아니하다.

③ 경찰서장은 자동차등의 운전자에게 범칙금납부통고서등을 발급했거나 법 제163조제2항에 따라 제주특별자치도지사로부터 통고처분 사실을 통보받았을 때에는 범칙자의 인적사항·면허번호 및 범칙내용을 즉시 자동차운전면허대장에 전산입력하여 시·도경찰청장에게 보고되도록 해야 한다.

④ 법 제163조제2항에 따른 제주특별자치도지사의 통보는 제3항에 따른 전산입력의 방법으로 할 수 있다.

제95조(범칙금의 수납기관) 법 제164조제1항 본문에 따른 국고은행, 지점, 대리점, 우체국은 한국은행 본점·지점, 한국은행이 지정한 국고대리점·수납대리점 또는 우체국(이하 "수납기관"이라 한다)으로 한다.

제96조(범칙금의 납부 등)

① 제94조제1항에 따라 범칙금의 납부 통고를 받은 범칙자는 같은 항에 따라 함께 발급받은 범칙금 영수증서 및 범칙금 납부고지서를 수납기관에 제시하고 범칙금을 내야 한다.

② 범칙금은 분할하여 낼 수 없다.

③ 제1항에 따라 범칙금을 받은 수납기관은 같은 항에 따라 제시된 범칙금 영수증서에 범칙금 납부 사실을 확인하여 범칙금을 낸 사람에게 내주어야 한다.

④ 수납기관이 범칙금을 받았을 때에는 지체 없이 범칙금의 납부 통고를 한 경찰서장 또는 제주특별자치도지사에게 전자매체 등을 이용하여 범칙금을 받은 사실을 통보하여야 한다.

제97조(범칙금 징수사항 기록부의 비치)

① 경찰서장 또는 제주특별자치도지사는 제96조제4항에 따라 수납기관으로부터 범칙금 수납 사실을 통보받은 때마다 해당 징수사항을 범칙금 징수사항 기록부에 기록하여야 한다. 다만, 전자매체를 통하여 통보받은 경우에는 수납 사실을 출력하여 보관하는 것으로 그 기록을 대신할 수 있다.

② 경찰서장이 제94조제2항에 따라 범칙자의 주소지를 관할하는 경찰서장에게 범칙자 적발보고서 사본을 발송한 경우에는 이를 받은 경찰서장이 제1항에 따른 기록 또는 출력·보관을 하여야 한다.

제98조(현장즉결심판대상자의 처리)

① 경찰서장 또는 제주특별자치도지사는 법 제165조제1항제1호에 해당하는 사람(이하 "현장즉결심판대상자"라 한다)에게 즉결심판을 위한 출석의 일시·장소 등을 알리는 즉결심판 출석통지서를 출석일 10일 전까지 발급하거나 발송하여야 한다.

② 경찰서장 또는 제주특별자치도지사는 현장즉결심판대상자가 즉결심판기일에 출석하지 아니하여 즉결심판절차가 진행되지 못한 경우에는 그 현장즉결심판대상자에게 즉결심판을 위하여 다시 정한 출석의 일시·장소 등을 알리는 즉결심판 출석최고서를 다시 정한 출석일 10일 전까지 발송하여야 한다.

③ 시·도경찰청장은 제2항의 즉결심판 출석 최고에도 불구하고 운전자인 현장즉결심판대상자가 출석하지 아니하여 즉결심판절차가 진행되지 못한 경우에는 법 제93조에 따라 그 현장즉결심판대상자의 운전면허의 효력을 일시 정지시킬 수 있다.

④ 경찰서장 또는 제주특별자치도지사는 법 제165조제1항에 따라 즉결심판을 청구하려는 경우에는 즉결심판청구서를 작성하여 관할 법원에 제출하여야 한다.

제98조의2 삭제

제99조(통고처분불이행자에 대한 즉결심판 청구 등)

① 경찰서장 또는 제주특별자치도지사는 법 제165조제1항제2호에 해당하는 사람(이하 "통고처분불이행자"라 한다)에게 범칙금 납부기간 만료일(법 제164조제2항에 따라 범칙금을 낼 수 있는 기간의 마지막 날을 말한다. 이하 이 조에서 같다)부터 30일 이내에 다음 각 호의 사항을 적은 즉결심판 출석통지서를 범칙금등(범칙금에 그 100분의 50을 더한 금액을 말한다. 이하 같다) 영수증 및 범칙금등 납부고지서와 함께 발송하여야 한다. 이 경우 즉결심판을 위한 출

석일은 범칙금 납부기간 만료일부터 40일이 초과되어서는 아니 된다.

1. 통고처분을 받은 사람의 인적사항 및 운전면허번호
2. 위반 내용 및 적용 법조문
3. 범칙금의 액수 및 납부기한
4. 통고처분 연월일
5. 즉결심판 출석 일시·장소
6. 법 제165조제1항 단서에 따라 범칙금등을 낼 경우 즉결심판을 받지 아니하여도 된다는 사실

② 경찰서장 또는 제주특별자치도지사는 통고처분불이행자가 범칙금등을 내지 아니하고 즉결심판기일에 출석하지도 아니하여 즉결심판절차가 진행되지 못한 경우에는 즉결심판을 위한 출석의 일시 및 장소를 다시 정하여 지체 없이 그 통고처분불이행자에게 제1항 각 호의 사항을 적은 즉결심판 출석최고서를 범칙금등 영수증 및 범칙금등 납부고지서와 함께 발송하여야 한다. 이 경우 즉결심판을 위한 출석일은 법원의 사정으로 즉결심판을 할 수 없는 경우 등 특별한 사정이 있는 경우 외에는 범칙금 납부기간 만료일부터 60일이 초과되어서는 아니 된다.

③ 시·도경찰청장은 제2항에 따른 즉결심판 출석 최고에도 불구하고 운전자인 통고처분불이행자가 범칙금등을 내지 아니하고 즉결심판기일에 출석하지도 아니하여 즉결심판절차가 진행되지 못한 경우에는 법 제93조에 따라 그 통고처분불이행자의 운전면허의 효력을 일시 정지시킬 수 있다.

④ 범칙금등의 납부 및 수납 등에 관하여는 제95조부터 제97조까지의 규정을 준용한다.

⑤ 통고처분불이행자에 대한 즉결심판의 청구에 관하여는 제98조제4항을 준용한다.

제100조(제주특별자치도지사의 즉결심판불응자 통보 등)

① 제주특별자치도지사는 다음 각 호의 어느 하나에 해당하는 사유가 발생한 경우에는 관할 시·도경찰청장에게 지체 없이 해당 사실을 통보하고 관련 서류를 보내야 한다.

1. 제98조제2항에 따른 즉결심판 출석 최고에도 불구하고 운전자인 현장즉결심판대상자가 출석하지 아니하여 즉결심판절차가 진행되지 못한 경우
2. 제99조제2항에 따른 즉결심판 출석 최고에도 불구하고 운전자인 통고처분불이행자가 범칙금등을 내지 아니하고 즉결심판기일에 출석하지도 아니하여 즉결심판절차가 진행되지 못한 경우

② 제주특별자치도지사는 제1항에 따른 통보 이후에 같은 항 각 호의 어느 하나에 해당하는 사람이 범칙금을 내거나 즉결심판절차가 진행되는 경우에는 관할 시·도경찰청장에게 지체 없이 그 사실을 통보하고 관련 서류를 보내야 한다.

부칙

이 영은 2024년 9월 20일부터 시행한다.

[시행 2024. 9. 20.] [행정안전부령 제516호, 2024. 9. 20., 일부개정]

제1장 총칙

제1조(목적) 이 규칙은 「도로교통법」 및 동법 시행령에서 위임된 사항과 그 시행에 관하여 필요한 사항을 규정함을 목적으로 한다.

제2조(차마에서 제외하는 기구 · 장치)

① 「도로교통법」(이하 "법"이라 한다) 제2조제10호에서 "유모차, 보행보조용 의자차, 노약자용 보행기 등 행정안전부령으로 정하는 기구 · 장치"란 너비 1미터 이하인 것으로서 다음 각 호의 기구 · 장치를 말한다.
  1. 유모차
  2. 보행보조용 의자차(「의료기기법」 제19조에 따라 식품의약품안전처장이 정하는 의료기기의 기준규격에 따른 수동휠체어, 전동휠체어 및 의료용 스쿠터를 말한다)
  3. 노약자용 보행기
  4. 법 제11조제3항에 따른 놀이기구(어린이가 이용하는 것에 한정한다)
  5. 동력이 없는 손수레
  6. 이륜자동차, 원동기장치자전거 또는 자전거로서 운전자가 내려서 끌거나 들고 통행하는 것
  7. 도로의 보수 · 유지, 도로상의 공사 등 작업에 사용되는 기구 · 장치(사람이 타거나 화물을 운송하지 않는 것에 한정한다)
② 법 제2조제17호가목5)에서 "유모차, 보행보조용 의자차, 노약자용 보행기, 제21호의3에 따른 실외이동로봇 등 행정안전부령으로 정하는 기구 · 장치"란 다음 각 호의 기구 · 장치를 말한다.
  1. 제1항 각 호의 어느 하나에 해당하는 기구 · 장치
  2. 실외이동로봇

제2조의2(자율주행시스템의 종류) 법 제2조제18호의2 후단에 따른 자율주행시스템의 종류에 관하여는 「자동차 및 자동차부품의 성능과 기준에 관한 규칙」 제111조를 준용한다.

제2조의3(개인형 이동장치의 기준) 법 제2조제19호의2에서 "행정안전부령으로 정하는 것"이란 다음 각 호의 어느 하나에 해당하는 것으로서 「전기용품 및 생활용품 안전관리법」 제15조제1항에 따라 안전확인의 신고가 된 것을 말한다.
  1. 전동킥보드
  2. 전동이륜평행차
  3. 전동기의 동력만으로 움직일 수 있는 자전거

제2조의4(실외이동로봇의 기준) 법 제2조제21호의3에서 "행정안전부령으로 정하는 것"이란 「지능형 로봇 개발 및 보급 촉진법」 제2조제4호의2에 따른 실외이동로봇 중 같은 법 제40조의2에 따른 운행안전인증을 받은 것을 말한다.

제3조(긴급자동차의 지정신청 등)

① 법 제2조제22호라목 및 「도로교통법 시행령」(이하 "영"이라 한다) 제2조제1항 단서에 따라 긴급자동차의 지정을 받으려는 사람 또는 기관 등은 별지 제1호서식의 긴급자동차 지정신청서에 다음 각 호의 서류를 첨부하여 시 · 도경찰청장에게 제출하여야 한다.
  1. 임대차계약서 사본 1부(자동차가 다른 사람의 소유인 경우에 한정한다)
  2. 지정받을 차량 사진 2매
② 시 · 도경찰청장은 제1항의 신청에 의하여 긴급자동차의 지정을 하는 때에는 별지 제2호서식의 긴급자동차지정증을 신청인에게 교부하여야 한다.
③ 제2항에 따라 교부받은 긴급자동차지정증은 그 자동차의 앞면 창유리의 보기 쉬운 곳에 붙여야 한다.
④ 긴급자동차지정증을 잃어버렸거나 헐어 못쓰게 된 때에는 별지 제3호서식의 긴급자동차지정증 재교부신청서를 시 · 도경찰청장에게 제출하여 다시 교부받아야 한다. 다만, 긴급자동차지정증이 헐어 못쓰게 되어 다시 신청하는 때에는 긴급자동차지정증 재교부신청서에 헐어 못쓰게 된 지정증을 첨부하여 제출하여야 한다.
⑤ 제1항 및 제4항에 따라 서류를 제출받은 시 · 도경찰청장은 「전자정부법」 제36조제1항에 따른 행정정보의 공동이용을 통하여 신청인의 사업자등록증과 자동차등록증을 확인하여야 하며, 신청인이 확인에 동

의하지 아니하는 경우에는 그 사본을 첨부하도록 하여야 한다.

제4조(지정의 취소 등)

① 시 · 도경찰청장은 제3조제2항에 따라 지정을 받은 긴급자동차가 다음 각 호의 어느 하나에 해당하는 경우에는 그 지정을 취소할 수 있다.
　1. 자동차의 색칠 · 사이렌 또는 경광등이 영 제3조제1항제1호에 따른 자동차안전기준에 규정된 긴급자동차에 관한 구조에 적합하지 아니한 경우
　2. 그 차를 영 제2조제1항 각 호의 목적에 벗어나 사용하거나 고장이나 그 밖의 사유로 인하여 긴급자동차로 사용할 수 없게 된 경우
② 시 · 도경찰청장은 제1항에 따라 긴급자동차의 지정을 취소한 때에는 지체 없이 긴급자동차지정증을 회수하여야 한다.

제5조(부담금의 납부 등)

① 특별시장 · 광역시장 · 제주특별자치도지사 또는 시장 · 군수(광역시의 군수를 제외한다. 이하 "시장등"이라 한다)는 법 제3조제4항에 따라 신호기 및 안전표지(이하 "교통안전시설"이라 한다)의 철거 또는 원상회복공사에 소요되는 비용을 부담시키려는 경우에는 그 사유를 유발한 사람에게 별지 제4호서식의 교통안전시설 공사비용부담 통지서를 발급하고, 철거 또는 원상회복공사에 소요되는 비용에 상당하는 현금(체신관서 또는 「은행법」에 따른 금융기관이 발행한 자기앞수표를 포함한다)을 납부하게 하여야 한다.
② 제1항에 따른 부담금의 납부 등에 관하여 필요한 사항은 시장등이 정한다.
③ 법 제4조의2제3항에 따른 무인교통단속장비의 철거 또는 원상회복을 위한 공사비용 부담금의 납부 등에 관해서는 제1항과 제2항을 준용한다. 이 경우 "교통안전시설"은 "무인교통단속장비"로, "시장등"은 "시 · 도경찰청장, 경찰서장 또는 시장등"으로 본다.

제6조(신호기)

① 법 제4조제1항에 따른 신호기의 종류 및 만드는 방식은 별표 1과 같다.
② 제1항에 따른 신호기가 표시하는 신호의 종류 및 그 뜻은 별표 2와 같다.
③ 제1항에 따른 신호기는 법 제3조제1항 및 영 제86조제1항에 따라 시 · 도경찰청장 또는 경찰서장이 필요하다고 인정하는 교차로 그 밖의 도로에 설치하되 그 앞쪽에서 잘 보이도록 설치하여야 한다.

제7조(신호등)

① 제6조에 따른 신호기 중 신호등의 종류, 만드는 방식 및 설치 · 관리기준은 별표 3과 같다.
② 제1항에 따른 신호등의 등화의 배열순서 및 신호순서는 각각 별표 4 및 별표 5와 같다.
③ 제1항에 따른 신호등은 다음 각 호의 성능을 가져야 한다.
　1. 등화의 밝기는 낮에 150미터 앞쪽에서 식별할 수 있도록 할 것
　2. 등화의 빛의 발산각도는 사방으로 각각 45도 이상으로 할 것
　3. 태양광선이나 주위의 다른 빛에 의하여 그 표시가 방해받지 아니하도록 할 것

제8조(안전표지)

① 법 제4조제1항에 따른 안전표지는 다음 각 호와 같이 구분한다.
　1. 주의표지
　　도로상태가 위험하거나 도로 또는 그 부근에 위험물이 있는 경우에 필요한 안전조치를 할 수 있도록 이를 도로사용자에게 알리는 표지
　2. 규제표지
　　도로교통의 안전을 위하여 각종 제한 · 금지 등의 규제를 하는 경우에 이를 도로사용자에게 알리는 표지
　3. 지시표지
　　도로의 통행방법 · 통행구분 등 도로교통의 안전을 위하여 필요한 지시를 하는 경우에 도로사용자가 이에 따르도록 알리는 표지
　4. 보조표지
　　주의표지 · 규제표지 또는 지시표지의 주기능을 보충하여 도로사용자에게 알리는 표지
　5. 노면표시
　　도로교통의 안전을 위하여 각종 주의 · 규제 · 지시 등의 내용을 노면에 기호 · 문자 또는 선으로 도로사용자에게 알리는 표지
② 제1항에 따른 안전표지의 종류, 만드는 방식 및 설치 · 관리기준은 별표 6과 같다.

제8조의2(무인 교통단속용 장비의 설치 및 관리기준) 법 제4조의2제1항에 따른 무인 교통단속용 장비의 설치 · 관리기준은 별표 6의2와 같다.

제9조(경찰공무원등에 의한 신호의 종류 등) 법 제5조제2항에 따른 경찰공무원등[경찰공무원(제주특별자치도의 자치경찰공무원을 포함한다. 이하 같다) 또는 경찰보조자를 말한다]이 표시하는 신호의 종류, 표시 방법 및 표시하는 뜻은 별표 7과 같다.

제10조(통행의 금지 또는 제한의 알림)
① 시·도경찰청장 또는 경찰서장은 법 제6조제1항 또는 제2항에 따라 통행을 금지 또는 제한하는 때에는 별표 8에 의한 알림판을 설치하여야 한다.
② 제1항에 따른 알림판은 통행을 금지 또는 제한하고자 하는 지점 또는 그 지점 바로 앞의 우회로 입구에 설치하여야 한다.
③ 시·도경찰청장 또는 경찰서장이 통행을 금지 또는 제한하고자 하는 경우 우회로 입구가 다른 시·도경찰청 또는 경찰서의 관할에 속하는 때에는 그 시·도경찰청장 또는 경찰서장에게 그 뜻을 통보하여야 하며, 통보를 받은 시·도경찰청장 또는 경찰서장은 지체 없이 제1항 및 제2항에 따른 알림판을 그 우회로 입구에 설치하여야 한다.
④ 시·도경찰청장 또는 경찰서장은 제1항 내지 제3항에 따라 알림판을 설치할 수 없는 때에는 신문·방송 등을 통하여 이를 공고하거나 그 밖의 적당한 방법에 의하여 그 사실을 널리 알려야 한다.

제10조의2(고령운전자 표지의 제작 및 배부)
① 경찰청장은 법 제7조의2제1항에 따라 운전면허를 받은 65세 이상인 사람이 운전하는 차임을 나타내는 표지(이하 "고령운전자 표지"라 한다)를 제작하여 배부할 수 있다.
② 제1항에 따른 고령운전자 표지 및 제작 방법 등은 별표 8의2와 같다.

제2장 보행자의 통행방법

제11조(횡단보도의 설치기준) 시·도경찰청장은 법 제10조제1항에 따라 횡단보도를 설치하려는 경우에는 다음 각 호의 기준에 적합하도록 해야 한다.
 1. 횡단보도에는 별표 6에 따른 횡단보도표시와 횡단보도표지판을 설치할 것
 2. 횡단보도를 설치하고자 하는 장소에 횡단보행자용 신호기가 설치되어 있는 경우에는 횡단보도표시를 설치할 것

 3. 횡단보도를 설치하고자 하는 도로의 표면이 포장이 되지 아니하여 횡단보도표시를 할 수 없는 때에는 횡단보도표지판을 설치할 것. 이 경우 그 횡단보도표지판에 횡단보도의 너비를 표시하는 보조표지를 설치하여야 한다.
 4. 횡단보도는 육교·지하도 및 다른 횡단보도로부터 다음 각 목에 따른 거리 이내에는 설치하지 않을 것. 다만, 법 제12조 또는 제12조의2에 따라 어린이 보호구역, 노인 보호구역 또는 장애인 보호구역으로 지정된 구간인 경우 또는 보행자의 안전이나 통행을 위하여 특히 필요하다고 인정되는 경우에는 그렇지 않다.
  가. 법 제2조제1호에 따른 도로로서 「도로의 구조·시설 기준에 관한 규칙」 제3조제1항에 따른 도로 중 집산도로(集散道路) 및 국지도로(局地道路) : 100미터
  나. 법 제2조제1호에 따른 도로로서 가목에 따른 도로 외의 도로 : 200미터

제12조(장애인보조견의 기준) 법 제11조제2항에 따른 장애인보조견이라 함은 「장애인복지법 시행규칙」 제30조에 따라 장애인보조견 표지가 발급된 개를 말한다.

제13조(어린이의 보호)
① 법 제11조제3항에서 "행정안전부령이 정하는 위험성이 큰 놀이기구"라 함은 다음 각 호의 어느 하나에 해당하는 놀이기구를 말한다.
 1. 킥보드
 2. 롤러스케이트
 3. 인라인스케이트
 4. 스케이트보드
 5. 그 밖에 제1호 내지 제4호의 놀이기구와 비슷한 놀이기구
② 법 제11조제3항에서 "행정안전부령이 정하는 인명보호장구"란 제32조제1항제1호 및 제3호부터 제7호까지에 따른 기준에 적합한 안전모를 말한다.

제14조(어린이집 및 학원의 범위)
① 법 제12조제1항제2호에서 "행정안전부령으로 정하는 어린이집"이란 정원 100명 이상의 어린이집을 말한다. 다만, 시장등이 관할 경찰서장과 협의하여 어린이집이 소재한 지역의 교통여건 등을 고려하여 교통사고의 위험으로부터 어린이를 보호할 필요가 있다고 인정하는 경우에는 정원이 100명 미만의 어린이집 주변도로 등에 대하여도 어린이 보호구역을 지정할 수 있다.

② 법 제12조제1항제3호에서 "행정안전부령으로 정하는 학원"이란 「학원의 설립·운영 및 과외교습에 관한 법률 시행령」 별표 2의 학교교과교습학원 중 학원 수강생이 100명 이상인 학원을 말한다. 다만, 시장 등이 관할 경찰서장과 협의하여 학원이 소재한 지역의 교통여건 등을 고려하여 교통사고의 위험으로부터 어린이를 보호할 필요가 있다고 인정하는 경우에는 정원이 100인명 미만의 학원 주변도로 등에 대해서도 어린이 보호구역을 지정할 수 있다.

제14조의2(무인 교통단속용 장비의 설치 장소) 법 제12조 제4항에서 "행정안전부령으로 정하는 곳"이란 별표 6의2 제1호에 따른 무인 교통단속용 장비의 설치기준에 따라 시·도경찰청장, 경찰서장 또는 시장등이 선정하는 곳을 말한다.

제14조의3 삭제

제3장 차마 또는 노면전차의 통행방법 등

제14조의4(자전거를 타고 보도 통행이 가능한 신체장애인)
법 제13조의2제4항제1호에서 "행정안전부령으로 정하는 신체장애인"이란 다음 각 호의 어느 하나에 해당하는 사람을 말한다.
1. 「장애인복지법」 제32조에 따라 신체장애인으로 등록된 사람
2. 「국가유공자 등 예우 및 지원에 관한 법률」 제6조·제73조·제73조의2 및 제74조에 따른 국가유공자로서 상이등급 제1급부터 제7급까지에 해당하는 사람

제15조(차로의 설치)
① 시·도경찰청장은 법 제14조제1항에 따라 도로에 차로를 설치하고자 하는 때에는 별표 6에 따른 노면표시로 표시하여야 한다.
② 제1항에 따라 설치되는 차로의 너비는 3미터 이상으로 하여야 한다. 다만, 좌회전전용차로의 설치 등 부득이하다고 인정되는 때에는 275센티미터 이상으로 할 수 있다.
③ 차로는 횡단보도·교차로 및 철길건널목에는 설치할 수 없다.
④ 보도와 차도의 구분이 없는 도로에 차로를 설치하는 때에는 보행자가 안전하게 통행할 수 있도록 그 도로의 양쪽에 길가장자리구역을 설치하여야 한다.

제16조(차로에 따른 통행구분)
① 법 제14조제1항에 따라 차로를 설치한 경우 그 도로의 중앙에서 오른쪽으로 2 이상의 차로(전용차로가 설치되어 운용되고 있는 도로에서는 전용차로를 제외한다)가 설치된 도로 및 일방통행도로에 있어서 그 차로에 따른 통행차의 기준은 별표 9와 같다.
② 모든 차의 운전자는 통행하고 있는 차로에서 느린 속도로 진행하여 다른 차의 정상적인 통행을 방해할 우려가 있는 때에는 그 통행하던 차로의 오른쪽 차로로 통행하여야 한다.
③ 차로의 순위는 도로의 중앙선쪽에 있는 차로부터 1차로로 한다. 다만, 일방통행도로에서는 도로의 왼쪽부터 1차로로 한다.

제17조(차로의 너비보다 넓은 차의 통행허가)
① 법 제14조제3항 단서에 따른 통행허가신청은 별지 제5호서식의 차로폭초과차 통행허가신청서에 의한다. 이 경우 관할경찰서장은 「전자정부법」 제36조 제1항에 따른 행정정보의 공동이용으로 신청인의 자동차등록증을 확인하여야 하며, 신청인이 확인에 동의하지 아니하는 경우에는 그 사본을 첨부하도록 하여야 한다.
② 경찰서장이 제1항에 따른 허가를 한 때에는 별지 제6호서식의 차로폭초과차 통행허가증을 교부하여야 한다.
③ 제1항 및 제2항에 따라 통행허가를 받은 운전자는 제26조제3항에 따른 표지를 달아야 한다.

제18조(버스전용차로 통행의 지정신청 등)
① 제3조의 규정은 영 별표 1의 "고속도로 외의 도로"에서의 버스전용차로 통행 지정신청 등에 관하여 이를 준용한다. 이 경우 "긴급자동차"는 "버스전용차로통행 지정차"로, "긴급자동차 지정신청서"는 "버스전용차로 통행 지정신청서"로, "긴급자동차지정증"은 "버스전용차로통행 지정증"으로, "긴급자동차지정증 재교부신청서"는 "버스전용차로통행지정증 재교부신청서"로 보되, 버스전용차로통행 지정신청서는 별지 제7호서식에 의하고, 버스전용차로통행지정증 재교부신청서는 별지 제8호서식에 의하며, 버스전용차로통행 지정증은 별표 10에 의한다.
② 시·도경찰청장은 제1항에 따른 신청에 따라 버스전용차로 통행의 지정을 받은 차가 다음 각 호의 어느 하나에 해당하는 경우에는 그 지정을 취소하여야 한다.
1. 통학·통근용으로 사용하지 아니하게 된 경우
2. 시·도경찰청장이 정한 기간이 종료된 경우

③ 시 · 도경찰청장은 제2항에 따라 버스전용차로 통행의 지정을 취소한 때에는 지체 없이 버스전용차로통행지정증을 회수하여야 한다.

제19조(자동차등과 노면전차의 속도)
① 법 제17조제1항에 따른 자동차등(개인형 이동장치는 제외한다. 이하 이 조에서 같다)과 노면전차의 도로 통행 속도는 다음 각 호와 같다.
1. 일반도로(고속도로 및 자동차전용도로 외의 모든 도로를 말한다)
   가. 「국토의 계획 및 이용에 관한 법률」 제36조제1항제1호가목부터 다목까지의 규정에 따른 주거지역 · 상업지역 및 공업지역의 일반도로에서는 매시 50킬로미터 이내. 다만, 시 · 도경찰청장이 원활한 소통을 위하여 특히 필요하다고 인정하여 지정한 노선 또는 구간에서는 매시 60킬로미터 이내
   나. 가목 외의 일반도로에서는 매시 60킬로미터 이내. 다만, 편도 2차로 이상의 도로에서는 매시 80킬로미터 이내
2. 자동차전용도로에서의 최고속도는 매시 90킬로미터, 최저속도는 매시 30킬로미터
3. 고속도로
   가. 편도 1차로 고속도로에서의 최고속도는 매시 80킬로미터, 최저속도는 매시 50킬로미터
   나. 편도 2차로 이상 고속도로에서의 최고속도는 매시 100킬로미터[화물자동차(적재중량 1.5톤을 초과하는 경우에 한한다. 이하 이 호에서 같다) · 특수자동차 · 위험물운반자동차(별표 9 (주) 6에 따른 위험물 등을 운반하는 자동차를 말한다. 이하 이 호에서 같다) 및 건설기계의 최고속도는 매시 80킬로미터], 최저속도는 매시 50킬로미터
   다. 나목에 불구하고 편도 2차로 이상의 고속도로로서 경찰청장이 고속도로의 원활한 소통을 위하여 특히 필요하다고 인정하여 지정 · 고시한 노선 또는 구간의 최고속도는 매시 120킬로미터(화물자동차 · 특수자동차 · 위험물운반자동차 및 건설기계의 최고속도는 매시 90킬로미터) 이내, 최저속도는 매시 50킬로미터
② 비 · 안개 · 눈 등으로 인한 거친 날씨에는 제1항에도 불구하고 다음 각 호의 기준에 따라 감속 운행해야

한다. 다만, 경찰청장 또는 시 · 도경찰청장이 별표 6 Ⅰ. 제1호타목에 따른 가변형 속도제한표지로 최고속도를 정한 경우에는 이에 따라야 하며, 가변형 속도제한표지로 정한 최고속도와 그 밖의 안전표지로 정한 최고속도가 다를 때에는 가변형 속도제한표지에 따라야 한다.
1. 최고속도의 100분의 20을 줄인 속도로 운행하여야 하는 경우
   가. 비가 내려 노면이 젖어있는 경우
   나. 눈이 20밀리미터 미만 쌓인 경우
2. 최고속도의 100분의 50을 줄인 속도로 운행하여야 하는 경우
   가. 폭우 · 폭설 · 안개 등으로 가시거리가 100미터 이내인 경우
   나. 노면이 얼어 붙은 경우
   다. 눈이 20밀리미터 이상 쌓인 경우
③ 경찰청장 또는 시 · 도경찰청장이 법 제17조제2항에 따라 구역 또는 구간을 지정하여 자동차등과 노면전차의 속도를 제한하려는 경우에는 「도로의 구조 · 시설기준에 관한 규칙」 제8조에 따른 설계속도, 실제 주행속도, 교통사고 발생 위험성, 도로주변 여건 등을 고려하여야 한다.
④ 삭제
⑤ 삭제

제20조(자동차를 견인할 때의 속도) 견인자동차가 아닌 자동차로 다른 자동차를 견인하여 도로(고속도로를 제외한다)를 통행하는 때의 속도는 제19조에 불구하고 다음 각 호에서 정하는 바에 의한다.
1. 총중량 2천킬로그램 미만인 자동차를 총중량이 그의 3배 이상인 자동차로 견인하는 경우에는 매시 30킬로미터 이내
2. 제1호 외의 경우 및 이륜자동차가 견인하는 경우에는 매시 25킬로미터 이내

제21조(주차 · 정차 단속담당공무원의 교육)
① 영 제12조제4항에 따른 주차 · 정차 단속담당공무원에 대한 교육은 연 1회 정기교육을 실시하되, 시장 등(도지사를 포함한다. 이하 이 조와 제22조에서 같다)이 필요하다고 인정하는 때에는 수시교육을 실시할 수 있다.
② 제1항에 따른 정기교육은 8시간으로 하고, 그 내용과 방법은 별표 11과 같다.

제22조(주차위반차의 견인 · 보관 및 반환 등을 위한 조치 등)
① 영 제13조제1항에 따른 과태료 또는 범칙금 부과 및 견인대상차 표지는 별지 제9호서식에 의한다.
② 영 제13조제2항에 따라 경찰서장 또는 시장등이 차를 견인한 경우에는 경찰청장이 정하는 바에 의하여 그 차가 있던 곳에 견인한 취지와 그 차의 보관장소를 표시하여야 한다.
③ 영 제13조제3항에 따라 차의 사용자 또는 운전자에게 통지하여야 할 사항은 다음 각 호와 같다.
　1. 차의 등록번호 · 차종 및 형식
　2. 위반장소
　3. 보관한 일시 및 장소
　4. 통지한 날부터 1월이 지나도 반환을 요구하지 아니한 때에는 그 차를 매각 또는 폐차할 수 있다는 내용
④ 제3항에 따른 보관 중인 차의 인수통지는 별지 제10호서식에 의한다.
⑤ 영 제15조제1항에 따라 견인하여 보관한 차를 반환할 경우의 인수증은 별지 제11호서식에 의한다.

제23조(대행법인등의 지정신청 등)
① 영 제17조제1항에 따라 대행법인등의 지정을 받으려는 자는 별지 제12호서식의 대행법인등 지정신청서에 다음 각 호의 서류를 첨부하여 관할경찰서장 또는 시장 · 군수 · 구청장(자치구가 아닌 구의 구청장을 제외한다. 이하 "구청장등"이라 한다)에게 제출해야 한다. 이 경우 전단에 따른 신청서를 받은 관할경찰서장 또는 구청장등은 「전자정부법」 제36조제1항에 따른 행정정보의 공동이용을 통하여 법인 등기사항증명서(법인인 경우만 해당한다)를 확인해야 한다.
　1. 정관(법인인 경우만 해당한다)
　2. 대행업무처리에 관한 업무규정
　3. 삭제
② 관할경찰서장 또는 구청장등은 대행법인등을 지정한 때에는 영 제17조제2항에 따라 그 사실을 해당 경찰서 또는 시 · 군 · 구의 게시판에 공고하고, 별지 제13호서식에 따른 대행업지정증을 교부하여야 한다.
③ 영 제17조제3항에 따라 대행법인등은 5천만원 이상의 손해배상을 위한 이행보증보험 또는 대행법인등에 갈음하여 피해자의 손해를 배상하는 보험에 가입하거나 그 소재지를 관할하는 공탁기관에 공탁을 하여야 하며, 경찰서장 또는 구청장등은 제2항에 따라 대행업지정증을 교부하는 때에 이를 확인하여야 한다.

④ 그 밖에 대행법인등의 대행업무수행에 관한 사항으로서 이 규칙에 규정되지 아니한 사항은 시 · 도경찰청장이 정한다.

제24조(대행법인등의 지정취소 · 정지에 관한 청문) 영 제17조제4항에 따라 대행법인등의 지정을 취소하거나 대행업무를 정지시키고자 하는 경우에는 미리 상대방 또는 그 대리인에게 의견을 진술할 기회를 주어야 한다. 다만, 상대방 또는 그 대리인이 정당한 사유 없이 이에 응하지 아니하거나 주소불명 등으로 의견을 진술할 기회를 줄 수 없는 경우에는 그러하지 아니하다.

제25조(대행법인등의 지정취소 · 정지의 기준) 영 제17조제4항에 따른 대행법인등의 지정취소 및 정지의 기준은 별표 12와 같다.

제26조(안전기준을 넘는 승차 및 적재의 허가신청)
① 영 제23조제1항에 따른 안전기준을 넘는 승차 및 적재의 허가신청은 별지 제5호서식의 안전기준초과승차 · 안전기준초과적재 허가신청서에 의한다.
② 경찰서장은 제1항에 따른 허가를 한 때에는 별지 제6호서식의 안전기준초과승차 · 안전기준초과적재 허가증을 교부하여야 한다.
③ 안전기준을 넘는 화물의 적재허가를 받은 사람은 그 길이 또는 폭의 양끝에 너비 30센티미터, 길이 50센티미터 이상의 빨간 헝겊으로 된 표지를 달아야 한다. 다만, 밤에 운행하는 경우에는 반사체로 된 표지를 달아야 한다.

제27조(정비불량표지 등)
① 영 제24조제1항에 따른 정비불량표지는 별표 13에 의하고, 정비명령서는 별지 제14호서식에 의한다.
② 영 제24조제2항에 따른 정비명령의 보고는 별지 제15호서식의 정비명령보고서에 의한다.
③ 영 제26조제1항에 따른 자동차사용정지 통고서는 별지 제16호서식에 의한다.
④ 경찰공무원[제주특별자치도의 자치경찰공무원(이하 "자치경찰공무원"이라 한다)은 제외한다]이 제3항에 따른 자동차사용정지 통고서를 교부한 때에는 별지 제17호서식의 자동차사용정지 통고보고서에 의하여 시 · 도경찰청장에게 보고하여야 한다.

제4장 운전자 및 고용주등의 의무

제27조의2(술에 취한 상태의 측정 방법 등)

① 법 제44조제2항 및 제3항에 따른 술에 취한 상태의 측정 방법은 다음 각 호와 같다.
1. 호흡조사 : 호흡을 채취하여 술에 취한 정도를 객관적으로 환산하는 측정 방법
2. 혈액 채취 : 혈액을 채취하여 술에 취한 정도를 객관적으로 환산하는 측정 방법

② 법 제44조제2항 및 제3항에 따른 술에 취한 상태의 측정 절차는 다음 각 호와 같다.
1. 호흡조사로 측정하는 경우 다음 각 목의 절차를 따를 것
   가. 경찰공무원이 교통의 안전과 위험방지를 위하여 필요하다고 인정하는 경우나 운전자의 외관, 언행, 태도, 운전 행태 등 객관적 사정을 종합하여 운전자가 술에 취한 상태에서 운전한 것으로 의심되는 경우에 실시할 것
   나. 입 안의 잔류 알코올을 헹궈낼 수 있도록 운전자에게 음용수를 제공할 것
2. 혈액 채취로 측정하는 경우 다음 각 목의 절차를 따를 것
   가. 운전자가 처음부터 혈액 채취로 측정을 요구하거나 호흡조사로 측정한 결과에 불복하면서 혈액 채취로의 측정에 동의하는 경우 또는 운전자가 의식이 없는 등 호흡조사로 측정이 불가능한 경우에 실시할 것
   나. 가까운 병원 또는 의원 등의 의료기관에서 비알콜성 소독약을 사용하여 채혈할 것

③ 제1항 및 제2항에서 규정한 사항 외에 술에 취한 상태의 측정 방법 및 절차 등에 관하여 필요한 사항은 경찰청장이 정한다.

제28조(운전이 금지되는 약물의 종류)

법 제45조에 따라 자동차등(개인형 이동장치는 제외한다) 또는 노면전차의 운전자가 그 영향으로 인하여 운전이 금지되는 약물은 흥분·환각 또는 마취의 작용을 일으키는 유해화학물질로서 「화학물질관리법 시행령」 제11조에 따른 환각물질로 한다.

제29조(불법부착장치의 기준)

법 제49조제1항제4호에서 " 행정안전부령으로 정하는 기준에 적합하지 아니한 장치"란 다음 각 호의 어느 하나에 해당하는 장치를 말한다.

1. 삭제
2. 경찰관서에서 사용하는 무전기와 동일한 주파수의 무전기
3. 긴급자동차가 아닌 자동차에 부착된 경광등, 사이렌 또는 비상등
4. 「자동차 및 자동차부품의 성능과 기준에 관한 규칙」에서 정하지 아니한 것으로서 안전운전에 현저히 장애가 될 정도의 장치

제30조(유아보호용 장구)

법 제50조제1항 본문에 따라 영유아가 좌석안전띠를 매어야 할 때에는 「어린이제품 안전 특별법」 제17조에 따른 안전인증을 받은 유아보호용 장구를 착용하여야 한다.

제31조(좌석안전띠 미착용 사유)

법 제50조제1항 단서 및 법 제53조제2항 단서에 따라 좌석안전띠를 매지 아니하거나 승차자에게 좌석안전띠를 매도록 하지 아니하여도 되는 경우는 다음 각 호의 어느 하나에 해당하는 경우로 한다.

1. 부상·질병·장애 또는 임신 등으로 인하여 좌석안전띠의 착용이 적당하지 아니하다고 인정되는 자가 자동차를 운전하거나 승차하는 때
2. 자동차를 후진시키기 위하여 운전하는 때
3. 신장·비만, 그 밖의 신체의 상태에 의하여 좌석안전띠의 착용이 적당하지 아니하다고 인정되는 자가 자동차를 운전하거나 승차하는 때
4. 긴급자동차가 그 본래의 용도로 운행되고 있는 때
5. 경호 등을 위한 경찰용 자동차에 의하여 호위되거나 유도되고 있는 자동차를 운전하거나 승차하는 때
6. 「국민투표법」 및 공직선거관계법령에 의하여 국민투표운동·선거운동 및 국민투표·선거관리업무에 사용되는 자동차를 운전하거나 승차하는 때
7. 우편물의 집배, 폐기물의 수집 그 밖에 빈번히 승강하는 것을 필요로 하는 업무에 종사하는 자가 해당업무를 위하여 자동차를 운전하거나 승차하는 때
8. 「여객자동차 운수사업법」에 의한 여객자동차운송사업용 자동차의 운전자가 승객의 주취·약물복용 등으로 좌석안전띠를 매도록 할 수 없거나 승객에게 좌석안전띠 착용을 안내하였음에도 불구하고 승객이 착용하지 않는 때

제32조(인명보호장구)

① 법 제50조제3항에서 "행정안전부령이 정하는 인명보호장구"라 함은 다음 각 호의 기준에 적합한 승차용 안전모를 말한다.

1. 좌우, 상하로 충분한 시야를 가질 것
2. 풍압에 의하여 차광용 앞창이 시야를 방해하지 아니할 것
3. 청력에 현저하게 장애를 주지 아니할 것
4. 충격 흡수성이 있고, 내관통성이 있을 것
5. 충격으로 쉽게 벗어지지 아니하도록 고정시킬 수 있을 것
6. 무게는 2킬로그램 이하일 것
7. 인체에 상처를 주지 아니하는 구조일 것
8. 안전모의 뒷부분에는 야간운행에 대비하여 반사체가 부착되어 있을 것

② 법 제50조제4항에서 "행정안전부령으로 정하는 인명보호장구"란 제1항제1호 및 제3호부터 제7호까지에 따른 기준에 적합한 안전모를 말한다.

제33조(운행기록계를 설치하여야 하는 자동차) 법 제50조제5항 각 호 외의 부분에서 "행정안전부령으로 정하는 자동차"란 「자동차 및 자동차부품의 성능과 기준에 관한 규칙」 제56조에 따른 자동차(「여객자동차운수사업법」 등 다른 법령의 규정에 의하여 운행기록계를 설치하여야 하는 자동차와 용달화물자동차운송사업용 자동차를 포함한다)로 한다.

제33조의2(교통안전을 위하여 자전거등이 갖추어야 할 구조) 법 제50조제7항에 따라 자전거등이 교통안전에 위험을 초래하지 않도록 보행자에게 위해를 줄 우려가 있는 금속재 모서리는 둥글게 가공되거나 고무, 플라스틱 등으로 덮여 있어야 한다.

제33조의3(개인형 이동장치의 승차정원) 법 제50조제10항에서 "행정안전부령으로 정하는 승차정원"이란 다음 각 호의 구분에 따른 인원을 말한다.

1. 전동킥보드 및 전동이륜평행차의 경우 : 1명
2. 전동기의 동력만으로 움직일 수 있는 자전거의 경우 : 2명

제34조(어린이통학버스로 사용할 수 있는 자동차) 법 제52조제3항에 따라 어린이통학버스로 사용할 수 있는 자동차는 승차정원 9인승(어린이 1명을 승차정원 1명으로 본다) 이상의 자동차로 한다. 이 경우, 「자동차관리법」 제34조에 따라 튜닝 승인을 받은 자가 9인승 이상의 승용자동차 또는 승합자동차를 장애아동의 승·하차 편의를 위하여 9인승 미만으로 튜닝한 경우 그 승용자동차 또는 승합자동차를 포함한다.

제35조(어린이통학버스의 신고절차 등)

① 법 제52조제1항에 따라 어린이통학버스의 신고를 하고자 하는 자는 별지 제18호서식의 어린이통학버스 신고서에 다음 각 호의 서류를 첨부하여 당해 버스를 어린이 통학 등에 이용하는 시설의 소재지를 관할하는 경찰서장에게 제출하여야 한다. 이 경우 관할경찰서장은 「전자정부법」 제36조제1항에 따른 행정정보의 공동이용으로 신청인의 자동차등록증을 확인하여야 하며, 신청인이 확인에 동의하지 아니하는 경우에는 그 사본을 첨부하도록 하여야 한다.

1. 보험가입증명서 사본
2. 학교 등기·인가 신고서 또는 학원 등록 신고서 사본

② 관할경찰서장은 제1항에 따른 신고서를 접수한 경우 구비요건을 확인한 후 기준에 적합한 때에는 별지 제19호서식의 어린이통학버스 신고증명서를 교부하여야 한다.

③ 제2항에 따라 교부받은 어린이통학버스 신고증명서는 그 자동차의 앞면 창유리 우측상단의 보기 쉬운 곳에 부착하여야 한다.

④ 어린이통학버스 신고증명서를 잃어버리거나 헐어 못쓰게 된 때에는 별지 제20호서식의 어린이통학버스 신고증명서 재교부신청서를 관할경찰서장에게 제출하여 다시 교부받아야 한다. 다만, 어린이통학버스 신고증명서가 헐어 못쓰게 되어 다시 신청하는 때에는 어린이통학버스 신고증명서 재교부신청서에 헐어 못쓰게 된 신고증명서를 첨부하여 제출하여야 한다.

제36조(어린이 보호표지) 영 제31조제2호에 따른 어린이 보호표지는 별표 14와 같다.

제37조(어린이통학버스 신고증명서의 회수) 관할경찰서장은 어린이통학버스가 다음 각 호의 어느 하나에 해당하는 경우에는 제35조제2항에 따른 어린이통학버스 신고증명서를 회수하여야 한다.

1. 어린이통학버스가 영 제31조제1호·제3호 및 제4호에 따른 요건에 적합하지 아니한 경우
2. 법 제2조제23호에 따른 어린이 시설이 폐쇄된 경우
3. 고장이나 그 밖의 사유로 인하여 어린이통학버스로 사용할 수 없게 된 경우

제37조의2(어린이 하차확인장치) 법 제53조제5항에서 "행정안전부령으로 정하는 어린이나 영유아의 하차를 확인할 수 있는 장치"란 「자동차 및 자동차 부품의 성능과 기준에 관한 규칙」 제53조의4에 따른 어린이 하차확인장치를 말한다.

제37조의3(보호자 동승표지)
① 법 제53조제6항에서 "행정안전부령으로 정하는 보호자 동승을 표시하는 표지"란 별표 15에 따른 보호자 동승표지를 말한다.
② 제1항에 따른 보호자 동승표지는 어린이통학버스의 우측 옆면 승강구 부근의 보기 쉬운 곳에 부착한다.

제37조의4(안전운행기록) 법 제53조제7항에 따른 어린이통학버스의 안전운행기록은 별지 제20호의2서식에 따른다.

제37조의5(어린이통학버스 운영자 등에 관한 안전교육)
① 법 제53조의3 및 영 제31조의2에 따라 법 제2조제23호 각 목의 시설 가운데 어린이를 교육대상으로 하는 시설(이하 "어린이교육시설"이라 한다)에서 어린이통학버스를 운영하는 사람과 운전하는 사람 및 법 제53조제3항에 따라 어린이통학버스에 동승하는 보호자(이하 "동승보호자"라 한다)에 대해 실시하는 어린이통학버스의 안전운행 등에 관한 교육(이하 "어린이통학버스 안전교육"이라 한다)은 「한국도로교통공단법」 제2조에 따른 한국도로교통공단(이하 "한국도로교통공단"이라 한다)에서 제작하고 경찰청장이 감수한 교재를 사용해야 한다. 다만, 어린이교육시설을 관리하는 주무기관의 장이 직접 안전교육을 실시하는 경우에는 경찰청장이 감수한 자료를 기초로 직접 제작한 교재를 사용할 수 있다.
② 한국도로교통공단은 매년 교육 인원 등을 고려하여 어린이통학버스 안전교육에 관한 세부교육계획을 수립하여 경찰청장에게 승인을 받아야 한다.
③ 한국도로교통공단은 어린이통학버스 안전교육에 관한 교육일정을 기관 홈페이지를 통하여 공지하여야 한다.
④ 한국도로교통공단은 어린이통학버스 안전교육 대상자에게 별지 제20호의3서식의 안전교육 통지서에 따라 교육기간 및 교육장소 등에 관한 사항을 알려주어야 한다. 다만, 개별적인 통지가 곤란한 안전교육 대상자에 대해서는 한국도로교통공단 홈페이지에 일반적인 교육기간 및 교육장소를 공지한 것으로 통지를 대신한다.

⑤ 영 제31조의2제4항에 따라 어린이통학버스 안전교육을 받은 운영자에게 발급하는 교육확인증은 별지 제20호의4서식에 따르고, 운전자 및 동승보호자에게 발급하는 교육확인증은 별지 제20호의5서식에 따른다.

제37조의6(어린이통학버스 관련 의무 위반 정보 등 제공) 경찰서장은 법 제53조의4제1항에 따라 다음 각 호의 정보를 어린이교육시설을 감독하는 주무기관의 장에게 제공해야 한다.
1. 법 제53조 또는 제53조의5를 위반하여 어린이를 사상(死傷)하는 사고를 유발한 사람의 성명 및 해당 어린이교육시설의 명칭
2. 제1호에 따른 사고의 일시·장소 및 위반 항목
3. 제1호에 따른 사고 관련 자동차의 등록번호

제38조(교통사고의 조사보고)
① 경찰공무원(자치경찰공무원은 제외한다)이 영 제32조에 따라 교통사고를 조사한 경우에는 별지 제21호서식의 교통사고보고서를 작성하여 경찰서장에게 보고하여야 한다. 다만, 영 제32조 단서에 따라 조사항목의 일부를 생략하는 경우에는 별지 제21호의2서식의 단순 물적피해 교통사고 조사보고서를 작성하여 경찰서장에게 보고하여야 한다.
② 경찰서장은 그 관할구역 안에서 교통사고를 일으킨 사람에 대하여는 별표 28의 기준에 따라 벌점을 산정하고, 그 사람의 인적사항·면허번호 및 벌점 등을 즉시 자동차운전면허대장(전산정보처리조직에 의하여 관리하는 운전면허관리자료를 포함한다. 이하 같다)에 기재되도록 전산입력하여 시·도경찰청장에게 보고하여야 한다.

제5장 고속도로 및 자동차전용도로에서의 특례

제39조(고속도로에서의 차로에 따른 통행구분)
① 법 제60조에 따른 고속도로에서의 차로(전용차로가 설치되어 운용되고 있는 경우 그 전용차로를 제외한다)에 따른 통행차의 기준은 별표 9와 같다.
② 경찰청장은 고속도로에서의 교통의 안전과 원활한 소통을 확보하기 위하여 특히 필요하다고 인정되는 경우에는 통행방법을 따로 정하여 고시할 수 있다.
③ 제16조제2항 및 제3항의 규정은 고속도로에서의 자동차의 통행 및 차로에 관하여 이를 준용한다.

제40조(고장자동차의 표지)
① 법 제66조에 따라 자동차의 운전자는 고장이나 그 밖의 사유로 고속도로 또는 자동차전용도로(이하 "고속도로등"이라 한다)에서 자동차를 운행할 수 없게 되었을 때에는 다음 각 호의 표지를 설치하여야 한다.
　1. 「자동차관리법 시행령」 제8조의2제7호, 「자동차 및 자동차부품의 성능과 기준에 관한 규칙」 제112조의8 및 별표 30의5에 따른 안전삼각대(국토교통부령 제386호 자동차 및 자동차부품의 성능과 기준에 관한 규칙 일부개정령 부칙 제6조에 따라 국토교통부장관이 정하여 고시하는 기준을 충족하도록 제작된 안전삼각대를 포함한다)
　2. 사방 500미터 지점에서 식별할 수 있는 적색의 섬광신호·전기제등 또는 불꽃신호. 다만, 밤에 고장이나 그 밖의 사유로 고속도로등에서 자동차를 운행할 수 없게 되었을 때로 한정한다.
② 삭제
③ 자동차의 운전자는 제1항에 따른 표지를 설치하는 경우 그 자동차의 후방에서 접근하는 자동차의 운전자가 확인할 수 있는 위치에 설치하여야 한다.

제41조 삭제

제6장 도로의 사용

제42조(도로공사신고) 법 제69조제1항에 따라 도로공사를 하려는 사람(이하 "공사시행자"라 한다)은 별지 제22호서식의 도로공사신고서에 다음 각 호의 서류를 첨부하여 관할 경찰서장에게 신고해야 한다.
　1. 공사구간의 교통관리 및 교통안전시설의 설치 계획(필요한 경우에만 첨부한다)
　2. 공사 현장 위치도 및 세부 도면
　3. 도로점용 허가증 등 도로공사 시행의 근거가 되는 서류
　4. 위임장 및 대리인의 신분증 사본(대리인이 신고하는 경우만 해당한다)

제42조의2(도로공사장의 교통안전조치) 법 제69조제3항 및 제4항에 따른 교통안전시설의 설치 및 안전요원 또는 안전유도 장비의 배치에 관한 기준은 별표 15의2와 같다.

제43조(교통안전시설의 원상회복) 법 제69조제6항에 따라 공사시행자는 공사로 인하여 교통안전시설을 훼손한 때에는 부득이한 사유가 없는 한 해당공사가 끝난 날부터 3일 이내에 이를 원상회복하고 그 결과를 관할경찰서장에게 신고해야 한다.

제44조 삭제

제45조(열람부) 영 제13조제4항 및 영 제34조제1항에 따라 작성하는 경찰서장이 제거한 공작물 등의 열람부는 별지 제23호서식에 의한다.

제7장 교통안전교육

제46조(교통안전교육의 방법 등)
① 법 제73조제1항 및 영 제37조에 따른 교통안전교육(이하 "교통안전교육"이라고 한다), 법 제73조제2항·제3항 및 영 제38조에 따른 특별교통안전 의무교육과 특별교통안전 권장교육(이하 "특별교통안전교육"이라고 한다)의 과목·내용·방법 및 시간은 별표 16과 같다.
② 교통안전교육을 실시함에 있어서는 법 제74조에 따른 교통안전교육기관 또는 법 제119조에 따른 자동차운전전문학원연합회에서 제작하고 경찰청장이 감수한 교재를 사용하여야 한다. 다만, 특별교통안전교육을 실시함에 있어서는 한국도로교통공단에서 제작하고 경찰청장이 감수한 교재를 사용하여야 한다.
③ 시·도경찰청장 또는 경찰서장은 제93조제3항에 따라 별지 제82호서식의 운전면허정지·취소처분결정통지서를 발송 또는 발급할 때에는 특별교통안전교육의 실시에 관한 사항을 함께 알려주어야 한다.
④ 교통안전교육기관의 장 또는 한국도로교통공단 이사장은 교통안전교육 또는 특별교통안전교육을 받은 사람에 대하여는 별지 제25호서식의 교육확인증을 발급하여야 한다.
⑤ 삭제
⑥ 영 제38조제5항에 따라 특별교통안전 의무교육 연기신청을 하고자 하는 사람은 별지 제27호서식의 특별교통안전 의무교육 연기신청서에 연기사유를 증명할 수 있는 서류를 첨부하여 경찰서장에게 제출하여야 한다.

⑦ 경찰서장이 제6항에 따라 특별교통안전 의무교육을 연기한 때에는 자동차운전면허대장에 그 내용을 기재하고 별지 제28호서식의 특별교통안전 의무교육 연기사실확인서를 교부하여야 한다.

제46조의2(긴급자동차 운전자에 대한 교통안전교육)

① 영 제38조의2에 따른 긴급자동차 운전자에 대한 교통안전교육의 과목·내용·방법 및 시간은 별표 16과 같다.

② 영 제38조의2에 따른 긴급자동차 교통안전교육을 실시함에 있어서는 한국도로교통공단에서 제작하고 경찰청장이 감수한 교재를 사용하여야 한다.

③ 한국도로교통공단은 긴급자동차 교통안전교육에 관한 세부교육계획을 수립하여 경찰청장에게 승인을 받아야 한다.

④ 한국도로교통공단은 긴급자동차 교통안전교육에 관한 교육일정을 기관 홈페이지를 통하여 공지하여야 한다.

⑤ 한국도로교통공단 이사장과 영 제38조의2제3항 단서의 국가기관 및 지방자치단체의 장은 법 제73조제4항에 따른 교육을 받은 사람에 대하여 별지 제28호의2서식의 교육확인증을 발급하여야 한다.

⑥ 국가기관 및 지방자치단체의 장이 영 제38조의2제3항 단서에 따라 긴급자동차 교통안전교육을 실시한 경우에는 별지 제28호의3서식의 긴급자동차 교통안전교육 이수자 명단을 작성하여 한국도로교통공단에 통보하여야 한다.

제46조의3(75세 이상인 사람에 대한 교통안전교육)

① 법 제73조제5항에 따른 75세 이상인 사람에 대한 교통안전교육은 한국도로교통공단에서 실시한다.

② 75세 이상인 사람에 대한 교통안전교육의 과목·내용·방법 및 시간은 별표 16 제4호와 같다.

③ 75세 이상인 사람에 대한 교통안전교육의 교재, 세부교육계획 수립 및 교육일정의 공지에 관하여는 제46조의2제2항부터 제4항까지의 규정을 준용한다.

④ 한국도로교통공단 이사장은 75세 이상인 사람에 대한 교통안전교육을 받은 사람에게 별지 제28호의4서식의 교통안전교육 확인증을 발급해야 한다.

제47조(교통안전교육기관의 지정신청 등)

① 법 제74조에 따라 교통안전교육을 실시하는 기관 또는 시설(이하 "교통안전교육기관"이라 한다)로 지정받으려는 자는 별지 제29호서식의 교통안전교육기관 지정신청서에 다음 각 호의 서류를 첨부하여 시·도경찰청장에게 제출해야 한다.

1. 별지 제30호서식의 교통안전교육기관카드 1부
2. 부대시설·설비 등을 나타내는 도면 1부
3. 삭제
4. 교통안전교육기관의 시설 등의 사용에 관한 전세 또는 임대차 계약서 사본 1부(교통안전교육기관의 시설 등이 다른 사람의 소유인 경우에 한한다)
5. 법 제76조제2항에 따른 교통안전교육강사의 자격을 증명할 수 있는 서류 사본 1부
6. 교통안전교육기관의 직인(한 변의 길이가 3센티미터인 정사각형의 것을 말한다) 및 교통안전교육기관의 장·운영책임자의 도장의 인영(印影: 도장을 찍은 모양을 말한다. 이하 같다)

② 제1항에 따라 서류를 제출받은 시·도경찰청장은 「전자정부법」 제36조제1항에 따른 행정정보의 공동이용을 통하여 다음 각 호의 서류를 확인하여야 한다. 다만, 주민등록표 초본은 신청인이 확인에 동의하지 아니하는 경우에는 이를 제출(주민등록증 등 신분증명서를 제시하는 것으로 갈음할 수 있다)하도록 하여야 한다.

1. 설립·운영하는 자의 법인의 등기사항증명서(설립·운영하는 자가 법인인 경우에 한한다)
2. 교통안전교육기관의 토지대장 등본 및 건축물대장 등본
3. 교통안전교육기관의 장의 주민등록표 초본(법 제75조제1항에 따라 운영책임자를 임명한 경우에는 운영책임자의 주민등록표 초본을 포함한다)
4. 설립·운영하는 자의 주민등록표 초본(설립·운영하는 자가 개인인 경우에 한정한다)

③ 교통안전교육기관의 장은 법 제74조제2항 각 호에서 규정된 기관 또는 시설의 고유명칭에 "부설교통안전교육기관"이라고 표시하여 이를 교통안전교육기관의 명칭으로 사용하여야 한다.

④ 시·도경찰청장은 법 제74조에 따라 교통안전교육기관을 지정한 때에는 별지 제31호서식의 교통안전교육기관 지정증을 신청인에게 교부하고, 그 사실을 별지 제32호서식의 교통안전교육기관 지정대장에 기록·관리하여야 한다.

제48조(교통안전교육기관 운영책임자의 선임 및 해임 통보)

교통안전교육기관의 장이 법 제75조제1항에 따른 운영책임자를 선임 또는 해임한 때에는 별지 제33호서식에 의하여 지체 없이 시·도경찰청장에게 통보하여야 한다.

제49조(교통안전교육의 관리 등)

① 교통안전교육기관의 장(법 제75조제1항에 따라 교통안전교육기관의 운영책임자를 임명한 때에는 그 운영책임자를 말한다. 이하 같다)은 교육 당일 교육생이 본인인지의 여부를 확인하여야 한다.

② 교통안전교육강사는 교육이 시작되기 전에 별지 제34호서식에 의하여 교육생 명단을 작성한 후 교육을 마친 때에는 교육생이 교육을 이수하였는지의 여부를 확인하여 교육생 명단에 서명 또는 날인하고 이를 교통안전교육기관의 장에게 제출하여 그 결과를 보고하여야 한다.

③ 교통안전교육기관의 장은 제2항에 따른 보고를 받은 경우에는 교육과정을 모두 이수한 교육생에 대하여 제46조제4항에 따라 교육확인증을 교부하고, 교육확인증 발급현황을 별지 제35호서식의 교육확인증 발급대장에 기록하여 보관해야 한다.

④ 교통안전교육기관의 장은 제3항에 따라 교육확인증을 받은 사람이 교육확인증을 분실 또는 훼손하여 재발급을 신청한 때에는 교육확인증 발급대장에 그 사실을 기록하고 재발급할 수 있다.

⑤ 교통안전교육기관의 장은 영 제39조제1호 나목에 따라 설치한 교통안전교육 관리용 전산시스템을 수시로 점검하여 항상 정상적으로 작동되도록 하여야 한다.

⑥ 교통안전교육기관에는 별표 17의 장부 및 서류를 갖추어 관련 기록을 정확하게 유지하여야 한다.

⑦ 제1항 내지 제6항의 규정은 한국도로교통공단에서 실시하는 특별교통안전교육의 관리에 관하여 이를 준용한다.

제50조(교통안전교육기관 운영의 정지 또는 폐지 신고서)

법 제78조에 따른 교통안전교육기관의 운영의 정지 또는 폐지의 신고는 별지 제37호서식의 교통안전교육기관 정지·폐지신고서에 의한다. 이 경우 폐지신고를 하는 때에는 지정증을 첨부하여야 한다.

제51조(교통안전교육기관의 지정취소 등)

① 법 제79조에 따른 교통안전교육기관의 지정취소 또는 운영정지의 기준은 별표 17의2와 같다.

② 시·도경찰청장은 법 제79조에 따라 교통안전교육기관의 지정을 취소하거나 운영정지를 명하려면 먼저 별지 제38호서식의 교통안전교육기관 행정처분 사전통지서에 따라 교통안전교육기관의 장에게 사전통지를 한 후 별지 제39호서식의 교통안전교육기관 행정처분 결정통지서에 따라 지정을 취소하거나 운영 정지를 명한 사실을 통지하고 별지 제40호서식의 교통안전교육기관 행정처분대장에 그 사실을 기재하여야 한다.

③ 교통안전교육기관의 장은 제1항에 따른 지정취소 또는 운영정지의 통지를 받은 날부터 7일 이내에 지정증을 시·도경찰청장에게 반납하여야 한다.

④ 시·도경찰청장은 제1항에 따라 교통안전교육기관의 지정을 취소하거나 운영정지의 명령을 한 때에는 그 사실을 그 교통안전교육기관의 출입구·게시판 등 잘 보이는 곳에 공고하여야 한다.

제52조(수강료 등의 게시 등) 제126조의 규정은 교통안전교육기관 및 한국도로교통공단의 강사의 인적사항 및 수강료의 게시에 관하여 이를 준용한다.

제8장 운전면허

제53조(운전면허에 따라 운전할 수 있는 자동차등의 종류)

법 제80조제2항에 따라 운전면허를 받은 사람이 운전할 수 있는 자동차등의 종류는 별표 18과 같다.

제54조(운전면허의 조건 등)

① 한국도로교통공단은 법 제83조제1항제1호, 제87조 및 제88조에 따라 실시한 적성검사 결과가 운전면허에 조건을 붙여야 하거나 변경이 필요하다고 판단되는 경우에는 그 내용을 시·도경찰청장에게 통보하여야 한다.

② 제1항에 따라 한국도로교통공단으로부터 통보를 받은 시·도경찰청장이 운전면허를 받을 사람 또는 적성검사를 받은 사람에게 붙이거나 바꿀 수 있는 조건은 다음 각 호와 같이 구분한다.

　1. 자동차등의 구조를 한정하는 조건

　　가. 자동변속기장치 자동차만을 운전하도록 하는 조건

　　나. 삼륜 이상의 원동기장치자전거(이하 "다륜형 원동기장치자전거"라 한다)만을 운전하도록 하는 조건

　　다. 가속페달 또는 브레이크를 손으로 조작하는 장치, 오른쪽 방향지시기 또는 왼쪽 엑셀러레이터를 부착하도록 하는 조건

　　라. 신체장애 정도에 적합하게 제작·승인된 자동차등만을 운전하도록 하는 조건

　2. 의수·의족·보청기 등 신체상의 장애를 보완하는 보조수단을 사용하도록 하는 조건

3. 청각장애인이 운전하는 자동차에는 별표 19의 청각장애인표지와 충분한 시야를 확보할 수 있는 볼록거울을 별도로 부착하도록 하는 조건

③ 제1항에 따른 조건의 부과기준은 별표 20과 같다. 다만, 운전면허를 받을 사람 또는 적성검사를 받은 사람의 신체상의 상태 또는 운전능력에 따라 2 이상의 조건을 병합하여 부과할 수 있다.

④ 시·도경찰청장이 운전에 필요한 조건을 붙이거나 바꾼 때에는 그 내용을 한국도로교통공단에 통보하고, 그 통보를 받은 한국도로교통공단은 운전면허의 조건이 부과되거나 변경되는 사람에게 별지 제40호의2서식의 조건부과(변경)통지서에 따라 그 내용을 통지하여야 한다.

⑤ 한국도로교통공단은 제4항에 따라 시·도경찰청장으로부터 통보를 받은 때에는 그 사람의 운전면허증과 별지 제56호서식의 자동차운전면허대장, 별지 제67호서식의 정기적성검사대장 또는 별지 제75호서식의 수시적성검사대장에 그 내용을 기재하여야 한다.

⑥ 시·도경찰청장은 제2항제1호에 따른 조건을 바꾸거나 해지하려는 경우에는 법 제83조제1항제1호 및 제4호에 따른 적성 및 기능에 관한 시험에 합격한 사람에 한정하여 이를 할 수 있다.

제55조(연습운전면허를 받은 사람의 준수사항)
법 제80조제2항제3호에 따른 연습운전면허를 받은 사람이 도로에서 주행연습을 하는 때에는 다음 각 호의 사항을 지켜야 한다.

1. 운전면허(연습하고자 하는 자동차를 운전할 수 있는 운전면허에 한한다)를 받은 날부터 2년이 경과된 사람(소지하고 있는 운전면허의 효력이 정지기간 중인 사람을 제외한다)과 함께 승차하여 그 사람의 지도를 받아야 한다.
2. 「여객자동차 운수사업법」 또는 「화물자동차 운수사업법」에 따른 사업용 자동차를 운전하는 등 주행연습 외의 목적으로 운전하여서는 아니된다.
3. 주행연습 중이라는 사실을 다른 차의 운전자가 알 수 있도록 연습 중인 자동차에 별표 21의 표지를 붙여야 한다.

제56조(운전면허시험의 공고)
① 경찰서장 또는 한국도로교통공단은 운전면허 시험을 실시하려는 경우에는 시험일 20일 전에 별지 제41호서식의 자동차운전면허시험 실시공고에 의하여 이를 공고하여야 한다. 다만, 월 4회 이상 실시하는

경우에는 월별로 일괄하여 공고할 수 있다.

② 제1항에 따른 공고는 운전면허시험장의 게시판에 공고하거나 신문 또는 방송 등을 통하여 널리 알릴 수 있는 방법으로 하여야 한다.

제57조(운전면허시험의 응시)
① 법 제83조제1항 및 제2항에 따라 운전면허시험에 응시하려는 사람은 별지 제42호서식(제1종 보통 및 제2종 운전면허시험에 응시하려는 경우에는 별지 제42호의2서식을 말한다)에 따른 자동차운전면허시험 응시원서에 다음 각 호의 서류를 첨부하여 경찰서장 또는 한국도로교통공단에 제출하고, 신분증명서를 제시해야 한다. 다만, 신청인이 원하는 경우에는 신분증명서 제시를 갈음하여 전자적 방법으로 지문정보를 대조하여 본인 확인을 할 수 있다.

1. 사진(신청일부터 6개월 내에 모자를 벗은 상태에서 배경 없이 촬영된 상반신 컬러사진으로 규격은 가로 3.5센티미터, 세로 4.5센티미터로 한다. 이하 같다) 3장
2. 병력신고서(제1종 대형 및 특수 운전면허시험에 응시하려는 경우만 해당한다)
3. 질병·신체에 관한 신고서(제1종 보통 및 제2종 운전면허시험에 응시하려는 경우만 해당한다)
4. 운전면허시험 신청일부터 2년 이내에 발급된 다음 각 목의 어느 하나에 해당하는 서류(한쪽 눈만 보지 못하는 사람이 제1종 보통면허시험에 응시하려는 경우에는 다목에 따른 서류만 해당한다)로서 영 제45조제1항에 따른 운전면허의 적성에 관한 사항을 포함하고 있는 것. 다만, 제2항에 따라 「전자정부법」 제36조에 따른 행정정보의 공동이용을 통하여 확인할 수 있는 사항은 포함하지 않을 수 있다.
   가. 「의료법」 제3조제2항제1호가목에 따른 의원, 같은 항 제3호가목 및 바목에 따른 병원 및 종합병원에서 발행한 별지 제42호서식(제1종 보통 및 제2종 운전면허시험에 응시하려는 경우에는 별지 제42호의2서식을 말한다)에 첨부된 양식의 신체검사서
   나. 「국민건강보험법」 제52조에 따른 건강검진 결과 통보서
   다. 「의료법」 제17조에 따라 의사가 발급한 진단서
   라. 「병역법」 제11조에 따른 병역판정 신체검사(현역병지원 신체검사를 포함한다) 결과 통보서

② 제1항에 따라 신청을 받은 경찰서장 또는 한국도로 교통공단은「전자정부법」제36조에 따른 행정정보의 공동이용을 통하여 다음 각 호의 정보를 확인해야 한다. 다만, 신청인이 해당 정보의 확인에 동의하지 않는 경우에는 관련 자료를 제출(제1호의 경우에는 제1항제4호 각 목의 어느 하나에 해당하는 서류에 포함하여 제출하는 것을 말한다. 이하 같다)하도록 해야 한다.
1. 운전면허시험을 신청한 날부터 2년 내에 실시한 「국민건강보험법」제52조 또는「의료급여법」제 14조에 따른 신청인의 건강검진 결과 내역 또는 「병역법」제11조에 따른 신청인의 병역판정 신체검사 결과 내역 중 적성검사를 위하여 필요한 시력 또는 청력에 관한 정보
2. 신청인이 외국인 또는 재외동포인 경우 외국인등록사실증명 중 국내 체류지에 관한 정보나 국내 거소신고사실증명 중 대한민국 안의 거소에 관한 정보
3. 신청인이 제75조제1항에 따른 군복무 중 자동차 등에 상응하는 군의 차를 운전한 경험이 있는 사람인 경우「병역법 시행령」제155조의7에 따른 병적증명서 중 지방병무청장이 발급하는 군 운전 경력 및 무사고 확인서
③ 연습운전면허시험에 응시하려는 사람은 제1종 보통 연습면허 및 제2종 보통연습면허를 동시에 신청할 수 없다.

제58조(응시원서의 접수 등)
① 경찰서장 또는 한국도로교통공단은 제57조제1항에 따른 응시원서를 접수한 때에는 그 사실을 별지 제 43호서식의 운전면허응시원서접수대장에 기록하고, 시험일자를 지정한 후 운전면허시험응시표를 응시자에게 발급하여야 한다. 다만, 응시원서 접수사실을 전산정보처리조직에 의하여 관리하는 경우에는 운전면허응시원서접수대장에 그 사실을 기록하지 아니할 수 있다.
② 제57조제1항에 따른 자동차운전면허시험 응시원서의 유효기간은 최초의 필기시험일부터 1년간으로 하되, 제1종 보통연습면허 또는 제2종 보통연습면허를 받은 때에는 그 연습운전면허의 유효기간으로 한다.
③ 제1항에 따라 운전면허시험응시표를 발급받은 사람이 그 운전면허시험응시표를 잃어버리거나 헐어 못 쓰게 된 때에는 그 응시지역을 관할하는 경찰서장 또는 한국도로교통공단이 지정하는 장소에서 운전면허시험응시표를 재발급 받을 수 있다.

④ 경찰서장 또는 한국도로교통공단은 학과시험 또는 기능시험을 실시한 때에는 별지 제44호서식의 운전면허시험 종합성적표를, 도로주행시험을 실시한 때에는 별지 제45호서식의 제1종보통·제2종보통운전면허시험 종합성적표를 작성·비치하여야 하며, 최종합격자에 대하여는 운전면허시험응시표를 회수하여 이를 보관하여야 한다.

제59조 삭제

제59조의2(제1종 보통면허시험 및 제2종 운전면허시험 응시자의 적성판정) 영 제45조제2항에 따른 제1종 보통면허시험 및 제2종 운전면허시험 응시자의 적성은 별지 제42호의2서식 뒤쪽의 질병·신체에 관한 신고서로 판정한다.

제60조(신체검사서에 의하여도 판정이 곤란한 사람에 대한 운전적성의 인정방법 등)
① 영 제45조제3항에서 적성기준에 적합한 것으로 보는 "행정안전부령으로 정하는 경우"란 다음 각 호의 어느 하나에 해당하는 경우를 말한다.
1. 학원·전문학원 또는 법 제2조제32호라목의 시설에서 2시간 이상 기능교육을 받은 사실이 있는 경우
2. 신체장애정도에 적합하게 제작·승인된 자동차를 이용하여 운전면허시험에 응시하는 경우
3. 해당분야의 전문의가 발급하는 소견서에 의하여 운전이 가능하다고 인정되는 경우
4. 의수·의족 등의 보조수단(이하 "보조장구"라 한다)을 사용하거나 보조장구 없이 핸들·브레이크·엑셀러레이터 등의 조작능력 등을 과학적으로 평가할 수 있는 운동능력평가기기에 의하여 운전적성의 판정에 합격하는 경우
② 제1항제4호에 따른 운전적성의 판정은 별표 22의 운동능력평가기기에 의한 판정기준에 따라 현장에서 판정하고, 판정결과를 별지 제48호서식의 운동능력평가표에 기재하여야 하며, 별지 제49호서식의 운동능력평가자접수대장에 기록·관리하여야 한다.
③ 한국도로교통공단은 제2항에 따른 운동능력 평가결과에 따라 합격판정을 받은 사람에 대해서는 운동능력 평가결과를 통지하여야 한다.
④ 삭제

제61조(신체상태에 따른 운전면허의 기준) 영 제45조제5항에 따른 신체상태에 따른 운전면허의 기준은 별표 20과 같다.

제62조(학과시험문제의 출제와 관리)

① 한국도로교통공단은 매년 운전면허시험의 학과시험 문제지를 면허시험 종별로 작성하고, 영 제43조제1항에 따른 원동기장치자전거면허시험의 학과시험문제지를 경찰서장에게 배부하여야 한다.

② 경찰서장 및 한국도로교통공단은 학과시험문제지를 분실·훼손되지 아니하도록 보관하여야 하며, 시험이 시작되기 직전에 소속 경찰공무원(자치경찰공무원은 제외한다) 또는 한국도로교통공단 소속 직원을 지명하여 학과시험문제지를 선별하고 응시자에게 좌석열별로 다르게 배부하도록 하여야 한다.

③ 응시자에게 배부한 학과시험문제지는 시험이 끝나는 즉시 회수하여 보관하여야 한다.

제63조(필기시험의 출제비율)
영 제50조제2항에 따라 영 제46조에 따른 도로교통법령 등에 관한 시험 및 영 제47조에 따른 자동차등의 점검요령 등에 관한 시험을 병합하여 실시하는 경우의 출제비율은 영 제46조에 따른 시험을 95퍼센트, 영 제47조에 따른 시험을 5퍼센트로 한다.

제64조(학과시험의 합격자발표)

① 학과시험의 합격자발표는 특별한 사정이 없는 한 시험 당일에 하여야 한다.

② 학과시험의 합격자를 발표하는 때에는 기능시험의 일시 및 장소를 합격자에게 알려주어야 한다.

③ 학과시험의 합격자발표는 일정한 장소에 응시자의 수험번호를 게시함으로써 본인에 대한 통지에 대신할 수 있다.

제65조(기능시험)
영 제48조에 따른 기능시험은 적성검사에 합격한 사람에 대하여 별표 23에 따른 코스를 운전하게 함으로써 이를 실시한다.

제66조(기능시험의 채점 및 합격기준)

① 제65조에 따른 기능시험의 운전면허 종류별 시험항목·채점기준 및 합격기준 등은 별표 24와 같다.

② 제1항에 따른 기능시험의 채점은 전자채점방식으로 한다. 다만, 영 제48조제3항 단서에 따라 운전면허시험관이 직접 채점할 수 있는 기능시험은 다음 각 호와 같다.

1. 법 제82조제1항제4호 단서에 따라 양팔을 쓸 수 없는 사람 및 영 제45조제1항제4호 단서의 경우에 해당하는 사람에 대한 기능시험

2. 영 제43조제2항 단서 및 영 제86조제3항제1호에 따라 경찰서장이 실시하는 원동기장치자전거면허 기능시험

3. 응시자가 일시적으로 급격히 증가하여 운전면허시험장 외의 장소에서 실시하는 기능시험

제67조(도로주행시험)

① 영 제49조제3항에 따른 도로주행시험을 실시하는 도로의 기준은 별표 25와 같다.

② 영 제49조에 따른 도로주행시험은 연습운전면허를 받은 사람에 대하여 제1항에 따른 기준에 적합한 도로 중 시·도경찰청장이 지정한 도로를 운행하게 함으로써 이를 실시한다. 이 경우 운행할 도로는 전자채점기로 선택하되, 전자채점기의 고장 등으로 전자채점기로 선택하는 것이 곤란한 경우에는 운전면허시험관이 한국도로교통공단에서 정한 기준에 따라 선택한다.

제68조(도로주행시험의 채점 및 합격기준 등)

① 제67조에 따른 도로주행시험의 운전면허 종류별 시험항목·채점기준 및 합격기준 등은 별표 26과 같다.

② 제1항에 따른 도로주행시험의 채점은 도로주행시험용 자동차에 같이 탄 운전면허시험관이 전자채점기에 직접 입력하거나 전자채점기로 자동 채점하는 방식으로 한다. 다만, 전자채점기의 고장 등으로 전자채점이 곤란한 경우에는 제72조제1항에 따른 도로주행시험채점표에 운전면허시험관이 직접 기록하는 방식으로 채점한다.

제69조(운전면허시험관의 자격 및 준수사항)

① 제66조에 따른 기능시험과 제68조에 따른 도로주행시험을 실시하는 운전면허시험관(이하 "시험관"이라 한다)은 법 제107조에 따른 기능검정원자격증을 받은 한국도로교통공단 소속 직원이 된다. 다만, 영 제43조제1항에 따라 경찰서장이 실시하는 원동기장치자전거면허 기능시험 시험관은 그 면허시험에 해당하는 운전면허를 받은 경찰공무원(자치경찰공무원은 제외한다)이 된다.

② 시험관이 기능시험 또는 도로주행시험을 실시하는 때에는 다음 각 호의 사항을 준수하여야 한다.

1. 시험을 실시하기 전에 시험진행방법 및 실격되는 경우 등 주의사항을 응시자에게 설명할 것

2. 출발점에서부터 앞서가는 차와는 충분한 안전거리가 유지되도록 할 것

3. 다음 번호의 응시자를 도로주행시험용 자동차에 동승시키는 등 공정한 평가를 위하여 노력할 것

4. 응시자에게 친절한 언어와 태도로 정하여진 순서에 따라 시험을 진행하되, 시험진행과 관련이 없는 대화를 하지 아니할 것

5. 시험진행 중 교통사고가 발생하지 아니하도록 주의하고, 교통사고가 발생한 경우에는 즉시 소속 기관의 장에게 보고할 것

제70조(기능시험 또는 도로주행시험에 사용되는 자동차등의 종별)

① 영 제48조제2항 또는 영 제49조제3항에 따라 기능시험 또는 도로주행시험에 사용되는 자동차등의 종별은 다음 각 호의 구분에 따른다.
   1. 제1종 대형면허의 경우 : 다음 각 목의 기준을 모두 갖춘 승차정원 30명 이상의 승합자동차
      가. 차량길이 : 1천15센티미터 이상
      나. 차량너비 : 246센티미터 이상
      다. 축간거리 : 480센티미터 이상
      라. 최소회전반경 : 798센티미터 이상
   2. 제1종 보통연습면허 및 제1종 보통면허의 경우 : 다음 각 목의 기준을 모두 갖춘 화물자동차
      가. 차량길이 : 465센티미터 이상
      나. 차량너비 : 169센티미터 이상
      다. 축간거리 : 249센티미터 이상
      라. 최소회전반경 : 520센티미터 이상
   3. 제1종 소형면허의 경우 : 3륜화물자동차
   4. 제1종 특수면허 중 대형견인차면허의 경우 : 다음 각 목의 구분에 따른 기준을 갖춘 견인자동차 또는 피견인자동차
      가. 견인자동차 : 기준 없음
      나. 피견인자동차 : 다음의 기준을 모두 갖춘 피견인자동차
         1) 차량길이 : 1천200센티미터 이상
         2) 차량너비 : 240센티미터 이상
         3) 축간거리 : 890센티미터 이상
   5. 제1종 특수면허 중 소형견인차면허의 경우 : 다음 각 목의 구분에 따른 기준을 갖춘 견인자동차 또는 피견인자동차
      가. 견인자동차 : 제2호에 따른 자동차
      나. 피견인자동차 : 다음의 기준을 모두 갖춘 피견인자동차
         1) 차량길이 : 385센티미터 이상
         2) 차량너비 : 167센티미터 이상
         3) 연결장치에서 바퀴까지 거리 : 200센티미터 이상
         4) 차량무게 : 총중량 750킬로그램 이상
   6. 제1종 특수면허 중 구난차면허의 경우 : 다음 각 목의 구분에 따른 기준을 갖춘 견인자동차와 피견인자동차
      가. 견인자동차 : 다음의 기준을 모두 갖춘 견인자동차
         1) 차량길이 : 643센티미터 이상
         2) 차량너비 : 219센티미터 이상
         3) 축간거리 : 379센티미터 이상
      나. 피견인자동차 : 제2호에 따른 자동차
   7. 제2종 보통연습면허의 경우 : 다음 각 목의 기준을 모두 갖춘 승용자동차(일반형 또는 승용겸화물형으로 한정한다) 또는 3톤 이하의 화물자동차(외관이 일반형 승용자동차와 유사한 밴형으로 한정한다)
      가. 차량길이 : 397센티미터 이상
      나. 차량너비 : 156센티미터 이상
      다. 축간거리 : 234센티미터 이상
      라. 최소회전반경 : 420센티미터 이상
   8. 제2종 보통면허의 경우 : 제7호 각 목의 기준을 모두 갖춘 일반형 승용자동차
   9. 제2종 소형면허의 경우 : 이륜자동차(200시시 이상으로 한정한다)
   10. 원동기장치자전거면허의 경우 : 배기량 49시시 이상인 이륜의 원동기장치자전거(다륜형 원동기장치자전거만을 운전하는 조건의 면허의 경우에는 삼륜 또는 사륜의 원동기장치자전거로 한다)

② 제1종 보통연습면허 및 제2종 보통연습면허의 기능시험에 있어서 응시자가 소유하거나 타고 온 차가 자동차의 구조 및 성능이 제1항에 따른 기준에 적합한 경우에는 그 차로 응시하게 할 수 있다.

③ 경찰서장 또는 한국도로교통공단은 조향장치나 그 밖의 장치를 뜻대로 조작할 수 없는 등 정상적인 운전을 할 수 없다고 인정되는 신체장애인에 대하여는 차의 구조 및 성능이 제1항에 따른 기준에 적합하고, 자동변속기, 수동가속페달, 수동브레이크, 좌측 보조엑셀러레이터, 우측방향지시기 또는 핸들선회장치 등이 장착된 자동차등이나 응시자의 신체장애 정도에 적합하게 제작·승인된 자동차등으로 기능시험 또는 도로주행시험에 응시하게 할 수 있다.

제71조(도로주행시험에 사용되는 자동차의 요건) 도로주행시험에 사용되는 자동차는 다음 각 호의 요건을 갖추어야 한다.
   1. 시험관이 위험을 방지하기 위하여 사용할 수 있는 별도의 제동장치 등 필요한 장치를 할 것

2. 「교통사고처리 특례법」 제4조제2항에 따른 요건을 충족하는 보험에 가입되어 있을 것
3. 별표 27에 따른 도색과 표지를 할 것

제72조(기능시험 또는 도로주행시험의 채점표용지)

① 제66조제2항 단서에 따라 운전면허시험관이 직접 채점하는 기능시험에 사용되는 채점표용지는 별지 제50호서식의 기능시험채점표에 의하고, 제68조제2항 단서에 따라 운전면허시험관이 직접 기록하는 방식으로 채점하는 도로주행시험에 사용되는 채점표용지는 별지 제51호서식의 도로주행시험채점표에 의한다.

② 경찰서장 또는 한국도로교통공단은 그 연도에 사용할 기능시험채점표용지 및 도로주행시험채점표용지에 대하여 미리 일련번호를 부여하고, 그 일련번호 위에 경찰서장이 지명하는 경찰공무원(자치경찰공무원은 제외한다) 또는 한국도로교통공단이 지명하는 소속 직원으로 하여금 검인을 하게 한 후 그 배부상황을 별지 제52호서식의 기능시험채점표용지 배부대장 및 별지 제53호서식의 도로주행시험채점표용지 배부대장에 각각 기록하여야 한다.

③ 기능시험채점표용지 및 도로주행시험채점표용지는 제2항에 따라 검인을 받은 것을 사용하여야 한다.

제73조(신체장애인에 대한 기능시험 및 도로주행시험)

① 법 제82조제1항제4호 단서에 따라 양팔을 쓸 수 없는 사람 및 영 제45조제1항제4호 단서에 따른 경우에 해당하는 사람에 대한 기능시험 및 도로주행시험에 관하여는 제66조제2항·제70조제3항 및 제71조의 규정에 불구하고 다음 각 호에서 정하는 바에 따라 할 수 있다.

1. 기능 시험의 채점은 제72조에 따른 기능시험채점표에 의하여 경찰청장이 정하는 방식으로 행할 것
2. 영 제48조제2항 또는 영 제49조제3항에 따라 기능시험 및 도로주행시험에 사용하는 자동차는 「자동차관리법」 제30조 및 제34조에 따라 관계행정기관으로부터 형식·구조 또는 장치의 변경승인을 받은 차로서 반드시 내부에 핸드브레이크가 장착되어 있는 응시자의 소유하거나 타고 온 차일 것
3. 도로주행시험에 사용되는 자동차는 제71조제2호에 따라 보험에 가입되어 있을 것

② 한국도로교통공단은 제1항에 따라 도로주행시험을 실시하는 경우에는 별표 27 제1호에 따른 착탈식 도로주행시험용 자동차의 표지를 갖추어 도로주행시험

에 사용하는 자동차에 붙여야 한다.

③ 한국도로교통공단은 법 제2조제32호라목의 신체장애인 운전교육시설에서 요청하는 경우에는 특별한 사정이 없으면 그 신체장애인에 대해서는 그 시설에서 기능시험 또는 도로주행시험을 실시할 수 있다.

제74조(기능시험 또는 도로주행시험의 판정)

① 제65조에 따른 기능시험에 있어서는 응시자 개인별로 그 기능시험이 끝난 후 현장에서 합격 또는 불합격의 판정을 하여야 한다.

② 제67조에 따른 도로주행시험에 있어서는 응시자 개인별로 도로주행시험이 끝난 후 현장에서 합격 또는 불합격의 판정을 하여야 한다.

③ 기능시험 또는 도로주행시험에 출석하지 아니한 사람은 불합격으로 한다.

④ 시험관은 그 시험의 실시일마다 그 날에 실시한 기능시험채점표 또는 도로주행시험채점표를 첨부하여 그 실시결과를 소속기관의 장에게 보고하여야 한다.

제75조(군의 자동차운전 경험의 기준 등)

① 법 제84조제1항제4호에 따른 군복무 중 자동차등에 상응하는 군의 차를 운전한 경험이 있는 사람이란 군의 자동차 운전면허증을 교부받아 운전한 경험이 있는 사람으로서 현역복무 중이거나 군복무를 마치고 전역한 후 1년이 경과되지 않은 사람을 말한다.

② 제1항에 따른 경험을 갖춘 사람인지 여부는 다음 각 호의 자료를 통하여 확인한다.

1. 국방부장관이 발급하는 별지 제54호서식의 군운전경력확인서
2. 제57조제2항제3호에 따른 군 운전경력 및 무사고 확인서

제76조(운전면허번호의 부여 등)

① 경찰서장은 영 제43조제1항에 따른 원동기장치자전거 운전면허시험에 합격한 사람의 명단을 한국도로교통공단에 통보하여야 한다.

② 한국도로교통공단은 제1항에 따라 경찰서장으로부터 통보받은 때 또는 법 제85조제2항 및 영 제86조제5항제1호에 따라 운전면허증을 발급하는 때에는 운전면허증을 발급하는 시·도경찰청의 고유번호, 발급연도, 연도별 일련번호, 면허종별 확인번호 및 재발급 횟수가 표시되도록 면허번호를 부여하여야 한다. 다만, 운전면허를 받은 사람이 다른 종별의 운전면허시험에 합격한 경우에 부여하는 운전면허증의 면허번호는 최초로 부여한 면허번호로 한다.

③ 한국도로교통공단은 제1항에 따라 경찰서장으로부터 통보 받은 사람의 원동기장치자전거 운전면허증을 제작하여 해당 경찰서장에게 송부하여야 한다.

제77조(운전면허증의 발급 등)

① 법 제85조에 따라 운전면허시험에 합격한 사람은 그 합격일부터 30일 이내에 운전면허시험을 실시한 경찰서장 또는 한국도로교통공단으로부터 운전면허증을 발급받아야 하며, 운전면허증을 발급받지 아니하고 운전하여서는 아니된다.

② 법 제85조제2항에서 "행정안전부령으로 정하는 운전면허증"이란 다음 각 호의 어느 하나에 해당하는 것을 말한다.
  1. 별지 제55호서식의 운전면허증
  2. 별지 제55호의2서식의 영문운전면허증(운전면허증의 뒤쪽에 영문으로 운전면허증의 내용을 표기한 운전면허증을 말하고, 이하 "영문운전면허증"이라 한다)
  3. 삭제

③ 제2항에도 불구하고 연습운전면허증은 별지 제42호서식의 자동차운전면허시험응시표에 연습운전면허번호 및 유효기간을 기재하여 교부하는 것으로 그 발급을 대신할 수 있다.

④ 한국도로교통공단은 제2항에 따라 운전면허증을 발급하는 때에는 별지 제56호서식의 자동차운전면허대장에 그 내용을 기재·관리하여야 한다.

⑤ 경찰서장 또는 한국도로교통공단은 제2항에 따른 운전면허증을 발급한 때에는 별지 제57호서식의 운전면허증교부대장(연습운전면허증의 경우에는 별지 제58호서식의 연습운전면허증교부대장을 말한다)을 작성하여 관계인에게 열람할 수 있도록 하여야 한다.

제78조(영문운전면허증의 신청 등)

① 영문운전면허증을 발급받으려는 사람은 별지 제59호서식의 신청서에 사진 1장을 첨부하여 경찰서장 또는 한국도로교통공단에 제출하고, 신분증명서를 제시해야 한다. 다만, 신청인이 원하는 경우에는 신분증명서 제시를 대신하여 전자적 방법으로 지문정보를 대조하여 본인 확인을 할 수 있다.

② 제1항에도 불구하고 법 제83조제1항 및 제2항에 따라 운전면허시험에 응시하려는 사람 또는 법 제87조제2항에 따라 정기적성검사를 받아야 하는 사람은 제57조제1항에 따른 자동차운전면허시험 응시원서 또는 제82조제1항에 따른 정기적성검사신청서를 제출할 때 영문운전면허증의 발급을 신청할 수 있다.

③ 제1항 또는 제2항에 따라 영문운전면허증의 발급 신청을 받은 경찰서장 또는 한국도로교통공단은 「전자정부법」 제36조제1항에 따른 행정정보의 공동이용을 통하여 신청인의 여권정보를 확인해야 하며, 신청인이 확인에 동의하지 않는 경우에는 그 사본을 제출(여권을 제시하는 것으로 갈음할 수 있다)하도록 해야 한다. 다만, 신청인이 여권을 발급받은 사실이 없는 경우에는 확인을 생략할 수 있다.

④ 제1항 또는 제2항의 신청에 따라 발급된 영문운전면허증을 수령할 때에는 기존의 운전면허증(운전면허시험에 응시하여 발급받는 경우 또는 운전면허증을 잃어버린 경우는 제외한다)을 반납해야 한다.

제78조의2(모바일운전면허증의 신청 등)

① 법 제85조의2제1항에 따라 모바일운전면허증(「이동통신단말장치 유통구조 개선에 관한 법률」 제2조제4호에 따른 이동통신단말장치에 암호화된 형태로 설치된 운전면허증을 말한다. 이하 같다)을 발급받으려는 사람은 별지 제59호서식의 신청서를 경찰서장 또는 한국도로교통공단에 제출하고, 신분증명서를 제시해야 한다. 다만, 신청인이 원하는 경우에는 신분증명서 제시를 대신하여 전자적 방법으로 지문정보를 대조하여 본인 확인을 할 수 있다.

② 제1항에도 불구하고 법 제83조제1항 및 제2항에 따라 운전면허시험에 응시하려는 사람 또는 법 제87조제2항에 따라 정기적성검사를 받아야 하는 사람은 제57조제1항에 따른 자동차운전면허시험 응시원서 또는 제82조제1항에 따른 정기적성검사신청서를 제출할 때 모바일운전면허증의 발급을 신청할 수 있다.

③ 모바일운전면허증을 발급받으려는 사람이 신청하는 경우에는 제77조제2항제1호의 운전면허증 또는 영문운전면허증에 모바일운전면허증 발급에 필요한 보안사항을 전자적 방식으로 저장한 집적회로(IC, Integrated Circuit) 칩을 포함할 수 있다.

④ 모바일운전면허증을 다시 발급받으려는 사람은 제3항에 따른 집적회로 칩과 이동통신단말장치를 이용하여 제1항 단서에 따른 본인 확인을 할 수 있다.

⑤ 모바일운전면허증의 발급에 필요한 정보를 암호화하기 위해 이동통신단말장치에 설치·사용하는 전자적 정보의 유효기간은 3년으로 한다.

⑥ 제1항 및 제2항에 따라 모바일운전면허증의 발급 신청을 받은 경찰서장 또는 한국도로교통공단은 별지 제59호의2서식의 모바일운전면허증을 발급하고 별지 제56호서식의 자동차운전면허대장에 그 내용을 기재·관리해야 한다.

제78조의3(운전면허확인서비스의 신청 등)

① 법 제85조의2제3항에 따라 운전면허확인서비스(이동통신단말장치를 이용하여 법 제85조의2제2항 각 호 외의 부분 본문에 따른 성명·사진·주소·주민등록번호·운전면허번호 및 발급 관련사항을 확인할 수 있는 서비스를 말한다. 이하 같다)를 제공받으려는 자는 별지 제59호의3서식의 운전면허확인서비스 제공 신청서에 다음 각 호의 서류를 첨부하여 시·도경찰청장에게 제출해야 한다.
  1. 운전면허확인서비스 제공이 필요한 사업의 범위, 추진방법 및 기술의 명칭·내용이 포함된 사업계획서
  2. 운전면허확인서비스 제공이 필요한 사업의 안전성 검증자료 및 이용자 보호방안
  3. 그 밖에 운전면허확인서비스 제공 여부를 결정하기 위하여 시·도경찰청장이 요구하는 자료
② 제1항에 따라 운전면허확인서비스 제공 신청서를 제출받은 시·도경찰청장은 「전자정부법」 제36조제1항에 따른 행정정보의 공동이용을 통하여 다음 각 호의 구분에 따른 행정정보를 확인해야 한다. 다만, 제2호의 경우에는 신청인이 확인에 동의하지 않으면 주민등록표 초본을 첨부하도록 해야 한다.
  1. 신청인이 법인인 경우 : 법인 등기사항증명서
  2. 신청인이 개인인 경우 : 주민등록표 초본
③ 제1항에 따른 신청을 받은 시·도경찰청장은 운전면허확인서비스를 제공하려는 경우 별지 제59호의4서식에 따라 운전면허확인서비스 제공 내역을 통보해야 한다.
④ 시·도경찰청장은 운전면허확인서비스의 안정적인 제공을 위하여 필요한 경우 운전면허확인서비스를 제공받는 자에게 개인정보의 처리 및 보호조치에 관한 자료 등 운전면허확인서비스 제공과 관련된 자료를 요청할 수 있다.

제79조(운전면허증의 확인) 운전면허를 받은 사람이 종별·구분이 다른 운전면허를 받고자 하는 때에는 응시원서의 제출 시에 응시자가 소지하고 있는 운전면허증을 제시하고 확인을 받아야 한다.

제80조(운전면허증의 재발급 신청)

① 법 제86조에 따라 운전면허증의 재발급을 신청하려는 사람은 별지 제59호서식의 신청서를 한국도로교통공단에 제출하고, 신분증명서를 제시해야 한다. 다만, 신청인이 원하는 경우에는 신분증명서 제시를 갈음하여 전자적 방법으로 지문정보를 대조하여 본인 확인을 할 수 있다.

② 제1항에 따른 신청을 받은 한국도로교통공단이 운전면허증을 재발급한 때에는 별지 제56호서식의 자동차운전면허대장에 그 내용을 기록하여야 한다.
③ 제1항의 신청에 따라 재발급된 운전면허증을 수령할 때에는 기존의 운전면허증(운전면허증을 잃어버린 경우는 제외한다)을 반납해야 한다.

제81조(운전면허증의 갱신)

① 영 제53조에 따라 운전면허증을 갱신하여 발급받으려는 사람은 별지 제59호서식의 신청서에 사진 1장을 첨부하여 한국도로교통공단에 제출하고, 신분증명서를 제시해야 한다. 다만, 신청인이 원하는 경우에는 신분증명서 제시를 갈음하여 전자적 방법으로 지문정보를 대조하여 본인 확인을 할 수 있다.
② 제1항에 따라 신청을 받은 한국도로교통공단은 신청인이 외국인 또는 재외동포인 경우 「전자정부법」 제36조에 따른 행정정보의 공동이용을 통하여 신청인의 외국인등록사실증명 중 국내 체류지에 관한 정보나 국내거소신고사실증명 중 대한민국 안의 거소에 관한 정보를 확인하여야 한다. 다만, 신청인이 해당 정보의 확인에 동의하지 아니하는 경우에는 관련 자료를 제출하도록 하여야 한다.
③ 제1항의 신청에 따라 갱신된 운전면허증을 수령할 때에는 기존의 운전면허증을 반납해야 한다.

제82조(정기적성검사의 신청 등)

① 영 제54조제1항에 따라 정기적성검사를 받으려는 사람은 별지 제64호서식(제1종 보통 및 제2종 운전면허 소지자의 경우에는 별지 제65호서식을 말한다)에 따른 정기적성검사신청서에 다음 각 호의 서류를 첨부하여 한국도로교통공단에 제출하고, 신분증명서를 제시해야 한다. 다만, 신청인이 원하는 경우에는 신분증명서 제시를 갈음하여 전자적 방법으로 지문정보를 대조하여 본인 확인을 할 수 있다.
  1. 삭제
  2. 사진 2장
  3. 병력신고서(제1종 대형·특수·소형 면허 소지자만 해당한다)
  4. 질병·신체에 관한 신고서(제1종 보통면허와 제2종 운전면허 소지자만 해당한다)
  5. 적성검사 신청일부터 2년 이내에 발급된 다음 각 목의 어느 하나에 해당하는 서류(제1종 보통면허를 받은 사람으로서 한쪽 눈만 보지 못하는 사람의 경우 다목에 따른 서류만 해당한다)로서 검사하려는 적성에 관한 사항을 포함하고 있는 것.

다만, 제2항에 따라「전자정부법」제36조에 따른 행정정보의 공동이용을 통하여 확인할 수 있는 사항은 포함하지 않을 수 있다.

　가.「의료법」제3조제2항제1호가목에 따른 의원, 같은 항 제3호가목 및 바목에 따른 병원 및 종합병원에서 발행한 별지 제64호서식(제1종 보통 및 제2종 운전면허 소지자의 경우에는 별지 제65호서식을 말한다)에 첨부된 양식의 신체검사서

　나.「국민건강보험법」제52조에 따른 건강검진 결과 통보서

　다.「의료법」제17조에 따라 의사가 발급한 진단서

　라.「병역법」제11조에 따른 병역판정 신체검사(현역병지원 신체검사를 포함한다) 결과 통보서

② 제1항에 따라 신청을 받은 한국도로교통공단은「전자정부법」제36조에 따른 행정정보의 공동이용을 통하여 다음 각 호의 정보를 확인하여야 한다. 다만, 신청인이 해당 정보의 확인에 동의하지 아니하는 경우에는 관련 자료를 제출하도록 하여야 한다.

　1. 적성검사를 신청한 날부터 2년 내에 실시한「국민건강보험법」제52조 또는「의료급여법」제14조에 따른 신청인의 건강검진 결과 내역 또는「병역법」제11조에 따른 신청인의 병역판정 신체검사 결과 내역 중 적성검사를 위하여 필요한 시력 또는 청력에 관한 정보

　2. 신청인이 외국인 또는 재외동포인 경우 외국인등록사실증명 중 국내 체류지에 관한 정보나 국내거소신고사실증명 중 대한민국 안의 거소에 관한 정보

③ 영 제54조제3항에서 "행정안전부령으로 정하는 대장"이란 별지 제67호서식의 정기적성검사대장을 말한다.

제83조(운전면허증 갱신발급 및 정기적성검사의 연기)

① 영 제55조제1항에 따라 운전면허증 갱신발급(법 제87조제2항에 따라 정기적성검사를 받아야 하는 경우 정기적성검사를 포함한다. 이하 이 조에서 같다)의 연기를 신청하려는 사람은 운전면허증 갱신기간 만료일까지 별지 제59호서식의 신청서에 연기사유를 증명할 수 있는 서류(제2항에 따라「전자정부법」제36조에 따른 행정정보의 공동이용을 통하여 확인할 수 있는 경우는 제외한다)를 첨부하여 한국도로교통공단에 제출하고, 신분증명서를 제시(해외에 체류하는 등의 사유로 신분증명서를 제시할 수 없는 경우

는 신분증명서 사본의 제출로 갈음할 수 있다)하여야 한다. 다만, 신청인이 원하는 경우에는 신분증명서 제시를 갈음하여 전자적 방법으로 지문정보를 대조하여 본인 확인을 할 수 있다.

② 제1항에 따른 신청을 받은 한국도로교통공단은「전자정부법」제36조에 따른 행정정보의 공동이용을 통하여 다음 각 호의 정보를 확인하여야 한다. 다만, 신청인이 동의하지 아니하는 경우에는 그 서류를 첨부하도록 하여야 한다.

　1. 출입국에 관한 사실증명(해외에 체류 중임을 이유로 연기를 신청하는 경우만 해당한다)

　2. 병적증명서(군 복무 중임을 이유로 연기를 신청하는 경우만 해당한다)

③ 한국도로교통공단은 영 제55조제2항에 따라 운전면허증 갱신발급을 연기한 때에는 별지 제56호서식의 자동차운전면허대장에 그 내용을 기록하고, 별지 제70호서식(영문으로 발급하는 경우에는 별지 제71호서식을 말한다)의 운전면허증 갱신발급 연기사실확인서를 작성하여 신청인에게 발급하여야 한다.

제83조의2(본인 여부를 확인할 수 있는 신분증명서의 종류)

법 제87조의2에서 "행정안전부령으로 정하는 신분증명서"란 다음 각 호의 어느 하나에 해당하는 신분증명서를 말한다

　1.「출입국관리법」제33조에 따라 발급된 외국인등록증

　2.「선원법」제45조에 따라 발급된 선원수첩

　3. 그 밖에 사진, 생년월일, 성명이 기재되어 본인인지를 확인할 수 있는 신분증명서로서 경찰청장이 정하는 것

제84조(수시 적성검사)

① 한국도로교통공단은 영 제56조제2항에 따라 수시 적성검사를 받아야 하는 사람에게 수시 적성검사를 받아야 한다는 사실을 수시 적성검사 기간 20일 전까지 통지하여야 하며, 수시 적성검사 기간에 수시 적성검사를 받지 아니한 사람에 대하여는 다시 수시 적성검사 기간을 지정하여 수시 적성검사 기간 20일 전까지 통지하여야 한다. 다만, 수시 적성검사 통지를 받을 사람의 주소 등을 통상적인 방법으로 확인할 수 없거나 통지서를 송달할 수 없는 경우에는 수시 적성검사를 받아야 하는 사람의 운전면허대장에 기재된 주소지를 관할하는 운전면허시험장의 게시판에 14일간 이를 공고함으로써 통지를 대신할 수 있다.

② 제1항에 따른 통지는 별지 제72호서식(국제운전면허 또는 상호인정외국면허를 받은 사람에 대해서는 별지 제73호서식을 말한다)의 수시 적성검사 통지서에 따른다.

③ 제1항 및 제2항에 따라 수시 적성검사의 통지를 받은 사람은 별지 제64호서식(제1종 보통 및 제2종 운전면허를 소지한 사람의 경우에는 별지 제65호서식을 말하고, 국제운전면허증 또는 상호인정외국면허증을 받은 사람의 경우에는 별지 제74호서식을 말한다)에 따른 수시 적성검사 신청서에 다음 각 호의 서류를 첨부하여 한국도로교통공단에 제출하고, 신분증명서를 제시해야 한다. 다만, 신청인이 원하는 경우에는 신분증명서 제시를 갈음하여 전자적 방법으로 지문정보를 대조하여 본인 확인을 할 수 있다.

1. 삭제

2. 사진 2장

3. 적성검사 신청일부터 2년 이내에 발급된 다음 각 목의 어느 하나에 해당하는 서류(제1종 보통면허를 받은 사람으로서 한쪽 눈만 보지 못하는 사람의 경우 다목에 따른 서류만 해당한다)로서 검사하려는 적성에 관한 사항을 포함하고 있는 것. 다만, 제4항에 따라 「전자정부법」 제36조에 따른 행정정보의 공동이용을 통하여 확인할 수 있는 사항은 포함하지 않을 수 있다.

가. 「의료법」 제3조제2항제1호가목에 따른 의원, 같은 항 제3호가목 및 바목에 따른 병원 및 종합병원에서 발행한 별지 제64호서식(제1종 보통 및 제2종 운전면허 소지자의 경우에는 별지 제65호서식을 말하고, 국제운전면허증 또는 상호인정외국면허증을 받은 사람의 경우에는 별지 제74호서식을 말한다)에 첨부된 양식의 신체검사서

나. 「국민건강보험법」 제52조에 따른 건강검진 결과 통보서

다. 「의료법」 제17조에 따라 의사가 발급한 진단서

라. 「병역법」 제11조에 따른 병역판정 신체검사(현역병지원 신체검사를 포함한다) 결과 통보서

④ 제3항에 따라 신청을 받은 한국도로교통공단은 「전자정부법」 제36조에 따른 행정정보의 공동이용을 통하여 다음 각 호의 정보를 확인하여야 한다. 다만, 신청인이 해당 정보의 확인에 동의하지 아니하는 경우에는 관련 자료를 제출하도록 하여야 한다.

1. 적성검사를 신청한 날부터 2년 내에 실시한 「국민건강보험법」 제52조 또는 「의료급여법」 제14조에 따른 신청인의 건강검진 결과 내역 또는 「병역법」 제11조에 따른 신청인의 병역판정 신체검사 결과 내역 중 적성검사를 위하여 필요한 시력 또는 청력에 관한 정보

2. 신청인이 외국인 또는 재외동포인 경우 외국인등록 사실증명 중 국내 체류지에 관한 정보나 국내거소 신고사실증명 중 대한민국 안의 거소에 관한 정보

⑤ 한국도로교통공단은 운전면허를 받은 사람에 대한 수시 적성검사의 결과와 제1항에 따른 통지의 내용을 별지 제75호서식의 수시 적성검사 대장에 기재하여야 한다.

⑥ 영 제56조제5항에 따른 수시 적성검사의 합격 판정은 정밀감정인(분야별 운전적성을 정밀감정하기 위하여 한국도로교통공단이 위촉하는 의사를 말한다)의 의견을 들은 후 제87조제1항에 따른 운전적성판정위원회가 결정하며, 정밀감정인의 위촉·운용 등에 관하여 필요한 사항은 한국도로교통공단이 정한다.

제85조(수시적성검사의 연기)

① 영 제57조제1항에 따라 수시적성검사연기를 신청하려는 사람은 수시적성검사기간 만료일까지 별지 제59호서식에 따른 신청서에 연기사유를 증명할 수 있는 서류(제2항에 따라 「전자정부법」 제36조에 따른 행정정보의 공동이용을 통하여 확인할 수 있는 경우는 제외한다)를 첨부하여 한국도로교통공단에 제출하고, 신분증명서를 제시해야 한다. 다만, 신청인이 원하는 경우에는 신분증명서 제시를 갈음하여 전자적 방법으로 지문정보를 대조하여 본인 확인을 할 수 있다.

② 제1항에 따른 신청을 받은 한국도로교통공단은 「전자정부법」 제36조에 따른 행정정보의 공동이용을 통하여 다음 각 호의 정보를 확인하여야 한다. 다만, 신청인이 동의하지 아니하는 경우에는 그 서류를 첨부하도록 하여야 한다.

1. 출입국에 관한 사실증명(해외에 체류 중임을 이유로 연기를 신청하는 경우만 해당한다)

2. 병적증명서(군 복무 중임을 이유로 연기를 신청하는 경우만 해당한다)

③ 한국도로교통공단은 영 제57조제2항에 따라 수시적성검사를 연기한 때에는 별지 제56호서식의 자동차운전면허대장에 그 내용을 기록하고, 별지 제70호서식(영문으로 발급하는 경우에는 별지 제71호서식을 말한다)의 적성검사 연기사실확인서를 작성하여 신청인에게 발급하여야 한다.

제86조(수시적성검사 관련 개인정보의 통보방법 등)

① 영 제58조제2항에 따라 개인정보를 보유한 기관의 장은 개인정보자료를 별지 제78호서식 또는 전자적 매체에 기록하여 경찰청장에게 통보하여야 한다.

② 경찰청장은 제1항에 따라 통보받은 개인정보자료를 한국도로교통공단에 통보하여야 한다.

제87조(운전적성판정위원회의 설치 및 운영)

① 법 제90조에 따라 전문의의 정밀진단을 받은 사람에 대한 운전가능성의 여부와 영 제56조에 따른 수시적성검사의 합격여부를 판정하기 위하여 한국도로교통공단의 운전면허시험장마다 운전적성판정위원회(이하 "판정위원회"라 한다)를 둔다.

② 판정위원회는 위원장을 포함한 5명 이상 7명 이하의 위원으로 구성하며, 위원장은 한국도로교통공단의 운전면허시험장의 장이 되고, 위원은 교통전문가, 해당분야 전문의, 한국도로교통공단 소속 직원 중 위원장이 지명하는 사람으로 한다.

③ 판정위원회의 회의는 재적위원 3분의 2이상의 출석과 출석위원 과반수의 찬성으로 의결한다.

④ 판정위원회의 위원장 및 위원은 수시적성검사의 합격여부의 판정과 관련하여 공정성을 해치는 행위를 하여서는 아니된다.

⑤ 그 밖에 판정위원회의 운영에 필요한 사항은 한국도로교통공단이 정한다.

제88조(임시운전증명서)

① 법 제91조제1항에 따른 임시운전증명서는 별지 제79호서식에 의한다.

② 제1항에 따른 임시운전증명서의 유효기간은 20일 이내로 하되, 법 제93조에 따른 운전면허의 취소 또는 정지처분 대상자의 경우에는 40일 이내로 할 수 있다. 다만, 경찰서장이 필요하다고 인정하는 경우에는 그 유효기간을 1회에 한하여 20일의 범위에서 연장할 수 있다.

제89조(임시운전증명서의 교부에 대신하는 표시방법)
법 제91조제1항 단서에 따라 임시운전증명서의 교부에 대신하고자 하는 때에는 운전면허증의 뒷면에 접수사유·접수일자·면허증교부예정일자 및 처리담당자의 성명을 기재한 후 날인하여야 한다.

제90조(무면허운전자의 적발보고)
경찰서장은 그 관할구역 안에서 무면허운전자를 적발한 때에는 별지 제80호서식의 운전면허결격사유기록자료표를 작성하고, 전산입력하여 시·도경찰청장에게 보고하여야 한다.

제91조(운전면허의 취소·정지처분 기준 등)

① 법 제93조에 따라 운전면허를 취소 또는 정지시킬 수 있는 기준(교통법규를 위반하거나 교통사고를 일으킨 경우 그 위반 및 피해의 정도 등에 따라 부과하는 벌점의 기준을 포함한다)과 법 제97조제1항에 따라 자동차등의 운전을 금지시킬 수 있는 기준은 별표 28과 같다.

② 법 제93조제3항에 따른 연습운전면허의 취소기준은 별표 29와 같다.

③ 연습운전면허를 받은 사람에 대하여는 별표 28의 기준에 의한 벌점을 관리하지 아니한다.

④ 경찰서장 또는 한국도로교통공단은 운전면허를 받은 사람이 제1항 및 제2항에 따른 취소사유에 해당하는 경우에는 즉시 그 사람의 인적사항 및 면허번호 등을 전산입력하여 시·도경찰청장에게 보고하여야 한다.

제92조 삭제

제93조(운전면허의 정지·취소처분 절차)

① 시·도경찰청장 또는 경찰서장이 법 제93조에 따라 운전면허의 취소 또는 정지처분을 하려는 때에는 다음 각 호의 구분에 따른 사전통지서를 그 대상자에게 발송 또는 발급하여야 한다. 다만, 그 대상자의 주소 등을 통상적인 방법으로 확인할 수 없거나 발송이 불가능한 경우에는 운전면허대장에 기재된 그 대상자의 주소지를 관할하는 경찰관서의 게시판에 14일간 이를 공고함으로써 통지를 대신할 수 있다.

1. 법 제93조제1항(같은 항 제20호는 제외한다)부터 제3항까지에 해당하는 경우 : 별지 제81호서식의 운전면허 정지·취소처분 사전통지서

2. 법 제93조제1항제20호에 해당하는 경우 : 별지 제81호의2서식의 운전면허 취소처분 사전통지서

② 제1항에 따라 통지를 받은 처분의 상대방 또는 그 대리인은 지정된 일시에 출석하거나 서면으로 이의를 제기할 수 있다. 이 경우 지정된 기일까지 이의를 제기하지 아니한 때에는 이의가 없는 것으로 본다.

③ 시·도경찰청장 또는 경찰서장은 법 제93조에 따라 운전면허의 정지 또는 취소처분을 결정한 때에는 다음 각 호의 구분에 따른 결정통지서를 그 처분의 대상자에게 발송 또는 발급하여야 한다. 다만, 그 처분의 대상자가 소재불명으로 통지를 할 수 없는 때에는 운전면허대장에 기재된 그 대상자의 주소지를 관할하는 경찰관서의 게시판에 14일간 이를 공고함으로써 통지를 대신할 수 있다.

1. 법 제93조제1항(같은 항 제20호는 제외한다)부터 제3항까지에 해당하는 경우 : 별지 제82호서식의 운전면허 정지·취소처분 결정통지서

2. 법 제93조제1항제20호에 해당하는 경우 : 별지 제82호의2서식의 운전면허 취소처분 결정통지서

④ 운전면허의 취소대상자 또는 정지대상자(1회의 법규위반 또는 교통사고로 운전면허가 정지되는 사람에 한한다)로서 법 제138조에 따라 법규위반의 단속현장이나 교통사고의 조사과정에서 경찰공무원으로부터 운전면허증의 제출을 요구받은 사람은 구술 또는 서면으로 이의를 제기할 수 있다. 다만, 운전면허의 취소 또는 정지처분이 결정된 사람의 경우에는 그러하지 아니하다

⑤ 경찰공무원은 제2항 및 제4항에 따라 처분의 상대방 또는 그 대리인이 구두로 이의를 제기하는 때에는 그 내용을 별지 제83호서식의 진술서에 기재하고, 처분의 상대방 등으로 하여금 확인하게 한 후 서명 또는 날인하게 하여야 한다. 다만, 법 제44조의 규정을 위반하여 운전면허의 취소 또는 정지처분을 받아야 하는 사람이 이의를 제기하는 때에는 별지 제84호서식의 주취운전자정황진술보고서에 기재한 후 서명 또는 날인하게 하여야 한다.

⑥ 시·도경찰청장은 운전면허가 취소된 사람이 그 처분의 원인이 된 교통사고 또는 법규위반에 대하여 혐의없음의 불송치 또는 불기소(불송치 또는 불기소를 받은 이후 해당 사건이 다시 수사 및 기소되어 법원의 판결에 따라 유죄가 확정된 경우는 제외한다)를 받거나 무죄의 확정판결을 받은 경우 한국도로교통공단에 즉시 그 내용을 통보하고, 한국도로교통공단은 즉시 취소당시의 정기적성검사기간, 운전면허증 갱신기간 또는 연습운전면허의 잔여기간을 유효기간으로 하는 운전면허증을 새로이 발급해야 한다.

제94조(운전면허 취소처분절차의 특례) 시·도경찰청장은 운전면허를 받은 사람이 법 제87조제2항을 위반하여 정기 적성검사를 받지 아니하였다는 이유로 운전면허를 취소하려면 법 제93조제4항 단서에 따라 정기 적성검사기간 만료일부터 10개월이 경과되기 전에 별지 제85호서식의 운전면허조건부취소결정통지서를 그 대상자에게 발송하여야 한다. 이 경우 운전면허 조건부취소결정통지서는 제93조제1항제1호 및 제3항제1호에 따른 운전면허 취소처분 사전통지서 및 운전면허 취소처분 결정통지서를 대신한다.

제95조(운전면허 처분에 대한 이의신청의 절차) 법 제94조제1항에 따라 운전면허 처분에 이의가 있는 사람은 그 처분을 받은 날부터 60일 이내에 별지 제87호서식의 운전면허처분 이의신청서에 운전면허처분서를 첨부하여 시·도경찰청장에게 제출하여야 한다.

제96조(운전면허행정처분 이의심의위원회의 설치 및 운영)
① 시·도경찰청장은 법 제94조제2항에 따라 시·도경찰청장의 운전면허와 관련된 행정처분에 이의가 제기된 경우 이를 심의하기 위하여 시·도경찰청에 운전면허행정처분 이의심의위원회(이하 "심의위원회"라 한다)를 둔다.

② 심의위원회는 위원장을 포함한 7인의 위원으로 구성하되, 위원장은 시·도경찰청장이 지명하는 시·도경찰청의 과장급 경찰공무원(자치경찰공무원은 제외한다)이 되고, 위원은 교통전문가 등 민간인 중 시·도경찰청장이 위촉하는 3인과 시·도경찰청 소속 경정 이상의 경찰공무원(자치경찰공무원은 제외한다) 중 위원장이 지명하는 3인으로 한다. 이 경우 민간인 위원의 임기는 2년으로 하되, 연임할 수 있다.

③ 심의위원회의 회의는 재적위원 3분의 2이상의 출석과 출석위원 과반수의 찬성으로 의결한다.

④ 심의위원회의 위원장과 위원은 운전면허 행정처분의 심의와 관련하여 공정성을 해치는 행위를 하여서는 아니된다.

⑤ 그 밖에 심의위원회의 구성 및 운영에 관하여 필요한 사항은 경찰청장이 정한다.

제97조(자동차등의 운전금지 통지) 시·도경찰청장은 법 제97조제1항에 따라 국제운전면허증 또는 상호인정외국면허증을 가지고 국내에서 자동차등을 운전하는 사람에 대하여 운전을 금지하는 경우에는 별지 제88호서식의 자동차등의 운전금지통지서에 따라 당사자에게 그 사실을 통지해야 한다.

제98조(국제운전면허증의 발급)
① 법 제80조에 따라 운전면허를 받은 사람(원동기장치자전거면허 및 연습운전면허를 받은 사람은 제외한다)이 법 제98조에 따라 국제운전면허증을 발급받으려는 경우에는 별지 제59호서식의 신청서에 사진 1장을 첨부하여 시·도경찰청장 또는 한국도로교통공단에 제출하고, 신분증명서를 제시해야 한다. 다만, 신청인이 원하는 경우에는 신분증명서 제시를 갈음하여 전자적 방법으로 지문정보를 대조하여 본인 확인을 할 수 있다.

② 제1항에 따른 신청을 받은 시·도경찰청장 또는 한국도로교통공단은 「전자정부법」 제36조제1항에 따른 행정정보의 공동이용을 통하여 신청인의 여권정보를 확인하여야 한다. 다만, 신청인이 확인에 동의하지 아니하는 경우에는 여권의 사본을 제출(여권을 제시하는 것으로 갈음할 수 있다)하도록 하여야 한다.

③ 시·도경찰청장 또는 한국도로교통공단은 제1항에 따른 신청서를 받은 때에는 별지 제90호서식의 국제운전면허증을 발급하고, 별지 제91호서식의 국제운전면허발급대장에 그 내용을 기록하여야 한다.

제9장 자동차운전학원

제99조(자동차운전학원의 등록)

① 학원을 설립·운영하려는 자는 별지 제92호서식의 자동차운전학원 등록신청서에 다음 각 호의 서류를 첨부하여 시·도경찰청장에게 제출해야 한다.
  1. 별표 30의 학원의 운영 등에 관한 원칙 1부
  2. 별지 제93호서식의 학원카드 1부
  3. 건축물사용승인서 또는 임시사용승인서 1부(가설건축물인 경우에 한한다)
  4. 기능교육장 등 학원의 시설을 나타내는 축척 400분의 1의 평면도 및 위치도, 현황측량성과도(기능교육장 등 학원 시설의 면적을 증명하기 위하여 공공기관에서 작성하는 서류를 말한다. 이하 같다) 각 1부
  5. 기능교육용 자동차(기능교육을 실시하기 위한 자동차등을 말한다. 이하 같다)의 경우에는 별지 제94호서식의 기능교육용 자동차 확인증 1부
  6. 별지 제95호서식의 강사선임통지서 1부
  7. 삭제
  8. 정관 1부(설립자가 법인인 경우에 한한다)
  9. 학원 시설 등의 사용에 관한 전세 또는 임대차계약서 사본 1부(학원의 시설 등이 다른 사람의 소유인 경우에 한한다)
  10. 별지 제96호서식의 학사관리전산시스템 설치확인서 1부

② 제1항에 따라 서류를 제출받은 시·도경찰청장은 「전자정부법」 제36조제1항에 따른 행정정보의 공동이용을 통하여 다음 각 호의 서류를 확인해야 한다. 다만, 신청인이 주민등록표 초본 및 자동차등록원부의 확인에 동의하지 않는 경우에는 이를 제출(주민

등록표 초본의 경우 주민등록증 등 신분증명서를 제시하는 것으로 갈음할 수 있다)하도록 해야 한다
  1. 학원 부지의 토지대장 등본 및 건축물대장 등본(가설건축물인 경우를 제외한다)
  2. 설립·운영자(법인인 경우에는 그 법인의 임원을 말하고, 공동으로 설립·운영하는 경우에는 설립자와 운영자 모두를 말한다. 이하 같다)의 주민등록표 초본
  3. 법인의 등기사항증명서(설립자가 법인인 경우에 한한다)
  4. 도로주행교육용 자동차(도로주행교육을 실시하기 위한 자동차를 말한다. 이하 같다)의 경우에는 자동차등록원부

③ 시·도경찰청장은 영 제60조제4항에 따라 등록을 받은 때에는 그 사실을 별지 제97호서식의 자동차운전학원등록대장에 기재하여야 한다.

④ 영 제60조제4항에 따른 등록증은 별지 제98호서식에 의한다.

제100조(변경등록)

① 영 제61조에 따라 학원을 설립·운영하는 자는 같은 조 제1항 각 호의 사항에 변경이 있는 경우에는 별지 제99호서식의 자동차운전학원 설립자변경등록신청서 또는 별지 제100호서식의 자동차운전학원 변경등록신청서에 다음 각 호의 구분에 따른 서류를 첨부하여 시·도경찰청장에게 제출해야 한다.
  1. 설립자(법인인 경우에는 그 법인의 임원을 말한다) 변경의 경우
    가. 변경사유 설명서 1부
    나. 인수자의 정관, 재산목록 및 이사회의 회의록 사본 각 1부(인수자가 법인인 경우에 한한다)
    다. 별지 제101호서식의 인계인수서(전문학원의 경우에는 별지 제122호서식을 말한다) 사본 1부
    라. 삭제
    마. 인계자의 이사회 회의록 사본 1부(인계자가 법인인 경우에 한한다)
    바. 자동차운전학원 등록증(전문학원의 경우에는 전문학원 지정증을 말한다) 원본
  2. 명칭 또는 위치 변경의 경우
    가. 제99조제1항제3호(학원의 건물이 가설건축물인 경우에 한한다)·제4호 및 제9호에 따른 서류(위치 변경의 경우에 한한다)

나. 자동차운전학원 등록증 원본
3. 시설 및 설비 등 변경의 경우
가. 학원의 시설을 나타내는 축척 400분의 1의 평면도 및 현황측량성과도 각 1부(강의실ㆍ휴게실ㆍ양호실 또는 기능교육장 변경의 경우에 한한다)
나. 별지 제94호서식의 기능교육용 자동차 확인증(기능교육용 자동차를 변경하는 경우로 한정한다) 1부
4. 학원의 운영 등에 관한 원칙 변경의 경우
가. 학원의 운영 등에 관한 원칙의 신ㆍ구조문대비표 1부
나. 변경사유 설명서 1부
5. 운영자의 변경
가. 변경사유 설명서 1부
나. 자동차운전학원 등록증(전문학원의 경우에는 전문학원 지정증을 말한다) 원본
② 제1항에 따라 학원의 설립ㆍ운영자 변경, 위치 변경 및 시설ㆍ설비 등의 변경에 관한 서류를 제출받은 시ㆍ도경찰청장은「전자정부법」제36조제1항에 따른 행정정보의 공동이용을 통하여 다음 각 호의 구분에 따른 서류를 확인해야 한다. 다만, 신청인이 주민등록표 초본 및 자동차등록원부의 확인에 동의하지 않는 경우에는 이를 제출(주민등록표 초본의 경우 주민등록증 등 신분증명서를 제시하는 것으로 갈음할 수 있다)하도록 해야 한다.
1. 설립ㆍ운영자 변경의 경우
가. 설립ㆍ운영자의 주민등록표 초본
나. 법인의 등기사항증명서(설립ㆍ운영자가 법인인 경우에 한정한다)
2. 위치 변경의 경우는 학원 부지의 토지대장 등본 및 건축물대장 등본(가설건축물인 경우를 제외한다)
3. 시설 및 설비 등 변경의 경우 자동차등록원부(도로주행교육용 자동차를 변경하는 경우로 한정한다)

제101조(조건부 등록)

① 영 제62조제1항에 따라 학원의 조건부 등록을 신청하고자 하는 자는 별지 제102호서식의 자동차운전학원 조건부 등록신청서에 제99조제1항 각 호의 서류와 학원의 시설ㆍ설비계획서(조건부 등록당시 학원 건축물이 건축물대장에 등재되지 아니하였거나, 가설건축물로서 동항제3호의 건축물사용승인서 또는 임시사용승인서를 첨부하지 아니한 경우에 한한다)를 첨부하여 시ㆍ도경찰청장에게 제출하여야 한다. 다만, 동항제2호ㆍ제3호 및 제6호의 서류는 시설 및

설비 등을 갖춘 날에 제출할 수 있다.
② 제1항에 따라 서류를 제출받은 시ㆍ도경찰청장은「전자정부법」제36조제1항에 따른 행정정보의 공동이용을 통하여 다음 각 호의 서류를 확인하여야 한다. 다만, 주민등록표 초본은 신청인이 확인에 동의하지 아니하는 경우에는 이를 제출(주민등록증 등 신분증명서를 제시하는 것으로 갈음할 수 있다)하도록 하여야 하며, 제1호 중 건축물대장 등본은 시설 및 설비 등이 갖추어지지 않아 확인할 수 없을 경우에는 시설 및 설비 등을 갖춘 날에 이를 제출하도록 할 수 있다.
1. 학원 부지의 토지대장 등본 및 건축물대장 등본(가설건축물인 경우를 제외한다)
2. 설립ㆍ운영자의 주민등록표 초본
3. 법인의 등기사항증명서(설립자가 법인인 경우에 한한다)
③ 학원의 조건부 등록을 한 자가 1년 이내에 시설 및 설비 등을 갖춘 때에는 영 제62조제4항에 따라 늦어도 기간만료 후 10일 이내에 별지 제103호서식의 자동차운전학원의 시설ㆍ설비완성신고서에 제1항 단서에 따른 서류를 첨부하여 시ㆍ도경찰청장에게 제출하여야 한다. 이 경우 서류의 제출은 조건부 등록 시에 제출하지 아니한 경우에 한한다.
④ 영 제62조제5항에 따른 자동차운전학원등록증은 별지 제98호서식에 의한다.

제101조의2(대형면허 교육 부지가 확보된 곳에서의 구난차면허 교육)

영 별표 5 제7호나목1)부터 4)까지 외의 부분 단서에서 "행정안전부령으로 정하는 구난차면허 교육"이란 다음 각 호의 기준을 모두 갖춘 구난차에 대한 면허 교육을 말한다.
1. 차량길이 : 820센티미터 이상
2. 차량너비 : 240센티미터 이상
3. 축간거리 : 450센티미터 이상

제102조(교육용 자동차의 기준 등)

① 영 제63조제2항 및 영 제67조제3항에 따른 기능교육용 자동차 또는 도로주행교육용 자동차는 제70조에 따른 기능시험 또는 도로주행시험에 사용되는 자동차의 기준에 적합하여야 한다.
② 제1항에 따른 교육용 자동차에는 별표 31에 따라 표지등(도로주행교육용 자동차에 한한다)을 설치하고, 시ㆍ도경찰청장이 제5항에 따른 교육용 자동차의 확인 시 학원별로 부여한 차량고유번호의 표시와 도색 및 표지를 하여야 한다.
③ 시ㆍ도경찰청장은 도로주행교육용 자동차가 제1항

및 제2항에 따른 기준에 적합한지의 여부를 확인하기 위하여 연 1회 이상 도로주행교육용 자동차의 점검을 실시하되, 이에 관하여 필요한 사항은 경찰청장이 정한다.

④ 학원 또는 전문학원을 설립·운영하는 자는 기능교육용 자동차 또는 도로주행교육용 자동차를 운행하고자 하는 때에는 별지 제104호서식의 교육용자동차 확인신청서에 다음 각 호의 구분에 의한 서류를 첨부하여 시·도경찰청장에게 제출하여 확인을 받아야 한다. 이 경우 시·도경찰청장은 「전자정부법」 제36조제1항에 따른 행정정보의 공동이용을 통하여 자동차등록증을 확인하여야 하며, 신청인이 확인에 동의하지 아니하는 경우에는 그 사본을 첨부하도록 하여야 한다.

1. 기능교육용 자동차의 경우에는 자동차제작증 사본 및 보험[영 별표 5 제9호 가목 (1)에 따른 보험을 말한다]가입증명서 사본 각 1부
2. 도로주행교육용 자동차의 경우에는 자동차종합보험가입증명서 1부

⑤ 시·도경찰청장은 제4항에 따라 교육용 자동차 확인의 신청을 받은 때에는 자동차의 형식 등 교육용 자동차로 사용하기에 적합한지의 여부를 확인한 후 교육용 자동차에 대하여 학원별 차량고유번호를 부여하되, 기능교육용 자동차의 경우에는 제103조에 따른 검사를 위하여 별지 제94호서식의 기능교육용 자동차 확인증을 교부하여야 한다.

제103조(기능교육용 자동차의 검사 등)

① 학원 또는 전문학원을 설립·운영하는 자가 영 별표 5 제9호 나목(3)에 따른 기능교육용 자동차의 검사를 받기 위하여 자동차를 검사장소까지 운행하려는 때에는 「자동차관리법 시행령」 제7조제1항에 따라 특별시장·광역시장·제주특별자치도지사 또는 도지사로부터 임시운행허가를 받아야 한다.

② 학원 또는 전문학원을 설립·운영하는 자는 제1항에 따른 기능교육용 자동차의 검사를 받고자 하는 때에는 「자동차관리법 시행규칙」제77조제2항에 따른 정기검사 기간에 기능교육용 자동차와 제102조제5항에 따라 교부받은 기능교육용 자동차 확인증을 영 별표 5 제9호 나목(3)에 따른 자동차검사대행자 또는 지정정비사업자에게 제시하여야 한다.

③ 제2항에 따른 자동차검사대행자 또는 지정정비사업자가 기능교육용 자동차를 검사한 때에는 제2항에 따라 제시된 기능교육용 자동차 확인증에 제4항에 따른 사용유효기간을 기재하여 교부하여야 한다.

④ 기능교육용 자동차의 사용유효기간은 다음 각 호의 구분과 같다. 다만, 「자동차관리법」 제30조제3항에 따른 확인검사를 받은 자동차로서 제작·판매사로부터 출고한 후 3개월 이내에 시·도경찰청장에게 기능교육용 자동차로 확인신청을 한 자동차의 경우에는 다음 각 호의 구분에 불구하고 사용유효기간을 4년으로 한다.

1. 승용자동차 및 승용겸 화물자동차 : 2년
2. 화물자동차 : 1년
3. 승합자동차, 대형견인차, 소형견인차 및 구난차
   가. 차령 5년 이하 : 1년
   나. 차령 5년 초과 : 6개월

⑤ 기능교육용 이륜자동차 및 원동기장치자전거의 사용연한은 10년으로 한다.

제104조(코스 및 도로의 기준 등)
영 제63조제4항 및 영 제67조제3항에 따른 기능교육장(기능교육을 위한 장소를 말한다. 이하 같다) 코스의 종류·형상·구조의 기준은 별표 23의 기능시험코스의 종류·형상 및 구조에 의하고, 도로주행교육(도로상 운전능력을 익히기 위한 교육을 말한다. 이하 같다)을 실시하는 도로의 기준은 별표 25에 따른 도로주행시험을 실시하기 위한 도로의 기준에 의한다.

제105조(운전교육 수강신청 등)

① 운전교육을 받으려는 사람은 다음 각 호의 서류를 첨부한 별지 제105호서식의 수강신청서와 수강료를 해당 학원 또는 전문학원에 납부하여야 한다. 다만, 별표 32 제1호 (주) 제4호 나목 또는 다목에 해당하는 사람은 제129조의2에 따른 운전경력증명서를 별도로 제출하여야 한다.

1. 주민등록증 사본 1부
2. 사진 4매
3. 운전면허시험응시표 사본 1부 또는 운전경력증명서 1부(해당하는 사람에 한한다)

② 학원 또는 전문학원을 설립·운영하는 자는 교육생으로부터 수강신청을 받은 때에는 학사관리 전산시스템을 이용하여 별지 제106호서식의 교육생원부에 이를 등록하여야 한다.

③ 학원 또는 전문학원을 설립·운영하는 자는 제1항에 따른 수강신청 및 수강료를 받은 때에는 별지 제107호서식의 수강증과 별지 제108호서식의 수강료영수증을 교부하고 수강일자를 지정하여야 한다.

제106조(운전면허의 종별 교육과목 및 교육시간 등)

① 영 제65조제2항 및 영 제67조제5항에 따른 학원 또는 전문학원의 운전면허의 종별 교육과목 및 교육시간 등은 별표 32와 같다.

② 학원 또는 전문학원을 설립·운영하는 자는 수강신청의 접수순서에 따라 교육반을 편성하여야 한다.

③ 전문학원을 설립·운영하는 자는 장애인이 수강신청을 하는 때에는 장애인 교육반을 편성하고 장애인교육용 자동차로 교육하여야 한다.

제107조(교육과정의 운영기준 등)

① 학원 또는 전문학원을 설립·운영하는 자는 다음 각 호의 기준에 의하여 학과교육을 실시하여야 한다.

1. 별표 32의 운전면허의 종별 교육과목 및 교육시간에 따라 교육을 실시할 것

2. 교육시간은 50분을 1시간으로 하되, 1일 1인당 7시간을 초과하지 아니할 것

3. 응급처치교육은 응급의학 관련 의료인이나 응급구조사 또는 응급처치에 관한 지식과 경험이 있는 강사로 하여금 실시하게 할 것

② 학원 또는 전문학원을 설립·운영하는 자는 다음 각 호의 기준에 따라 기능교육을 실시하여야 한다.

1. 별표 32의 운전면허의 종별 교육과목·교육시간 및 교육방법 등에 따라 단계적으로 교육을 실시할 것

2. 교육시간은 50분을 1시간으로 하되, 1일 1명당 4시간을 초과하지 아니할 것

3. 교육생을 2명 이상 승차시키지 아니할 것

③ 삭제

④ 학원 또는 전문학원을 설립·운영하는 자는 다음 각 호의 기준에 따라 도로주행교육을 실시하여야 한다.

1. 운전면허 또는 연습운전면허를 받은 사람에 대하여 실시하되, 별표 32의 운전면허의 종별 교육과목·교육시간 및 교육방법 등에 따라 실시할 것

2. 기능교육을 담당하는 강사가 도로주행교육용 자동차에 같이 승차하여 지도하고, 교육생을 2명 이상 승차시키지 아니할 것

3. 교육시간은 50분을 1시간으로 하되, 1일 1명당 4시간을 초과하지 아니할 것. 다만, 운전면허를 받은 사람에 대하여는 그러하지 아니하다.

4. 제5호에 따라 지정된 도로에서 별표 32의 기준에 따라 교육을 실시할 것. 다만, 운전면허를 받은 사람에 대하여는 그러하지 아니하다.

5. 도로주행교육을 위한 도로의 지정에 관하여는 제

124조제3항 및 제4항의 규정을 준용한다.

⑤ 학원 또는 전문학원을 설립·운영하는 자는 교육생으로 하여금 교육이 시작되기 전과 교육이 끝난 후에 학사관리 전산시스템에 출석 및 수강사실을 입력하도록 하고, 교육을 한 강사로 하여금 교육생의 수강사실을 확인한 후 전자서명을 하도록 하여야 한다.

⑥ 학원 또는 전문학원을 설립·운영하는 자는 제1항 내지 제4항에 따라 교육이 실시되는지의 여부를 수시로 감독하여야 한다.

⑦ 그 밖에 교육과정 운영 등 교육의 실시에 관하여 이 규칙에 정하지 아니한 사항은 경찰청장이 정한다.

제108조 삭제

제109조(정원초과 교육의 금지 등)

① 학원 또는 전문학원을 설립·운영하는 자는 제3항에 따라 산정한 학원 또는 전문학원의 정원을 초과하거나 일시수용능력인원을 초과하여 교육을 하여서는 아니된다.

② 학원 또는 전문학원을 설립·운영하는 자는 도로주행교육을 받는 교육생의 정원이 기능교육을 받는 교육생의 정원의 3배를 초과하지 아니하도록 하여야 한다.

③ 학원 또는 전문학원의 정원은 제1호에 따른 방법으로 산정한 기능교육장의 일시수용능력인원에 제2호에 따른 1일 최대 교육횟수를 곱하여 산정한 인원으로 한다.

1. 기능교육장 일시수용능력인원 산정방법

   가. 제1종 보통연습면허 및 제2종 보통연습면허의 경우 : 해당 기능교육장의 면적[별표 23 제1호 (주) 3.에 따라 기능교육을 위하여 폭 3미터 이상, 길이 15미터 이상인 굴절·곡선·방향전환 또는 대형견인차 코스 등을 분리하여 설치한 기능교육장의 경우에는 같은 호 (주) 1.에 따른 기능교육장 면적의 30퍼센트에 해당하는 면적까지를 해당 기능교육장의 면적으로 본다] 300제곱미터당 1명

   나. 제1종 대형면허의 경우 : 해당 기능교육장의 면적 900제곱미터당 1명

   다. 대형견인차면허, 소형견인차면허 및 구난차면허의 경우

      1) 대형견인차면허 및 소형견인차면허의 경우 : 해당 기능교육코스 1개당 1명

      2) 구난차면허의 경우 : 해당 기능교육코스 1조당 2명

라. 제2종 소형면허 또는 원동기장치자전거면허의 경우 : 해당 기능교육장의 면적 50제곱미터당 1명

2. 1일 최대 교육횟수 : 20회

제110조(학원 또는 전문학원의 교재) 학원 또는 전문학원을 설립·운영하는 자는 경찰청장이 감수한 교재를 사용하여 교육하여야 한다.

제111조(장부 및 서류의 비치 등)
① 학원 또는 전문학원에는 별표 17의 장부 및 서류를 갖추어 두고 기록을 정확하게 유지하여야 한다.
② 학원 또는 전문학원을 설립·운영하는 자는 문서의 발송·교부 또는 인증에 사용하기 위하여 한 변의 길이가 3센티미터인 정사각형의 직인을 갖추어 두어야 한다.
③ 학원 또는 전문학원을 설립·운영하는 자는 학원 또는 전문학원을 등록한 날부터 7일 이내에 학원 또는 전문학원의 직인을 관할 시·도경찰청장이 관리하는 별지 제111호서식의 직인등록대장에 등록하여야 한다.
④ 삭제

제112조(학원 등 종사자의 신분증명서) 학원의 강사는 별지 제114호서식의 강사신분증을, 전문학원의 강사 및 기능검정원은 별지 제115호서식의 강사·기능검정원자격증을 왼쪽 앞가슴에 달아야 한다.

제113조(전문학원의 지정신청 등)
① 학원을 설립·운영하는 자가 법 제104조제1항에 따라 전문학원의 지정을 받으려는 경우에는 별지 제116호서식의 자동차운전전문학원 지정신청서에 다음 각 호의 서류를 첨부하여 시·도경찰청장에게 제출해야 한다. 다만, 제7호부터 제9호까지의 서류는 시·도경찰청장이 지정하는 기일까지 제출할 수 있다.
1. 별표 30의 전문학원의 운영 등에 관한 원칙 1부
2. 별지 제117호서식의 자동차운전전문학원카드 1부
3. 코스부지와 코스의 종류·형상 및 구조를 나타내는 축척 400분의 1의 평면도와 위치도 및 현황측량성과도 각 1부
4. 전문학원의 부대시설·설비 등을 나타내는 도면 1부
5. 삭제
6. 제99조제1항제3호(학원의 건물이 가설건축물인 경우에 한한다) 및 제9호(학원의 재산이 다른 사람의 소유인 경우에 한한다)에 따른 서류 각 1부

7. 전문학원의 직인 및 학감(설립·운영자가 학감을 겸임하는 경우에는 부학감)의 도장의 인영
8. 기능검정원의 자격증 사본 1부, 기능검정합격사실을 증명하기 위한 도장의 인영
9. 강사의 자격증 사본
10. 별지 제95호서식의 강사·기능검정원 선임통지서 1부
11. 별지 제118호서식의 기능시험전자채점기 설치확인서 1부
12. 장애인교육용 자동차의 확보를 증명할 수 있는 서류 1부
13. 별지 제96호서식의 학사관리전산시스템 설치확인서 1부
② 제1항에 따라 서류를 제출받은 시·도경찰청장은 「전자정부법」 제36조제1항에 따른 행정정보의 공동이용을 통하여 다음 각 호의 서류를 확인하여야 한다. 다만, 주민등록표 초본은 신청인이 확인에 동의하지 아니하는 경우에는 이를 제출(주민등록증 등 신분증명서를 제시하는 것으로 갈음할 수 있다)하도록 하여야 한다.
1. 법인의 등기사항증명서(학원을 설립·운영하는 자가 법인인 경우에 한한다)
2. 학감(설립·운영자가 학감을 겸임하는 경우에는 부학감)의 주민등록표 초본
3. 학원부지의 토지대장 등본 및 건축물대장 등본(가설건축물인 경우를 제외한다)
4. 설립·운영자의 주민등록표 초본

제114조(전문학원의 지정 등)
① 시·도경찰청장은 제113조에 따라 전문학원의 지정신청이 있는 때에는 한국도로교통공단에 그 내용을 통보하여야 한다.
② 한국도로교통공단이 제1항에 따른 통보를 받은 때에는 신청이 있는 날부터 6월동안 그 학원의 교육과정을 수료한 교육생에 대한 도로주행시험 결과를 시·도경찰청장에게 통보하여야 한다.
③ 시·도경찰청장은, 전문학원의 지정을 신청한 학원이 제2항에 따른 도로주행시험 합격률 등 영 제67조에 따른 전문학원의 지정기준을 갖추었다고 인정되는 때에는 그 학원을 전문학원으로 지정하고, 별지 제119호서식의 자동차운전전문학원지정증을 지정신청인에게 발급하고, 별지 제120호서식의 자동차운전전문학원 지정대장에 이를 기재하여야 한다.

제115조(전문학원의 교육방법 등의 기준) 영 제67조제4항에 따른 전문학원의 교육방법 등의 기준은 별표 32와 같다.

제116조(전문학원 중요사항의 변경)
① 영 제68조에 따라 전문학원이 중요사항을 변경하려는 경우에는 별지 제121호서식의 자동차운전전문학원 변경승인신청서에 다음 각 호의 서류를 첨부하여 시·도경찰청장에게 제출해야 한다.
  1. 학감의 변경
    가. 학감 도장의 인영
    나. 전문학원지정증 원본
  2. 전문학원 위치의 변경
    가. 제99조제1항제3호(학원의 건물이 가설건축물인 경우에 한한다)·제4호 및 제9호에 따른 서류
    나. 전문학원지정증 원본
  3. 전문학원원칙의 변경
    가. 원칙의 신·구 대비표 1부
    나. 변경사유 설명서 1부
② 제1항에 따라 전문학원의 위치 변경에 관한 서류를 제출받은 시·도경찰청장은 「전자정부법」 제36조제1항에 따른 행정정보의 공동이용을 통하여 학원부지의 토지대장 등본 및 건축물대장 등본(가설건축물인 경우를 제외한다)을 확인하여야 한다.
③ 시·도경찰청장은 제1항제1호 및 제2호에 따라 전문학원의 변경사항을 승인하는 때에는 전문학원지정증을 재교부하고, 자동차운전전문학원지정대장에 이를 기재하여야 한다.
④ 시·도경찰청장은 전문학원을 설립·운영하는 자가 교육생의 정원이 확대되어 제1항제3호에 따른 전문학원의 운영 등에 관한 원칙의 변경승인을 함에 있어서 영 제67조제1항제1호 내지 제4호에 따른 강사 및 기능검정원의 배치기준에 적합한지의 여부를 확인하여야 한다.

제117조(학감 또는 부학감의 선임 통지)
① 전문학원을 설립·운영하는 자는 법 제104조제1항제1호에 따른 학감 또는 부학감을 선임하고자 하거나 해임한 때에는 별지 제123호서식에 근무경력사실증명서(선임하는 경우에 한정한다)를 첨부하여 그 사실을 시·도경찰청장에게 통지하여야 한다. 이 경우 시·도경찰청장은 「전자정부법」 제36조제1항에 따른 행정정보의 공동이용을 통하여 선임 대상자의 주민

등록표 초본을 확인하여야 하며, 선임 대상자가 확인에 동의하지 아니하는 경우에는 이를 첨부하도록 하여야 한다.
② 시·도경찰청장은 제1항에 따라 학감 또는 부학감의 선임에 관한 통지를 받은 때에는 학감 또는 부학감이 법 제105조의 규정에 해당되는 사람인지의 여부를 심사하여 그 결과를 해당전문학원을 설립·운영하는 자에게 통보하여야 한다.

제118조(전문학원 강사 및 기능검정원의 자격시험)
① 법 제106조제1항 및 법 제107조제1항에 따른 강사 및 기능검정원의 자격시험은 한국도로교통공단이 제1차 시험과 제2차 시험으로 구분하여 실시하되, 시험과목과 시험방법 등은 별표 33과 같다.
② 제1차 시험은 매 과목 100점을 만점으로 하여 평균 70점 이상 득점한 사람을 합격자로 한다.
③ 제2차 시험은 제1차 시험 합격자를 대상으로 실시하되, 100점을 만점으로 하여 85점 이상 득점한 사람을 합격자로 한다.
④ 제1차 시험의 유효기간은 합격일부터 1년으로 하고, 제2차 시험의 유효기간은 합격일부터 2년으로 한다.
⑤그 밖에 자격시험의 실시에 관하여 필요한 사항은 경찰청장이 정한다.

제119조(강사 또는 기능검정원의 자격증)
① 한국도로교통공단이 영 제86조제5항제6호에 따라 발급하는 강사 및 기능검정원의 자격증은 별지 제115호서식에 따른다.
② 한국도로교통공단이 제1항에 따라 강사자격증을 발급한 때에는 별지 제124호서식의 강사자격증발급대장에 이를 기재하고, 기능검정원자격증을 발급한 때에는 별지 제125호서식의 기능검정원자격증발급대장에 이를 기재하여야 한다.

제120조(강사등의 선임 등)
① 학원 또는 전문학원을 설립·운영하는 자가 강사 또는 기능검정원(이하 "강사등"이라 한다)을 선임하고자 하는 때에는 별지 제95호서식의 강사등선임통지서에 제119조에 따라 발급받은 강사등 자격증 사본을 첨부하여 시·도경찰청장에게 제출하여야 한다. 이 경우 담당 공무원은 「전자정부법」 제36조제1항에 따른 행정정보의 공동이용을 통하여 신청인의 주민등록등(초)본이나 운전면허정보를 확인하여야 하며 신청인이 확인에 동의하지 아니하는 경우에는 그 사본을 첨부하도록 하여야 한다.

② 시·도경찰청장이 제1항에 따른 강사등 선임통지서를 접수한 때에는 강사등으로서의 적격여부를 심사하여 그 결과를 해당 학원 또는 전문학원을 설립·운영하는 자에게 통보하여야 한다.

③ 학원 또는 전문학원을 설립·운영하는 자가 강사등을 해임한 경우에는 해임한 날부터 10일 이내에 해임한 강사등의 명부를 별지 제126호서식에 의하여 작성하여 관할 시·도경찰청장에게 통지하고 그 변동사항의 기록을 유지하여야 한다.

제121조(강사등의 자격증 재발급)

① 강사등의 자격증을 발급받은 사람이 그 자격증을 분실하거나 자격증이 훼손되어 재발급을 받으려는 때에는 별지 제127호서식의 자격증 재발급 신청서에 다음 각 호의 서류를 첨부하여 한국도로교통공단에 제출하여야 한다.
  1. 자격증(헐어 못쓰게 된 경우에 한정한다)
  2. 삭제
  3. 증명사진(3센티미터 × 4센티미터) 2매

② 강사등의 자격증을 발급받은 사람이 기재사항을 변경하려는 경우에는 별지 제128호서식의 자격증 기재사항 변경 신청서에 다음 각 호의 서류를 첨부하여 한국도로교통공단에 제출하여야 한다.
  1. 자격증
  2. 변경내용을 입증할 수 있는 서류
  3. 삭제

③ 제1항에 따라 강사등의 자격증 재발급의 신청을 받은 한국도로교통공단은 신청서류의 영수확인증에 접수도장을 찍고, 별지 제129호서식에 따른 재발급 신청자 명단을 작성한 후 제119조제1항에 따른 별지 제115호서식의 강사·기능검정원 자격증을 발급한다.

④ 제1항 및 제2항에 따라 자격증 재발급 및 자격증 기재사항 변경을 신청받은 한국도로교통공단은「전자정부법」제36조제1항에 따른 행정정보의 공동이용을 통하여 신청인의 주민등록표 초본을 확인하여야 하며, 신청인이 확인에 동의하지 아니하는 경우에는 그 사본을 첨부(주민등록증 등 신분증명서를 제시하는 것으로 갈음할 수 있다)하도록 하여야 한다.

제122조(강사업무의 겸임 등)

① 학원 또는 전문학원의 강사가 다른 종류의 강사자격증을 가지고 있는 경우에는 해당강사의 업무에 지장이 없는 범위 내에서 다른 종류의 강사업무를 겸임할 수 있다. 이 경우 겸임하는 강사는 영 제64조제2항 또는 영 제67조제1항에 따른 강사의 정원산출과 배치기준에 있어서 중복하여 적용되어서는 아니된다.

② 기능검정원이 강사자격증을 가지고 있는 경우에는 기능검정의 업무에 지정이 없는 범위 내에서 강사의 업무를 겸임할 수 있다. 이 경우 기능검정원은 자신이 교육한 교육생에 대하여 교육이 종료된 날부터 1년이 지나지 아니하면 도로주행검정을 실시할 수 없으며, 겸임하는 기능검정원은 영 제67조제1항제2호에 따른 강사의 정원산출과 배치기준에 있어서 교육용자동차 10대당 1명에 한하여 중복하여 적용할 수 있다.

③ 학감 또는 부학감은 강사 또는 기능검정원 업무를 겸임할 수 없다. 다만, 학감 또는 부학감이 학과교육에 대한 강사자격증이 있는 경우로서 업무에 지장이 없는 범위 내에서 학과교육 과정표상의 첫 1교시의 강의를 하는 경우에는 그러하지 아니하다.

④ 전문학원의 설립·운영자는 기능검정원을 겸임할 수 없다.

⑤ 전문학원의 설립·운영자는 기능교육의 효율적인 실시를 위하여 기능교육보조원을 둘 수 있다. 이 경우 기능교육보조원은 강사를 대신하여 교육을 담당할 수 없다.

제123조(강사 또는 기능검정원의 자격취소·정지의 기준)

① 법 제106조제5항 또는 법 제107조제5항에 따라 강사 또는 기능검정원의 자격을 취소하거나 자격의 효력을 정지시킬 수 있는 기준은 별표 34와 같다.

② 시·도경찰청장은 제1항에 따라 강사 또는 기능검정원의 자격을 취소하거나 자격의 효력을 정지하고자 하는 때에는 처분대상자에게 별지 제130호서식의 강사 또는 기능검정원의 자격취소·정지통지서에 의하여 그 뜻을 통지하여야 하고, 미리 상대방 또는 그 대리인에게 의견을 진술할 기회를 주어야 한다. 다만, 상대방 또는 그 대리인이 정당한 사유 없이 이에 응하지 아니하거나 주소불명 등으로 의견을 진술할 기회를 줄 수 없는 경우에는 그러하지 아니하다.

③ 시·도경찰청장이 제1항에 따라 강사 또는 기능검정원의 자격을 취소하거나 자격의 효력을 정지한 때에는 별지 제131호서식의 강사·기능검정원행정처분대장에 그 뜻을 기재하여야 하고, 제2항에 따라 강사등의 자격취소 또는 자격의 효력정지 처분통지를 받은 사람은 통지를 받은 날부터 10일 이내에 그 자격증을 반납하여야 한다.

제124조(기능검정의 실시)

① 제65조·제66조 및 제70조는 기능검정과 그에 사용되는 자동차의 종별 기준에 관하여 이를 준용한다.

② 제67조제1항·제68조 및 제69조제2항의 규정은 기능검정을 실시하는 도로의 기준, 기능검정의 채점 및 합격 기준 등과 기능검정원의 준수사항에 관하여 이를 준용한다.

③ 전문학원의 설립·운영자는 영 제69조제2항에 따라 도로주행기능검정을 실시하고자 하는 경우에는 2개소 이상의 도로를 선정한 후 별지 제132호서식의 도로주행기능검정 실시도로지정신청서에 도로주행기능검정 실시도로가 표시된 축척 1만분의 1의 지도를 첨부하여 시·도경찰청장에게 제출하여야 한다.

④ 시·도경찰청장은 제3항에 따른 신청서를 받아 도로주행기능검정을 실시하는 도로를 지정한 때에는 별지 제133호서식의 도로주행기능검정 실시도로지정서에 의하여 통지하여야 한다. 이 경우 요일·시간대 및 통행량에 따라 도로주행기능검정의 시간 및 장소를 제한할 수 있다.

⑤ 그 밖에 기능검정의 실시방법에 관하여 이 규칙에 정하지 아니한 사항은 경찰청장이 정한다.

제125조(수료증 또는 졸업증의 발급·재발급)

① 학감은 영 제69조제1항에 따른 장내기능검정 결과 기능검정원이 합격사실을 증명한 때에는 교육생에게 별지 제134호서식의 수료증을 교부하고, 별지 제135호서식의 수료증발급대장에 이를 기재하여야 한다.

② 학감은 영 제69조제2항에 따른 도로주행기능검정 결과 기능검정원이 합격사실을 증명한 때에는 교육생에게 별지 제136호서식의 졸업증을 교부하고, 별지 제137호서식의 졸업증발급대장에 이를 기재하여야 한다.

③ 수료증 또는 졸업증은 장내기능검정 또는 도로주행기능검정 합격일을 기준으로 발급한다.

④ 수료증 또는 졸업증을 잃어버렸거나 헐어 못쓰게 된 때에는 학감에게 신청하여 다시 발급받을 수 있다.

⑤ 학감이 제4항에 따라 수료증 또는 졸업증을 재발급한 때에는 그 사실을 수료증발급대장 또는 졸업증발급대장에 각각 기재하여야 한다.

⑥ 삭제

제126조(강사 인적사항 등의 게시)

① 학원 또는 전문학원을 설립·운영하는 자는 법 제109조제2항에 따라 강사의 성명·자격증 번호 등 인적사항과 교육과목을 별지 제139호서식에 의하여 교육생이 보기 쉬운 곳에 게시하여야 한다.

② 학원 또는 전문학원을 설립·운영하는 자는 법 제110조제2항에 따라 수강료등의 기준표를 교육생이 보기 쉬운 곳에 게시하여야 한다.

제126조의2(수강료조정위원회의 구성 및 운영)

① 영 제70조의2에 따른 수강료조정위원회(이하 "조정위원회"라고 한다)는 시·도경찰청장 소속 하에 둔다.

② 조정위원회는 위원장 1인을 포함하여 7인 이상 11인 이하의 위원으로 구성한다.

③ 조정위원회의 위원장은 시·도경찰청의 과장급 이상 경찰공무원 중에서 시·도경찰청장이 지명하는 사람으로 한다.

④ 조정위원회의 위원은 다음 각 호의 어느 하나에 해당하는 사람 중에서 시·도경찰청장이 지명 또는 위촉하는 사람으로 한다.

　1. 시·도경찰청 소속 경정 이상의 경찰공무원

　2. 물가에 관한 업무를 담당하는 특별시·광역시·도 또는 특별자치도 소속 6급 이상의 공무원

　3. 자동차 운전학원 관련 단체 및 소비자 단체의 임·직원으로서 회계 관련 전문지식이 있는 사람

　4. 그 밖에 회계 관련 전문성이 있다고 시·도경찰청장이 인정하는 사람

⑤ 민간위촉위원의 임기는 2년으로 하되, 1차에 한하여 연임할 수 있다.

⑥ 조정위원회의 회의는 재적위원 과반수의 출석으로 개의하고, 출석위원 과반수의 찬성으로 의결한다.

⑦ 그 밖에 조정위원회의 구성 및 운영에 관하여 필요한 사항은 경찰청장이 정한다.

제127조(교육이수증명서) 영 제71조제1항에 따른 교육이수증명서는 별지 제140호서식에 의한다.

제128조(휴원·폐원 신고절차) 법 제112조에 따른 학원 또는 전문학원의 휴원신고는 별지 제141호서식의 휴원신고서에 의하고, 폐원신고는 별지 제142호서식의 폐원신고서에 의한다. 이 경우 폐원신고의 경우에는 자동차운전학원 등록증(전문학원의 경우에는 자동차운전학원 등록증 및 지정증을 말한다) 및 보관 중인 학원등의 서류 및 장부 등 학사관리자료 일체를 첨부하여야 한다.

제129조(학원 또는 전문학원의 등록취소 등)

① 법 제113조에 따른 학원 또는 전문학원의 등록취소 및 운영정지와 전문학원의 지정취소의 기준은 별표 35와 같다.

② 시·도경찰청장은 법 제113조에 따라 학원 또는 전문학원의 등록을 취소하거나 운영정지를 명하는 때 또는 전문학원의 지정을 취소하는 때에는 학원 또는 전문학원을 설립·운영하는 자에게 별지 제143호서식의 행정처분통지서에 의하여 그 사실을 통지하고

학원의 등록증(전문학원의 지정을 취소하는 경우에는 지정증을 말한다)을 회수하여야 하며, 별지 제144호서식의 행정처분관리대장에 그에 관한 사항을 기재하여야 한다.
③ 시·도경찰청장은 법 제113조에 따라 학원 또는 전문학원의 등록을 취소하거나 운영정지를 명한 때 또는 전문학원의 지정을 취소한 때에는 그 사실을 해당 학원 또는 전문학원의 출입구 등 잘 보이는 곳에 공고하여야 한다.

제10장 보칙

제129조의2(운전경력의 증명 등)

① 운전경력증명을 받으려는 사람은 별지 제144호의2서식의 운전경력증명서 발급 신청서를 경찰서장에게 제출하고, 신분증명서를 제시(해외에 체류하는 등의 사유로 신분증명서를 제시할 수 없는 경우는 신분증명서 사본의 제출로 갈음할 수 있다)하여야 한다. 다만, 신청인이 원하는 경우에는 신분증명서 제시를 갈음하여 전자적 방법으로 지문정보를 대조하여 본인 확인을 할 수 있다.
② 제1항에 따라 신청(영문으로 발급하려는 경우에 한정한다)을 받은 경찰서장은 「전자정부법」 제36조제1항에 따른 행정정보의 공동이용을 통하여 신청인의 여권정보를 확인하여야 한다. 다만, 신청인이 해당 정보의 확인에 동의하지 아니하는 경우에는 관련 자료를 제출하도록 하여야 한다.
③ 경찰서장은 제1항의 신청을 받은 경우에는 별지 제144호의3서식(영문으로 발급하는 경우에는 별지 제144호의4서식을 말한다)의 운전경력증명서를 발급하고, 별지 제144호의5서식의 운전경력증명서 발급대장을 작성·관리하여야 한다.
④ 제3항에 따른 운전경력증명서의 발급은 제77조제4항에 따른 자동차운전면허대장에 기재된 사항을 기준으로 한다. 이 경우 연습운전면허를 받은 기간은 운전경험기간이나 운전경력에서 제외한다.

제129조의3(교통사고사실의 확인 등)

① 경찰서장으로부터 교통사고 발생사실의 확인을 받으려는 교통사고의 당사자나 그 대리인은 별지 제144호의6서식의 교통사고사실확인원 발급 신청서(대리인이 신청하는 경우에는 발급대상자의 위임장 및 신분증명서 사본을 첨부해야 한다)를 경찰서장에게 제출하고, 신분증명서를 제시해야 한다. 다만, 신청인이 원하는 경우에는 신분증명서 제시를 갈음하여 전자적 방법으로 지문정보를 대조하여 본인 확인을 할 수 있다.
② 제1항의 신청을 받은 경찰서장은 신청서를 제출한 사람에게 별지 제144호의7서식의 교통사고사실확인원을 발급하고, 발급 사실을 별지 제144호의8서식의 교통사고사실확인원 발급대장에 기재하여야 한다.
③ 제2항에 따른 교통사고사실확인원은 교통사고에 대한 조사가 종결된 후 별지 제21호서식의 교통사고보고서에 기재된 사항을 기준으로 발급한다.
④ 경찰서장은 제2항에 따라 교통사고사실확인원을 발급한 때에는 그 발급 사실을 해당 교통사고의 반대 당사자에게 전화, 이메일 등의 방법으로 통보하여야 한다.

제130조(출석지시서)

① 법 제138조에 따른 출석지시서는 별지 제145호서식에 의한다.
② 경찰공무원이 출석지시서를 교부한 때에는 그 경찰공무원은 별지 제146호서식의 교통법규위반자적발보고서 또는 교통법규위반자적발통보서에 위법사실을 기재하여 소속 또는 관할경찰서장에게 보고 또는 통보하여야 한다.
③ 경찰서장은 제2항의 보고 또는 통보를 받은 때에는 즉시 그 위반자의 인적사항·면허번호 및 위반내용을 법 제137조제2항에 따라 전산입력하여 시·도경찰청장에게 보고 또는 통보하여야 한다.

제131조(수수료 등)

① 법 제139조제1항제1호부터 제4호까지, 제7호 및 제8호에 따른 수수료는 별표 36과 같다.
② 제1항의 수수료는 현금으로 납부하고, 그 납부를 증명하는 수입인지를 긴급자동차지정신청서 등 해당서류 등의 신청서에 붙여야 한다.
③ 법 제139조제1항 각 호 외의 부분 단서와 같은 조 제2항에 따른 수수료는 현금, 신용카드, 직불카드 등으로 납부하고 그 납부를 증명하는 영수확인증을 운전면허시험 응시원서 또는 운전면허증 교부신청서 등 해당 신청서에 붙여야 한다.
④ 제3항에도 불구하고 영 제43조제1항 및 제86조제3항에 따라 경찰서장이 실시하는 원동기장치자전거운전면허시험에 응시하는 사람은 법 제139조제2항에 따라 공단이 공고하는 수수료를 제2항의 방법으로 납부하여야 한다.

⑤ 경찰서장 또는 한국도로교통공단은 제3항에 따라 납부된 수수료 중 다음 각 호의 어느 하나에 해당하는 사람에 대해서는 그가 납부한 수수료의 전부 또는 일부를 반환하여야 한다.
  1. 법 제83조에 따른 운전면허시험을 신청한 사람
    가. 수수료를 과오납한 경우에는 그 과오납한 금액의 전부
    나. 경찰서장 또는 한국도로교통공단의 귀책사유로 시험에 응시하지 못한 경우에는 납부한 수수료의 전부
    다. 지정된 시험일 전날까지 응시접수를 취소하는 경우에는 납부한 수수료의 전부
  2. 법 제106조 및 제107조에 따라 강사 또는 기능검정원 자격시험을 신청한 사람
    가. 수수료를 과오납한 경우에는 그 과오납한 금액의 전부
    나. 한국도로교통공단의 귀책사유로 시험에 응시하지 못한 경우에는 납부한 수수료의 전부
    다. 응시원서 접수기간에 접수를 취소하는 경우에는 납부한 수수료의 전부
    라. 응시접수 마감일 다음 날부터 5일 이내에 접수를 취소한 경우에는 납부한 수수료의 100분의 50
⑥ 제3항에 따른 수수료의 영수확인증은 한국도로교통공단이 발행·관리하고, 그 종류·규격·모양 그 밖에 요금계기 및 인영인쇄에 관하여 필요한 사항은 한국도로교통공단이 정한다.

제132조(수수료 징수의 대행)
① 한국도로교통공단은 수수료를 징수하는데 필요한 자력과 신용이 있는 자 중 수수료징수대행인을 지정할 수 있다.
② 제1항의 수수료징수대행인에게는 그 대행지역에 따라 다음 각 호의 비율에 의하여 대행수수료를 지급한다.
  1. 서울특별시 : 수수료징수금액의 1천분의 30
  2. 서울특별시 외의 지역 : 수수료징수금액의 1천분의 40

제133조(수강료)
교통안전교육기관의 장 및 한국도로교통공단은 법 제140조에 따라 수강료를 받은 때에는 교육대상자에게 별지 제147호서식의 영수증을 교부하여야 한다.

제134조(전용차로 통행 금지 의무 위반자 등에 대한 고지서 등)
① 법 제143조제1항에 따른 단속담당공무원이 운전자에게 교부하는 고지서에는 운전면허증 또는 운전면허증을 대신할 수 있는 증명서를 보관하고 있는 사실을 기재하여야 한다.
② 제1항에 따른 고지서는 별지 제148호서식에 의하고, 법 제143조제2항에 따른 경찰서장에게의 통보 또는 제주특별자치도지사에게의 보고는 별지 제149호서식에 의한다.
③ 경찰서장 또는 제주특별자치도지사는 법 제143조제2항에 따라 통보 또는 보고받은 사항이 영 제93조에 따른 범칙행위로 인정되는 때에는 법 제163조에 따른 통고처분을 할 수 있다.
④ 제3항의 통고처분을 하고자 하는 때에는 출석한 위반운전자의 진술을 들어야 한다.

제135조(교통안전수칙 등의 제정·보급)
① 법 제144조에 따른 교통안전수칙과 교통안전교육에 관한 지침은 다음 각 호의 사항을 내용으로 하되, 운전자와 보행자가 쉽게 이해할 수 있도록 하여야 한다.
  1. 보행자와 운전자가 함께 지켜야 하는 사항
  2. 자전거를 타는 사람이 지켜야 하는 사항
  3. 자동차등의 운전자가 지켜야 하는 사항
  4. 국민이 꼭 알아야 하는 교통과 관련되는 제도 또는 규정
  5. 그 밖에 교통안전 및 교통안전에 관한 교육을 실시하기 위하여 필요한 사항
② 제1항에 따른 교통안전수칙과 교통안전교육에 관한 지침은 매년 1회 이상 발간·보급하여야 한다. 다만, 그 내용을 변경할 필요가 없는 때에는 그러하지 아니할 수 있다.

제135조의2(교통정보센터 운영 전담기관 지정신청서)
영 제84조의2제5항에서 "행정안전부령으로 정하는 지정신청서"란 별지 제149호의2서식의 교통정보센터 운영 전담기관 지정신청서를 말한다.

제136조(무사고운전자 등에 대한 표시장의 수여 상 및 종류 등)
① 법 제146조에 따른 무사고운전자의 표시장은 10년 이상의 사업용 자동차 무사고 운전경력이 있는 사람으로서 사업용자동차의 운전에 종사하고 있는 사람에게 수여하며, 운전경력별 표시장의 종류 및 운전경력은 다음 각 호의 구분과 같다.

1. 교통안전장 : 30년 이상
2. 교통삼색장 : 25년 이상
3. 교통질서장 : 20년 이상
4. 교통발전장 : 15년 이상
5. 교통성실장 : 10년 이상

② 법 제146조에 따른 유공운전자의 표시장은 「정부표 창규정」에 따라 경찰기관의 장의 표창을 받은 사람에게 수여한다.

③ 제1항 및 제2항에 따른 표시장은 별표 38과 같다.

제137조(표시장의 수여)
제136조에 따른 무사고운전자의 표시장의 수여는 연 1회, 유공운전자의 표시장의 수여는 수시로 실시한다.

제138조(무사고운전자 표시장의 신청)
① 제136조제1항에 따른 무사고운전자의 표시장을 받으려는 사람은 별지 제150호서식의 무사고운전자표시장 신청서에 다음 각 호의 서류를 첨부하여 주소지를 관할하는 경찰서장에게 제출하고, 제출받은 관할 경찰서장은 이를 확인한 후 시·도경찰청장에게 송부해야 한다. 이 경우 담당 공무원은 「전자정부법」 제36조제1항에 따른 행정정보의 공동이용을 통하여 신청인의 운전면허정보를 확인해야 하며, 신청인이 확인에 동의하지 않는 경우에는 그 사본을 첨부하도록 해야 한다.
1. 사업체별 취업확인서 또는 경력증명서
2. 위임장 및 대리인의 신분증 사본(대리인이 신청하는 경우만 해당한다)

② 시·도경찰청장은 제1항에 따른 신청서를 받은 때에는 제136조제1항에 따른 표시장수여대상의 해당여부를 확인하고 그 결과를 경찰청장에게 보고하여야 한다.

③ 제2항에 따른 보고를 받은 경찰청장이 제136조제1항에 따라 무사고운전자표시장을 수여하는 경우에는 별지 제150호의2서식의 휴대용 무사고운전자증과 별지 제150호의3서식의 무사고운전자증을 함께 수여하여야 한다.

제138조의2(국제협력 전담기관 지정신청서)
영 제87조의3 제3항에서 "행정안전부령으로 정하는 지정신청서"란 별지 제150호의4서식의 국제협력 전담기관 지정신청서를 말한다.

제139조(위임규정)
① 운전면허시험·정기적성검사·수시적성검사·교통안전교육·운전면허행정처분·통고처분 및 교통안전시설을 만드는 방식과 그 설치·관리기준에 관하여 이 규칙에 정하지 아니한 사항으로서 필요한 사항은 경찰청장이 정할 수 있다.

② 한국도로교통공단은 운전면허시험·정기적성검사 및 수시적성검사에 관하여 이 규칙 또는 제1항에 따라 경찰청장이 정하지 아니한 사항으로서 필요한 사항을 정할 수 있다.

제140조(전자문서 등에 의한 민원처리)
① 시·도경찰청장·경찰서장 또는 구청장 등은 이 규칙에 따라 처리할 민원사항 등에 대하여 민원인이 문서·서면·서류 등의 종이문서 외에 전자문서로 신청·신고 또는 제출하는 경우에도 이를 수리하여야 한다.

② 시·도경찰청장·경찰서장 또는 구청장 등은 제1항에 따라 전자문서로 수리한 민원사항 등을 처리한 후에는 그 처리결과를 전자공문서로 통지할 수 있다. 다만, 민원인이 원하는 경우에는 이를 문서·서면·서류 등의 종이문서로 통지하여야 한다.

제141조(교통안전심의위원회의 설치 등)
① 도로교통안전에 관한 시책과 교통안전시설 관련 신기술 등을 심의하기 위하여 경찰청에 교통안전심의위원회(이하 "교통안전위원회"라 한다)를 둔다.

② 교통안전위원회는 위원장을 포함하여 25인 이상 30인 이내의 위원으로 구성하되, 위원장은 경찰청 소속 국장급 경찰공무원(자치경찰공무원은 제외한다)으로 하고, 위원은 도로교통안전 관련 분야의 지식과 경험이 풍부한 전문가 또는 공무원 중 경찰청장이 위촉 또는 임명하는 사람이 된다.

③ 위원 중 공무원이 아닌 위원의 임기는 2년으로 하되, 연임할 수 있다.

④ 그 밖에 교통안전위원회의 운영 등에 관하여 필요한 사항은 경찰청장이 정한다.

제141조의2(규제의 재검토)
경찰청장은 다음 각 호의 사항에 대하여 해당 호에서 정하는 날을 기준일로 하여 3년마다(매 3년이 되는 해의 기준일과 같은 날 전까지를 말한다) 그 타당성을 검토하여 개선 등의 조치를 해야 한다.
1. 제19조에 따른 자동차등의 운행속도 : 2014년 1월 1일
1의2. 제23조에 따른 대행법인등의 지정신청 등에 관한 첨부서류 : 2022년 1월 1일
1의3. 제33조의3에 따른 개인형 이동장치 승차정원 : 2023년 1월 1일

1의4. 제46조제1항 및 별표 16에 따른 운전면허 취소·정지를 받은 사람에 대한 특별교통안전 의무교육 : 2023년 1월 1일

1의5. 제46조의2제1항 및 별표 16에 따른 긴급자동차 운전자에 대한 교통안전교육 : 2023년 1월 1일

1의6. 제47조에 따른 교통안전교육기관의 지정신청 등에 관한 첨부서류 : 2014년 7월 1일

1의7. 제91조제1항 및 별표 28에 따른 속도위반 운전자에 대한 운전면허 취소·정지처분 기준 : 2023년 1월 1일

2. 제99조에 따른 자동차운전학원의 등록신청에 관한 첨부서류 : 2014년 1월 1일

3. 제100조에 따른 자동차운전학원의 변경등록신청에 관한 첨부서류 : 2014년 1월 1일

4. 삭제

5. 제107조에 따른 자동차운전학원 교육과정의 운영기준 등 : 2014년 1월 1일

5의2. 제113조에 따른 전문학원의 지정신청 등에 관한 첨부서류 : 2014년 7월 1일

6. 삭제

제11장 과태료 및 범칙행위의 처리

제142조(부득이한 사유) 법 제160조제4항제1호에서 "그 밖의 부득이한 사유"라 함은 당해 위반행위가 다음 각 호의 어느 하나에 해당하는 경우를 말한다.

1. 범죄의 예방·진압이나 그 밖에 긴급한 사건·사고의 조사를 위한 경우

2. 도로공사 또는 교통지도단속을 위한 경우

3. 응급환자의 수송 또는 치료를 위한 경우

4. 화재·수해·재해 등의 구난작업을 위한 경우

5. 「장애인 복지법」에 따른 장애인의 승·하차를 돕는 경우

6. 그 밖에 부득이한 사유라고 인정할 만한 상당한 이유가 있는 경우

제143조(과태료납부고지서 등)

① 법 제160조, 법 제161조 및 영 제88조제1항에 따른 과태료의 부과는 다음 각 호의 서식에 따른다.

1. 우편으로 송부하는 경우 : 별지 제151호서식의 과태료납부고지서

2. 교부하는 경우

가. 법 제160조제1항 및 제2항을 위반한 경우 : 별지 제152호서식의 과태료납부고지서

나. 법 제160조제3항을 위반한 경우 : 별지 제153호서식의 과태료납부고지서

3. 인터넷을 이용하여 발행하는 경우 : 별지 제153호서식의 과태료납부고지서

② 「질서위반행위규제법」 제16조제1항에 따른 과태료부과 사전통지는 다음 각 호의 서식에 따른다.

1. 우편으로 송부하는 경우 : 별지 제154호서식의 과태료납부 사전통지서

2. 교부하는 경우(제3호에 해당하는 경우는 제외한다) : 별지 제155호서식의 과태료납부 사전통지서

3. 휴대용 컴퓨터 등을 이용하여 교부하는 경우 : 별지 제155호의2서식의 과태료납부 사전통지서

4. 인터넷을 이용하여 발행하는 경우 : 별지 제155호의2서식의 과태료부과사전통지서

제144조(과태료의 납부 등)

① 제143조제1항이나 제2항에 따른 과태료납부고지서 또는 과태료납부 사전통지서를 받은 사람이 과태료를 납부하고자 하는 때에는 과태료납부고지서 등을 수납기관에 제시하여야 한다.

② 제1항에 따라 과태료를 징수한 과태료수납기관은 과태료를 납부한 사람에게 과태료영수증을 교부하여야 한다.

③ 과태료수납기관이 과태료를 수납한 때에는 지체 없이 그 과태료납부고지서를 발행한 경찰서장, 특별시장·광역시장, 제주특별자치도지사 또는 구청장등에게 전자매체 등을 이용하여 과태료를 수납한 사실을 통보하여야 한다.

제145조(단속대장 등)

① 영 제88조제1항에 따른 단속대장은 별지 제156호서식에 따른다.

② 영 제88조제1항에 따른 과태료부과대상자명부는 다음 각 호의 서식에 따른다

1. 법 제160조제1항 및 제2항을 위반한 경우 : 별지 제157호서식

2. 법 제160조제3항을 위반한 경우 : 별지 제157호의2서식

③ 영 제88조제2항에 따른 과태료부과대상차 표지는 별지 제158호서식에 따른다.

제146조(과태료의 감경기준) 영 제88조제5항에 따른 과태료의 감경기준은 별표 39와 같다.

제147조(미납과태료의 징수의뢰절차)
① 경찰서장, 특별시장·광역시장·제주특별자치도지사 또는 구청장등은 영 제88조제8항에 따라 미납과태료의 징수를 의뢰할 때에는 별지 제159호서식의 과태료미납자명부를 분기별로 차적지의 경찰서장, 특별시장·광역시장·제주특별자치도지사 또는 구청장등에게 송부하여야 한다.

② 제1항에 따른 과태료미납자명부를 송부받은 차적지의 경찰서장, 특별시장·광역시장·제주특별자치도지사 또는 구청장등은 송부받은 즉시 과태료징수의뢰인수서를 의뢰지 경찰서장, 특별시장·광역시장·제주특별자치도지사 또는 구청장등에게 송부하고, 과태료의 납부의무자에게는 과태료징수의뢰인수 사실통지서로 납부기한을 지정하여 통지하여야 하며, 과태료의 납부의무자가 그 관할구역 안에 거주하지 아니하거나 체납처분할 재산이 없어 징수를 할 수 없는 경우에는 의뢰지 경찰서장, 특별시장·광역시장·제주특별자치도지사 또는 구청장등에게 징수불능통지서를 송부하여야 한다.

③ 제2항에 따른 과태료징수의뢰인수서·과태료징수의뢰인수 사실통지서 및 징수불능통지서에 관하여는 「지방세징수법 시행규칙」제12조제2항 및 제3항에 따른 별지 제14호서식부터 별지 제16호서식까지를 각각 준용한다.

제148조(과태료 징수수수료) 영 제88조제8항에 따라 과태료의 징수를 차적지의 특별시장·광역시장·제주특별자치도지사 또는 구청장등에게 의뢰한 경우의 징수수수료는 징수된 과태료의 100분의 30으로 한다.

제149조(범칙금납부통고서 등) 법 제163조·법 제164조 및 영 제94조에 따른 범칙금납부통고서 등의 서식은 다음 각 호의 구분에 따른다.
1. 범칙금납부통고서 및 범칙금영수증서의 경우에는 다음 각 목의 서식. 다만, 휴대용 컴퓨터 등을 이용하여 범칙금의 납부를 통고하는 경우와 인터넷을 이용하여 서식을 발급하려는 경우에는 별지 제159호의2서식을 따른다.
   가. 운전자 : 별지 제160호서식
   나. 보행자 등 : 별지 제161호서식
2. 범칙금납부고지서의 경우에는 다음 각 목의 서식
   가. 운전자 : 별지 제162호서식
   나. 보행자 등 : 별지 제163호서식

3. 범칙금납부고지서원부 및 범칙자적발보고서의 경우에는 다음 각 목의 서식
   가. 운전자 : 별지 제164호서식
   나. 보행자 등 : 별지 제165호서식

제150조(범칙금징수사항기록부) 영 제97조제1항에 따른 범칙금징수사항기록부는 별지 제166호서식에 의한다.

제151조(즉결심판청구서의 서식 등)
① 영 제83조 및 영 제98조에 따른 즉결심판청구서·즉결심판출석통지서 및 즉결심판출석최고서는 각각 별지 제167호서식·별지 제168호서식 및 별지 제169호서식에 의한다.
② 경찰서장은 영 제83조제4항·영 제98조제3항 또는 영 제99조제3항에 따라 즉결심판 출석최고 불이행자에 대하여 운전면허의 효력을 일시 정지시킨 때에는 그 사람의 인적사항·면허번호 및 운전면허정지사유 등을 지체 없이 자동차운전면허대장에 전산입력하여 시·도경찰청장에게 보고되도록 하여야 한다.
③ 삭제

제152조(즉결심판및범칙금등납부통지서 등) 영 제99조제1항에 따른 즉결심판및범칙금등납부통지서는 별지 제170호서식에 의한다.

부칙

제1조(시행일) 이 규칙은 2024년 9월 20일부터 시행한다.

제2조(교통안전시설의 설치·관리기준 등에 관한 적용례) 별표 3, 별표 4 및 별표 6의 개정규정은 이 규칙 시행 이후 설치되는 교통안전시설부터 적용한다.

[시행 2017. 12. 3.] [법률 제14277호, 2016. 12. 2., 일부개정]

제1조(목적) 이 법은 업무상과실(業務上過失) 또는 중대한 과실로 교통사고를 일으킨 운전자에 관한 형사처벌 등의 특례를 정함으로써 교통사고로 인한 피해의 신속한 회복을 촉진하고 국민생활의 편익을 증진함을 목적으로 한다.

제2조(정의) 이 법에서 사용하는 용어의 뜻은 다음과 같다.

1. "차"란 「도로교통법」 제2조제17호가목에 따른 차(車)와 「건설기계관리법」 제2조제1항제1호에 따른 건설기계를 말한다.
2. "교통사고"란 차의 교통으로 인하여 사람을 사상(死傷)하거나 물건을 손괴(損壞)하는 것을 말한다.

제3조(처벌의 특례)

① 차의 운전자가 교통사고로 인하여 「형법」 제268조의 죄를 범한 경우에는 5년 이하의 금고 또는 2천만원 이하의 벌금에 처한다.

② 차의 교통으로 제1항의 죄 중 업무상과실치상죄(業務上過失致傷罪) 또는 중과실치상죄(重過失致傷罪)와 「도로교통법」 제151조의 죄를 범한 운전자에 대하여는 피해자의 명시적인 의사에 반하여 공소(公訴)를 제기할 수 없다. 다만, 차의 운전자가 제1항의 죄 중 업무상과실치상죄 또는 중과실치상죄를 범하고도 피해자를 구호(救護)하는 등 「도로교통법」 제54조제1항에 따른 조치를 하지 아니하고 도주하거나 피해자를 사고 장소로부터 옮겨 유기(遺棄)하고 도주한 경우, 같은 죄를 범하고 「도로교통법」 제44조제2항을 위반하여 음주측정 요구에 따르지 아니한 경우(운전자가 채혈 측정을 요청하거나 동의한 경우는 제외한다)와 다음 각 호의 어느 하나에 해당하는 행위로 인하여 같은 죄를 범한 경우에는 그러하지 아니하다.

1. 「도로교통법」 제5조에 따른 신호기가 표시하는 신호 또는 교통정리를 하는 경찰공무원등의 신호를 위반하거나 통행금지 또는 일시정지를 내용으로 하는 안전표지가 표시하는 지시를 위반하여 운전한 경우
2. 「도로교통법」 제13조제3항을 위반하여 중앙선을 침범하거나 같은 법 제62조를 위반하여 횡단, 유턴 또는 후진한 경우
3. 「도로교통법」 제17조제1항 또는 제2항에 따른 제한속도를 시속 20킬로미터 초과하여 운전한 경우
4. 「도로교통법」 제21조제1항, 제22조, 제23조에 따른 앞지르기의 방법·금지시기·금지장소 또는 끼어들기의 금지를 위반하거나 같은 법 제60조제2항에 따른 고속도로에서의 앞지르기 방법을 위반하여 운전한 경우
5. 「도로교통법」 제24조에 따른 철길건널목 통과방법을 위반하여 운전한 경우
6. 「도로교통법」 제27조제1항에 따른 횡단보도에서의 보행자 보호의무를 위반하여 운전한 경우
7. 「도로교통법」 제43조, 「건설기계관리법」 제26조 또는 「도로교통법」 제96조를 위반하여 운전면허 또는 건설기계조종사면허를 받지 아니하거나 국제운전면허증을 소지하지 아니하고 운전한 경우. 이 경우 운전면허 또는 건설기계조종사면허의 효력이 정지 중이거나 운전의 금지 중인 때에는 운전면허 또는 건설기계조종사면허를 받지 아니하거나 국제운전면허증을 소지하지 아니한 것으로 본다.
8. 「도로교통법」 제44조제1항을 위반하여 술에 취한 상태에서 운전을 하거나 같은 법 제45조를 위반하여 약물의 영향으로 정상적으로 운전하지 못할 우려가 있는 상태에서 운전한 경우
9. 「도로교통법」 제13조제1항을 위반하여 보도(步道)가 설치된 도로의 보도를 침범하거나 같은 법 제13조제2항에 따른 보도 횡단방법을 위반하여 운전한 경우
10. 「도로교통법」 제39조제3항에 따른 승객의 추락 방지의무를 위반하여 운전한 경우
11. 「도로교통법」 제12조제3항에 따른 어린이 보호구역에서 같은 조 제1항에 따른 조치를 준수하고 어린이의 안전에 유의하면서 운전하여야 할 의무를 위반하여 어린이의 신체를 상해(傷害)에 이르게 한 경우
12. 「도로교통법」 제39조제4항을 위반하여 자동차의

화물이 떨어지지 아니하도록 필요한 조치를 하지
아니하고 운전한 경우

제4조(보험 등에 가입된 경우의 특례)

① 교통사고를 일으킨 차가 「보험업법」 제4조, 제126
조, 제127조 및 제128조, 「여객자동차 운수사업법」
제60조, 제61조 또는 「화물자동차 운수사업법」 제51
조에 따른 보험 또는 공제에 가입된 경우에는 제3조
제2항 본문에 규정된 죄를 범한 차의 운전자에 대하
여 공소를 제기할 수 없다. 다만, 다음 각 호의 어
느 하나에 해당하는 경우에는 그러하지 아니하다.
1. 제3조제2항 단서에 해당하는 경우
2. 피해자가 신체의 상해로 인하여 생명에 대한 위
   험이 발생하거나 불구(不具)가 되거나 불치(不治)
   또는 난치(難治)의 질병이 생긴 경우
3. 보험계약 또는 공제계약이 무효로 되거나 해지되
   거나 계약상의 면책 규정 등으로 인하여 보험회
   사, 공제조합 또는 공제사업자의 보험금 또는 공
   제금 지급의무가 없어진 경우

② 제1항에서 "보험 또는 공제"란 교통사고의 경우 「보험
업법」에 따른 보험회사나 「여객자동차 운수사업법」
또는 「화물자동차 운수사업법」에 따른 공제조합 또는
공제사업자가 인가된 보험약관 또는 승인된 공제약관
에 따라 피보험자와 피해자 간 또는 공제조합원과 피
해자 간의 손해배상에 관한 합의 여부와 상관없이 피
보험자나 공제조합원을 갈음하여 피해자의 치료비에
관하여는 통상비용의 전액을, 그 밖의 손해에 관하여
는 보험약관이나 공제약관으로 정한 지급기준금액을
대통령령으로 정하는 바에 따라 우선 지급하되, 종국
적으로는 확정판결이나 그 밖에 이에 준하는 집행권
원(執行權原)상 피보험자 또는 공제조합원의 교통사
고로 인한 손해배상금 전액을 보상하는 보험 또는 공
제를 말한다.

③ 제1항의 보험 또는 공제에 가입된 사실은 보험회사,
공제조합 또는 공제사업자가 제2항의 취지를 적은
서면에 의하여 증명되어야 한다.

제5조(벌칙)

① 보험회사, 공제조합 또는 공제사업자의 사무를 처리
하는 사람이 제4조제3항의 서면을 거짓으로 작성한
경우에는 3년 이하의 징역 또는 1천만원 이하의 벌
금에 처한다.

② 제1항의 거짓으로 작성된 문서를 그 정황을 알고 행
사한 사람도 제1항의 형과 같은 형에 처한다.

③ 보험회사, 공제조합 또는 공제사업자가 정당한 사유
없이 제4조제3항의 서면을 발급하지 아니한 경우에
는 1년 이하의 징역 또는 300만원 이하의 벌금에
처한다.

제6조(양벌규정) 법인의 대표자, 대리인, 사용인, 그 밖
의 종업원이 그 법인의 업무에 관하여 제5조의 위반
행위를 하면 그 행위자를 벌하는 외에 그 법인에도
해당 조문의 벌금형을 과(科)한다. 다만, 법인이 그
위반행위를 방지하기 위하여 해당 업무에 관하여 상
당한 주의와 감독을 게을리하지 아니한 경우에는 그
러하지 아니하다.

부칙

제1조(시행일) 이 법은 공포 후 1년이 경과한 날부터 시
행한다.

제2조(적용례) 제3조제2항의 개정규정은 이 법 시행 후
최초로 발생한 교통사고부터 적용한다.

05 교통사고처리 특례법 시행령

[시행 2021. 1. 5.] [대통령령 제31380호, 2021. 1. 5., 타법개정]

제1조(목적) 이 영은 교통사고처리특례법(이하 "법"라 한다)에서 위임된 사항과 그 시행에 관하여 필요한 사항을 규정함을 목적으로 한다.

제2조(우선 지급할 치료비에 관한 통상비용의 범위)

① 법 제4조제2항에 따라 우선 지급해야 할 치료비에 관한 통상비용의 범위는 다음 각 호와 같다.

1. 진찰료
2. 일반병실의 입원료. 다만, 진료상 필요로 일반병실보다 입원료가 비싼 병실에 입원한 경우에는 그 병실의 입원료
3. 처치·투약·수술등 치료에 필요한 모든 비용
4. 인공팔다리·의치·안경·보청기·보철구 및 그 밖에 치료에 부수하여 필요한 기구 등의 비용
5. 호송, 다른 보호시설로의 이동, 퇴원 및 통원에 필요한 비용
6. 보험약관 또는 공제약관에서 정하는 환자식대·간병료 및 기타 비용

② 치료비에 관한 통상비용의 계산에 있어서 피해자가 외국에서 치료를 받은 경우의 제1항 각호의 비용은 국내의료기관에서 동일한 치료를 하는 경우 그에 상당한 비용으로 한다. 다만, 국내의료기관에서 치료가 불가능하여 외국에서 치료를 받은 경우에는 그에 소요되는 비용으로 한다.

제3조(우선지급할 치료비이외의 손해배상금의 범위)

① 법 제4조제2항의 규정에 의하여 우선지급하여야 할 치료비이외의 손해배상금의 범위는 다음 각호와 같다.

1. 부상의 경우
   보험약관 또는 공제약관에서 정한 지급기준에 의하여 산출한 위자료의 전액과 휴업손해액의 100분의 50에 해당하는 금액
2. 후유장애의 경우
   보험약관 또는 공제약관에서 정한 지급기준에 의하여 산출한 위자료 전액과 상실수익액의 100분의 50에 해당하는 금액
3. 대물손해의 경우
   보험약관 또는 공제약관에서 정한 지급기준에 의하여 산출한 대물배상액의 100분의 50에 해당하는 금액

② 제1항제1호 및 제2호의 규정에 의한 위자료가 중복되는 경우에는 보험약관 또는 공제약관이 정하는 바에 의하여 지급한다.

제4조(손해배상금의 우선지급절차)

① 피해자가 제2조 및 제3조의 규정에 의한 손해배상금의 우선지급을 받고자 하는 때에는 금융위원회 또는 국토교통부장관이 정하는 바에 의하여 보험사업자 또는 공제사업자에게 손해배상금우선지급의 청구를 하여야 한다.

② 제1항의 규정에 의하여 손해배상금우선지급의 청구를 받은 보험사업자 또는 공제사업자는 그 청구를 받은 날로부터 7일이내에 이를 지급하여야 한다.

③ 피해자가 「자동차손해배상 보장법」 제10조 및 제11조에 따라 손해배상액 또는 가불금을 지급받은 때에는 보험사업자 또는 공제사업자는 손해배상금의 우선지급액에서 이를 공제할 수 있다.

제5조(피해자에 대한 성실보호) 보험사업자 및 공제사업자는 보험 또는 공제와 관련된 교통사고 피해자의 보호관리업무를 성실히 수행하여야 한다.

제6조(법 제4조 내지 제6조의 시행일) 법 제4조 내지 제6조의 규정은 1982년 6월 30일부터 시행한다.

부칙

이 영은 공포한 날부터 시행한다. 〈단서 생략〉

서원각 용어사전 시리즈

상식은 "용어사전"

용어사전으로 중요한 용어만 한눈에 보자

중요한 용어만 공부하자!

1 시사용어사전 1200

매일 접하는 각종 기사와 정보 속에서 현대인이
놓치기 쉬운, 그러나 꼭 알아야 할 최신 시사상식
을 쏙쏙 뽑아 이해하기 쉽도록 정리했다!

2 경제용어사전 1030

주요 경제용어는 거의 다 실었다! 경제가 쉬워지
는 책, 경제용어사전!

3 부동산용어사전 1300

부동산에 대한 이해를 높이고 부동산의 개발과 활
용, 투자 및 부동산 용어 학습에도 적극적으로 이
용할 수 있는 부동산용어사전!

- 최신 관련 기사 수록
- 다양한 용어를 수록하여 1000개 이상의 용어 한눈에 파악
- 용어별 중요도 표시 및 꼼꼼한 용어 설명
- 파트별 TEST를 통해 실력점검

자격증

한번에 따기 위한 서원각 교재

한 권에 준비하기 시리즈 / 기출문제 정복하기 시리즈를 통해 자격증 준비하자!